현대지구촌외교사

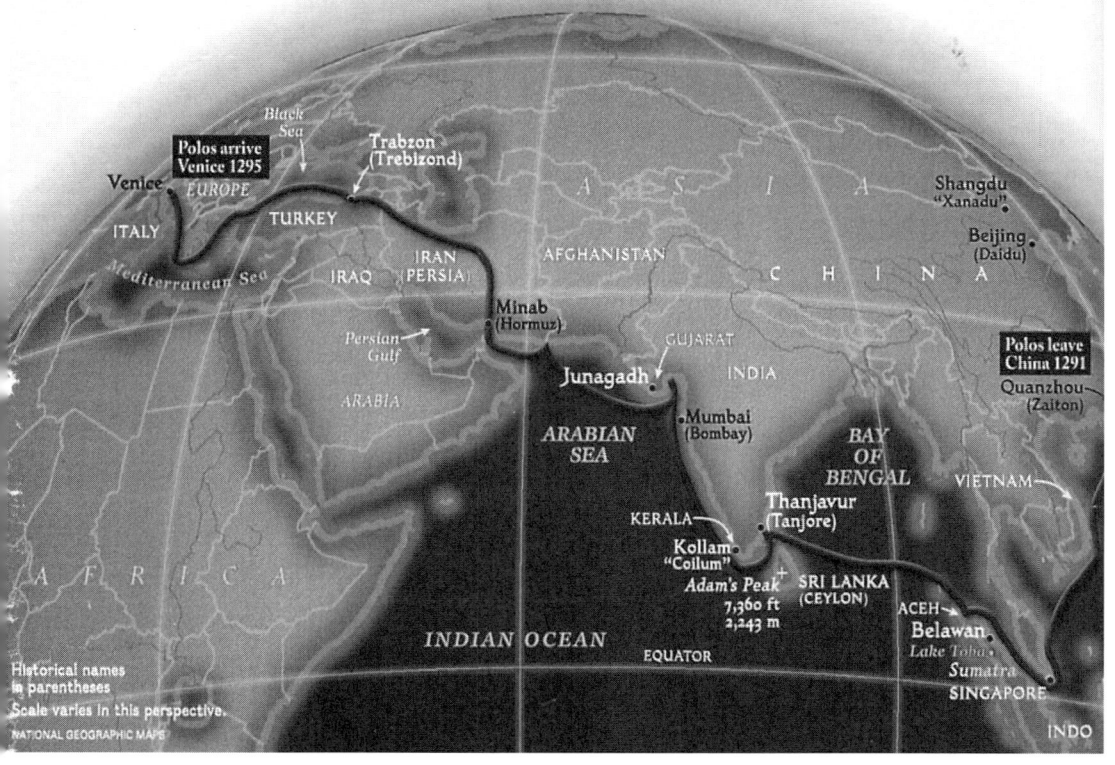

서 언

　30여 년 동안 대학에서 국제정치학과 외교사를 강의해오는 동안 이들에 대한 이론이나 사례들이 지나간 시간만큼이나 많이 발전하고 보강되어야 한다고 느끼면서도 막상 학생들에게는 이러한 내용들을 시의적절하게 가르쳐오지 못한 아쉬움을 항상 가지고 왔던 것이다. 이러한 아쉬움을 극복하지 못한 원인은 나의 게으름 탓도 있었겠으나 무엇보다도 가장 큰 원인은 우리의 사회발전과 대학 교육정책에 부응하는 교재가 시의적절히 개발되지 못한 데 있다고 생각한다.

　탈냉전과 더불어 1990년대 들어오면서 Globalization, 즉 '세계화' 또는 '지구촌화'를 부르짖게 됨에 따라 이에 부응하여 교육계획이 중요한 국정과제로 부각되어, 우리 나라에서는 1995년부터 교육계획이 강력히 요구되어 왔다. 이는 지금까지의 우리의 교육정책과 실천을 선진국의 교육추세에 맞추기 위한 획기적인 교육개혁의 필요성에서 나왔으며, 현재도 같은 맥락을 유지하고 있다. 이 개혁 중 대학교육의 핵심은 지금까지의 전공학점을 대폭 감축시키는 대신 교양과목을 확대하는 것이다. 따라서 종전의 교과과정이나 교재로서는 교과목표를 달성하기에 부족한 면이 많은 것이 사실이다. 그리고 외교사의 수강생들은 정치외교학을 전공으로 하는 학생들보다는 교양이나 취업을 위한 학생들이 더 많아지는 추세이다. 이러한 추세를 충족시키기 위해서는 과거의 70학점에 가까운 전공학점에 맞추었던 내용을 현재의 30학점 가까운 학점에 맞게 조정해야할 뿐만 아니라 시기도 과거보다는 현대에 중점을 두고 순수 이론보다는 현실적인 사항을 강조할 필요가 있다.

　그런데 지금까지 우리는 세계라는 개념을 전제로 하여 세계외교사에 관한 교과서를 많이 저술하였으며, 이에 대한 접근법은 크게 두 가지로 구분될 수 있다. 우선 하나의 접근법은 역사적으로 사실을 중심으로 하여 논술되었는데 이는 주로 국가중심 또는 정부중심(GO)으로 기술되어 있다. 이에 따라 외교정책의 협상과 기술의 결정체라고 할 수 있는 주요조약들을 중심으로 전개하였다. 또 다른 하나는 국제정치사의 형태로서 국제관계사라고 할 수 있으며 비정부기구(NGO)의 부분도 중시하였다고 할 수 있다.

　그러나 Globalization을 부르짖고 있는 현실에 있어서는 GO와 NGO중심의 외교도 중요하지만 이에 더하여 협상과정과 협상기술 측면도 중요시하지 않을 수 없다. 그리고 특히 Globalization을 부르짖게 된 계기는 탈냉전과 관련이 깊다고 할 수 있다. 그러므로 본 교재에서는 이러한 점에 역점을 두었을 뿐만 아니라 특히 기존의 교과서들이 다루지 아니했던 제2차 대전이후와 탈냉전시대까지 범위를 확대하였다. 그러나 여기서 언급해두고자 하는 것은 탈냉전이후의 외교사에 관한 부분은 아직까지 보편적인 교과서로 주장하기에는 보다 객관적이고 많은 자료의 섭렵이 필요하므로 계속 보완이 필요한 교재라고 할 수 있음을 인정하는 바이다.

그런데 여기서 본인 개인적으로 부끄러운 점을 하나 밝히고자 하는 것은 이 책을 집필하기 전에는 기존의 교재보다 획기적이고 세련된 저서를 쓸 것 같은 의욕이 넘쳤으나 막상 집필을 하고 보니 기존의 교재 저자들에게 머리가 숙여지며 그분들에게 다시 존경심이 가는 것이다.

끝으로 이 책이 나올 때까지 여러분들의 성실한 도움을 받았으며 이에 감사드린다. 우선 오늘날까지 대학의 교수가 되어 외교사를 가르칠 수 있게 계기를 마련해 주시고 석사학위논문 지도교수, 박사학위논문 심사위원장을 맡으셨고, 이 책에서도 제일 많이 인용한 〈국제정치사〉의 저자인 연세대학교의 이기택 교수님께 감사드리고, PC에서 초교가 지워져 집필을 포기하려고 한 본인에게 계속 용기를 준 우리학교 행정학과 백승기 교수님께 감사드린다. 그리고 이 책을 기꺼이 출판해주신 도서출판 선인의 윤관백 사장님께도 감사드리며, 신왕철 정치학석사의 헌신적인 도움에 충심으로 감사하는 바이다.

2001년 7월
백 봉 종

차례 contents

제1편 근대유럽국제질서와 외교

제1장 새로운 국제질서와 비엔나외교 | 15
제1절 국제관계의 특징 | 15
1. 국제관계와 외교 | 15 | 2. 비엔나회의 | 17 |
제2절 유럽협조체제외교 | 20
1. 엑스·라·샤펠회의 | 20 | 2. 트로파우회의와 라이바하회의 | 21 |
3. 베로나회의 | 23 |

제2장 비엔나체제의 붕괴 | 25
제1절 미국의 대두와 먼로독트린 | 25
제2절 프랑스의 7월혁명과 2월혁명 | 27
1. 7월혁명과 벨기에 독립 | 27 | 2. 1848년 2월혁명 | 29 |
3. 독일의 입헌통일운동 | 31 | 4. 크리미아전쟁 외교 | 34 |
제3절 이태리의 통일 | 37

제3장 비스마르크의 외교 | 43
제1절 비스마르크의 전기 독일통일외교 | 44
1. 덴마크와의 전쟁 | 45 | 2. 오스트리아와의 전쟁 | 46 |
3. 프랑스와의 전쟁 | 49 |
제2절 비스마르크의 후기 보장정책외교 | 55
1. 제1차 3제동맹 | 56 | 2. 3중동맹 | 57 |
제3절 비스마르크외교의 종말 | 60
1. 3국협상 | 60 | 2. 유럽긴장사태 전개 | 65 |
3. 3국동맹과 3국협상의 대치 | 71 |

제2편 동양의 개국과 일본의 발흥

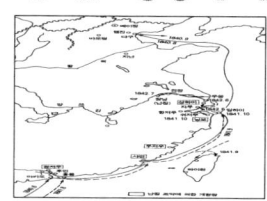

제1장 서세동점과 중국의 개국 | 75
제1절 중국의 개국외교 | 75
1. 아편전쟁 | 75 | 2. 톈진(天津)조약 | 80 | 3. 베이징(北京)조약 | 81 |
4. 러·청베이징조약과 국경조약 | 82 |

제2절 미국의 태평양진출과 일본의 개국외교 | 84
1. 미·일조약 | 85 | 2. 영·러·네덜란드조약 | 87 | 3. 개국과 양이(攘夷)운동 | 89 |

제2장 일본의 대륙진출과 조선의 개국외교 | 92
제1절 일본의 명치유신과 조약개정외교 | 92
제2절 정한론 | 95
제3절 조선의 개국외교 | 97
1. 강화도조약 | 97 | 2. 조선과 미·영통상조약 | 100 |

제3장 일본의 발흥과 대륙진출 | 106
제1절 일본의 타이완(臺灣)침략과 유구(琉球)병합 | 106
1. 일본의 타이완침략 | 106 | 2. 일본의 유구병합 | 107 |

제2절 청·일전쟁과 3국간섭 | 108
1. 임오군란과 조·청·일관계 | 108 | 2. 갑신정변과 청·일관계 | 111 |
3. 톈진조약과 동학란 | 114 | 4. 시모노세끼조약(下關)과 3국간섭 | 119 |

제3절 러·일전쟁과 만주진출 | 125
1. 일본세력의 진퇴 | 125 | 2. 미국의 아시아 개입외교 | 131 |
3. 의화단(義和團)사건과 러시아의 진출 | 133 | 4. 영·일동맹외교 | 136 |
5. 러·일전쟁과 포오츠머스 강화조약외교 | 138 |

제4절 일본의 한·만진출 | 142
1. 일본의 한국진출과 을사협약 | 142 | 2. 만주에 관한 청·일협약 | 145 |
3. 한·청 간도감계문제 | 147 | 4. 한일병합 | 152 |

제3편 제1·2차 세계대전

제1장 제1차 세계대전 | 159
제1절 대전발발의 배경과 원인 | 159
1. 대전발발의 배경 | 159 | 2. 직접적인 원인 | 160 |

제2절 각국의 참전외교 | 163
1. 독·러·불의 참전 | 163 | 2. 영국의 참전 | 165 | 3. 이태리의 참전 | 166 |
4. 기타국가의 참전 | 167 | 5. 미국의 참전외교 | 170 |

제3절 평화외교와 베르사이유체제외교 | 171
1. 러시아의 혁명과 전쟁이탈 | 171 | 2. 휴전과 종전외교 | 174 |
3. 파리강화회의 | 176 | 4. 국제연맹의 창설외교 | 177 |
5. 베르사이유체제하의 외교 | 178 |

제4절 유럽체제의 붕괴 | 187
1. 이태리의 에디오피아침략 | 187 | 2. 나치즘의 집권과 국제연맹탈퇴 | 188 |
3. 일본의 만주침략과 국제연맹탈퇴 | 190 |
4. 독일의 오스트리아합병과 체코침공 | 193 |

제2장 제2차 세계대전 | 202
제1절 유럽전쟁의 전개외교 | 202
1. 독·소불가침조약 | 202 | 2. 독일의 폴란드침공과 대전의 발발 | 204 |

제2절 태평양전쟁 | 209
1. 중·일전쟁과 미국의 태도 | 209 | 2. 미·일협상과 진주만 기습 | 211 |

제3장 전쟁의 종결외교 | 213
제1절 전시외교 | 213
1. 대서양헌장외교 | 213 | 2. 카사블랑카회담 | 214 |
3. 테헤란회담 | 215 | 4. 얄타회담 | 216 |

제2절 대전 종식외교 | 218
1. 독일의 패배와 유럽전의 종식 | 218 | 2. 포츠담회담과 태평양전쟁 종식외교 | 219 |

제4편 냉전외교

제1장 미·소대립과 냉전 | 225
제1절 미·소대립 | 225
1. 미·소대립양상 | 225 | 2. 냉전의 기원 | 226 |

제2절 유럽의 냉전외교 | 228
1. 트루먼독트린과 마샬플랜 | 228 | 2. 코민포름 결성외교 | 231 |
3. NATO의 창설외교 | 232 |

제3절 냉전의 열전화 및 아시아외교 | 234
1. 중국의 공산화 | 234 | 2. 한국전쟁 | 236 | 3. 동남아의 냉전 | 237 |

제2장 소련진영의 동요와 긴장완화외교 | 241
제1절 평화공존과 중·소분쟁 | 241
1. 소련의 평화공존외교 | 241 | 2. 중·소분쟁 | 243 |

제2절 닉슨독트린과 미·중화해외교 | 245

제3절 일·중변화 | 251

제3장 얄타체제의 붕괴외교 | 253
제1절 고르바초프의 새로운 사고외교 | 253
1. 소련외교정책의 변화 | 253 | 2. 브레즈네프독트린 폐기 | 255 |

제2절 몰타회담과 독일통일외교 | 262
1. 베를린장벽의 붕괴 | 262 | 2. 몰타회담과 냉전종식 | 265 | 3. 독일통일 | 267 |

제3절 독립국가연합(CIS)의 출현과 얄타체제의 붕괴외교 | 272
1. CIS의 탄생 | 272 | 2. 얄타체제의 붕괴 | 274 |

제5편 포스트냉전시대의 지구촌외교

제1장 군사·안보에서 경제우선외교 | 279
제1절 유엔의 평화유지외교 | 279
1. 걸프전쟁과 유엔평화활동 | 279 | 2. 팔레스티나문제와 중동평화외교 | 281 |
3. 유고분쟁과 유엔외교 | 285 |

제2절 경제적 지역공동체 | 288
1. 유럽연합(EU: Europe Union) | 288 | 2. 북미자유무역협정(APEC) | 289 |
3. 아시아·태평양경제협력(NAFTA) | 291 |

제3절 세계무역기구(WTO)외교 | 294
1. 가트(GATT)체제 | 294 | 2. WTO체제 | 295 |

제2장 환경외교 | 297
제1절 환경론 | 297
1. 인류와 환경 | 297 | 2. 현대 환경론 | 299 |

제2절 환경외교의 전개 | 301
1. 유엔인간환경회의에서의 대립 | 301 | 2. 유엔환경개발회의 개최 | 303 |

제3절 경제개발과 환경 | 304
1. 남북간의 불평등과 환경 | 305 | 2. 지속가능한 개발에 관한 지구정상회담 | 308 |
3. 환경과 무역 | 321 |

제3장 비정부기구(NGO)외교 | 337
제1절 NGO의 개념 | 337
1. 비국가행위자로서의 NGO | 337 | 2. 유엔과 NGO | 340 |

제2절 대표적인 국제NGO | 342
1. 환경NGO | 342 | 2. 개발NGO | 343 | 3. 반부패NGO | 345 |

◆ 참고문헌 | 348
◆ 찾아보기 | 351

제1편

근대유럽국제질서와 외교

1815 비엔나회의

제1장 새로운 국제질서와 비엔나외교
제1절 국제관계의 특징
제2절 유럽협조체제외교

제2장 비엔나체제의 붕괴
제1절 미국의 대두와 먼로독트린
제2절 프랑스의 7월혁명과 2월혁명
제3절 이태리의 통일

제3장 비스마르크의 외교
제1절 비스마르크의 전기 통일외교
제2절 비스마르크의 후기 보장정책외교
제3절 비스마르크외교의 종말

제1장 새로운 국제질서와 비엔나외교

1절 국제관계의 특징

1. 국제관계와 외교

 외교는 본질적으로 정치제도의 소일거리가 아니고 인간과 인간, 국가와 국가간의 본질적 요소라고 할 수 있다.[1] 그러나 현대의 언어에 있어서 〈외교〉라는 용어는 여러 가지로 사용되고 있다. 몇 가지 예를 들어보면 첫째, 북한에 있어서 미국의 외교는 용기가 부족하다고 할 때는 〈대외정책〉과 동의어이다. 둘째, 중국으로의 탈북자 문제는 외교에 의하여 잘 타결될 수 있는 것이다라고 말할 경우는 협상의 뜻이다. 셋째, 앞의 경우보다 더 특수하게 사용될 경우 외교는 그러한 협상이 수행되는 〈과정과 기구〉를 의미한다. 넷째, 나는 외교에 종사하고 있다고 할 때는 외무성의 한 부서를 의미한다. 그리고 다섯째는 추상적인 성질이나 재능을 말하는 것으로서 좋은 의미로는 국제적인 협상을 수행하는 데 있어서의 기술을 의미하고, 반대로 나쁜 의미에서는 권모술수와 교활한 측면을 의미한다. 그러나 이러한 내용들을 옥스퍼드 영어사전(Oxford English Dictionary)을 기준으로 하여 종합하여 보면, "외교라 함은 협상에 의하여 국제관계를 다

---

[1] 신복룡 옮김, 『外交論』, Sir Harold Nicolson, *DIPLOMACY*(서울: 평민사, 1985), pp.19~32 참조.

루는 일이며, 국제관계가 대사나 사절에 의하여 조정·처리되는 방법이며, 외교관의 업무 또는 기술이다"라고 할 수 있는데, 주요 핵심은 협상(Negotiation)이라고 강조할 수 있다.

16세기 학자들의 주장에 의하면 이러한 외교를 담당하는 최초의 외교관은 천사들로서 하늘과 땅 사이의 사자(使者) 역할을 했다는 것이다. 그러나 현대의 사학자들은 이에 반대하는 견해를 가질 수도 있다. 왜냐하면 한 인간의 집단이 그들과는 이질적인 집단과의 관계를 질서 있게 처리한다는 의미로서의 외교는 우리의 역사보다도 훨씬 오래 된 것이라고 할 수 있기 때문이다. 따라서 외교관의 자질을 역사적으로 보면 우선 B.C. 850~1200년경의 시인 호머(Homer)시대는 외교관은 전령의 역할로서 종종 세습적이었으며 유능한 전령이 되기 위해서는 대단한 기억력과 매우 우렁찬 목소리를 갖추어야만 했다. 그러므로 6세기 이후 그리스의 도시국가들은 가장 탁월한 웅변가이며 가장 구변 좋은 법정 변호사들을 대사로 선출하였다. 로마시대에는 외교를 협상이라는 측면에서만 찾을 것이 아니라 국제법이라는 측면에서 찾았는데, 이는 외교에 대한 큰 공헌이라고 할 수 있다. 이러한 진보는 서서히 이루어져 15세기 이태리의 도시 국가들은 상주대사를 임명하기 시작하여 직업으로서 외교가 일반적으로 인식되기 시작하였다. 그러나 외교 업무가 정치가와 구별되는 직업으로 인정받고, 일정한 형식으로 자신의 법칙과 관례를 갖추게 되고 외교관의 신분과 규율이 국제법에 의하여 확립된 것은 1815년 비엔나회의(Congress of Vienna) 이후였다.

전령에서 웅변가로, 웅변가에서 다시 직업외교관으로서 진보하는 동안 점차적으로 다른 요소가 나타났는데, 이것이 바로 〈외교〉(Diplomacy)라는 용어이다. Diplomacy는 〈접는다〉는 희랍어에서 유래한 것으로서 로마제국 당시 접는 금속 통행증을 Diploma라고 부른 데서 나왔다. Diploma라는 단어는 그 의미가 확대되어 문서들을 편철(編綴)하고 보관하게 되어 이를 해독하는 전문직인 〈문서직〉을 의미하기도 했다. 그러다가 Diplomacy 또는 Diplomatic이라는 용어가 고문서 연구라는 뜻이 아니고 국제관계의 형태나 처리를 의미하는 것으로서는 1796년에 영국에서 처음으로 사용되었던 것이다.

2. 비엔나회의

근대외교의 전형이라고 할 수 있는 비엔나회의(Congress of Vienna)를 설명함에 있어서는 나폴레옹전쟁의 성격을 언급할 필요가 있다. 나폴레옹전쟁의 종결 제1단계는 나폴레옹 개인에 관한 것으로서 대단히 관대한 조건으로 끝났으며, 제2단계는 1814년 5월 30일 프랑스를 일방으로 하고 오스트리아, 프러시아, 러시아 및 영국을 타방으로 한 파리강화조약이었다.2)

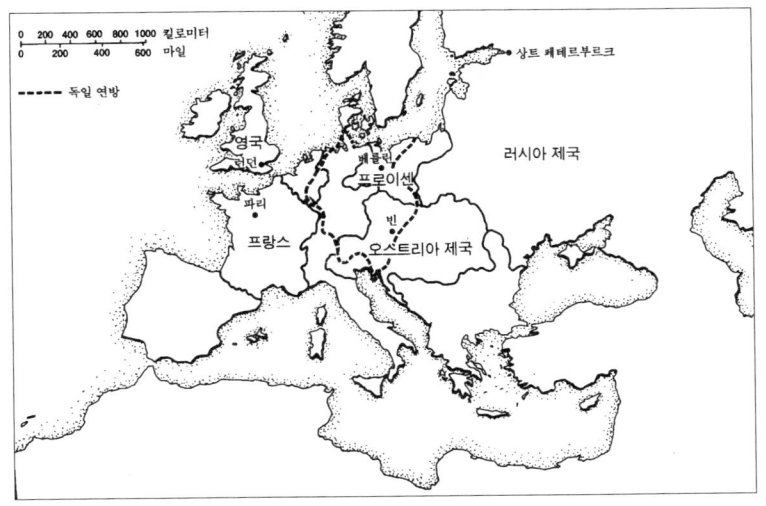

1815년의 유럽

---

2) 入江啓四郞, 大畑篤四, 『外交史提要』(東京: 成文堂, 1992), p.2.

파리강화회의는 제1조약에서는 프랑스혁명을 청산하고 정통주의원칙(Principle of Legitimacy)에 기초하여 프랑스국왕 및 브르봉왕조를 회복하는 것이다. 특히 프랑스에 있어서는 구 왕국영역을 보지하고 무배상으로 하는 대단히 관대한 강화회의였다. 제2조약에서는 평화의 기본원칙으로서 세력균형주의를 거론했다. 그리고 제3조약에서는 프랑스혁명의 성과를 말살하고 구 왕권질서 회복을 기도하는 한편 나폴레옹 전쟁의 과정에서 파괴된 구 질서를 전적으로 회복하지는 못하였다. 이것은 신성로마제국의 멸망으로서 이로부터 민족주의국가가 형성되었다. 조약의 주요내용은 제1조 전쟁종결조항 외에 다음을 들 수 있다.

(1) 세력균형원칙, (2) 프랑스영역, (3) 비체약국의 주권독립유지,
즉 네덜란드, 독일제국, 스위스, 이태리 등이다.

따라서 나폴레옹 전쟁처리 제3단계가 비엔나회의였다.

1815년 비엔나회의는 나폴레옹전쟁의 전후처리를 한 회의로서 유럽에 새 국제질서를 구축하여 이른바 비엔나체제를 수립하였다. 이는 마치 무질서했던 들판을 경지정리 한 것과도 같다고 할 수 있다. 그러므로 이 회의는 그 복잡한 이해관계의 성격, 규모, 결과로 보아 근대외교의 출발로 간주되고 있다. 1814년 9월 23일에 비엔나에서 시작한 이 회의는 우선 영국, 러시아, 오스트리아, 프러시아 등 주요 4개국 수뇌를 중심으로 협의가 시작되었다. 그 후에 프랑스가 가담하여 5개국이 절충하여 주도하였다. 대표자는 당대의 유럽정국을 휘두르던 메테르니히(Metternich) 오스트리아 재상, 러시아 알렉산드 1세(Alexandre I), 프러시아 프리드리히 빌헬름 3세(Friedrich Wilhelm III), 영국의 캐스리(Lord Castlereah) 외상, 그리고 프랑스의 탈레랑(Talleyrand) 등이었다.

그러나 1815년 2월 26일 회의가 진행되고 있는 동안 엘바섬에 갇혀 있던 나폴레옹이 탈출하여 프랑스에 상륙한 것은 다시 한번 사태를 혼란케 하였으나 워털루(Waterloo)전투의 패배로 나폴레옹은 세인트헬레나섬으로

영구히 격리되었다. 1815년 6월 9일 전쟁의 재개를 배경으로 하여 비엔나최종의정서가 서명되었다. 이 최종의정서의 체약국은 오스트리아, 스페인, 프랑스, 영국, 포르투갈, 프러시아, 러시아, 스웨덴, 노르웨이 등이다. 비엔나최종의정서 및 부속서의 전모는 아래와 같다.

(1) 최종의정서: 전문, 폰란드조항, 독일조항, 네덜란드조항, 스위스조항, 이태리조항, 포르투칼조항
(2) 부속서: 제118조에 열거

비엔나최종의정서의 특징을 열거하면, 첫째, 비엔나회의는 협의의 강화회의 뿐만 아니라 유럽 전반의 질서를 확립하였고, 둘째, 프랑스는 나폴레옹의 재출동이나 전쟁재개에 불구하고 프랑스국왕의 명의로 체약국이 되고, 셋째, 사르드니아왕국(Sardegna)은 프랑스혁명 이전의 구 영역회복 외에 새로운 구 제노아(Genoa)공화국 및 나폴레옹 1세하에 통합된 〈황제의 영지〉를 더하여 후일 이태리통일의 중심세력으로 기초를 다지고, 넷째, 오스트리아는 나폴레옹전쟁중의 제조약을 실효시켜 그 구속으로부터 해방되고 오스트리아령 벨기에를 포기하는 대가로 이태리의 베네치아공국과 미라노공국을 포함하여 구 영역을 회복, 다섯째, 독일연합의 형성과 스위스의 영세중립제도의 확립, 여섯째, 비엔나회의를 계기로 일반국제법이 행하여진 것 등이다. 여기서 일반국제법은 파리강화조약을 이어받아 국제하천의 자유항행원칙의 채택, 흑인매매폐지에 대한 열국선언, 외교사절의 석차에 관한 규칙 채택 등을 들 수 있다.

제2절 유럽협조체제외교

유럽협조체제에 있어 하나의 중요한 역할은 회의외교(Conference Diplomacy)라고 할 수 있다. 4국동맹(The Quadruple Alliance)과 제2차 파리조약(Second Treaty of Paris)에 의하여 새로운 유럽의 국제질서가 구축되었다. 여기서 4국동맹은 주로 비엔나회의를 처리하였고, 제2차 파리조약은 유럽국가간의 관계를 다룰 수 있는 기구를 만들었다.3) 그러나 사실상 국제관계와 외교라는 면에서 본다면 4국동맹이 국제정치상의 외교적 기능을 담당하였던 것인데, 유럽열강들은 회의를 통해 구체적인 유럽협조체제를 구축하였다.

1. 엑스·라·샤펠회의

1818년 9월 엑스·라·샤펠회의(A Confernce of Aix-la-Chapell)는 프랑스혁명의 재발을 방지하고 프랑스 내에 주둔하고 있던 외국연합군의 철수문제 및 새로운 유럽협조체제 속에서 프랑스의 지위를 규정한 회의였다.

비엔나체제가 출범한 이후 제일 먼저 직면한 과제는 제2차 파리조약 제5조에 기초한 프랑스에 대한 보장점령기간의 단축문제에 대한 심의였으며, 이러한 문제를 해결하기 위한 회의가 바로 엑스·라·샤펠회의이다. 이 회의에서 첫째 문제는 프랑스에 주둔하고 있던 외국군대의 철수문제였다. 제2차 파리조약에서 프랑스 내에 외국군을 5년의 기한으로 주둔시킬 것을 규정하고 있었다. 둘째 문제는 유럽협조체제의 4개국이라는 테

---

3) Rene' Albrecht-Carrie', *A Diplomatic History of Europe Since The Congress of Vienna*(New York: Harper & Row, Publihers, 1973), p.23.

두리 속에 프랑스도 가담한다는 프랑스의 요청을 논의하기 위한 것이었다. 즉 프랑스에 대항하여 구축되었, 유럽협조체제를 고쳐서 이에 프랑스도 참가한다는 것이 그 목적이었다.

이 회의에서 다시 논의가 된 것은 1815년 11월 20일 체결한 4국동맹에 프랑스를 참가시킴으로써 5국동맹이 되었다. 그러므로 프랑스도 유럽협조체제의 일원이 되어 유럽의 중요문제 토의에 참석할 수 있게 되었다. 그러나 4대국의 프랑스에 대한 경계심이 완전히 없어진 것은 아니었으므로 4대국은 쇼오몽(Chaumont)조약을 다시 갱신하여 만일 다시 프랑스에 소요가 일어나면 공동으로 프랑스에 무력간섭을 하기로 하였다.

2. 트로파우회의(Troppau)와 라이바하회의(Laybach)

유럽의 각 경쟁국가들간의 문제는 프랑스혁명의 유산에 기인한 것이라고 할 수 있다. 즉 자유주의는 당시의 민족주의세력과 더불어 다른 종류의 위협을 야기시켰다. 이러한 자유주의적 정신은 특히 독일연방에서 활발하여 여러 지방에서 성공을 거두어 독일민족주의에 많은 영향을 미쳤다.[4] 이러한 독일의 민족주의는 이태리, 스페인 등에서 혁명적으로 나타났다.

자유주의 운동이 제일 먼저 반란으로 일어난 곳은 여러 왕국으로 분리되어 있던 이태리의 나폴리(Naples)왕국이었다. 이러한 이태리 내의 자유주의에 의한 반란사태는 독일연방의회의 의장으로서 막강한 영향력을 지닌 메테르니히(Metternich)도 진정시킬 수가 없었다. 1820년 7월 2일 나폴리에서 자유주의자들이 반기를 들고나섰다. 나폴리왕은 7월 13일 스페인과 같이 헌법을 승인하고 이를 선서하고 선포한 것이다. 따라서 나폴리왕

---

4) Albrecht-Carrie', *op. cit.*, p.25.

국의 반란은 전 이태리로 파급할 기세였다. 이에 놀란 것은 이태리반도를 지배하고 있던 오스트리아였다. 사태가 이렇게 확대되자 이를 진압하기 위하여 메테르니히는 엑스·라·샤펠회의의 의정서에 따라 5개국열강회의를 소집하여 서로 협조할 것을 제의하였다. 이에 대해 러시아황제는 이태리의 소요에 간섭하는 것에 대하여 원칙적으로 반대하지는 아니하였으나 이는 4국동맹에 의한 집단적인 간섭을 우선시하였다. 1820년에 자유주의혁명은 비단 나폴리에서만이 아니라 스페인과 포르트갈 내에서도 일어나고 있었다. 이에 열강들은 현상 질서의 유지를 목적으로 1820년 10월 23일부터 11월 24일에 걸쳐 오스트리아의 트로파우(Troppau)에서 회의를 열었다.

　이 회의에는 오스트리아, 러시아, 프러시아 등 세 황제가 참석하였고, 영국과 프랑스는 대표파견을 반대하고, 다만 옵서버만을 파견하였다. 여기서 메테르니히는 "어느 국가도 만일 타국가의 정치제도의 변혁이 자국의 정당한 이익을 위협하고 또 자국의 존재기초를 위태롭게 할 때에는 그 타국의 변혁에 간섭할 권리가 있다."5)고 강조하였다. 간섭주의에 찬성하는 러·오·프러시아 등 3국은 11월 19일 예비의정서에 조인하였고, 여기에 간섭에 대한 원칙과 적용을 규정하는 내용이 천명되었다. 원칙과 적용에 있어 중요한 내용은 반란에 의한 정치변혁이 타국에 위험을 초래하여 부득이한 경우에는 공동의 군사개입을 통하여 동맹의 회복을 꾀하고, 무력개입을 할 경우 이 조인국의 이름으로 오스트리아군대가 군사점령을 실행할 것이라는 것이었다.

　1821년 라이바하(Laybach)회의는 트로파우회의에서 천명된 간섭주의에 대한 실천을 위한 회의였으며, 이 회의에는 5대국의 대표와 나폴리왕이 참석하였다. 이에 따라 라이바하회의는 1821년 1월 12일부터 2월 26일까지 계속되었고, 이 회의에서 오스트리아군의 나폴리파견이 결정되어 3월 23일

---

5) 朴觀淑, 『世界外交史』(서울: 博英社, 1983), p.23.

6만의 오스트리아군에 의한 나폴리점령으로 나폴리혁명은 진압되었다. 그리고 오스트리아는 나폴리뿐만 아니라 4월에는 사르데냐(Sardinia), 토리노(Torino), 피에몬테(Piemonte)의 질서도 회복하여 결국 이태리는 다시 오스트리아에 복귀하였다.6)

3. 베로나회의(Verona)

스페인에 있어 마드리드에서 실패한 우익 쿠테타는 1822년 7월 스페인의 북부에서 성공하였다. 이 스페인문제는 자연히 이웃 프랑스의 특수이익에 직결되어 있었다. 그러므로 이때에는 이미 그리스사태의 심의를 위하여 베로나(Verona)에서 회의를 개최중이었으나 연합국들이 보다 더욱 급한 스페인 문제를 의제로 삼게 되었던 것이다. 이 때 프랑스는 페르난도 왕을 복위시키는 것이 프랑스의 영예를 위해서 좋을 것이란 입장에서 스페인을 도우려 하였고, 이에 러시아가 적극 호응하였다. 그러나 영국은 내정간섭이란 차원에서 이를 반대하였다. 이러한 상황 속에서 1822년 10월 20일부터 12월 24일에 걸쳐 베로나회합은 재개되었다.

이 회의에서 러시아의 간섭주의와 영국의 불간섭주의는 스페인의 간섭문제를 놓고 정면으로 대립하게 되었다. 베로나회의 전야에 자살한 영국 외상 캐슬리의 계승자인 캐닝(Canning)은 더욱 격렬히 스페인에 대한 간섭을 반대하여 고립상태를 벗어나지 못하였다.7) 이렇게 영국이 강력히 반대한 이유는 열강의 협조체제의 간섭형식을 스페인 식민지에까지 간섭하지 않을까 하는 것이었다. 사실상 이 시기에 남미식민지에도 스페인으로부터의 독립운동과 반란이 급격히 야기되고 있었다. 문제는 스페인과 인접하고 있는 프랑스의 태도였다. 결국 프랑스는 러시아의 입장을 지지

---

6) 이기택, 『국제정치사』(서울: 일신사, 1995), p.52.
7) 吳淇坪, 『世界外交史』, 「비엔나에서 眞珠灣까지」(서울: 博英社, 1998), p.29.

함으로써 스페인에 대한 간섭을 지지한 것이다. 이어 프랑스정부는 만일 프랑스가 스페인에 개입할 경우 열강이 프랑스를 군사적으로 지원할 것인가 아닌가 하는 의사타진을 하였다. 이에 열강은 군사적 지원에 동의하였고, 이 중에서도 러시아는 강력한 군사적 지원에 동의하였다. 물론 이에 대해 영국은 단연 반대하였다.

결국 베로나회의에서 오스트리아, 프러시아, 러시아 등 3국은 프랑스로 하여금 스페인 반란을 진압하게 하였으며, 이에 따라 1823년에 프랑스군은 스페인에 진주하여 반란을 진압하고 왕위를 복위시켰다.

제2장 비엔나체제의 붕괴

제1절 미국의 대두와 먼로독트린

영국의 식민지로부터 독립한 미국의 외교정책의 기조는 고립정책(Isolation)이라고 할 수 있다. 이는 1796년 9월 17일 초대 대통령 워싱턴의 그 유명한 고별연설에서 천명되었으며, 이러한 고립정책은 오늘날까지도 미국의 기본을 이루고 있는 것이다. 그러나 이러한 기조 위에 외교정책은 국제정세에 따라 변하고 있는데, 이는 비간섭주의(Nonintervention)와 간섭주의(Intervention)로 나눌 수 있다. 미국은 독립이후 철저히 고립정책을 취하면서 경제발전과 정치적 안정에 총매진하였다. 그러나 급속도로 국력이 신장되자 남미지역에서 일어나고 있는 독립투쟁에 동정적이었고, 미주대륙에 대한 유럽의 간섭을 거부하고 나왔던 것이다. 1823년 12월 2일 미국 대통령 먼로(James Monroe)는 연두교서에서 미주대륙에 대한 어떠한 유럽국가의 간섭(Intervention)도 비우호적으로 간주한다는 이른바 '먼로독트린'을 선언하였던 것이다.[1] 그런데 일반적으로 우리 나라의 많은 교재에는 먼로독트린(Monroe Doctrine)의 'Nonintervention'을 '고립주의'라고 기술하고 있다.[2] 그런데 이 먼로독트린은 죠지 워싱턴의 고립주의(Isolationism)처럼

---

1) Rene' Albrecht-carrie', A Diplomatic History of Europe(New york: Harper & Row, Publishers, 1973), p.30.
2) 오기평, 『세계외교사』(서울: 박영사 1992), p.30 참조.

외교정책의 기조를 이루는 主義(ism)라고 하기보다는 상황에 따른 정책이라고 할 수 있을 것이다. 이는 많은 중남미학자들이 비꼬듯이 그 선언은 어떤 확실한 주의도 아니며 그렇다고 해서 먼로 자신의 작품도 아니라는 것이다.3) 왜냐하면 어떤 '주의'라고 할 때는 그 내용은 고착되어 있으며, 불변이고 비슷한 성질의 문제들은 같은 방법으로 해결하는 것이 원칙이다. 그러나 먼로독트린은 많은 경우에 미국의 편의에 따라 해석하고 적용된다는 비난을 면치 못하고 있다.

먼로독트린은 세 가지 외교원칙을 그 내용으로 삼았다.4) 첫째, 비식민지화의 원칙(Principle of Non-Colonialism)이다. 이미 취득하였거나 유지되고 있는 남북미대륙의 자유롭고 독립적인 지위는 유럽제국들이 이를 보장하고 식민지 영토로 생각해서는 안되며, 이는 미합중국의 권리와 이익에 관한 것이 된다는 것이었다. 그러나 여기에서 중요한 제한사항은 이 원칙이 장차에 있어서의 새로운 식민지화에 반대하는 것이지 유럽제국이 현재 갖고 있는 식민지나 속국에 대해서는 적용되지 않는다는 것이다. 둘째, 비간섭의 원칙(Principle of Non-Intervention)이다. 유럽동맹체제의 정치구조는 미국의 정치구조와 본질적으로 차이가 있다. 유럽의 정치체제를 미주대륙에 적용하려는 그 어떤 시도도 미합중국의 평화와 안전을 위협하는 것으로 간주한다고 선언한 조항이다. 또한 이 원칙은 이미 독립한 나라에 대하여 이를 억압하고 통제할 목적으로 유럽제국이 간섭을 하는 것은 미합중국에 대해 비우호적인 태도로 간주한다고 선언한 것이다. 셋째, 고립의 원칙(Principle of Isolation)으로 고립주의를 표방한 것이다. 미합중국은 유럽제국 문제와 관련된 유럽전쟁에 참가한 일이 없으며, 이에 참가한다

---

3) 일반적으로 먼로선언이 불간섭, 고립주의로 표현되면서 '간섭정책'으로 비판받는 예는 많으며 그 대표적인 것으로 Roque Saenz pena, "A Doctrin of Intervention," in Donald M. Dozer, The Monroe Doctrine(NY.: Aflred A. Knopf), pp.39~42., 오기평, 위의 책, p.30.
4) 이기택, 『국제정치사』(서울: 일신사, 1995), p.59.

는 것은 미국에게 적절한 정책이 아니라고 하는 선언이다. 그러므로 이를 한편 '격리의 원칙'이라고도 한다.

이러한 미국의 먼로독트린은 프랑스의 남미개입이나 특히 러시아의 신성동맹체제가 세계문제에 개입한다는 것을 반대하여 온 영국에게 유리한 것으로서 유럽협조체제의 위기를 재촉하였다고 할 수 있다.

제2절 프랑스의 7월혁명과 2월혁명

1. 7월혁명과 벨기에 독립

(1) 프랑스의 7월혁명

1830년대의 혁명들은 1814~1815년에 이루어진 강화조약의 결과에 대한 전면적인 항의였다. 강대국들의 군주와 정치가들이 약소국가들에게 부과한 새로운 형태의 질서는 자유주의자들과 민족주의자들에 의해서 유럽 민족들의 열망을 만족시킬 수 없는 구 질서로 비난받았다. 1830년의 혁명들에 의하여 뚜렷하게 표면화된 이러한 이념의 충돌은 장기적인 관점에서 혁명 그 자체보다 중요한 것이었다.

이러한 상황하에서 프랑스는 영국이 그 헌정체계 속에서 평화적인 변화를 기대할 수 있었던 것과는 달리 타협이 될 수 없는 극단적인 세력들에 의해서 극심하게 분열되어 있었다. 따라서 만약에 어떤 변화가 있을 수 있다면 그것은 폭력적인 것일 수밖에 없었다. 이것이 바로 1830년 7월 29일 파리인에 의해 폭동으로 나타나 국왕군대를 타도하고 파리에 가정부가 수립되었다. 샤를 X세(Charles X)는 영국으로 망명을 하고 혁명파의 헌법승인을 전제로 하여 루이 필립(Louis Philippe)이 국왕을 계승하였다.

7월혁명의 성공은 유럽에 큰 충격을 주었다. 그러나 7월혁명의 직접적인 영향은 바로 대륙국가 내의 정치판도에 변화를 초래하였고, 이는 제일 먼저 벨기에의 독립으로 나타났다.

(2) 벨기에 독립

1815년 비엔나회의에서 벨기에는[5] Dutch Netherlands와 오스트리안 네덜란드가 하나의 주권국가에 통합되었다. 즉 오늘날의 네덜란드와 벨기에가 하나의 국가로 병합되었다. 따라서 오늘날 네덜란드와 벨기에로 각각 불리는 Dutch Netherlands와 오스트리안 네덜란드는 인종과 언어의 차이에도 불구하고 무리하게 하나의 국가로 합쳐지는 결과를 낳은 것이다. 이는 영국의 정치적 이익 및 전략적인 정책에서 기인된 것으로서, 벨기에를 병합시켜 네덜란드를 확대·강화함으로써 프랑스가 북부로 팽창하지 못하도록 한 것이다.

이러한 벨기에의 네덜란드로의 합병은 프랑스의 1830년 7월의 자유주의 물결과 민족주의의 확장을 계기로 벨기에로 하여금 독립운동의 기폭제 역할을 하게 하였다. 1830년 8월 25일 브뤼셀에서 일어난 폭동으로 드디어 9월 23일에서 26일에 걸쳐 네덜란드군과 벨기에 무장군은 정면으로 충돌하여 네덜란드군이 격퇴 당하자 벨기에의 국민해방이 구호로 등장하게 되었다. 10월 4일 벨기에 임시정부가 선포되었고, 곧이어 벨기에 입헌

---

5) 벨기에는 원래 1713년 유트레히트조약까지는 스페인 네덜란드였으나, 그 이후는 오스트리안 네덜란드로 남아 있었고, 이것을 1794년 프랑스가 무력으로 나폴레옹 치하에 두었다. 오기평, 앞의 책, p.49.

군주제의 창립을 위한 국민의회가 소집되었다.

　벨기에의 독립은 비엔나체제의 붕괴를 의미하는 것이므로 강대국들의 간섭구실이 되었다. 그러므로 네덜란드왕은 프랑스를 제외한 모든 관련국들에게 벨기에의 폭동을 진압하기 위한 열국의 지원을 호소하였다. 이는 유럽협조체제를 기초로 하는 열강에게 간섭할 권리가 있었던 것이다. 그러나 이러한 요청에 대하여 러시아 황제는 적극적인 개입을 바랬으나 프러시아는 개입을 하되 집단적이어야 한다고 주장하였다. 한편 메테르니히는 냉담하였고 따라서 프랑스와 영국의 입장이 주요한 위치를 점하게 되었다. 벨기에의 독립에 동정적인 영국의 입장에서 볼 때 독립국의 개입을 연쇄적으로 불러일으킬 위험이 있으므로 영국은 프랑스를 포함한 모든 나라가 간섭하지 않는다는 조건하에 불간섭정책을 택하여 벨기에의 독립 문제와 관련하여 중재하기에 적합한 입장에 서게 되었다. 프랑스의 입장보다 이해에 초연할 수 있던 영국은 벨기에 문제의 해결을 위한 국제회의의 개최를 제의하기에 이르렀다. 1830년 12월 20일 런던에서 5개국 열강회의가 개최되었고, 여기에서 벨기에의 국가승인을 하는 의정서가 발표되었다. 최종적으로 벨기에의 독립국가의 탄생은 1831년 1월 21일 런던 의정서를 통해 이루어졌다. 주요내용은 벨기에를 영세중립국으로 하며, 벨기에의 중립은 서명국에 의해 보장된다고 발표하였다. 그리고 1831년 11월 15일에 5대국간에 맺어진 24개조의 조약으로 벨기에와 네덜란드간의 국경은 정착되었다.

2. 1848년 2월혁명

　유럽의 역사 속에서 수 차례의 프랑스혁명은 그때마다 유럽질서를 변화시키는 원동력으로 작용하였다. 이러한 일환으로 1848년 2월혁명은 민족국가의 형성과정에 큰 충격을 주었다. 2월혁명은 7월혁명에 대한 불만의 폭발이었다. 입헌군주제하의 7월혁명 후 프랑스를 포함한 유럽대륙에서는 산업혁명이 진전되어 국부의 축적을 이루고 산업부르조아가 성장되어 이를 배경으로 각지에는 정치적 자유와 민족적 해방을 부르짖는 운동이 활발하게 움직였다. 이러한 현상타파의 기운은 1840년대에 들면서부터 점차 표면화되기 시작하였으며 1845년부터 1848년에 걸친 스위스의 내란은 시민전쟁으로 확대되어 자유주의 정책을 택하던 민주파의 승리로 끝났다. 따라서 이들 자유주의 세력들은 정부를 새로 조직하고 새 헌법을 만들려고 함으로써 이는 다시 1815년의 비엔나체제에 대한 도전으로 나타나게 되었다.

　이러한 움직임은 열국의 정책에 분열을 일으켰다. 자유주의적인 영국의 파아머스턴과 오스트리아의 메테르니히는 스위스사태를 둘러싼 간섭여부를 놓고 대결하였으나 결국은 영국의 압력에 의하여 오스트리아의 간섭의도는 좌절되었다. 이 때 프랑스의 기조(Guizot)내각은 우연히도 메테르니히의 보수적인 정책에 동조하고 있었다. 이는 바로 루이 필립왕정이 국민의 자유적인 성향을 경시했다는 근거이고 여기에 자유주의세력으로부터의 반발은 드디어 2월 22일의 파리시위로 나타났다. 1830년 7월 혁명은 그 주동세력이 부유층의 이익을 옹호하는 세력이었으며 그 결과 경제번영, 산업혁명, 그리고 국부의 증대를 가져와 부르조아 상층부의 이익을 신장시켰던 것이다. 그러나 이에 반해 1848년 2월혁명에서의 주동세력은 7월혁명으로부터 소외되었던 지식층, 소시민, 노동자였다. 2월혁명은 특히 루이 필립의 선거법의 개정여부와 경제적인 공황속에서 주로 노동자의 불만이 폭발한 것이었다. 3일간의 정부군과의 대치이후 왕정은 넘어지고 2월 24일에 임시정부가 들어서서 프랑스 제2공화국을 선포하였다.

　제2공화국의 외상 라마르틴(Lamartine)은 3월 5일 외교정책을 선언하였다.[6] 그 주요 내용을 요약하면 다음과 같다.

1. 프랑스는 전쟁을 반대한다. 그리고 프랑스 국내문제에 대한 외부세력의 간섭을 반대한다. 이는 프랑스의 혁명세력이 외국의 혁명세력에 대하여 지원하자는 압력을 배제하기 위한 것이다.
2. 군주·공화제는 화합 가능하다. 이 선언은 당시 유럽열강 가운데 군주제를 채택하고 있는 국가들과의 화합가능성을 높이고 이에 영합하기 위한 것이었다.
3. 1815년의 비엔나협약은 모두 무효이나 오직 영토에 관한 조항만은 준수한다. 이는 외부세력으로부터의 간섭이 그 가능성을 줄이기 위한 것이었다.
4. 피압박민족의 해방운동을 지원하고 자유·평등·박애정신을 신장한다는 내용으로서 이에 대해서는 모두가 합의할 수 있는 이상론을 피력하였다.

프랑스의 이러한 성명을 보고 열강은 어느 정도 안도의 감을 가지기는 하였으나 경계를 게을리하지는 않았다. 동유럽의 3대군주국은 신정부에 대한 불신을 표명하였다. 특히 러시아의 니콜라이 1세는 근위장교들이 모인 자리에서 '제군 드디어 프랑스는 공화제가 되었다'고 흥분을 토로하여 간섭의 뜻을 보였으나 이들 3대국이 간섭을 위한 공동대책을 강구하기 전에 유럽의 각지에는 혁명과 반란의 불길이 뒤를 이어 일어나고 있었기 때문에 3대국은 자국의 정치적 안정이 시급하여 도저히 간섭을 생각할 여유가 없었다. 그리고 영국은 다년간 루이·필립과 조화할 수 없었기 때문에 오히려 그 전복을 기뻐하고 신정권이 벨기에를 침략할 의사가 없음을 알자 솔선하여 이를 승인하였다.

3. 독일의 입헌통일운동

프랑스의 2월혁명의 영향을 가장 크게 받은 것은 독일이었다. 오스트리아, 프러시아 등 기타의 제연방에서는 자유주의적, 민족주의적 혁명이

---

6) "Lamartie's Manifesto to Europe", *Documents*, pp.91~94, 오기평, 앞의 책, p.53.

폭발하여 한동안 전독일은 대혼란에 빠졌다.

먼저 반동보수의 아성인 비엔나에서는 3월 30일 노동자와 학생을 중심으로 군중이 '타도 메테르니히'를 절규하면서 왕궁을 포위하고 혁명행동에 들어가자 국왕 페르디난트 1세(Ferdinand I)는 메테르니히를 파면하고 왕의 이름으로 자유주의적인 신헌법을 선포하였다. 이에 대하여 오스트리아 내의 독일인들은 만족하였으나 완전한 독립을 요구하고 있던 헝가리인들에게는 독립된 입법권을 주었으며, 슬라브인들에게는 자치의 조직을 허락하였다. 따라서 비엔나회의 이래 공고하게 구축되어온 오스트리아의 반동체제의 정치조직은 흔들리기 시작하였다.

독일 제공국 중 가장 강대한 프러시아는 오스트리아의 연방의회(Bundestag)를 통한 통제하에 있었다. 그러므로 합스부르그(Habsburg)가인 오스트리아와 호헨졸레른(Hohenzollern)가인 프러시아는 중부유럽의 지배를 놓고 오래도록 경쟁관계에 있었다.[7] 그런데 바로 2월혁명이 그 중대한 계기를 마련해 주었다. 독일제소공국의 애국자들은 3월 5일 바아덴(Baden)의 하이델베르그(Heidelberg)에 회합하여 통일을 위한 준비의회를 개최하고 전독일에 적용할 신헌법제정을 위한 모든 준비를 할 것을 의결하였다. 이리하여 준비의회는 3월 31일부터 4월 4일에 걸쳐 프랑크푸르트(Frankfurt)에서 600명의 대의원이 참석한 가운데 개최되었으며 여기에서 독일연방전체를 통치하는 하나의 군주정체를 수립할 것과 독일국민전체의 보통선거에 의한 대의원으로 구성되는 헌법제정의회를 소집하되 이 제정의회는 연방의 주권을 장악하고 또 그가 제정한 헌법은 각방의 승인을 얻을 필요 없이 실시할 것을 선언하였다. 그리고 1848년 5월 18일 역시 푸랑크푸르트에서 연방의회가 개최되어 입헌군주제의 독일연방을 건설할 것과 제국임시정부를 수립할 것을 의결하고 오스트리아의 요한대공(Grossherzog Johann)을 제국총재로 추대하여 신내각을 조직하면서 오스트

---

7) Albrecht-Carrie' *op., cit.,* p.75.

리아인 슈멜링크(Anton Schmeling)를 수상으로 임명하였다. 이를 이른바 푸랑크푸르트제국이라고 한다.

  푸랑크푸르트의회에서는 많은 이민족을 포함하고 있는 오스트리아는 제외하자는 '소 독일론'과 오스트리아 내에서도 순독일인의 지역은 포함시키자는 '대 독일론'이 대립하였다. 그러나 소 독일론이 승리하여 10월 27일 '제국의 여하한 부분도 비독일민족의 토지와 한 나라를 형성할 수는 없다. 만일 독일인의 토지가 비독일민족의 토지와 동일한 군주를 추대할 때에는 이 양 지역의 관계는 명의적으로 동일군주연합의 원칙에 따라 규율된다'는 결의를 채택하였다. 그런데 이러한 결의는 그 영토의 전부를 신독일연방에 가입시키려고 하는 오스트리아의 주장을 배척하는 것이기 때문에 오스트리아는 이에 맹렬히 반대를 하고 푸랑크푸르트회의의 사업에 방해공작을 전개하게 되었다. 그러나 1849년 3월 오스트리아에는 헝가리인의 반란과 이태리인의 반란으로 독일통일문제를 돌볼 여유가 없었으며 이 기회를 이용하여 푸랑크푸르트회의는 3월 27일 프러시아왕을 세습의 독일황제로 추대하자고 결의하고 4월 3일 이를 프러시아에 통고하였다. 그러나 오스트리아와의 충돌을 두려워하는 프러시아왕은 연방 내의 전군주가 추대하지 않는 한 정당한 제위가 될 수 없다고 거절하였다. 그러므로 푸랑크푸르트회의에서의 독립은 무산되고 그 모임은 해체되었다.

  이렇게 되자 프러시아정부는 자기의 지도하에 '제한적 연합'을 실현할 목적으로 5월 17일 베를린에서 각 연방의 회의를 소집하였으며, 이로써 오스트리아와 새로이 맹주다툼이 벌어졌다. 여기서 잠정적으로 오스트리아와 프러시아간의 조약이 체결되었고 이는 당시 오스트리아외상인 시바르쩬베르그(Schwarzenberg)에 의해 주도되었다. 1849년 9월 30일 오스트리아와 프러시아는 각각 2명의 위원을 선출하여 그들로 하여금 1850년 5월 1일까지 시한부로 연방의 정권을 담당케 하였다. 이로써 푸랑크푸르트의회의 사업은 정식으로 폐기되고 독일연방은 구 헌법에 따라 오스트리아와 프러시아 양국의 지도하에 들어가게 되었다.

그러나 오스트리아는 합동정권의 시한이 지나기 전인 1850년 4월 다시 독일제군주의 회의를 푸랑크푸르트에 소집하여 오스트리아에 유리한 정부조직의 개편과 헌법을 심의 완료함으로써 드디어 프러시아의 굴복을 가져왔으며, 결국 프러시아의 독일통일의 희망은 좌절되고 말았다. 따라서 독일의 통일은 뒷날 비스마르크의 과제로 남게되었다.

4. 크리미아전쟁 외교

유럽협조체제의 붕괴에 영향을 주었던 것은 1854년 3월 27일 발발한 영국·프랑스와 러시아간의 크리미아전쟁이라고 할 수 있다. 크리미아전쟁은 쇠퇴해 가는 오스만터키의 분할을 둘러싼 열국의 이해상충에서 나온 전쟁이다.

오스만터키가 30년간의 국내의 혼란으로 국가존망의 위협을 받을 때마다 러시아는 오스만터키로 팽창을 시도하였으나 이에 대하여 영국은 오스만터키를 강화시켰다. 러시아의 니콜라이 1세는 터키의 분할에 관심이 컸고 이미 1844년에도 이를 시도하였으며 1853년 봄에 다시 이를 위해 영국과 제휴를 시도하였다. 러시아는 영국으로 하여금 크레타섬을 합병하는 대신 러시아는 콘스탄티노풀을 점유하고, 세르비아, 불가리아, 몰다비아, 왈라키아 등에 독립을 허여하여 러시아의 보호하에 둘 것을 제의하였다. 그러나 이 제의는 러시아의 지중해 진출을 저지하고자 하는 영국에 의해서 거부되었다. 이러한 러·영의 협의에 대하여 오스트리아와 프러시아는 중립 내지는 친러시아적인 입장이었다. 이는 모두가 폴란드의 반란시 맺어진 러시아와의 관계에 기초하였다.

이때 프랑스 제2공화국의 루이 나폴레옹은 1852년 12월 2일에 인민 투표에 의하여 나폴레옹 3세로 제위에 올라 그의 정권의 정통성을 강화하고 지난날 프랑스의 영광을 되찾기 위한 계기를 만드는데 열중하였다. 이러한 상황하에서 터키는 드디어 1583년 10월 4일 영국과 프랑스의 지원을 기대하고 러시아에 선전포고를 하여 영국과 프랑스양국은 터키 지원 의사를 분명히 하였다.

터·러간에 전쟁이 개시되자 영국과 프랑스함대는 흑해로 진입했다. 크리미아전쟁의 경우 영·불이 대륙국가인 러시아를 대항함에 있어 해군작전으로는 불가능하여 러시아로 하여금 평화적 해결방안을 채택하도록 촉진시킨다는 데 합의를 보았다. 그 방법으로 양국은 핀란드를 러시아로부터 스웨덴에 양도하는 조건으로 스웨덴의 참가를 요구하였으나 스웨덴은 러시아의 보복을 두려워하여 이 제의를 거부하였으므로 할 수 없이 영국과 프랑스는 오스트리아와 프러시아의 참전을 종용하게 되었다. 영·불은 우선 오스트리아를 포함한 3국동맹을 제의하였다. 이러한 영·불의 제의에 대하여 오스트리아는 우선 프러시아의 보장이 필요하여 프러시아에게 동맹을 제의하였다. 그러나 프러시아왕 올뮈츠(Olmutz)는 보수세력과의 국제적 연대가 와해되는 것을 원하지 않았으므로 러시아와의 적대관계를 바라지 않았다. 즉 영국과 프랑스는 전쟁기간의 단축과 보수세력의 와해를 위해 오스트리아를 끌어들이려 했으나 독일의 협조없이는 불가능했고 그로 말미암아 이를 해결하기 위한 복잡한 전시외교는 활기를 더해갔다.

1854년 4월 9일 비엔나대사회의에서 영·불·오·프 4개국이 협력하여 러·터간의 분쟁을 해결할 것을 약속하고 러·터간의 강화조건을 제시하여 러시아가 이 조건에 따라 몰다비아와 왈라키아 양주에서 철수하자 그 공백을 오스트리아가 점령하였고, 나아가 영·불은 이를 계기로 러시아의 후퇴에 박차를 가하였다. 또한 1852년 8월 8일에 영·불·오 3국은 '비엔나통첩'이라는 4개조를 러시아에게 통고하였다. 그러나 러시아는 이를 거부하게 되었고 9월 영·불·터연합군에 의한 크리미아반도에 대한 전쟁은 본격화되었다.

1854년 10월 영·불·터연합군에 의하여 세바스토폴리(Sevastopoli)이 함락직전에 이르자 1855년 1월 러시아는 비엔나통첩을 기준으로 한 협상을 파리에서 재개토록 하였고, 1개월 후 니콜라이를 계승한 알렉산더 2세가 열강의 4개 조항을 2월에 수락하게 되었다.

크리미아전쟁을 끝내기 위한 파리강화회의는 1855년 2월 25일부터 시작하여 3월 30일에 최종의정서가 완성되었다.[8] 프랑스가 제시한 중재조건은 무배상 그리고 다뉴브강에서 러시아의 항해권의 제약이다.

파리회의의 결과는 러시아의 굴욕적인 패배를 문서화시켰으며 터키에 대한 지원은 약속되었다. 또한 1841년의 해협조약을 개정함으로써 흑해의 중립을 기하였다. 그 내용은 다음과 같다.[9]

(1) 터키의 독립과 영토보전을 열국은 집단적으로 보장함으로써 터키를 다시 유럽의 일원으로 한다. 또한 러시아는 정교회에 대한 러시아의 독점적 보호권을 폐기한다.
(2) 터키는 내정을 개혁하고 열국의 내부간섭을 배제한다.
(3) 흑해의 중립을 기한다.
(4) 몰다비아, 왈라키아에 대한 오스트리아의 점령은 계속하되 이는 열국의 공동보호하에 둔다. 다만 양주에 대한 터키의 종주권은 인정한다.
(5) 국제위원회를 설치하여 다뉴브강의 자유항행의 원칙을 지킨다.
(6) 러시아의 해상권을 제한한다.

이와 같이 파리조약으로 러시아는 지중해 및 발칸방면에서 남진이 저지되고 흑해는 중립화가 되었다. 이외에도 전시해양법, 봉쇄 및 해상포획에 관한 파리선언을 채택함으로써 국제법 정립에 중요한 기초를 닦았다.

---

8) 파리회의는 일반조약과 양해협의 폐쇄를 약속한 개정된 해협조약이 동시에 체결되었다. "General Treaty of Peace, 30 March 1856," 및 "The Straits Convention," Documents, pp.197~199 참조.
9) 오기평, 앞의 책, pp.60~61 참조.

제3절 이태리의 통일

 2월혁명의 여파로 이태리의 전 영토에 일어났던 자유통일운동이 오스트리아의 진압으로 좌절되었으나 완전히 끝나지는 않았다. 그러나 2월혁명의 경험에 비추어 무력의 배경이 없는 통일운동은 불가능하다는 것을 체험하였다. 그러므로 이후의 통일운동은 이태리에서 유일한 독립국인 사르데냐(Sardinia)가 중심이 되었다.

 이태리의 통일을 추진함에 있어서는 마치니(Mazzini)에 의한 공화정하의 이태리 통일을 추진하는 세력과 카톨릭 세력을 기초로 로마교황을 중심으로 하는 이태리연방을 추진하는 두 세력이 있었다. 그러나 그 중에서도 이태리의 통일을 실제로 완성한 카부르(Cavour)의 구상이 그 중심 목표였다. 카부르는 일찍이 영국에 유학하여 의회정치운영에 깊은 감명을 받은 사르데냐의 재상이었다. 그는 이태리의 독립에 대해 이태리 단독의 힘으로는 통일이 불가능하다고 판단하고 있었다. 그는 서방국가로부터의 원조를 획득해야 한다고 판단함으로써 프랑스나 영국의 힘을 빌리려 했다. 그러나 영국은 완전한 원조가 불가능하다고 생각했는데, 이것은 영국이 해군력밖에 없었기 때문이었다. 반면 프랑스는 1852년 이래 나폴레옹 3세가 프랑스의 영광을 다시 회복하겠다는 정책을 그대로 수행하고 있었다. 이러한 의도는 이태리의 독립운동 지도자가 생각하는 의도와 일치를 보게된 것이다. 따라서 1858년과 1859년 사이에 있었던 프랑스의 무력지원은 이태리의 독립운동에 결정적인 역할을 했다.

 다음으로 그는 이태리의 독립운동은 오직 무력으로서만이 실현가능성이 있다고 판단하였다. 카부르는 군비를 충실히 하여 통일하려 했던 것이다.

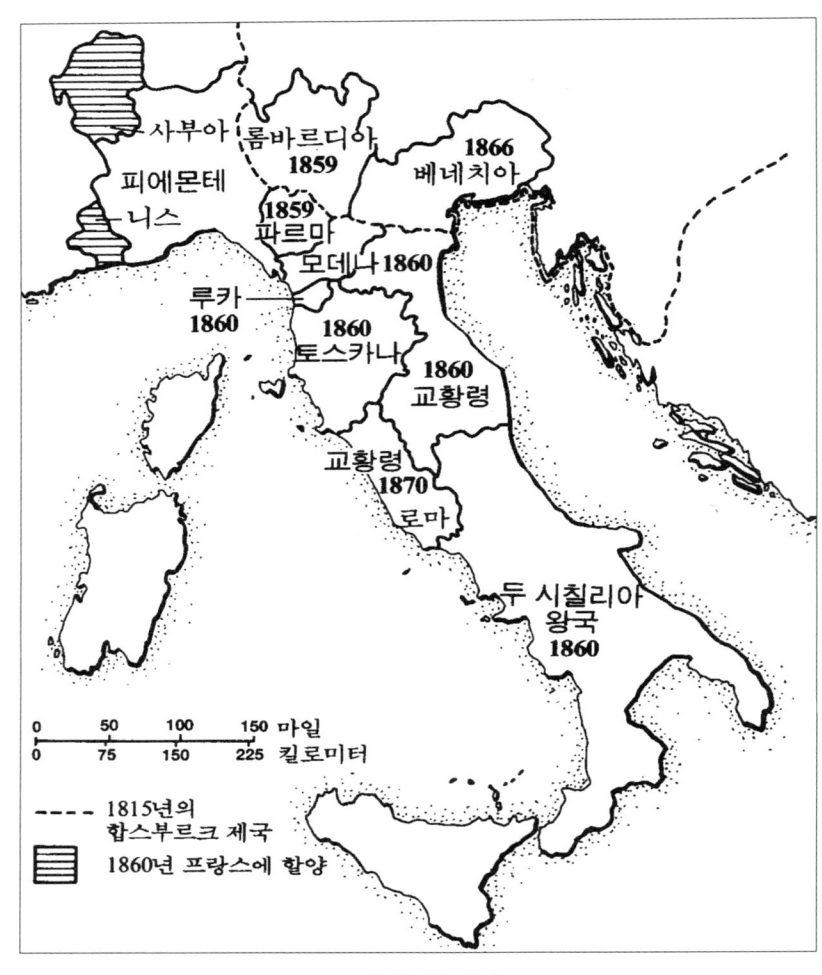

비엔나체제 붕괴

크리미아전쟁 당시에도 이태리 통일의 주역국가인 사르데냐가 참전함으로써 군사적으로 강화되었다. 마지막으로 카부르는 이태리의 통일에 대해 현실적인 구상을 하고 있었다. 이를 위하여 사르데냐왕국을 크리미아전쟁에 참전케 하였고, 이 전쟁에서 승리함으로써 사르데냐를 국제적인 위치에 끌어올려 통일을 완성하려 한 것이다. 카부르는 이태리를 통일된 독립국가로 할 것을 결심하였으며 로마를 수도로 할 것도 준비하고 있었다. 이태리의 통일에 중요한 역할을 한 나라는 프랑스였으며, 특히 나폴레옹 3세는 지대한 영향을 끼쳤다.

그러나 나폴레옹 3세는 이태리의 독립이나 통일의 단일국가로서의 가능성을 배제하고 있었다. 이태리의 장래를 독일연방과 같은 이태리연방정도로 그 해결을 기대했다. 즉 약화된 이태리를 생각하고 있었다. 이러한 해결책은 프랑스에 있어서는 몇 가지 이점이 있었기 때문이다. 그 하나는 이태리의 강화는 프랑스의 이익과 상충되는 결과를 초래하기 때문이었다. 이태리가 사보이(Savoie)왕조에 의해서 완전히 단일국가로 통일될 경우 로마교황이 그 휘하에 들어간다는 것은 카톨릭국가인 프랑스로서는 용납할 수 없는 일이었다. 따라서 이태리반도 내의 다른 이태리왕국들이 공존하는 이태리연방을 건설하는 것이 가장 바람직하다고 생각했다.[10]

이러한 문제를 종합적으로 결정한 것이 1858년 7월 20일 나폴레옹 3세와 카부르간에 플롤비에르(Plombier'es)비밀회동이다. 이 비밀회의에서 동맹의 대강에 관한 구두의 합의를 보고, 동년 12월 10일 토리노(Torino)에서 정식으로 프랑스와 사르데냐간의 비밀군사동맹이 체결되었다. 이 동맹에서는 플롤비에르의 구두약속에 따라 프랑스는 사르데냐를 원조하여 오스트리아에 개전하도록 하고 20만의 군대를 동원하여 오스트리아의 세력을 반도로부터 완전히 구축할 때까지는 강화를 하지 않으며, 프랑스는 이에 대한 대가로 사보이와 니스(Nice)를 할양 받는다. 그리고 롬바르디아, 베네치아를 해방시켜 중부에 1,100만 인구를 포용하는 이태리국가를 형성한다고 하였다.

그러나 프랑스와 사르데냐의 동맹이 세상에 알려지자 오스트리아는 이제 전쟁이 불가피함을 깨닫고 20만의 대군을 집결시킴으로써 전쟁의 위

---

10) 이기택, 앞의 책, p.94.

기는 절박하게 되었다. 사태가 이렇게 절박하게 되자 알렉산더 2세에 의하여 이태리문제를 해결하기 위한 영국, 프랑스, 러시아, 프러시아 등 열국회의를 열어 오스트리아를 궁지로 몰아넣었으나, 오스트리아는 전쟁의 기회를 지연시키는 것은 적국에 전비를 갖출 시간적 여유를 줄뿐이므로 프랑스가 충분한 전비를 갖추기 전에 사르데냐를 단숨에 굴복케 하겠다는 전략하에 4월 23일 사르데냐에 대하여 3일 이내에 무장해제를 하라는 최후통첩을 보냈다. 그러나 사르데냐는 4월 26일 오스트리아의 최후통첩을 단호히 거부하였다. 따라서 오스트리아는 4월 29일 티치노강을 넘어 사르데냐를 침입하였고, 5월 3일에는 프랑스도 오스트리아에 선전포고를 함으로써 이태리반도의 독립전쟁이 개시된 것이다. 결국 수적으로 열세하였던 오스트리아는 도처에서 연패를 거듭하였으며 6월 24일에는 솔페리노(Solfelino)의 격전에서 일대타격을 받는 등 이윽고 1859년 7월 11일 빌라프랑카(Villafranca)에서 프랑스·사르데냐와의 강화에 들어가게 되었다. 나폴레옹 3세는 사르데냐와 사전협의도 없이 빌라프랑카조약에서 이태리에 대한 총체적 조절을 시도하였다. 그 내용은 아래와 같다.

　오스트리아와 프랑스는 이태리가 교황을 맹주로 하여 연방을 조직할 것에 합의하는 외에 다음과 같이 합의하였다.[11]

(1) 오스트리아는 롬바르디아를 프랑스에 양보하고 프랑스는 이를 사르데냐에게 재할양한다.
(2) 오스트리아는 베네치아를 소유하나 이는 이태리연방에 속한다.
(3) 토스카, 팔마, 모데왕을 복귀시킨다.
(4) 이태리는 교황을 명예장으로 하는 연방으로 한다.

　이러한 나폴레옹 3세와 오스트리아왕인 프란쯔 요제프 1세간의 담합은 카부르나 사르데냐와의 협의도 없이 이루어진 것으로서 이를 기정사실화 시키려는 나폴레옹 3세의 노력은 카부르의 항의사임으로 나타났고 빗토

---

11) 이기택, 앞의 책, p.99 참조.

리오 에마누엘레(Vittirio Emanuele) 1세는 그를 승계하였다. 이러한 가운데 토스카, 모데나, 볼로냐 등 세 곳 주민은 각각 임시정부를 세우고 국민투표에 의해 사르데냐와 합병할 것을 시도하였다. 8월에는 카부르의 지휘하에 토스카, 볼로냐 등이 사르데냐합병을 결정했다. 따라서 이태리의 통일운동은 이태리 민족운동이라는 차원에서 진행되고 있었다. 그러므로 빌라프랑카조약은 사실상 사문화하였다.

이와 같이 많은 이태리의 통일운동을 둘러싼 소요와 격화 속에 이를 종합하는 국제회의가 1859년 11월 10일 스위스 취리히에서 개최되었다. 그러나 여기서 나폴레옹 3세가 의도했던 열강회의는 실패하고 프랑스, 오스트리아, 사르데냐간의 강화조약이 조인되었다. 강화조약 내용은 다음과 같다.12)

(1) 롬바르디아는 사르데냐에 귀속, (2) 롬바르디아와 오스트리아의 영유지인 베네치아와의 국경을 명확히 확정, (3) 양 지방의 국채의 일부를 사르데냐가 부담 등이다.

1860년 1월 다시 재상으로 복귀한 카부르는 그의 외교역량과 영향력을 이용하여 다치스(Duchies), 토스카나, 그리고 로마냐(Romagna)등이 피에몬테에의 합병을 결의하는 데에 이르게 하였다. 이로써 사르데냐는 북부 이태리의 통합을 이룩했다. 이제 남은 것은 중부 이태리의 법왕령과 남부의 시실리왕국 뿐이었다. 그러나 1860년 섬에서 반란이 야기되자 사르데냐정부는 곧 파병하여 5월 5일 시실리에 상륙하였다. 결국 독립운동은 가리발디(Garibaldi)가 나폴리에 도착하고 로마까지 입성한 후 임시정부로 하여금 사르데냐왕 빅토르 에마누엘을 왕으로 추대토록 함으로써 이태리의 통일은 완성되었다.

유럽에서 서로마 제국이 멸망한 이래 1,400년만에 이태리반도에 민족통일국가가 형성되었는데 이는 유럽 국제정치체제에 큰 변화를 가져왔다.

---

12) 오기평, 앞의 책, p.68.

그러나 오스트리아에 귀속된 베네치아의 환수문제와 프랑스에 영향받는 법왕령의 통합문제만이 남아 있었는데, 후일 독일 통일과정에서 각각 1866년과 1870년에 환수되었던 것이다. 원래 프랑스와 이태리의 정책에 있어 로마는 양국에 중요한 위치를 지니고 있었다. 마침내 1864년 프랑스와 이태리간의 잠정적인 합의에 의해 이태리는 로마법왕령을 방기하는 대신 로마에 주둔하고 있던 프랑스군은 2년 이내에 철수할 것을 약속함으로써 법왕령의 통합은 위에서 언급한 바와 같이 다시 뒤로 미루어지게 되었다.

제3장 비스마르크의 외교

통일제국 건설

독일이 통일을 완성한 1871년은 유럽질서가 정립된 1815년 비엔나회의로부터 반세기가 경과되었고 1914년 제1차 세계대전이 일어날 때까지의 1세기간의 거의 중간에 해당하는 시점이다. 독일의 통일은 분명히 유럽 및 세계적인 권력관계의 변화를 초래하였으며 국제외교를 움직이는 근본적인 힘의 변화를 가져왔다는 점에서 중대한 의의를 지니는 것이었다. 왜냐하면 1871년 독일이 통일하기 이전까지 전반의 세기가 프랑스혁명에 의해서 일기 시작한 민족주의나 민주주의의 이념적인 타당성이 교란된 상태에서 국가간의 힘의 형평을 위한 진통기였다고 한다면, 후반의 반세기는 독일이라는 절대적으로 우세한 세력에 의해서 비교적 안정과 평화를 성취한 시기였다. 이러한 독일이 등장하는데는 비스마르크(Bismarck)의 역할이 절대적이라고 할 수 있으며, 특히 그의 외교솜씨는 가히 외교의 대명사라고 할 수 있다. 그런데 그의 외교정책은 독일 통일을 완성하는 전기의 외교정책과 1871년 통일 후 이를 지키는 후기의 보장정책으로 나누고 있는데 이 두 정책은 정반대의 정책이었다고 할 수 있다.

제1절 비스마르크의 전기 독일통일외교

원래 비스마르크(Otto Eduard Leopold Bismarck)는 1815년 프러시아의 융커(Jungker)귀족의 후예로 출생하였다. 파리대사관에 근무하던 그는 1862년 9월 프러시아의 외상 겸 재상에 취임한 전형적인 현실주의적 정치가로서 그의 전기외교의 특징은 전쟁정책(Kriegspolitik)이었다. 그는 재상에 취임하자 우선 '부국강병'(Richy Country and Powerful Soldiery)정책을 내걸고 군비증강에 역점을 두었다. 그리고 그는 의회에서의 연설을 통해 어느 시대에서나 중대한 일은, 1848년과 1849년의 프랑크푸르트에서의 오류처럼 결코 연설이나 다수에 의한 결의로서가 아니라 '피와 철(Eisen und Blut)'로서 이룩해야한다고 역설하여 '鐵血宰相'이라고도 불려지고 있다.

이 시기의 외교는 준독일의 민족통일이 목표였으며, 전쟁수단을 통하여 유럽의 현상을 타파하려는 시도였다. 이를 위하여 우선 군비를 확대하면서 1864년의 덴마크와의 전쟁, 1866년 오스트리아와의 전쟁, 그리고 1870년 프랑스와의 전쟁을 수행하여 독일제국을 확립하였다.

1. 덴마크와의 전쟁

비스마르크가 독일통일사업의 실천단계로서 착안한 것이 쉴레스비히(Schleswig)와 홀스타인(Holstein)문제이다. 홀스타인은 1815년의 비엔나회의 및 독일연방조약에 의하여 덴마크왕의 소속령으로서 독일연방으로 편입되었고 쉴레스비히공국은 18세기 이래 덴마크왕의 소속령이기는 하였으나 정식으로 덴마크왕국에 편입되지도 않고 또 독일연방에도 속하지 않고 있었다. 홀스타인은 본래부터 순수한 독일인의 지역이었고 쉴레스비히는 약 2/3가 독일인, 1/3이 덴마크인이었으며 공용어는 독일어였다. 그런데 1848년의 프랑스혁명에 의하여 이 양 공국에서도 독일인의 민족감정이 고조되어 덴마크로부터 분리하여 독일연방의 일원이 되려는 운동이 일어나고 있었다.

이러한 가운데 1855년 덴마크왕은 그의 전 영지에 신헌법을 발포하고 홀스타인의 독일연방의 성원에 관한 조항을 삭제하였으며 또 독일연방의 일원이 아닌 쉴레스비히에 대해서는 신헌법을 적용하기로 하였다. 이러한 조치에 대하여 양 공국의 독일인들의 불평은 점차 커지게 되었고 1863년 덴마크가 쉴레스비히를 병합할 태도를 보이자 덴마크와 독일연방의회 사이에 분쟁이 벌어지게 되었다. 이리하여 연방회의는 덴마크에 간섭을 가하기로 결의하고 1863년 9월 '간섭실행'의 안을 통과시키게 되었다. 그러나 덴마크는 영국을 믿고 덴마크 본토 및 쉴레스비히에 시행할 신헌법을 11월에 통과시켰으며 이에 연방의회는 격분하여 10월 말 홀스타인의 대의원 중 덴마크출신자들을 의회로부터 추방하여 버렸다. 드디어 1864년 1월 비스마르크는 덴마크에 대하여 최후통첩을 발하고 프러시아와 오스트리아의 동맹군은 1852년의 런던의정서를 위반했다는 구실로 덴마크군을 격파하고 이를 마무리짓기 위한 런던회의가 1864년 4월부터 6월까지 개최되었다. 그러나 회의가 지지부진한 상태에서 덴마크는 완전히 패하였다. 이 전쟁을 마무리짓는 비엔나강화조약은 1864년 10월 30일 체결되었으며, 덴마크는 쉴레스비히, 홀스타인 그리고 라우엔부르크에 대한 일체의 권리를 포기하고 쉴레스비히는 국민투표를 통해 그 귀속을 결정하기로 하였다.[1] 이렇게 쉴레스비히와 홀스타인을 오스트리아와 공동으로 영유하게 한 것은 후일 오스트리아와의 전쟁의 구실을 위한 비스마르크의 외교적 술수에 의한 것이라고 할 수 있다.

따라서 1865년 초 비스마르크는 쉴레스비히와 홀스타인을 프러시아에 귀속하기 위해 오스트리아와의 일전을 강행하려 했으나 국내정치적인 제약과 반대에 봉착하였다. 그리고 이외에도 전쟁시 프랑스와 이태리의 태도가 불분명한 상태여서 결국 오스트리아와의 전쟁의도는 좌절되고 말았다.

2. 오스트리아와의 전쟁

비스마르크가 독일연방을 해소하고 오스트리아를 구축해서 스스로 독일의 패자로 되는 것을 구상한 것은 독일연방헌법개정과 이의 강행을 목적으로 전쟁을 개시하는 것이었다.[2] 그러나 비스마르크는 일단 오스트리아와의 전쟁기도가 좌절되자 전쟁대비외교로서 우선 오스트리아와의 전쟁에서 프랑스의 중립을 확보하는 것이었다. 그는 1865년 10월 비아리츠(Biarritz) 이궁에 있는 나폴레옹 3세를 방문하고 프러시아와 오스트리아와의 맹주 타툼에서 만일 프랑스가 프러시아의 맹주권을 인정하면 프랑스에 벨기에를 포함한 영토적인 代償을 시사하면서 프랑스의 지지를 구하였다. 당초에 무력개입까지도 생각하고 있던 나폴레옹 3세는 영토적인 대상에 관심을 기울이게 되었고 비스마르크에 대해 최소한 오스트리아와

---

1) 이 약속은 이행되지 않았고 이는 1919년 제1차 세계대전에서 독일이 패하고 난 뒤의 베르사이유조약으로 1920년에야 비로소 국민투표가 실시되었다.
2) 入江啓四郎, 『外交史提要』(京都: 成文堂, 1992), p.30 참조.

프랑스간에 동맹관계는 없을 것임을 확실히 하였으므로 비스마르크는 개전 준비를 서두르게 되었다. 이렇게 되자 오스트리아와 프러시아간의 긴장을 감지한 나폴레옹은 국제회의를 소집하려 하였으나 모든 나라가 동조하지 아니하여 무산되어 버렸다.

일단 프랑스의 중립을 확약받은 비스마르크는 다시 이태리와의 관계를 강화함으로써 2중적인 보장을 확보함과 동시에 오스트리아로 하여금 남북으로 양면전선을 형성케하려고 하였다. 1866년 4월 8일 비스마르크는 베네치아의 반환을 미끼로 이태리와 군사동맹을 체결하여 원조의무발생사유(Casus Foederis)를 명시하고 3개월 시한부의 공수동맹의 조인을 하는데 성공하였다. 이 군사동맹에 포함된 내용은 앞으로 3개월 이내에 프러시아가 독일연방제도의 개혁문제로 오스트리아에 개전하면 이태리는 오스트리아에 선전하고 전투에 참가하고 단독강화를 하지 않는다. 물론 베네치아는 이태리에 귀속된다. 이제 상황이 이렇게 되자 비스마르크는 오스트리아에 대한 전쟁을 유도하기 시작하였다.

1866년 4월 9일 프러시아는 프랑크푸르트의회에 독일연방제의 개혁안을 제출하였다. 우선 연방의회를 해산하고 연방헌법을 폐지하며 신의회와 신헌법의 제정을 제의한 것이다. 이에 대항하여 오스트리아는 6월 초에 홀스타인의회를 소집하여 역시 개헌을 시도하고 덴마크와의 관계를 청산하고 그의 영유권을 확립하려 하였다. 이러한 일련의 상황 속에서 비스마르크의 외교적 도전은 기회를 맞게 되었다.

비스마르크는 우선 이를 가시타인조약에의 위반이라고 비난하면서 홀스타인에 군대를 파견하였다. 그리고 그는 6월 10일 룩셈부르크와 오스트리아를 독일연방으로부터 제외하고, 독일국민에 의한 보통선거로서 독일국민의회를 소집하여 개헌안을 검토할 것을 제의하였다. 1848년의 프랑크푸르트의회에서 채택되었던 독일연방헌법에서 진보적인 보통선거 규정을 조직적인 무정부상태의 구성이라고 비난할 정도로 보수적이었던 비스마르크의 제의는 분명 그가 지닌 보수전제적인 정치철학과는 거리가 먼 것이었다. 아울러 이는 오직 오스트리아에 대한 거부반응의 결과였던 것이다. 드디어 오스트리아는 비스마르크가 바라던 대로 6월 17일 프러시아에 먼저 선전포고를 하기에 이르렀고, 프러시아는 6월 18일, 이태리는 6월 20일 오스트리아에 선전포고하고 참전하였다. 비스마르크의 전쟁외교로 외부의 지원을 받지 못한 오스트리아는 막강한 군사력을 지닌 프러시아에 역부족이었고, 최후의 희망을 걸고 20만의 대군을 집결하여 싸운 사도와(Sadowa)전투에서 대패하자 사실상 전국의 대세는 결정나고 말았으며, 프러시아의 몰트게(Helmut von Moltke)장군에 의해 전쟁은 7주만에 종결되었다. 따라서 전쟁은 니콜수부르크 예비조약으로 정전하였고 1866년 8월 23일 프라하 강화조약으로 막을 내렸다. 이로써 프러시아는 오스트리아를 완전히 제거해 버림으로써 독일통일의 기초를 확고히 다졌다. 강화의 내용은 다음과 같다.3)

(1) 베네치아를 제외한 오스트리아의 영토보전을 기한다.
(2) 오스트리아는 독일연방의 해체를 승인하고 독일의 개조에 이의를 제기하지 않고 작센을 비롯한 모든 덴마크의 영유지에 대한 영유권을 포기한다.
(3) 마인강 북쪽의 북독일연방의 형성과 프러시아의 맹주권을 인정하고 프러시아는 북독일연방의 군통수권을 행사하다.
(4) 마인강 이남의 남부독일은 새로운 연방을 형성하고 남·북독일연방의 문제는 후일에 결정하기로 한다.
(5) 프러시아는 홀스타인 쉴레스비히를 병합한다.
(6) 이태리에게 베네치아를 귀속시킨다. 이 밖에 오스트리아는 6,000만 크라운의 전쟁배상을 프러시아에게 지불한다.

프라하조약은 패전한 오스트리아에게 대단히 관대한 처우였다. 우선 실질적으로 영토의 상실은 없었고 전쟁배상은 오직 명목상의 것이었다. 이러한 조치는 비스마르크의 계책가운데 아직도 독일의 통일을 위해서는

---

3) 吳淇坪, 『世界外交史』(서울: 博英社, 1990), p.81.

많은 문제가 남아 있으며 그 가운데서도 프랑스와의 일전이라는 과제가 남아있음을 의식한 때문이었다. 프로시아는 북부독일연방의 맹주로서 1867년 하노버, 나사우, 카셀, 프랑크푸르트 등을 병합하였으며, 이태리는 1866년 10월 3일 오스트리아와의 조약으로 베네치아를 회복하는데 성공하였다.

이제 비스마르크에게 있어서는 오스트리아·프러시아전쟁에서 중립을 지키고 또 종전강화를 중개한 프랑스의 代償요구에 어떻게 대응하느냐하는 과제가 제일 큰 것이었다. 즉 라인강 좌안의 토지를 요구하고 있는 프랑스와의 관계가 전쟁상태로 돌입하기까지는 상당한 외교적인 곡절을 겪게 되었다.

3. 프랑스와의 전쟁

비스마르크는 앞으로 독일의 완전통일을 하기 위하여서는 프랑스와의 전쟁은 피할 수 없다고 확신하고 있었다. 그러므로 그는 프러시아와 프랑스전쟁에 있어 가장 중요한 출발점은 비스마르크가 어떻게 프랑스를 외교적으로 고립시킬 수 있는가가 문제였다. 사실상 열강들이 방관적인 입장과 태도를 취할 것인가 하는 것이 개전 외교 전의 외교로 중요하며, 다음은 교전상태로 들어간 이후 군사적으로나 외교적으로나 중립국가들이 어떻게 전쟁에 개입하지 않을 것인가 하는 문제이다.

한편 프랑스의 나폴레옹 3세는 앞으로의 프러시아와의 전쟁에서 가장 두려워한 것은 러시아의 태도였다. 그는 러시아에 대해서는 크리미아전쟁 이래 폴란드사건을 거쳐 오늘날에 이르기까지 언제나 적대적인 정책으로 일관하였기 때문에 러시아가 다시 프러시아와 동맹을 맺을 것을 두려워하였고, 만일 그렇게 되면 프랑스는 작전상 결정적으로 불리한 입장에 빠지게 될 것을 우려하였다. 따라서 나폴레옹 3세는 러시아와의 접근을 시도하였으나 러시아의 흑해중립조항의 요구로 그의 노력도 실패로 돌아가고 말았다. 나폴레옹 3세는 러시아와의 협상에 실패하자 지금까지 가장 희망을 걸고 있던 오스트리아와 이태리에 접근하기 시작하였다. 그러나 결국 이도 동맹의 체결까지에는 이르지 못하였다. 마지막으로 그는 영국과의 관계에 있어서 영국은 1868년 그람스톤(Glamstone)내각이 내정개혁에만 주력하고 대륙문제에는 불간섭정책을 표방하고 있었기 때문에 프랑스와의 접근을 원하지 않고 있었다.

이러한 상황하에서 비스마르크는 만일에 프랑스와 전쟁을 하는 경우에 열국과 동맹을 얻기가 곤란하다는 현실을 인식하고 오직 열국의 중립만이라도 확보하여 프랑스를 고립시키는데 전력을 다하였다. 특히 열국 중에서도 러시아에 대해서는 그 동향 여부가 프랑스와의 전쟁에 결정적인 영향을 가지고 있다는 것을 인식하고 프랑스와 접근하지 못하도록 하는데 특별한 노력을 기울였다. 이러한 결과 1868년 3월 러시아와 협정에 성공하였는데, 이는 프러시아가 프랑스와 개전할 때 러시아는 오스트리아의 국경에 병력을 집결함으로써 오스트리아의 군사적 행동을 동결시킨다는 것이다. 이와 같이 비스마르크는 대내적으로는 프랑스보다 우세한 군사력을 확보하면서 한편 외교적으로는 러시아와 중립협정에 성공하고 프랑스와는 전쟁구실만을 찾고 있었다. 이러한 차에 전쟁의 구실이 발생하였는데 이것이 다름 아닌 스페인 왕위계승문제였다.

스페인은 이사벨 2세(Isabel II)여왕의 폭정으로 1868년 9월 군부가 반란을 일으켜 왕정은 망명하고 육군장군 2명과 해군제독 1명에 의한 3두정치가 시행하게 되었다. 그러므로 스페인 의회는 국왕후보를 물색함에 있어 7명의 후보자 중에서 프러시아계의 호헨쫄레른-지히마링겐(Hohenzollern-Sigmaringen)의 레오폴드왕자(Prince-Leopld)를 추대하였다. 그러나 레오폴드는 왕위를 고사하였으나 비스마르크는 이를 전쟁의 구실로 삼기 위해 왕위의 수락을 적극 권유하여 다시 왕위를 수락하기에 이르렀다. 이러한 보도가 파리에 전해지자 프랑스의 조야는 커다란 충격을 받았다. 이는 레오폴드가 왕위에 오른다면 프랑스는 프러시아와 스페인의 양면으로부터 포위되어 협공을 받는 위치에 놓이게 되기 때문이었다.

프랑스외상 그라몽(Gramont)은 베를린 대리대사로 하여금 프러시아에 그 진의를 확인토록 하는 한편 언론기관을 동원하여 여론을 일으켰다. 이때에 빌헬름(Wilhelm) 1세와 비스마르크는 피서지 엠스(Ems)에 가고 없어 베를린에 부재중이었는데 비스마르크의 대변인은 7월 4일 이 사건은 호헨쫄레른왕가의 개인적인 일로서 프러시아정부로서는 하등 아는 바 없다고 시치미를 떼었다. 그러나 프랑스의 강경한 항의로 인하여 7월 9일 프러시아왕의 종용으로 레오폴드의 사임은 그로부터 3일 후에 발표되었다. 이는 프랑스외교에 있어서는 획기적인 승리였으나 프랑스와의 전쟁 구실을 찾고 있던 비스마르크에게는 커다란 실망이 아닐 수 없었다. 그러나 여기에 새로운 사태가 진전됨으로써 비스마르크의 의도에 그 실현의 계기가 주어졌다.

일단 레오폴드의 사임이라는 목적을 달성한 프랑스는 그에 만족하지 않고 엠스에서 휴양하고 있는 프러시아왕에게 앞으로 또 다시 이러한 일이 없을 것과 만일 그러한 사태가 일어나면 왕이 직접 개입하여 이를 방지하겠다는 장래에 대한 보장을 요구하기에 이르렀다. 그러나 빌헬름은 프랑스의 새로운 요구에 감정을 상했을 뿐만 아니라 비스마르크로부터의 전보도 있고 하여 오후회견은 중지한다고 베네뎃티 프랑스대사에게 통지하고 비스마르크에게 보낸 전문에서 베네뎃티의 새로운 요구와 프러시아왕의 거절사실에 대해 양국대사, 외국정부 그리고 신문에의 즉각적인 공표여부는 비스마르크에게 일임한다고 하였다. 이것이 이른바 그 유명한 엠스전문이다.[4]

---

4) 김용구, 『세계외교사』(서울: 서울대학교출판부, 1997), p.147 참조.

엠스로부터의 전보가 닿을 무렵 비스마르크는 참모총장 몰트케, 육군상 로온(Albrecht von Roon) 등 강경파들과 3사람이 회식정담중이었으며 조금 전에 온 파리대사관으로부터의 레오폴드가 왕위를 사퇴하였다는 전보에 낙심하고 있었다. 바로 이때에 엠스로부터 전보가 전달되었다. 낙심하고 있던 비스마르크는 기지를 발휘하여 전문의 중간부분을 빼고 단축하여 앞과 뒤의 부분으로 베네뎃티대사가 윌헬름왕에게 무례하게 부당한 요구를 하여 왕은 분개한 나머지 그에게 창피를 주었다는 뜻으로 내용을 개작하여 신문에 공포하였다. 이렇게 되자 독일의 여론은 일변되어 프랑스에 대한 개전을 부르짖게 되었다. 한편 프러시아왕으로부터 모욕을 받았다는 프랑스 국민의 뒤끓는 감정은 드디어 1870년 7월 19일 의회에서 전쟁비용지출결의를 함과 동시에 그날로 프러시아에 대하여 선전포고를 하게 되었다.

전쟁이 개시되자 프러시아군은 신속한 동원과 치밀한 작전계획으로 프랑스군을 압도하여 8월 초순에 알사스(Alsace)・로오렝(Lorraine) 양주의 대부분을 점령하였다. 이에 나폴레옹 3세는 군의 총지휘를 바제에누(Bazaine)원수에게 위임하여 한동안 프러시아군을 잘 막아냈으나 9월 1일 세당(Sedan)의 격전에서 대패를 하여 나폴레옹 3세는 8만의 군대와 더불어 항복하고 그 자신도 포로가 되었다. 이러한 세당의 항복은 파리의 폭동으로 이어졌고, 나폴레옹의 제정에 의한 제1기의 전쟁은 끝을 맺었다. 세당에서 항복과 더불어 9월 4일 파리에 트로쉬(Trochu)장군에 의한 국민방위정부가 성립되었다. 국민방위정부는 전세를 만회하기 위하여 20세부터 41세까지의 모든 남자를 징집하고 일반노동자까지 무장을 시켰으나 10월 2일 바아제누 원수가 지키고 있던 멧츠(Metz) 요새도 함락되어 '문명국의 역사상 전대미문의 대항복'이라고까지 오명을 남긴 불명예스러운 항복을 하게 되었으며 프랑스의 전쟁 계속의 희망은 점점 사라지게 되었다.

10월 31일 국민방위정부의 전시외교를 맡았던 티에르(Thiers)는 프러시아군 본부였던 베르사이유에서 비스마르크와 담판을 재개하였는데, 그가 내건 조건은 첫째, 포위중에 있는 각 요새에 식량을 공급할 것 둘째, 프랑스 전국에 국민의회를 구성할 선거를 실시한다는 것이었다. 비스마르크도 중립국가들의 동태를 볼 때 좀 초조하였으므로 협상에 응할 마음이 있는 듯하였지만, 10월 22일 파리 내에서 파리콤뮨이 야기되어 끝까지 항전한다는 주장을 구실로 하여 프랑스 측의 한 요새를 식량공급과 교환하지 않는 이상 불가능하다고 주장함으로써 제2차 협상도 실패하였다.

외교협상의 실패 후에도 전투는 계속되었고, 특히 파리의 방어는 예상 외로 프랑스군이 선전하여 4개월이라는 긴 기간 동안 파리포위는 계속되었다. 1870년 말부터 파리시는 식량 궁핍을 느끼기 시작하였고, 12월 27일 프러시아군은 파리시내에 집중 포격을 가하기 시작하였다. 1871년 1월 19일 파리 사령관 트로쉬(Trochu)에 의해 파리 포위망 돌파가 시도되었으나 실패하였다. 국민방위정부는 다시 비스마르크와 3차 협상을 시도하여 1월 22일 국민방위정부 외교담당 파브르(Favre)는 베르사이유에서 비스마르크와 3차 휴전협상을 개시하고 1월 28일 오후 11시 휴전이 성립되었다. 휴전 조약의 조건은 다음과 같다.5)

첫째, 국민의회의 선거를 위해 휴전한다.
둘째, 휴전은 21일간으로 하고 파리시는 즉각, 그 밖의 지방은 2일 후에 실시하며, 단 벨포르지역은 제외한다.
셋째, 파리 주변의 요새는 프러시아에게 이양하고 파리 시내의 정규군은 포로로 구금하며, 단 1만 2천 명만 제외한다.
넷째, 파리는 식량을 공급받는다.
다섯째, 방위세금으로 2억 프랑을 지불한다는 것이었다.

이에 따라 프랑스에는 2월 9일 국민의회 선거가 거행되었고 보르도(Bordeaux)에서 의회가 소집되어 17일에는 티에르를 수반으로 하고 파브르를 외상으로 하는 프랑스 제3공화국이 성립되었다. 휴전기간의 만료가

---

5) 朴觀淑, 『世界外交史』(서울: 博英社, 1983), p.96.

2월 19일 정오였으므로 신정부는 곧 휴전연기 요청을 재개하였다. 협상의 주요내용은 알사스·로렝 양주의 할양을 절대 조건으로 하고 있었으며, 비스마르크도 앞으로 프랑스의 복수전쟁을 예상하여 전략적 거점확보의 필요성을 느끼고 있었으므로 이에 동의하였다.

2월 26일 프러시아와 프랑스전쟁을 종결짓는 예비강화조약이 베르사이유에서 조인되었다. 그 주요내용은 다음과 같다.

첫째, 프랑스는 알사스의 전부와 로렝의 일부를 할양한다.
둘째, 프랑스 정부는 50억 프랑의 전쟁 배상금을 지불한다.
셋째, 이 조약의 비준 직후부터 프러시아군은 파리시내 및 센강 좌안으로부터 철수한다.
넷째, 프랑스가 배상금을 지불한데에 따라 프러시아군은 점차 동부로 철수하며 지불이 20만 프랑에 달했을 때 점령을 종결한다.
다섯째, 프랑스는 수비대 4만을 제외하고 조약체결 전까지 르와르강 서쪽으로 후퇴한다.6)

약간의 논란을 겪으면서 5월 10일 정식 강화조약이 조인되고, 21일 비준을 교환하여 프러시아와 프랑스와의 전쟁은 유럽의 정치사에 큰 영향과 결과를 남겼다. 우선 중부유럽에 강력한 독일제국이 형성되었으며, 간접적인 결과로 이태리가 통일되었다. 이태리의 에마누엘레(Emmanuele) II세는 1870년 12월 세당이 함락된 직후에 로마로 진격하여 이를 장악함으로써 이태리의 통일도 완성되었던 것이다. 그리고 러시아가 갈망하던 흑해중립조항의 폐기를 보았다. 1856년 파리조약에서 흑해의 비무장중립조항은 러시아의 남진을 결정적으로 봉쇄함으로써 이의 파기는 러시아의 숙원이었다. 이러한 러시아는 비스마르크의 지원 아래 1871년 1월 런던회의에서 이를 타결짓는 데 성공하였다.

결론적으로 비스마르크의 프랑스에 대한 가혹성은 오스트리아와의 경

---

6) "Preliminary Treaty of Peace between France and Germany, Versailles, 26 Feb. 1871," Documents, pp.204~205.

우에 비해 지나칠 정도였다. 특히 알사스와 로렝의 독일에의 병합은 두고 두고 프랑스의 원한을 샀고 50억 프랑의 배상금은 프랑스의 지불능력으로는 대단히 벅찬 것이었다.

비스마르크는 프랑스를 굴복시킴으로서 그의 숙원인 독일통일을 완성하여 독일제국을 건설하였고 그는 독일제국의 재상이 되었다.

제2질 비스마르크의 후기 보장정책외교

비스마르크의 후기외교는 프랑스와의 전쟁에서 승리함으로써 독일통일을 완성한 1871년 이후부터의 외교를 의미하는 데, 그는 전기외교와 정반대의 외교를 수행하였다. 후기외교의 특징은 현상유지 즉, 평화유지에 의한 보장정책 등으로 요약되어지고 있다. 통일된 독일제국의 안전보장을 실천함에 있어서 먼저 현상유지의 원칙을 그 근본원리로 하였다. 독일의 민족통일이 그의 목적이었던 동안은 독일내외의 현상타파를 추구했으나 그 목적이 달성된 후에는 제국의 기초를 공고히 하는 것이 무엇보다도 급선무라고 인식하였다. 현상을 유지하기 위하여서는 현상을 타파하려는 일체의 위험을 배제하고 유럽열강간의 전쟁의 위험을 막아야 한다고 확신하였다. 그리고 다른 하나의 보장정책의 실천은 프랑스의 고립화였다. 그는 프랑스의 국민이 '세당의 복수'에 불타고 '알사스·로렝의 굴욕'을 뼈에 사무쳐 잊지 않고 있다는 것을 너무도 잘 알고 있기 때문에 프랑스가 복수전쟁을 걸어올 것을 두려워하고 있었다.

이러한 후기의 보장정책의 구체적 외교수단으로서는 동맹(Alliance)과 협상(Negotiation)을 택했다. 비스마르크의 외교는 하나의 체제(System)를 구축하여 동맹협상체제라는 국제관계 속에서 독일의 안전을 유지하려는 현상유지정책이었다. 따라서 비스마르크의 외교는 독일제국을 보장하기 위하여 국제적으로 어떻게 동맹체제를 형성할 것인가에 있었다.

1. 제1차 3제동맹(The First Dreikaiserbund)

비스마르크의 보장정책을 위한 외교의 첫 솜씨는 3제동맹이다. 1872년 9월 독일의 추계대군사연습을 계기로 빌헬름 1세, 오스트리아의 프란쯔 요제프, 러시아의 알렉산더 2세 등 3황제가 베를린에서 회동하였다 이 회견에서는 문서에 의한 정치적 협정은 없었으나 3국간의 이해를 돕고 앞으로 형성될 3제협상의 기초를 마련하였다. 따라서 1873년 5월 빌헬름 1세는 비스마르크와 몰트케를 대동하고 답방으로 알렉산더 2세를 뻬데스부르크에 방문하여 독일과 러시아간의 원조의무발생사유(Casus Foederis)를 내용으로 하는 군사협정을 체결하였다. 이 협정안에서는 양국 중 일방이 제3국으로부터 공격을 받았을 때는 타방은 지체없이 20만 병력으로 지원할 것과 2년 전에 예고함으로써 협정을 폐기할 수 있다고 하였다. 그러나 이 협정이 조인된 후 비스마르크는 오스트리아의 가입을 적극적으로 주장하였는데, 러시아는 오스트리아와의 군사동맹을 반대하였다. 그러다가 1873년 5월 하순 러시아 황제가 오스트리아를 방문하여 이를 제기하였으나, 요제프는 이를 거절하는 대신 군사동맹의 형식을 피한 정치협정에 조인하였다. 그리고 그 해 10월에 빌헬름이 비엔나를 방문하여 이 협정에 가입함으로써 이른바 3제동맹이 성공하게 된 것이다.

3제동맹은 군사적인 원조의무를 규정한 것이 아니고 다만 3군주 사이에 유럽의 평화를 유지하고 군주의 권한과 보수주의세력을 옹호하며 진보세력을 억압하자는 데에는 공동의 이해를 지니고 있었다. 그러나 프랑스를 고립시키는 데는 큰 효과를 거둘 수 있었다.

2. 3중동맹

(1) 독일·오스트리아-헝가리 2국간 동맹

비스마르크가 프랑스에 대항하기 위안 동맹을 결성함에 있어서 제일 먼저 착수해야 할 것은 동맹의 상대를 오스트리아로 할 것인지 아니면 러시아를 택할 것인지에 대해 미묘하고 곤란한 과제였으나 결국 오스트리아로 결정하였다.

러시아는 범슬라브주의 운동을 지원하면서 구제자로서 역할을 하려고 시도하였다. 그러나 유럽열강의 저항에 부딪쳤다. 베를린회의에서 비스마르크는 "정직한 중개자"라고 자처하였으나 러시아는 독일이 영국의 입장을 지원했다고 인식하고 3제동맹을 와해시켰다. 그러므로 1879년 10월 7일 비스마르크는 독일·오스트리아동맹(Austria-German Alliance)을 체결하였다. 이 동맹의 방식은 러시아를 대상으로 하였으나 동맹자체는 어디까지나 방어적인 것으로서 독일과 오스트리아 양국은 러시아에 대해서 우호관계유지를 공동정책으로 한다고 명확히 하였다. 조약의 요지는 다음과 같다.[7]

(1) 러시아로부터 공격을 받을 때는 양 체약국은 전군을 동원하여 상호원조하며 강화도 공동합의에 의해 한다.
(2) 체약국의 일방이 타국으로부터 공격을 받을 경우 공격국에 대하여 원조를 해서는 안될 뿐만 아니라 적어도 호의적 중립태도를 취한다.
(3) 본 조약은 비밀로 하고 양국간의 특별합의 없이는 제3국에 통보하지 않는다.

---

7) 入江鷄四郎, 앞의 책, p.61 참조.

(2) 제2차 3제동맹(The Dreikaiserbund)

비스마르크의 동맹목적의 진의는 러시아를 적으로 하는 것이 아니라 오히려 러시아를 자기진영으로 확보하는데 있었다. 비스마르크는 오스트리아와 2국동맹이 체결되던 같은 날 2국동맹의 체결은 어떠한 대립집단의 결성을 위한 것이 아니며, 러시아가 2국방어동맹에 대하여 처음에는 불쾌감을 가지더라도 시간이 지남에 따라 사실상 러시아에게 이익을 가져오는 결합이라는 것을 알게되므로 3제동맹이 무력화되지 않도록 3국황제가 3국동맹에 충실할 것을 요망한다고 하였다. 그러나 러시아는 오스트리아를 제외한 독·러 2국조약을 원하면서 해협문제를 중시하였다. 러시아로서는 영국이 언제든지 터키를 강요하여 해협을 개방하게 하고 함대를 흑해에 보낼 수 있다는 것을 염려하였다. 비스마르크는 이러한 러시아의 우려에 대하여 오스트리아를 동맹에 가입시킴으로서 영국해군의 진입을 방지할 수 있다고 하였다. 이러한 비스마르크의 설득으로 제2차 3제동맹이 성립되었다.

제1차 3제동맹은 3국원수에 의하여 서명되었으나 신 3제동맹조약(3제동맹의 부활) 및 부속의정서는 비스마르크, 사브로프(Saburov) 러시아대사, 제즈체니(Emmerich von Sze'cheny) 오스트리아의 전권간에 1881년 6월 18일에 서명되었다. 이 조약은 군사동맹조약이 아닌 것은 제1차 3제동맹조약과 동일하다. 조약의 주요내용은 아래와 같다.

첫째, 호의적 중립조항. 둘째, 발칸조항. 셋째, 해협조항 등이다.

(3) 3국동맹(The Triple Alliance)

이태리는 1881년 5월 12일 프랑스의 튀니지아(Tunisie) 보호국화에 의해 큰 충격을 받았다. 이태리는 지중해에 있어 정치적 균형을 기본정책으로 다루어 왔다. 그런데 프랑스의 북아프리카에로의 진출은 이태리의 균형정책을 위협하는 것이었다. 그러나 이태리가 기대하였던 영국도 이에 대하여 아무런 반응이 없었고, 또한 튀니지아의 종주국인 터키도 프랑스의 위협으로 어떻게 할 수가 없었다.

이태리는 하는 수 없이 오스트리아와 접근하여 1882년 1월 비엔나에서 구체적인 담판이 시작되었다. 그런데 지금까지 이태리와의 접근을 적극 반대해 오던 비스마르크도 1882년에 들어오면서 프랑스의 튀니지아문제로 이집트에 위기가 절박하여 옴을 우려하여 태도를 변화하였다. 이에 따라 1882년 5월 20일에 비엔나에서 독·오·이간에 3국동맹이 조인되었다.

3국동맹조약은 대립동맹조약 및 정치적, 경제적 협상과 원조조항을 규정하였다. 주요내용은 아래와 같다.

첫째, 대 프랑스동맹조항. 둘째, 일반동맹조항. 셋째, 우호적 중립조항. 넷째, 협의 및 단독 불휴전강화조항. 다섯째, 유효기간과 비준 등이다.

그리고 본조약에는 비밀부속선언이 있는데 이는 영국을 대상으로 하는 것이 아니라고 표명하고 있다. 조약은 특정대상국명시와 일반동맹방식의 2방식을 취하였는데 전자의 원조의무발생사유는 프랑스가 이태리나 독일을 공격하는 경우이고, 후자는 형식상 부특정복수국가의 공격에 의한 응원의무가 발생하는 것이다. 이 특별선언은 특히 이태리를 배려하여 일반방식의 동맹도 그 대상으로부터 영국을 제외시킨 것이다.

독·오·러 3국관계는 불가리아사건으로 중대한 위기에 직면하였다. 당초 비스마르크는 3국동맹을 독·오 2국동맹의 기초 위에서 이태리를 중립화하는 정도로 의도하였다. 그러나 불가리아와 세르비아간의 전쟁은 오스트리아와 러시아간의 전쟁으로 발전할 수 있는 배경이 있다. 그러므로 3제동맹에 기초한 비스마르크의 평화적 처리정책으로 겨우 난국은 넘었으나 오스트리아는 이 사건으로 인하여 1887년 6월 27일로 만기가 되는 3제동맹의 갱신에는 전연 열의를 보이지 않고 오히려 3국동맹을 갱신 강화하여 러시아에 대비하는 태도를 취하였다. 이러한 결과 1887년 2월

20일 3국동맹의 체약국은 동맹조약의 수정갱신과 최종의정서에 서명하였다. 그러므로 제2차 3국동맹조약은 원 동맹조약의 유효기간연장을 1892년 5월 30일까지 하였다.

그러나 비스마르크는 3제동맹의 재갱신이 불가능하다고 보고 독일 단독으로 러시아와 우호관계를 재확보하는 공작에 성공하였다. 이렇게 해서 비스마르크는 독일의 안전에 만전을 기하기 위하여 2국동맹, 3국동맹에 더하여 러시아의 중립화를 시도해서 새로이 이와 정치적 맹약을 맺었다. 이러한 비스마르크의 2중, 3중의 독일 안전보장정책을 외교사에서는 2중보장정책이라고 부르고, 또한 독일·러시아의 맹약을 2중보장조약 이나 재보험조약이라고도 부른다.[8]

제3절 비스마르크외교의 종말

1. 3국협상(The Triple Entente)

(1) 불·러동맹(The Franco-Russia Alliance)

1890년 3월 새로 들어선 황제 빌헬름 2세는 비스마르크를 재상으로부터 축출하였다. 이로부터 독일의 내외정책은 신 코오스(New Course)를 취하게 되어 세계정책으로 팽창하게 되었다. 신 코오스는 제일 먼저 러시아

---

8) 위의 책, p.69 참조.

에 대한 외교에서 나타났다.

프랑스는 프로이센에게 패한 직후인 1871년부터 러시아와 동맹을 원하고 있었으나 비스마르크에 의해 약 20년 동안 그 기회를 잡지 못하고 1890년에 이르렀다. 그러나 전술한 바와 같이 재보장조약의 폐지, 제3차 3국동맹(1891년 5월)의 성립, 그리고 영국의 3국 동맹에의 접근 등으로 인하여 러시아와 프랑스간의 접촉은 박차를 가하게 되었다. 따라서 프랑스와 러시아간에는 군사적·정치적인 두 개의 수준에서 접촉이 시작되었다.9)

1891년 7월 양국간의 정치협상은 프랑스의 보아드프로(Boisdoffre)장군과 러시아의 오브르체프(Obruchev)장군간의 협상에서 러시아는 가능한 한 독일을 자극하지 아니하려는 소극적인 태도를 견지하였다. 그러므로 1891년 8월 27일 조인된 정치협상은 서한의 교환형식에 불과하며 내용은 다음과 같이 요약된다.10)

첫째, 양국의 평화에 위협을 주는 사건이 발생할 경우 이와 관련된 모든 문제를 상호협의한다.

둘째, 이러한 조치의 즉각적 실현을 위한 양국간의 제도적 문제의 해결과 조치수단을 합의한다.

그러나 러시아가 어느 정도로 군사지원을 할 것인가에 대한 문제와 어느 의미에서는 러시아의 군사지원 가능성에 관해서도 규정되어 있지 않은 것으로 해석될 수 있었다. 그러나 '나무는 심어졌다'라고 술회했던 당시 프랑스의 외상 리보(Ribot)의 말과 같이 프랑스는 고립으로부터 면하기 시작하였다.

한편 군사협정은 1892년 8월 프랑스가 러시아에 군사협약안을 제시하여 조인된 협정 조항은 '동원할 경우'와 '전쟁의 경우'로 구분하고 있는데 그 주요골자는 다음과 같다.11)

---

9) 이기택, 앞의 책, pp.173~174 참조.
10) 이기택, 앞의 책, p.173 참조.
11) 吳淇坪, 앞의 책, p.139 참조.

(1) 3국동맹이나 독일이 단독으로 병력을 동원할 시 양국은 사전협의나 통지 없이 즉각 동원하여 대처할 것.
(2) 전쟁이 발발했을 경우 러시아는 그가 오스트리아를 억제하는 데 필요한 병력 이외의 전 병력을 동원하여 독일에 대항할 것.
(3) 독일에 대한 전쟁의 지원은 오직 독일이 공격적인 경우에만 국한할 것 등이다.

그러므로 러시아와 프랑스는 이 협정과정에서 분명히 상반되는 이해를 안고 있었다. 우선 프랑스는 독일만을 의식하여 그에 대처하려고 하기 때문에 발칸에서 일어날지도 모를 러시아와 오스트리아간의 전쟁에서는 동맹책임을 회피하고자 하는 것이었고, 한편 러시아는 오스트리아만을 가상적으로 하기 때문에 러시아·오스트리아간의 전쟁시 프랑스의 원조를 기대할 뿐 정작 프랑스가 우려하는 독일과의 전쟁에 있어서는 행동의 자유를 확보하려 하였다.

이러한 양국간의 이해관계는 자연히 군사협약의 내용을 구체화시킴으로써 조절되었다. 1892년 8월 17일 프랑스의 보와드로프 장군과 러시아의 반노프스키(Vannovski)사이에 조인되고 1894년 1월부터 발효하였다. 러·불동맹의 수립으로 비스마르크체제에 의해 고립되어 온 프랑스는 고립상태에서 벗어날 수 있었고, 유럽에서 독일의 위치와 비스마르크체제를 붕괴시켜 세력균형을 이룰 수 있었다.

따라서 독일의 대륙정책은 근본적인 전환을 맞이하게 되었다. 한편 러·불동맹으로 대륙이 양분되자, 영국은 3국동맹으로부터 이탈하여 전통적인 고립정책을 취하게 되었다. 독일과 러시아의 동맹 형성 가능성이 희박한 상태에서 3국동맹에 결합할 필요성이 없어졌기 때문이었다. 그러나 러·불동맹의 핵심은 프랑스가 고립 상태에서 벗어날 수 있었다는 점이며, 이로 인하여 유럽의 새로운 세력균형이 성립되었다는 것이다.

(2) 영·불협상(Anglo-French Entente)

1898년 9월 나일강(Nile)의 파쇼다(Fashoda)에서 영국과 프랑스가 직접 부닥친 파쇼다사건으로 프랑스는 영국에게 이집트를 잃는 대신 모로코를 획득하려고 했다. 1904년 4월 8일 영국과 프랑스간에 이집트문제와 모로코문제에 대한 세력권의 상호 승인을 중심으로 양국의 식민지 지위를 조정하고 이로부터 불·러간 2국협상, 2국동맹과 더불어 영·불양국이 독·오간의 2국동맹, 양국과 이태리의 3국동맹에 대항 등에 관하여 긴밀한 정치적 연대관계를 기초로 하는 영·불협상이 이루어졌다. 영·불협상 자체는 군사동맹은 아니나 2국동맹 및 3국동맹에 대한 강력한 대항세력으로 되었으며, 이는 "동맹에 의하지 않는 결맹"으로서 외교사상 중요한 의의를 가지고 있다.[12]

1904년 4월 8일 체결된 영·불협정의 주요내용은 다음과 같다.

(1) 이집트 사항: 영국은 이집트의 정치적 상태를 변경시킬 의사가 없다. 프랑스는 영국의 이집트 점령에 기한을 정할 것을 요구한다. 즉 모로코와 이집트에 있어서 각자의 지위를 서로 인정한다.

(2) 모로코 사항: 이집트와 모로코에 공통규정으로서, 프랑스는 모로코의 정치적 상태를 변경할 의사가 없다고 선언, 영국은 프랑스의 모로코에 대한 원조인정.

(3) 뉴펀드랜드(New Founcdland)의 관계: 프랑스는 위트레흐트(Utrecht)조약에서 획득한 뉴펀들랜드에서의 어업권을 포기한다. 그 대가로 코나크리(Konakry)맞은 편의 로스(Iles Los)군도를 획득한다.

(4) 태국(Siam) 관계: 영국과 프랑스는 1896년 1월 15일의 〈태국 및 상류 메남(Menam)강사건과 더불어 雲南, 四川省에 있어 특권과 이익의 공통에 관한 선언〉에 의해 태국에 관해서는 메남유역지역을 중립화하고 일체의 군사행동을 하지 않는다.

(5) 마다가스칼 관계: 프랑스는 1885년 12월 마다가스칼에 대한 보호권을 설정하고 1896년 8월 6일에는 이를 합병하였는데, 이 신 선언에서는 영국의

---

[12] 入江四郞, 앞의 책, p.110 참조.

관세, 우편, 기술사항 등에 관해 양해하였다.
(6) 뉴헤브리디스(New Hebrides)제도 관계: 이 군도를 양국이 공동지배 한다.

이 협상은 독일이 결코 상상할 수 없는 것으로 가정한 영국과 프랑스간의 접근을 마련한 획기적 조약이었다.

(3) 영·러협상(The Anglo-Russian Agreement)

1907년 8월 31일 영·러협상은 영국과 러시아간에 중근동, 인도인근, 동아시아에 있어 세력각축관계를 타결한 조약이다. 영·러간의 지역분쟁을 해결하였다는 협약의 조항도 중요한 것이었으나, 보다 중요한 것은 조약의 저변에 흐르고 있던 정신이었다. 영국과 러시아는 전통적으로 세계정책에 있어 전쟁과 대립을 유지하여 왔으나 이 협정을 통하여 양국은 외교적인 협상을 광범위하게 조정하였다.

프랑스의 입장으로서는 제1단계로 러시아와 정치적 결맹 및 군사동맹, 제2단계로서는 영국과의 우호협상에 의하여 독일을 중심한 2국동맹과 3국동맹에 대한 진영형성이다. 영·불·러 3국간의 협상체제는 러·불동맹처럼 명백히 규정된 동맹은 아니고 3개의 별도로 된 쌍무적인 조치였다. 오직 대륙 밖의 식민지 문제에 있어서의 이견의 해소를 위한 양해가 이들의 기본적인 특징이었다. 따라서 당초 3국협상체제는 러·불동맹만을 제외한다면 결코 독일에 대항하기 위한 기도는 아니었으나, 후일 계속되는 독일의 도전에 의해서 차츰 그들간의 유대는 강화되었다. 1907년 8월 31일 영·러협정의 주요내용은 아래와 같다.

(1) 페르시아에 관한 협정: 페르시아를 북부, 중부, 남부로 분할하여 북부지역은 러시아, 중부지역은 완충지역, 남부지역은 영국의 세력권으로 한다.
(2) 아프가니스탄에 관한 협정: 영국은 아프가니스탄의 정치적 지위를 변경하지 않으며 러시아는 아프가니스탄이 그의 세력범위 밖에 있음을 인정한다.
(3) 티베트에 관한 조항: 체약국은 티베트영토의 보전을 약속하고 이에 내정간섭을 하지 않는다.

2. 유럽긴장사태 전개

(1) 모로코문제

모로코는 지중해와 대서양의 2대항로의 십자로에 위치하여 19세기 말엽부터 유럽열강의 격렬한 쟁탈대상이 되어왔다. 그러므로 1880년 영·불·독·미 등 13개국은 마드리드조약을 체결하여 그 안에서 모로코의 독립을 인정하고 내정에 간섭할 것에 합의하였다. 1902년 프랑스는 이태리와의 협상을 통해서 모로코에서의 프랑스의 자유행동권과 트리폴리에 대한 이태리의 특수 이익을 상호교환하였다.

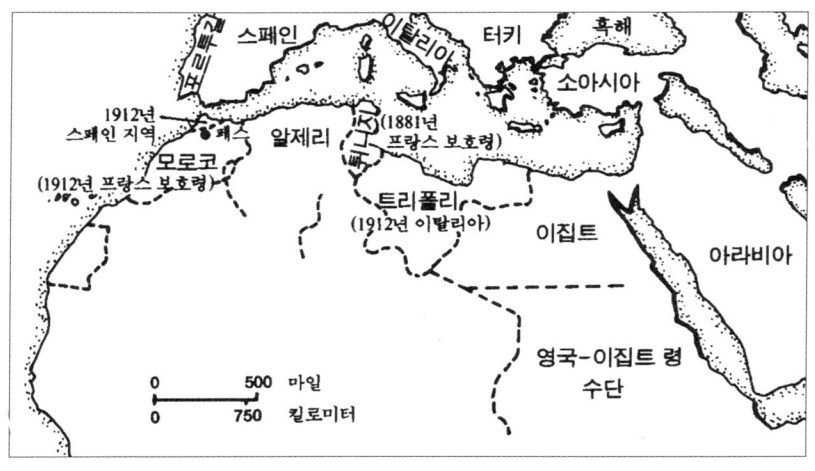

모로코 분쟁

1905년 프랑스는 모로코 왕의 요청에 의해서 프랑스의 장교가 지휘하는 모로코 군대의 창설과 프랑스의 자본에 의한 국립은행의 설립에 착수하였다. 이는 1880년 모로코의 독립을 인정한 마드리드조약과는 상치되는 것이었으며 이를 기화로 이의를 제기해 온 것은 물론 신식민세력으로 등장한 독일이었다. 독일은 프랑스의 독자적인 모로코에 대한 내정간섭과 개혁에 분개하여 독일 외상 빌로우(Bulow)는 마드리드조약의 이행을 위한 열국회의를 소집할 것을 요구하였다. 독일군은 1905년 3월 탕헤르(Tanger)에 상륙하고 모로코의 주권을 인정하면서 프랑스의 지나친 간섭을 배격하는 모로코 군주를 지원하였다. 독일의 주장과 무력간섭에 의하여 스페인의 알헤시라스(Algeciras)에서는 모로코문제의 해결을 위한 국제회의가 소집되었고 프랑스의 모로코 개혁안은 열국의 토의대상이 되었다.

1906년 1월부터 4~7일까지 계속되었던 알헤시라스회의에서는 미국의 데오도르 루우스벨트(Theodore Roosevelt) 대통령의 알선에 의해 모로코의 해결안은 합의되었다.[13] 이는 비단 미국의 알선 뿐만은 아니었고 프랑스와는 협상체제 속에 있었던 영국도 만일에 프랑스와 독일간에 전쟁이 일어날 경우 프랑스를 원조해야만 되는 입장이었기 때문에 평화적인 타결을 희망하였다.

열국의 합의내용으로는 모로코군주의 주권과 독립 및 영토보존을 약속하고 경제상의 문호개방에 합의하였다. 그러면서도 프랑스는 스페인과 더불어 경찰권의 일부를 공동관리하에 두기로 하였다. 열국은 프랑스의 편에 서서 지원함으로써 독일은 비록 다시 고립상태를 당하긴 하였으나 독일이 당초에 의도했던 대로 모로코의 국제적인 지위를 확인시킨 점과 경제상의 문호개방을 달성시켰던 점 등은 큰 성과였다. 여하튼 독일은 그들의 목적을 달성하기는 하였지만 이후 계속 모로코에서 독·불간의 갈등요인은 미해결인 채 남아 있었다. 이렇게 하여 이른바 제1차 모로코사건은 해결되었다.

그러나 위에서 설명한 바와 같이 제1차 모로코사건은 1906년 알헤시라

---

[13] "The Treaty of Algeciras, 7 April 1906," *Documents*, pp.223~224., 오기평, p.152 참조.

스회의를 통해서 해결되었으나 그 이후 독·불관계는 계속 악화되었다. 1909년 독·불협정을 통하여 독일은 모로코에 관한 프랑스의 정치적 특수권익을 인정하는 대신 프랑스는 독일의 경제적 이익을 방해하지 않을 것을 각각 약속하였다. 이는 1908년 9월 카사블랑카에서 3명의 독일인이 프랑스의 경찰에 체포된 것을 중재재판에 회부하여 해결하고 난 뒤의 일이었다.

1911년 3월 프랑스의 모니(Monis)내각이 들어서고 차츰 반 독일적인 열기가 높아졌다. 1911년 5월 모로코에서 베르베르인의 반란이 있었고 이에 프랑스는 유럽인의 보호를 구실로 모로코의 수도 페스를 군사점령하였다. 프랑스·스페인 협정에 따라 스페인도 출병하기에 이르렀다. 7월 독일도 판테(Panther)포함을 아가딜(Agadir)에 파견하여 대치하고 프랑스와 스페인의 군사행동에 항의하였다. 7월 15일 독일이 불령 콩고전부를 양여할 것을 요구하고 철수하지 아니하였다. 이러한 독일의 요구에 대해 프랑스가 거부함으로써 양국관계의 긴장 도는 높아졌고 이러한 상황 속에 영·불협상에 기초하여 영국의 간섭기회가 주어진 것이다. 영국도 불령콩고를 독일에 인도하는 것에 반대하고 나섬으로써 이제 독·불간의 분규는 영·독분규로 확대·발전하였다.

드디어 10월 11일 독·불간의 모로코조약은 독일이 프랑스에게 모로코에 대한 간섭권을 인정하여 그 대가로 독일은 불령콩고의 일부를 프랑스로부터 양도받았고 이는 11월 3일 독·불간의 콩고조약에 의해서 결정되었다. 이제 프랑스는 모로코에 대한 보호 권을 공식적으로 확정케 되었다. 모로코 사건을 계기로 영·불관계는 강화된 반면 독·불간의 화해는 오히려 멀어지게 되었다. 이 사건을 이른바 제2차 모로코사건이라고 하였고, 이에 따라 프랑스는 영국의 군사적 지원을 받을 수 있다는 것을 확인하였다.

(2) 트리폴리(Tripoli)전쟁

열강은 트리폴리가 이태리의 세력범위에 속하며 이태리는 장차 필요한 조치를 취할 수 있다고 인정하였다. 그런데 제2차 모로코 위기가 일어나자 이태리는 더 늦기 전에 트리폴리병합을 단행해야 한다고 판단하였다.

이태리는 프랑스가 1881년 튀니지를 점령한 후부터 그 서쪽에 위치하고 있는 트리폴리를 이태리의 영역으로 하는 것이 이태리의 외교정책의 목표였다고 할 수 있다. 이미 1887년의 제1차 3국동맹의 갱신이 있었을 때에 독일은 이태리와 프랑스가 트리폴리와 모로코문제로 전쟁을 야기할 경우 이를 동맹 원조의 발동 원인으로 인정한다고 하였다. 또한 이태리는 영국과 지중해협정을 체결하고 트리폴리와 리비아의 키레나이카에 대한 이태리의 특수이익을 이집트와의 교환조건으로 승인하고 있었다. 이 외에도 이태리는 프랑스와 1900년과 1902년의 식민지협정으로 프랑스로 하여금 모로코와의 교환조건으로 이태리의 트리폴리에서의 자유행동을 승인케 하고 있었다. 그리고 1909년 10월 러시아와의 라코니지협정으로 이태리는 이와 비등한 승인을 러시아정부로부터도 획득하고 있었다.

이태리와 터키간의 관계는 비교적 친밀한 관계에 있었으며 영토존중이라는 입장을 취하고 있었다. 그러나 이태리는 1908년에 들어서면서부터 터키에 대한 야욕을 노골화하기 시작했다. 1911년 9월 28일 이태리는 터키정부에 대하여 이태리국민의 이익과 국익이 침해되고 있다고 주장하면서 트리폴리를 이태리에 양도할 것에 대한 최후통첩을 발하였다. 그러나 1911년 9월 29일 최후통첩 시한까지 터키의 반응이 없자 이태리와 터키는 전쟁상태로 돌입하였다. 이태리군은 터키의 성의있는 회답에도 불구하고 트리폴리와 키레나이카섬을 군사점령하였다. 따라서 1912년 10월 16일 이·터강화회의에서 터키는 이태리의 트리폴리병합을 승인하였다.

(3) 영·독간 해군교섭

빌헬름 1세의 세계정책으로 전환한 독일은 적극적인 해외진출을 위해 해군력의 중요성을 인식하게 되었다. 1896년에는 발트에서 북해에 이르는 키일 운하를 완성하였고, 1898년에는 제1차 독일 해군법을 만들어 4척의 순양함을 건조하고 헬골란트를 영국으로부터 획득하여 항구도시로 개발하였다. 1900년에 제1차 해군확장계획을 완성하였던 독일은 당시에 이미 해군력에 있어서 프랑스를 능가하였고, 세계에서 영국 다음으로 제2의 무역국이 됨으로써 이제는 세계시장에서 영·독이 각축을 벌이게 되었다.

이러한 독일의 해군력 증강은 영국과의 현안 문제로 등장하였다. 영국은 기본적으로 가상적국 2개국의 해군력을 합친 정도의 해군력을 보유해야 한다는 이른바 '2개국 기준(Two-power Standard)' 정책목표를 갖고 있었다.14) 그러므로 해군교섭에 임하는 영·독간에는 기본적인 입장차이가 있었다. 독일은 먼저 일반적인 정치협정을 체결하자는 입장이었고 이에 반해 영국은 우선 해군협정을 무조건 체결하자는 태도였다. 처음 영국은 전통적인 육군국이었던 독일의 해군력증강을 중요시하지 아니하였다. 그러나 처음으로 영국이 독일의 해군력에 대한 위협을 느낀 것은 1904년 영국의 에드워드 7세가 키일운하를 방문했을 때였다. 독일의 해군력증강에 대하여 당황한 영국은 1906년 2월 최신형 전함인 드레드노오트(Dreadnought)호를 진수시킴으로써 이에 대응하였다. 당시 세계 제1의 해군국인 영국에게는 독일이 만약에 해군력의 우위를 점할 경우 이는 대영제국의 생존권을 위협하는 사항이며 그것은 결코 허용할 수 없는 일이었다.

그러나 독일의회는 1906년 5월 신해군법안을 통과시키고 키일운하의 확장을 위한 경비를 가결함으로써 계속 해군확장을 추진하였다. 이로써 영·독간의 해군확장문제는 1907년 6월 15일 제2차 헤이그회의에서 논란

---

14) 김용구, 앞의 책, p.343 참조.

의 대상이 되었다. 여기에서 영국은 강력한 육군국인 독일이 해군력을 강화시키는 것은 영국의 안전을 위협한다고 주장하였으나 독일의 거부로 회의는 중단되었다. 그러나 독일은 다시 해군확장에 박차를 가하였다. 전함의 수명을 25년에서 20년으로 단축하고 장차 퇴역하는 전함은 드레드노트형의 전함으로 대체한다고 발표하였다. 그러므로 이제 영국은 독일의 건함계획을 제한하든지 그렇지 않으면 영국 스스로 건함계획을 확대하지 않으면 안 될 입장에까지 이르렀다. 상황이 이렇게 되자 건함경쟁을 둘러싼 영국과의 긴장을 완화시키기 위하여 1909년 4월 독일은 영국에게 정치협상을 제시하였다. 그러나 영국은 이 제안을 거절하였다.

1909년 뷜로우 외상이 사임하고 베트만홀베크(Bethmann-Hollweg)가 들어서고 나서 영·독간의 해군협정을 일반적 정치협정의 한 부분으로 하기 위한 협상이 시작되었다. 그러나 영국의 입장에서 독일과의 정치협상은 3국협상국인 러시아와 프랑스를 자극할 것을 우려하였으나 반면에 독일은 영국과의 불가침약속하의 정치협상을 희망하였다. 즉 영·독 양국이 서로 불가침을 약속하고 만약에 그 일방이 제3국과 교전시 타일방은 중립을 요구하는 것이고, 이는 독일이 러시아나 프랑스와 전쟁을 할 때 영국의 중립을 요구하는 것이기 때문에 3국협상체제에 위배되는 것으로서 어려운 것이었다.

영·독간의 협상은 1911년에 일어난 제2차 모로코사건(아가딜사건)으로 인하여 중단되었다가 1912년 2월에는 영국의 육상인 홀데인(Haldaine)이 독일을 방문하여 다시 양국간의 협상은 재개되었다. 이 협상과정에서 영·독의 입장에는 상당한 거리가 있었다. 요약컨대 영국은 침략전쟁을 하지 않고 침략공격에 가담하지 않을 약속만을 하라는 것이었고, 독일은 대륙에서 제3국과 전쟁시 영국의 중립을 약속하라는 주장이었다. 이러한 요구가 평행선을 긋고 있는 동안에도 양국간의 건함경쟁은 계속되었고 이러한 상태는 제1차 세계대전까지 지속되었다.

3. 3국동맹과 3국협상의 대치

독·오·이간의 3국동맹은 제1차(1882년), 제2차(1887년), 제3차(1891년), 제4차(1902년), 제5차(1912년)에 걸쳐 연장되었으나 모로코사건(1905~1911), 보스니아위기(1908), 이·터전쟁(1911), 발칸전쟁(1912~1913) 등을 통하여 동맹의 군사화가 촉진되었다.15) 이는 1909년 독·오와의 군사협정, 1913년 오·이간의 해군협정, 1913년 독·이간의 군사협정이 말해주고 있다. 이태리는 3국협상 측과도 외교관계를 가지고 있는데 반하여 독일은 3국협상체제의 포위 속에서 러시아를 우호관계로 유지하는데 실패하였다.

3국협상 측도 1911년 영·불군사협정, 1912년 러·불군사협정을 체결하여 3국동맹과 3국협상은 전쟁에 대비하기 위한 군사화를 서둘러 대립은 더디어 군사블럭화되고 군비경쟁은 더욱 치열하게 지속되어 세력균형을 바탕으로 한 평화보장의 기능이 약화되어 갔다. 그리하여 제1차 세계대전 직전의 국제정치는 고립주의의 미국 외에 독·오·이 3국동맹과 영·불·러 3국협상의 두 군사적 진영으로 대치되어 전쟁이 터질 날을 기다리고 있었다.

---

15) 白京男, 『國際關係史』(서울: 法志社, 1997), pp.105~106 참조.

제2편

동양의 개국과 일본의 발흥

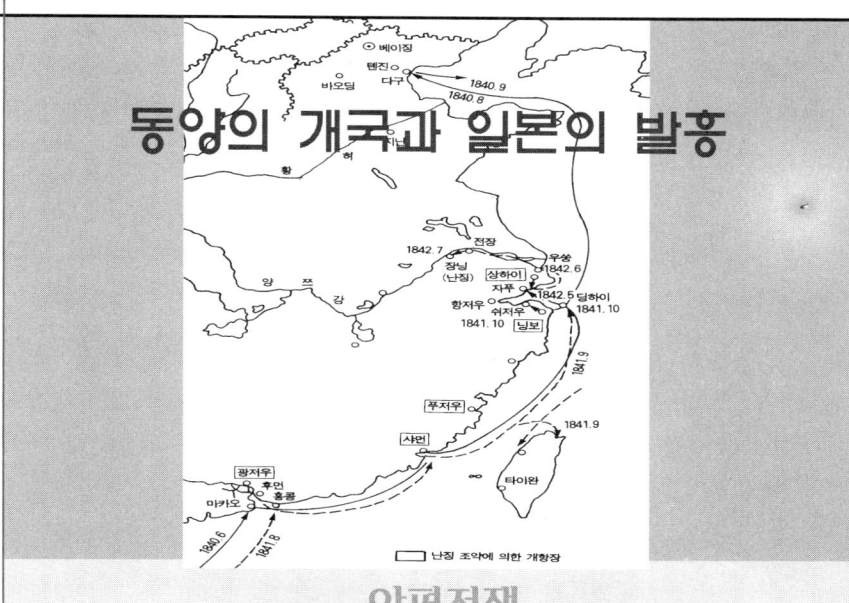

아편전쟁

제1장 서세동점과 중국의 개국
제1절 중국의 개국외교
제2절 미국의 태평양진출과 일본의 개국외교

제2장 일본의 대륙진출과 조선의 개국외교
제1절 일본의 명치유신과 조약개정외교
제2절 정한론
제3절 조선의 개국외교

제3장 일본의 발흥과 대륙진출
제1절 일본의 타이완(臺灣)침략과 유구(琉球)병합
제2절 청·일전쟁과 3국간섭
제3절 러·일전쟁과 만주진출
제4절 일본의 한·만진출

제1장 서세동점과 중국의 개국

　서구세력의 중국침투가 과연 그들 제국주의정책의 연장이냐 아니냐에 대한 질문은 다분히 시각의 차이는 있으나 서구세력의 팽창주의의 기능이었음엔 틀림이 없다고 할 수 있다. 비록 중국의 개국도 종국적으로는 무력에 의한 강제성을 지녔으면서도 중화사상에 기초한 문화적인 저항을 극복해야만 하였으며 이 범위 내에서 서구문화와의 접촉과정에서 동양제국이 주역으로 부상하였음은 물론이다.

제1절 중국의 개국외교

1. 아편전쟁

(1) 영·청 난징(南京)조약

　영국과 청국간의 아편전쟁(Opium War)은 유럽문명과 동양문명이 정면으로 충돌하여 유교권의 정치질서가 점차 붕괴되어 가는 계기가 되었다. 즉 이는 청국의 패전 결과 종래의 봉건적이고 폐쇄적인 중국사회를 개방하는 굴욕적인 불평등조약을 수락하게끔 한 역사적 사건이었다. 이로부터 중국대륙은 근 1세기간에 걸친 반 식민상태의 출발을 보게 되었다.

아편전쟁의 직접적인 원인은 아편이었다. 중국에 대한 아편무역은 영국의 인도, 중국과의 무역구조와 밀접한 관계가 있다. 영국의 동인도회사가 중국으로부터 수입하는 품목은 차(茶)와 견(絹)이 대종을 이루었다. 그리고 중국으로 수출하는 것은 주로 인도의 면화와 면직물이었으나 중국의 수요가 그리 많지 않았다. 이에 따라 영국은 중국과의 무역에서 수입초과를 빚게 되었다. 이를 극복하기 위하여 고안한 대안이 아편밀수출이었다. 그리고 영국동인도회사가 직접 아편수출을 개시한 것은 1781년(乾隆 46년)이었다고 한다.1) 따라서 청나라의 건융(乾隆) 말기부터 가경(嘉慶) 초에 아편흡연의 엄금정책을 취했으나 별로 효과가 없었다. 청의 조정은 江蘇巡撫인 林則徐를 황제의 특사로 하여 1839년 3월 10일 廣東에 부임시켰다. 그는 도착하자마자 영국선박의 아편을 압류하기 시작하였다. 이에 대해 영국의 무역감독관 엘리오트(C. Elliot)는 강하게 항의함으로써 영국과 분규는 시작하게 되었다. 이러한 상황 속에서 영국수병들에 의한 청인 林維喜의 살해 사건이 일어나 영·청간의 분규는 심화되었고 나아가 1839년 10월 26일 2척의 영국전함과 사이에 전투가 일어났다. 그러나 영국의 본격적인 원정군은 지상병력 4,000명, 군함 16척 등 32척으로 편성되어 1840년 6월에 중국현지에 도착하여 먼저 廣東을 봉쇄하고 북상을 계속하였다.2)

老帝國 청나라의 무력은 당시 세계 최강의 해군력을 자랑하던 영국의 상대는 결코 되지 못했고, 영국의 일방적인 승리로 전쟁을 마무리짓기 위한 굴욕적인 南京條約은 1842년 8월 29일 영국의 기함인 코온·월리스(Corn Wallis)호상에서 체결되었다. 이 조약은 중국을 구미열강의 반 식민지상태로 전락하게 만든 최초의 법적 근거인 13개 조항으로 된 비교적 간단한 문서였다. 그리고 외국과의 관계에 있어서 최초의 대등조약으로

---

1) 植田捷雄, 『東洋外交史槪說』(東京: 日光書院, 1948), pp.41~42., 金景昌, 『東洋外交史』(서울: 集文堂, 1984), p.15 참조.
2) 김용구, 『세계외교사』(서울: 서울대학교출판부, 1997), p.208 참조.

알려졌다.3) 이 조약의 내용은 다음과 같다.

(1) 홍콩의 할양, (2) 5항(福州, 廈門, 寧波, 廣東, 上海)의 개방, (3) 公行 독점의 관행 폐지, (4) 배상: 아편배상 600만 달러 등 총 2,100만 달러, (5) 양국 관헌의 대등한 문서교환, (6) 각 개항장에의 영사설치 등이다.

외교적 평등권에 관한 내용은 제11조에 규정하였고 그 내용은 극히 당연한 것이었다. 즉 청국주재 영국외교사절은 청의 중앙이나 지방 고관과 완전한 평등관계에서 직접 교통을 할 수 있다는 것이다. 이러한 평등에 관한 규정에 합의함으로써 비로소 영국은 청조의 조공국 명단에서 지워지는 결과를 갖게 되었다. 이는 분명 천자체제에 반하는 평등개념의 도입으로서 중화사상에는 일대 변혁이 아닐 수 없었다.

이와 같이 체결된 남경조약은 중국 최초의 대등조약으로서 중국 개국의 대헌장이 되어 그후 외국이 중국과 체결하는 조약은 모두 이것을 기초모형으로 했다. 그러나 중국은 이 조약에 의해 종래 아무런 구속을 받음이 없이 자유자의로 외국인을 처우할 수 있었던 우월적 지위를 상실했을 뿐만 아니라 정치, 경제, 문화, 사회 등의 모든 방면에서 장래의 불평등의 열세를 감수할 수밖에 없었다. 1843년 10월 8일 청국과 영국은 다시 虎門塞條約, 五港商章程, 稅率表 등을 체결하여 남경조약을 보완추가 하였다. 주요내용은 다음과 같다.4)

첫째, 최혜국조관(最惠國條款: Most Favoured Clause)을 최초로 규정했는데 그 조약의 내용이 중국에서만 볼 수 있는 편무적·무조건적·개괄적 특색을 가지게 했고, 그의 활용으로써 최혜국조간의 설정국으로 하여금 어떠한 교섭이나 수단도 필요 없이 앉아서 제3국이 획득한 이익을 균점할 수 있게 되어 제외국의 대청공동진출을 유치하는 가장 교묘한 방법을 만들어 놓았다. 그러나 당시의 청국은 이 최혜국조관을 황제의 은혜에

---

3) Li-teng and Ingalls, *The Political History of China*(1840~1928)(D. Van Nostrand Co., U.S.A.), pp.40~41.
4) 金景昌, 앞의 책, pp.22~24 참조.

의한 것이라고만 생각했을 뿐 장래에 있어서의 이익균점과 같은 것은 전연 생각지도 못했으며, 더욱이 최혜국조간의 법률적 의의조차 해득하지 못했을 뿐더러 그 조관으로 인해 미치게 되는 중대한 영향에 대해서도 아예 상상도 못했던 것이다.

둘째, 중국에 있어서의 치외법권(治外法權: Extraterritoriality)은 1843년에 체결한 5항통상장정에서 비로소 명백히 하고 다시 그후 이 장정을 虎門塞추가조약에 흡수시킴으로써 그의 조약화를 실현했으며, 따라서 치외법권이 영·청간의 공문에서 인정된 것은 5항통상장정 제13조의 〈강화조약 성립 후 남경에서 왕복된 공문〉이 최초이다. 당시 청국측은 치외법권의 관념이 청국 주권을 훼손하는 것이 되리라는 자각을 못했기 때문에 청국측이 자진하여 남경조약의 善後처리에서 이를 명백히 해둘 필요가 있다고 하여 체결케 되었던 것이다. 이때 청국측이 치외법권의 규정을 필요로 하게 된 이유는 영국인과의 교섭에서 얻은 경험에 비추어 영국인과 같은 난폭한 야만족은 그들 고유의 도덕에 맡기고 필요한 경우에는 그들의 영사에 일임하는 것이 편리하다는 고려에서였다. 이렇게 규정된 치외법권은 아직 제도로서 완전한 것이 못되었으므로 望廈·黃浦조약 등에서 점차 그 내용이 보충되었다.

셋째, 세율표 조정으로서 이는 終價五分을 원칙으로 하는 관세율을 정하였다.

(2) 미·청 왕샤(望廈)조약[5]

아편전쟁이 발발하자 광동에 있던 미국인들은 자국민의 보호를 위하여 본국정부에 군함 파견을 요청하였다. 미국의 케어니 제독(Commodore Lawrence Kearny)을 사령관으로 하는 동인도함대가 전쟁중 시종 중국 근해를 순양 하면서 미국인을 보호했는데 이때 그는 교묘한 외교수완을 발휘하여 영·청전쟁으로 입은 미국인의 손해에 대해 청국으로 하여금 수십만 달러의 배상금을 지불케 했고, 또한 그보다도 더 귀중한 수확은 그가 남경조약의 체결에 앞서 미국에 최혜국대우를 부여할 예약을 청국으

---

5) 김용구, 앞의 책, pp.213~214 참조.

로부터 취득한 일이다.

이 당시 미국의 대통령이었던 타일러(John Tyler)는 이미 1842년 12월 의회에 보내는 특별연두교서에 구체적으로 나타났다. 영국의 독점적 이익을 미국은 균점할 것을 밝혔고 이를 위하여 1844년 2월 25일 쿠싱(Caleb Cushing)을 전권대표로 임명하고 남경조약과 유사한 조약을 체결하도록 하여 마카오에 도착케 하였다. 이에 대해 청국은 반대하였으나 1843년 10월 영국과 체결한 최혜국대우조항에 의하여 끝까지 거부할 수 없어 望廈조약을 1844년 7월 3일 체결되었으며, 내용은 거의 남경조약과 같았으나 남경조약에 없었던 치외법권을 명시한 것이 큰 차이점이었다.

미국은 타일러 대통령의 의회교서에서 명시한 바와 같이 중국에서의 영토욕이 없으며 아편수입자에 대한 처벌을 주장함으로써 청의 선심을 샀으나 望廈조약 제21~25조에서 치외법권을 규정함으로써 중국의 국익을 침범하는 불평등조약의 당사국이 되었다.

(3) 불·청 황뿌(黃埔)조약

1844년 10월 24일의 불·청간의 黃埔조약은 왕샤조약을 모델로 한 조약이다. 프랑스정부는 청국과의 조약체결을 위해 라그르네(Th'eodose M. M. J. de Lagreme')를 전권공사로서 청국에 특파했는데 그는 바로 왕샤조약을 본떠서 청국과의 조약을 체결하기 위하여 8척의 군함과 함께 1844년 8월 14일 마카오에 도착했다. 한편 청은 그들의 영토 내에 프랑스세력도 끌어들임으로써 외세를 가지고 외세를 견제하는 세력균형 게임을 시도했고 〈以夷制夷〉의 전략 속에서 프랑스는 포교권을 확보하는 데 성공하였다.

불·청간의 교섭은 이미 체결된 왕샤조약의 선례도 있고 또 조약 내용에 있어서도 영·미양국의 선례가 있었으므로 별다른 어려움이 없이 극히 순조롭게 진행되어 1844년 10월 24일 황뿌에 정박중인 프랑스 군함에서 조약이 조인되었는데 비준은 1845년 8월 25일 마카오에서 교환되었다. 이것을 黃埔조약(Treaty of the Whampoa)으로 통칭하게 되었다.

이 조약은 왕샤조약과 같이 영·청 남경조약 및 동 조약 추가조약의 규정을 상세하게 표시하고 대체로 왕샤조약에 추종하고 있는데 그 중 특수한 것은 (1) 본 조약에 규정한 이외의 일체의 의무는 이를 프랑스 영사 및 프랑스 국민에게 과할 수 없고, (2) 프랑스인 재산의 불가침규정 설정, (3) 프랑스인의 청국에 대한 의무의 면제인데 이는 청국에 있어서의 다른 선진국의 지위와 전혀 상이하게 한 것으로 일종의 치외법권의 규정으로 간주할 만한 것이었고, (4) 개항장에 프랑스 영사 또는 영사대리가 없는 경우 우방국의 영사에게 프랑스의 상인과 민간인, 선박의 보호를 의탁할 수 있는 규정을 설정, (5) 조약국은 조약 성립 후 12개년을 경과한 후는 언제든지 이의 파기, 개정을 요구할 수 있는 규정 등이다.

프랑스는 일찍부터 경제관계보다는 포교자유 획득에 주력하였다. 따라서 1844년 12월 14일 드디어 중국인에게 천주교 신앙의 자유가 허용되었다.

이와 같이 영·미·불 3국이 청국과 통상조약의 체결은 다른 제 외국들에도 미쳐 이들 국가들이 다투어 청국에 조약체결을 요구하게 되었다. 그 후 1860년에 이르기까지 실제로 청국과 개국조약을 맺은 나라는 러시아, 스웨덴, 노르웨이, 그리고 벨기에 등이었다.

2. 톈진(天津)조약

청국은 영국의 함포의 위협하에 南京·望廈·黃埔의 제 조약을 체결하였으나 이를 자의적으로 준수할 생각은 없었다. 그러므로 이들 조약에 따라 외국이 개항장에 있어서의 거주무역을 실행하려고 하자 廣東을 비롯하여 福州, 廈門, 上海 등지에서 일반 민중의 배외사건이 빈발했다. 그 중에서도 광동입성문제는 중대 안건으로 되었으며 이와 전후하여 兩廣총독이나 기타의 청국관헌과 외국전권의 회견문제가 외국과 청국 쌍방의 감정을 자극하게 됨으로써 드디어 영·미·불 3국전권은 협력하여 청국에 조약개정을 요구하기에 이르게 되었다.

이에 대하여 청국의 조정은 영·불·미 3국 대표는 광동에서 교섭하고 러시아 대표는 黑龍江유역으로 갈 것을 요구하였다. 이에 영·불은 미·러에게 청국과의 전쟁에의 공동보조를 요청하였으나 미국과 러시아는 이를 거절하였다. 그러므로 영국과 프랑스의 군대는 북상하여 天津으로 진격하였고, 이에 청국은 굴복하였다. 영·불연합군의 청국과의 전쟁의 결과로 4개국이 별도로 청국과 맺은 이면의 조약을 天津조약이라 칭한다. 그들은 1858년 6월 13일의 러시아와 청국간의 조약을 위시하여 6월 18일에는 미·청, 6월 26일에는 영·청, 그리고 6월 27일에는 불·청조약을 체결하였고 이들은 최혜국조간에 의해서 4자 일체의 조약체계가 된 것이다. 天津조약은 모두가 기존조약의 이행을 목적으로 하여 국교상·통상상의 권리를 구체화시켰을 뿐 아니라 아편무역을 공인케 하였고, 치외법권과 포교권을 확대하였다.

3. 베이징(北京)조약

天津조약이 청국의 자의에 의하여 조인되지 않았다 하더라도 조약의 준수는 국제신의에 의하여 지켜야 하는 것이다. 그러나 청국 내의 배외기운이 강하게 일고 있어 1년 이내에 비준·교환키로 되어있고 그 교환장소도 베이징으로 되어있는 天津조약은 비준교환의 거부론이 지배적으로 흐르게되어 이를 거절하게 되었다. 그러므로 영·불은 다시 연합하여 청과 전쟁을 치르게 되었다. 영국의 외교사절에 대하여 포격을 가한 大沽

사건에 대하여 영·불은 각각 800만 兩의 배상금을 관세수입으로부터 징수키로 함으로써 외국인의 해관관리는 더욱 조장되었다.

天津조약의 이행을 위한 영·불의 대청전쟁은 1860년 10월 17일에 영·불·러와 청국 간의 베이징조약으로 타결되었다. 그 주요 내용은 다음과 같다.

(1) 외교사절의 베이징 주재.
(2) 天津의 개항과 九龍의 할양: 九龍을 홍콩의 부속지로 만들었다.
(3) 중국인의 해외 이주: 국적의 이탈을 엄금하였으며 이에 위배시 그 위반자를 극형에 처했었다.
(4) 배상금의 증액.
(5) 포교권.
(6) 總理衙門의 창설 규정: 이는 청조의 수도인 베이징의 중앙정부에 정식 외교기관을 설립 등이다.

베이징 조약으로서 중국의 개국은 완료되었다. 청조는 1861년 1월 20일의 上諭로써 '總務各國通商事務衙門'을 개설함으로써 서구열강은 이제 정식으로 청국정부와 접촉할 수 있는 창구를 지니게 되었다.

4. 러·청과 베이징(北京) 국경조약

1858년 러시아는 아이훈(愛暉)조약으로써 黑龍江 좌안의 광대한 지역을 취득했으나 연해주에 대해서는 러·청공유로 하였다. 그러나 러시아는 제2차 영·불연합군이 청국에 대하여 강경한 태도로 나오자 청국에는 무기 제공을 제의하고 한편 영·불간에 조정적 역할을 하여 1860년 11월 러·청베이징조약을 체결하였다.

러시아는 베이징조약을 체결하여 오랫동안의 숙원인 연해주지방의 획득에 성공했다.[6]

베이징조약은 전문과 본문 15개조로 되며, 그 주요 내용은 (1) 국경획정에서는 黑龍江 이북과 우수리강 이동의 전지역을 러시아령으로 하고 우수리강과 해양의 사이에 개재하는 지역, 즉 우수리지방은 러시아 영토로 했다. 이같은 영토확장은 러시아로 하여금 후일 블라디보스톡항을 건설케 한 동시에 시베리아철도, 東淸철도를 부설케 하고 남북만주에서 우월한 지위에 서게 한 요인으로 되었을 뿐 아니라 일・러 충돌의 원인으로 되게 한 극동군사・정치사에서 가장 중요한 사건의 하나라고 해야 할 것이며, (2) 국경무역의 규정으로서는〈본 조약 제1조에서 규정한 일체의 국경선상에서 양국민간의 무역의 자유 및 조세 면제를 허용하고 국경에 있어서의 지방장관은 위의 업무 및 이에 종사하는 자에 대해 특별한 보호를 할 것이라고 하여 국경무역의 무세규정을 설정한 동시에 국경무역을 장애없이 하기 위하여 다음과 같이 규정하였다. (1) 러시아는 키아크타에서 무역을 한 외에 상용으로 같은 지역에서 베이징으로 갈 수 있는 구 권리를 그대로 향유하게 하고 도중 庫倫과 張家口에서 무역을 할 수 있을 것과, 신설 무역지로 伊犁, 등을 개설할 것도 허용했다. (2) 육상무역에 관한 추가협정을 지방관 사이의 협의로써 정하게 함으로써 베이징이나 러시아 수도에 일일이 가지고 갈 필요가 없게 하고 있는 것도 러시아로서는 크게 이익이 되는 규정이었다.

여기서 강조해 두어야 할 사항의 하나는 현재 우리와 러시아가 두만강을 사이에 두고 국경을 이루고 있는 데 이것이 바로 이때 이루어진 것이며, 당시 이에 대하여 우리 조정에서는 이러한 사실조차 모르고 있었다.

---

6) 金景昌, 앞의 책, p.67 참조.

제2절 미국의 태평양진출과 일본의 개국외교

일본은 도쿠가와(德川) 막부(幕府) 초부터 이른바 쇄국정책을 취해오다가 중국의 개국보다 12년 후에야 개국이 되었다. 일본의 개국은 중국의 개국과는 여러 가지 점에서 유기적인 연관성을 지니고 있다.

이 당시 미국은 영국이 먼저 일본을 개국시키는 것을 경계하여 1852년 11월 페리제독(Commodore Mathew Calbraith Perry)으로 하여금 일본을 방문케 하였는데, 그는 1853년 7월 8일 지금의 東京인 에도(江戶)만에 도착하였다. 이와 같이 미국이 일본의 개국을 필요로 하게 된 이유의 하나는 미국의 고래잡이업자를 보호할 필요에 의한 것이었으며, 당시 고래는 북대서양에서 거의 그 자취를 감추었으나 북태평양에서는 아직 많이 서식했으므로 고래업의 기지는 점차 북태평양으로 이동하기 시작했기 때문이었다.[7] 페리는 곧 미국의 필모어(Millard Filmore)대통령의 국서를 막부에 전달하고 다음해까지 마카오에 체류하였다. 그 다음 해인 1854년 2월 3일에 다시 江戶에 복귀하여 미·일화친조약인 가나가와(神奈川)조약을 3월 31일에 조인함으로써 미국에 의한 개국이 이루어졌다.

---

7) 鹿島守之助, 『日本外交史』(東京: 鹿島硏究所, 1958), pp.5~6., 김경창, 앞의 책, p.70 참조.

1. 미·일조약

(1) 미·일화친조약(神奈川條約)의 체결

페리는 왕샤조약과 유사한 조약체결을 희망하였다. 따라서 요코하마(橫浜)에서 1854년 3월 31일 맺어진 미·일화친조약인 가나가와(神奈川)조약은 미·청간의 1844년 望廈조약에 기초하였다.

1854년 3월 31일 서명된 조약은 다음해 1855년 2월 21일 下田 長樂寺에서 비준서를 교환한 이른바 神奈川조약의 주요내용은 다음과 같다.8)

(1) 시모다(下田), 하코네(箱館)의 개항: 시모다는 즉시 개항하고 하코네는 다음해 3월부터 개항하여 식량, 석탄 등을 공급한다.
(2) 표류, 난파 선원의 보호.
(3) 최혜국대우 조항: 일본이 일방적으로 최혜국대우를 약속함으로써 다른 국가들도 미국과 같은 이익을 받게 되었는데, 일본은 당시 이것이 무엇을 뜻하는 것인지도 이해하지 못하였다.
(4) 영사관계의 수립을 국법에 위배된다는 이유로 거절하였으나 18개월 후에 영사의 주재권을 협의할 것에 합의함으로써 문제를 해결하였다. 그러나 下田추가조약에서 영사는 필요시에 임명한다는 애매한 조항을 두었다.
(5) 조약의 비준관계: 페리의 요구에 대하여 일본은 그런 관례가 없다고 반대하였다.

이상과 같은 神奈川조약은 200년간에 걸친 일본의 폐쇄정책을 타파하고 문호를 개방시킨 기초가 되었으나 모두가 큰 손실없이 일본인에게 원한을 주지 않고 행해졌다는 점에서 중국에서의 경우보다는 훨씬 평화로운 과정이었다. 그러나 통상무역의 타결, 영사의 주재문제, 그리고 치외법권 등에 관하여서는 下田추가회의에서 논의되었다.

---

8) 김용구, 앞의 책, pp.227~228 참조.

(2) 해리스의 부임과 미·일수호통상조약

미국은 가나가와조약에 따라 1856년 8월 헤리스(Townsend Harris)를 총영사로 임명하여 일본에 파견하였으나 일본은 그의 상륙을 거부하였다. 그러나 그는 일본의 반대에도 불구하고 국제법을 원용하여 결국 下田에 영사관을 설치하였다. 해리스는 중국의 寧波영사를 지낸 사람으로서 미국의 동·서부에 거점을 둔 동양무역의 선구자였다.

1855년에 미국의 대통령이었던 피어스가 헤리스를 최초의 일본주재 총영사로 임명하여 일본과 조약의 개정과 수교의 임무를 하달하였을 때 국무장관 마아시(Marcy)는 그에게 '나는 현 조약의 자유로운 해석에 관하여 명확한 협정을 하고, 다시 일층 유효한 권리를 획득할 것을 희망한다'고 하면서 그의 능력을 인정하였다.

일본의 강력한 반대에도 불구하고 영사관 설치에 성공한 해리스는 江戶에 가서 대통령의 국서를 장군에게 봉증하고 아울러 중요문제에 대해 막부대관과 담판하기를 원한다는 서한을 보냈다. 이와 같이 해리는 자신의 높은 식견과 인격 그리고 능란한 외교 솜씨를 발휘하였으며, 또한 당시 중국에서 애로우호사건으로 인한 영·불의 대청전쟁 이후 시기라는 점등이 작용, 일본의 태도는 약간 누그러졌다. 당시 일본은 진취적인 기운이 일고 있었으며 서양식 함선을 모방하여 건조하고 또한 네덜란드의 해군 교관을 초빙하여 서양학문의 연구에 열을 올리고 있었던 시기였다.

해리스는 1857년 12월 12일 실력자인 老中 홋다(掘田)와의 담판을 통하여 중국의 전례를 들추어서 일본의 전면적인 개국과 통상의 필요성을 설득하였다. 그는 만약에 중국의 北京에 서구의 외교사절이 주재했더라면 아마도 아편전쟁이나 영·불과의 전쟁은 없었을 것이라고 설득하여 掘田에게 감명을 주었다. 그는 영국의 청국에 대한 침략정책의 본질을 설명하고 영국이나 프랑스가 일본에 무력으로써 통상을 요구하기 전에 미국과 평화적으로 통상조약을 체결하는 것이 유리하다고 설득하였다. 또한 아편전쟁 후 영국이 중국에 아편을 밀수하는 경향이 늘어났기 때문에 이를 막기 위해서는 미국과의 조약으로써 아편의 금수를 이룰 수 있었다는 점을 설득하였다.

이러한 해리스의 권고에도 불구하고 일본은 국내사정을 이유로 계속 통상교섭을 지연시키려고 하였고 여기에 해리스는 '만약 나의 요구가 받아들여지지 않는다면 우리의 국기를 떼어 가지고 귀국할 것이다. 그러나 다음에는 함대나 대포가 오게될 것이라고 무력적인 위협을 하였다. 이에 따라 1858년 1월 9일에는 무력시위가 있자 이에 막부는 굴복하지 않을 수 없어 해리스가 제시한 16개 조항에 달하는 초안과 무역장정 6원칙을 기초로 하여 교섭이 진행되었다. 따라서 해리스의 조약안은 3월 6일에 조정의 칙허를 받고 나서 조인되었다.

2. 영·러·네덜란드조약[9]

일본도 청국과 마찬가지로 강제에 의하여 미국에 개국을 하자 서구의 여러 나라들이 즉시 개국을 강요하여 이들에게 개국을 하지 않으면 안되게 되었다.

(1) 영·일약정 및 영·일수호통상조약

일본이 미국과 神奈川조약을 체결한 후 제일 먼저 일본에 온 사람은 영국의 동인도함대사령관 스터얼링 소장(Sir James Stirling)이었다. 그는 1854년 9월 7일 기함 윈체스트호(the Winchester)외에 3척의 군함을 이끌고 長崎에 입항하여 영국 함대의 일본 항만 기항의 승인을 요구하였고, 이에 일본은 이를 승인함으로써 10월 4일 조약은 조인되었다.

---

9) 김경창, 앞의 책, pp.83~90 참조.

이것이 최초의 영·일조약인데 그 내용은 (1) 長崎, 箱館에 영국 선박이 기항하여 식수, 식량, 등의 필요품을 공여받고, (2) 장래 외국에 일본 항구를 개항할 때에는 영국도 이를 균점할 수 있다는 최혜국대우조관, (3) 일본 해항에서 영국선박은 일본 법률에 복종할 것이고 만약 선 내의 고관 및 지휘자 이외의 선원이 범법할 때는 영국선 지휘관에게 인도하여 처벌한다는 치외법권 등이다.

그 후 영국은 스터얼링이 체결한 조약이 통상문제에 언급함이 없어 심히 불안하였으므로 1858년 8월 26일 江戶城 안에서 영·일신통상조약을 조인했다. 그 내용은 미국의 해리스가 맺은 미·일수호통상조약과 대동소이한 것이었다. 그 중 중요한 내용은, 양국은 서로 외교관을 파견하고 일본은 兵庫, 新瀉, 神奈川, 長崎, 江戶, 大阪 의 5개항과 2개시를 영국인에게 개방하고, 이들의 토지에서 수출입을 할 자유를 인정하고 또한 영국인에게 치외법권을 허여했으며, 최혜국대우를 허용했고, 영국인의 조차지를 허용하는 규정을 설정했으며, 地券에 의해 그 기한을 영구하게 할 것 등이 규정되었다.

(2) 러일조약의 체결

1855년 2월 7일 下田 福泉寺에서 러·일화친조약이 체결되었다. 이 조약도 미·일화친조약의 내용을 따른 것이었는데, 다만 영사재판이나 최혜국대우가 일방적인 것이 아니라 쌍무적인 것으로 규정되어 있다. 그리고 여기서 특기할 것은 러시아와 이른바 북방영토의 국경에 관한 사항이다. 그 주요 내용은, (1) 千島列島의 러·일 국경은 擇促島를 일본령으로 하고 得撫島(Urup Is.) 이북을 러시아령으로 하며, 사할린은 분계하지 않고 종전대로 하고, (2) 일본은 箱館, 下田, 長崎의 3개항을 러시아 선박을 위해 개방하고 난파선의 수리와 식수, 식료를 공급하며, 석탄이 있는 곳에서는 이를 공급한다는 것 등이다.

(3) 네·일조약의 체결

오랫동안 일본의 대외교섭에서 특수한 지위를 독점하고 있는 네덜란드는 페리에 의한 미·일조약체결에 의하여 큰 충격을 받았다. 따라서 네덜란드는 그 이익을 균점하고자 기회 있을 때마다 조약체결 운동을 벌였다. 한편 당시 일본은 해군 창설의 필요를 통감하고 네덜란드로부터 군함, 총포, 병서 등을 구입하고 아울러 해군기술을 전수해 주기를 원한다는 의향을 전했다. 이에 대해 네덜란드는 슴빈호(The Soembin)를 長崎에 파견하고 일본 해군의 창군에 관한 유익한 정책을 건의했고, 일본은 1855년 네덜란드의 해군사관을 초빙하여 막부를 비롯한 여러藩의 해군견습생에게 해군의 지식과 기술을 학습케 했다.[10]

이러한 상황하에서 막부는 1855년 9월 30일 네덜란드가 요구한 초안을 기준으로 네·일화친통상에 관한 예비약정을 협정하여 가조인을 했다. 그 주요 내용은 미·일조약을 본 딴 것이었는데 다만 네덜란드인의 일본어, 일본 예술의 학습에 관한 규정을 두었다.

3. 개국과 양이(攘夷)운동[11]

막부는 칙허없이 미·일조약에 조인하고 잇달아 영·러·네·불의 4개국과도 수호조약과 무역장정을 체결하였다. 따라서 이들 5개국과의 조약에 의해 1859년 7월 1일부터 神奈川, 長崎, 箱館의 3항이 무역항으로 개방되었고, 각 체약국은 그들의 외교관을 江戶에 파견하였다. 이와 같이 일본이 구미인에게 문호를 개방한 결과 먼저 나타난 것은 외국인에 대한 일반 민중의 반대운동이었고 그것은 조정에 의해 배양된 양이(攘夷)운동

---

10) 鹿島守之助, 앞의 책, pp.177~178., 김경창, 앞의 책, p.88 참조.
11) 金景昌, 위의 책, pp.91~101 참조.

과 동일한 것이었다. 이에 따라 외국인에 대한 습격사건이 빈발하여 외국대표자는 물론이고 막부로서도 큰 고충인 동시에 위험을 느끼지 않을 수 없었다. 1859년 8월 말 러시아 사관 1명과 수병 2명이 橫濱 길 위에서 살해되고, 11월 5일에는 프랑스영사관의 중국인 노복이 살해되었으며, 1860년 1월에는 영국 올코크 영사의 일본인 통역이 영사관 문전에서 피습되어 치명상을 입고, 2월에는 2명의 네덜란드 상선의 선장이 일본의 무사에 의해 참살되는 사건 등이 연발하였다.

이러한 사건들 외에도 1862년 9월 14일 勅使 島津久光의 행렬이 江戶를 떠나 武州 生麥에 이르렀을 때 말을 탄 영국인 4명(그 중 1명은 부인)이 藩兵의 제지에도 불구하고 횡단하려 하므로 그 중 1명을 참살하고 2명에게 중상을 입힌 사건이 일어났다. 이것을 이른바 生麥사건이라고 한다. 이러한 사건들과 이에 대한 서구제국의 무력항의로 막부는 양이운동을 제재하려 하였으나 이러한 막부의 태도와는 달리 薩摩藩·長州藩 등은 외국군함에 포격을 가하는 등 양이운동을 계속하였다. 따라서 영국은 鹿兒島의 薩摩와 下關의 長州에 포격을 가하여 큰 타격을 주었다. 이렇게 포격의 타격을 받자 일본의 배외운동은 드디어 타파되고 薩摩뿐 아니라 長州도 서양식 육·해군의 우세를 인정하여 외국 친선으로 전환했다. 한편 열국은 長州와 약정한 강화조약을 막부가 승인해야 한다는 필요를 느끼게 되었고, 막부도 長州의 행위가 막부의 명령으로 행해진 것임을 인정하지 않을 수 없게되어 연합국과 교섭을 시작하게 되었다. 이때 각국 공사들은 막부가 조인한 제조약에 대한 천황의 비준을 얻어야 한다고 주장하여 1864년 10월 막부는 조약의 勅許奏請에 대해 진력할 것과 長州藩에 요구되고 있는 배상금도 책임을 지고 지불할 것을 약속했다. 10월 22일 막부와 공사단측은 下關사건의 선후처분을 결정하고 조인했다. 약정의 주요 내용은 배상금 지불, 兵庫, 大阪, 新瀉의 개항과 관세개정 등이라고 할 수 있다. 이러한 내용들을 담은 조약은 1866년 6월 25일 12개조의 내용으로서 조인되었다. 이는 德川幕府가 외국과 맺은 최후의 조약이다. 1866년 9월 將軍 家茂가 大阪에서 사망하고 慶喜가 勅을 받들어 將軍職을 이었다. 그러나 1867년 明治帝가 즉위했다. 이때부터 내외형세는 점점 정국의 변동을 재촉하여 드디어 維新의 대개혁을 보게 되었다. 이 사이 막부는 1867년 양차에 걸쳐 조약이 이행되지 않으면 안된다는 사정과 兵庫개항의 불가피한 이유를 上奏하여 6월에 이르러 칙허를 얻게 되었다. 兩都開港開市 연기의 기한은 1867년 12월 13일이고 慶喜의 대권반환은 동년 11월 9일이므로 兩都兩港開市開港은 대권반환 이전에 시작되어 明治政府는 다만 이를 승계하여 행하였을 뿐이다.

제2장 일본의 대륙진출과 조선의 개국외교

제1절 일본의 명치유신과 조약개정외교

　일본은 1603년(宣祖 36) 德川幕府가 성립된 이래 철저한 쇄국정책을 견지하다가 1867년 막부가 무너지고 친황체제인 明治정권이 성립되었다. 새로 성립된 明治정부는 그후 구미의 근대·자본주의 문명을 받아들이는 동시에 구미제국을 모방하여 국내 제도의 개혁을 단행함으로써 동양에서 유일한 근대국가로 발전해갔다. 이같이 구미자본주의제국의 대열에 참여하게된 일본은 국내의 상품시장의 협소와 원료자원의 빈약함 때문에 그 발전을 도모하기 위해서 군사력에 의하여 해외로부터 원료·식량 등을 획득하고 아울러 그들의 상품을 판매할 해외시장을 얻으려고 했다.

　한편 明治정부는 구미열강과 맺었던 불평등조약, 즉 치외법권, 관세자주권, 편무적 최혜국조관을 개정하는 일에 최선을 다하였다. 그 불평등요소 중에서도 특히 치외법권의 철폐를 가장 우선시하였다. 그러나 막부가 체결한 가나가와조약의 개정시기는 1872년 7월 1일 이후로 되고 있었을 뿐 아니라 유신 초로 아직 정치상황이 혼란하였기 때문에 이 문제를 추진할 여유가 없었다. 그러므로 우선 명치의 즉위 후 화친관계에 있는 각국에 예방을 위하여 전권대사를 각국에 파견하고 아울러 구미제국의 재정·법률제도를 조사 연구시키기로 하였다. 이를 위하여 우대신 岩倉

具視를 특명전권대사로 하고 參議 木戸孝允, 大藏卿 大久保利通, 工部大輔 伊藤博文, 外務少輔 山口尙芳 등을 특명전권부사로 임명하여 구미제국에 파견하였다.1)

이들 사절 일행 48명은 1871년 11월 東京을 떠나 1872년 1월 워싱턴에 도착하여 국무성에서 일본전권과 국무장관 피쉬(Hamilton Fish)와 조약개정의 교섭을 개시했다. 그러나 첫 회의에서 국무장관은 사절에 조약체결권이 없다고 하면서 회의를 반대하였으므로 일본사절 중 伊藤, 大久保 양인을 귀국시켜 조약체결의 위임을 받아오도록 했다.

그러나 이 사이 일본전권의 요구로 회의를 계속하게 되었는데 일본측의 제의로는2) (1) 관세자주권, (2) 국외중립, (3) 영사재판권의 철폐, (4) 화폐 규칙, (5) 범죄인 인도, (6) 군대의 상륙금지, (7) 외교교섭을 거침이 없이 무력에 호소하지 않을 약속 등이었다. 이에 반해 미국 측은, (1) 개항, (2) 등대 및 항운상에 관한 일, (3) 현행 조약 중 해석 불명한 것을 명료하게 할 것, (4) 외국인의 내지 여행 허가, (5) 외국인에게 토지 가옥의 소유권을 허가 할 것, (6) 외국인에게 일본인 고용을 허가할 것, (7) 일본인과 외국인의 무역 제한의 철폐, (8) 수출입세의 형평대우, (9) 지방규칙, (10) 언론 출판 신문의 자유, (11) 최혜국대우 등의 문제였다.

그러나 5월 22일 본국으로부터 워싱턴에 도착한 小松 서기관으로부터 일본은 조약개정에 관한 국가별 교섭을 피하고 유럽의 한 도시에서 각국 전권과 합동으로 협상할 방침으로 결정했다는 것을 전했으므로 일본전권은 미국과의 단독교섭을 중단키로 결정하였다. 6월 15일 워싱턴에 귀환한 大久保, 伊藤 등과 협의한 岩倉 전권은 17일 국무장관을 방문하고 조약개정협상의 중단을 통지했다. 따라서 일본은 유럽의 한 도시를 선정하여 관계각국이 위원회를 파견해주도록 요구하였으나 미국정부의 동의를 얻지

---

1) 『日本外交文書』, 第4卷 第1冊, pp.75~76., 김경창, 앞의 책, p.158 참조.
2) 김경창, 위의 책, pp.158~173 참조.

못했고, 영국도 이에 반대하였다. 그러므로 이들 일본 전권들은 7월 19일 영국에 도착한 후 1년여에 걸친 유럽 각국을 순방하고 1873년 9월 14일 도쿄에 돌아왔다.

일본의 희망에 따라 개정협상에 응하려고 한 국가는 겨우 미국과 러시아뿐이었다. 따라서 마침 1873년 워싱턴에서 미·일우편조약이 체결되었는데 이 조약은 일본이 구미제국과 대등관계에서 맺은 최초의 조약이었다. 그리고 일본정부는 관세자유권과 연안무역독립권을 회복하려고 노력한 결과 1878년 7월 25일 미·일신통상조약이 미국의 국무성에서 양국위원에 의해 조인되었다. 이렇게 관세권이 일부 회복되자 일본은 치외법권 및 관세권을 모두 일부씩 회복하는 조약개정을 주안으로 했다. 1894년 7월 16일 영·일통상항해조약과 부속의정서 및 부속세목이 조인됨으로써 명치정부수립 이래의 현안이던 영사재판권은 철폐되어 일본은 거의 완전에 가까운 법권 회복을 보게 되었다. 그러나 관세자주권을 획득하기에는 이르지 못했으며, 완전한 관세자주권을 획득한 것은 1911년이다.

이에 앞서 1894년 11월 22일에 미·일통상항해조약 및 동 부속의정서가 조인된 것을 비롯하여 1897년 12월 5일 오스트리아와 통상해양조약의 조인을 끝으로 영국·미국·이태리·러시아·덴마크·독일·스웨덴·벨기에·스위스·프랑스·네덜란드·오스트리아 등 여러 나라와의 조약개정을 완료하고 비준서를 교환하였다. 또 1895년 11월부터 1898년 6월까지의 사이에 일본은 브라질, 칠레, 아르헨티나, 그리스, 포르투갈 등의 5개국과 상호대등의 통상조약을 체결했고, 1871년에 체결한 청·일수호조규는 청·일전쟁으로 그 효력을 잃게 되었으며, 전후 신 조약으로 일본은 구미제국을 모방하여 자국의 쓰라린 체험을 망각하고 청국에 불평등조약의 체결을 강제했다.

제2절 정한론(征韓論)[3]

　명치정부는 유신직후 막말의 현안이던 조선과의 복교문제를 속히 해결하기 위해 1868년 4월 대마도 宗氏에게 종래대로 조선과의 외교사무를 관장할 것이며, 동시에 왕정복고의 전말을 조선에 전할 것을 명하였다. 이에 따라 종씨는 동년 12월 2통의 문서를 동래부사 정현덕에게 수교하려 했으나 문서 중 〈皇〉, 〈勅〉 등의 문자가 있는 것은 과거 문서와 다를 뿐만 아니라 도장도 과거와 다르다고 하여 수리를 거부당하였다. 이와 같이 대마도 宗氏의 교섭이 정돈상태에 들어가자 일본외무성은 1869년 12월 외무성 관리 3명을 부산으로 보내 실정을 조사케 했다. 이들은 1870년 2월 부산의 초량 왜관에 와서 국면 타개에 진력했으나 조·일관계의 타개가 전연 불가능하다는 것을 통감하고 귀국하여 이른바 〈征韓論〉을 건의했다. 이들의 건의는 만약 금일 일본이 조선을 점령하지 않는다면 다른 나라의 소유가 될 것이라고 주장하였다. 이에 따라 얼마 후 木戶孝允을 중심으로 하여 정한론이 의논되었다.
　명치정부는 1870년 9월 외무성 관리들을 다시 초량의 왜관에 파견하여 조선과의 회견을 요청했으나 거부당하였고, 그리고 1872년 9월 外務大丞 花房義質을 부산의 왜관에 보내 교섭을 시도하도록 했으나 어떠한 성과도 얻지 못하고 11월 초 동경으로 돌아갔다. 한편 동경 상인 수명이 왜관에 와서 대마도 상인의 명의를 빌어 동래 상인과 무역을 하려고 하자 동래부사는 군관으로 하여금 왜관을 감시케 하여 사실상 그들의 장삿길을 막았던 것이다.

---

[3] 김경창, 앞의 책, pp.102~105 참조.

이렇게 하여 명치정부가 의도한 수호회복은 이루어지지 못했는데 그 주요 이유는 대원군정권의 배외쇄국정책의 단행에 있었다. 대원군은 1866년 2월 다수의 프랑스 선교사와 천주교도를 학살했고, 동년 9월에는 미국 상선 제너럴·셔먼호(General Sherman)를 대동강상에서 선원과 더불어 소멸시켰는데 이들 사건에 대한 문책을 위해 동년 프랑스함대가, 그리고 1871년 5월에는 미국 함대가 각각 강화에 내습했으나 우리측의 완강한 반격을 받아 목적을 달성하지 못하고 철퇴했다. 미·불양국 함대의 격퇴에 성공한 대원군은 양이의 단행을 내외에 성명했다. 그는 조선 8도의 요충지에는 〈洋夷侵犯, 非戰則和, 主和賣國〉를 새긴 斥洋碑를 도처에 세웠다. 일본정부의 수호 제의도 이 같은 대원군의 실권하에 있는 조선에 쉽게 수리되지 못한 것은 당연하였다.

이 사이 일본에서는 조선의 수교 제의 거부로 征韓論이 급속히 비등하여 1873년 6월에는 조선문제가 각의에 상정하게 되었다. 각의에서 西鄕隆盛, 板桓退助 등의 征韓論의 주장이 관철되어 8월에는 西鄕의 의견에 따라 명치정부는 우선 西鄕을 특파대사로 서울에 파견하기로 결정했다. 이는 특사에 대한 조선정부의 태도 여하에 따라서는 가일층의 강경정책을 취할 것을 내포한 것이었다. 그러나 얼마 후 구미시찰에서 귀국한 岩倉具視, 大久保利通, 木戶孝允 등이 내정충실이 급무임을 제청하면서 정한론에 반대하여 10월 중순의 각의에서는 양론이 대립되었다. 太政大臣 三條實美는 西鄕說을 지지하여 황제의 재가를 받기로 하였으나 그후 동요하여 병에 걸렸다. 그 때문에 右大臣 岩倉이 임시대리로서 천황에게 각의 경과와 함께 그의 시기상조설을 상주했다. 천황은 岩倉의 건의를 받아들여 드디어 조선에의 특사 파견은 무기연기되고 정한론은 좌절되었다. 그러나 이 양설간에는 정한의 필요에 관한 본질의 차이는 없었고 다만 岩倉派가 반대파인 西鄕派가 정한의 공을 세우는 것을 저지한 것에 지나지 않았다.

한편 조선에서는 대원군의 전단정치가 상하의 반대를 야기하여 1873년 12월 대원군은 부득이 은퇴하게 되고 高宗의 친정과 함께 친족이 등장하게 되어 그때까지의 제 정책이 크게 바뀌게 되고 대원군 시대에 강행되었던 배외정책도 다소 완화하게 되었다. 그 결과 대일정책도 재검토되었는데 1874년 2월 한일관계를 저해해 왔다는 이유로 동래부의 관계 관원이 사문에 회부되었다. 8월 부사 鄭顯德에게 유형이 선고되고 1875년 4월에는 통역관 安東埈이 사형에 처해졌다.

제3절 조선의 개국외교

1. 강화도조약

조·일관계는 전통적으로 쓰시마번(對馬藩)이 담당해 왔다. 德川幕府가 성립(1603년)된 이래 조선과 일본은 평화적인 수교관계에 있었다. 그러나 막부의 소란기에 양국간의 교통이 잠시 정지상태로 있었다. 그 사이 막부는 미국을 비롯한 서구제국에 개국하고 對馬島(對州藩)宗氏를 통하여 조선에 일본의 개국사항을 알리려고 하였으나 1868년 일본에는 이른바 明治維新이 일어나 막부가 무너지고 명치정권이 성립되었다.

그러나 앞에서 언급한 바와 같이 명치정부의 수교의 노력과 이에 따른 정한론의 대두에도 불구하고 조·일수교문제는 진전되지 않았다. 1875년 2월 일본정부는 다시 외무관리를 조선에 파견했다. 이 관리들은 교섭을 시도하였으나 조선의 거부로 9월 초 본국으로 귀국하였다. 이러한 상황하에서 일본 외무성과 해군성은 군함 3척을 부산에 파견하기로 결정하여 1875년 5월 25일 雲揚號가 부산항에 입항하였고, 6월 12일에는 第二丁卯가 다시 부산항에 입항하였다. 그리고 9월 19일에는 다시 雲揚號가 강화해협에 침입하였으므로 강화포대가 이를 포격하자 운양호는 이들에 대한 보복포격을 하였으며 다시 영종도에 상륙하여 약탈, 살육을 자행하고 9월 28일 돌아갔다. 이로 인하여 조선은 35명 전사, 16명 포로, 대포 36문, 화승포 130여 정 등을 노획 당하는 피해를 입었다. 이것이 바로 강화도 사건 또는 雲揚號 사건이다.

이른바 운양호 포격사건은 정한의 구실을 만들기 위해 조작한 일본정부의 계획적인 도발행위였다. 1876년 2월 일본은 군함 日進, 孟春, 特務艦 高尾丸, 汽船 玄武丸, 函館丸, 矯龍丸의 6척으로 함대에 전권을 분승하여 강화부에 도착하였다.

따라서 이러한 일본의 행동을 보고 받은 조선정부는 御營大將 申櫶을 접견대관에, 예조판서 尹滋承을 접견부관에 임명하여 2월 11일 강화부 練武堂에서 일본전권과 제1회 회담을 가졌다. 제1일 회담에서는 일본은 유신이래 조선이 일본의 사신과 문서의 배격과 운양호에 대한 포격이유를 따졌고, 이에 대해 조선은 사신과 문서를 배격한 이유와 운양호에 발포한 것이 무리가 아니라는 것을 주장하는 내용들이었다. 2월 12일 제2회담에서는 일본은 조약안 13조를 제시하고 조선은 자주국 임으로 일본과 동등권을 가진다고 주장하였다. 이에 대해 申櫶은 정부에 건의하겠다고 회답하였고, 이에 대해 일본전권 黑田은 그 기한을 경과하면 교섭은 단절될 것이라고 위협하였다. 이와 같이 일본은 2월 13일 제3회담에서도 계속 그들의 조약안과 공문서를 조선 정부에 보내 회답하도록 강요하였다. 이에 대해 조선정부는 2월 19일부터 조·일수교조규 원안에 수정을 하여 이의를 제기한 것은 조약안 전문에 〈大日本國皇帝陛下〉와 〈朝鮮國王殿下〉 등의 표시에 대한 부당성과 동등한 예의를 주장하였던 것이다. 구체적으로 조약 내용에 있어서는 제1조인 자주평등 조항에는 아무런 이의를 달지 않았으나 제5조 개항에 대하여는 영흥, 함흥, 안변, 문천의 4개읍은 이태조의 출생지, 즉 原朝奉有地라 하여 개항을 거절하였으며, 그리고 제10조 영사재판권은 이의를 제기하지 않았고, 제12조 최혜국대우 문제는 일본으로 하여금 철회토록 하였다.

이러한 과정을 거쳐 1876년 2월 27일 강화부 연무대에서 12개조에 달하는 조·일수호조규가 조인되었다. 이 조약을 일명 朝日江華島條約 또는 丙子修好條規라고도 부르고 있으며, 이는 조선정부가 외국에 대해 최초로 체결한 근대적 국제조약이다. 그 내용을 보면 다음과 같다.[4]

제1조 조선의 자주: 조선은 자주국이며 일본과 평등의 권리를 보유한다. 이는 간접적으로 조선을 청국의 宗屬관계에 있음을 부인함으로써 宗主國으로 조선에 군림하는 청국의 세력을 배제하려고 했다.

제2조 사절의 파견: 양국은 조인 15개월 후 수시 상대국 수도에 사신을 파견하여 외무장관을 접수하고 교제사무를 협상할 수 있게 했다. 이로써 일본은 서울에 공사관을 설치할 권리를 얻게 되었을 뿐만 아니라 조선정부의 정책에 영향을 줄 수 있는 가능성을 만들어 놓았다.

제3조 공문사용 언어: 양국간 왕복공문의 용어를 규정하여 일본은 자기나라 글을 사용하되 지금부터 10년간은 漢文역본을 한 부 따로 갖추고, 조선은 眞文을 사용한다.

제4조 일본인의 개항 내 왕래, 통상, 가옥건조 및 임대: 부산 초량에서의 통상은 새로 의정한 조항에 따라 처리케 한다.

제5조 개항장: 경기, 충청, 전라, 경상, 함경 등 5개도 중 연해에서 통상이 편리한 2개항을 개항할 것을 정했는데 후년 이 규정에 따라 인천과 원산이 통상창구로 개항되었다.

제6조 조난·표류: 일본 선박의 해난 구조를 규정했다.

제7조 해안측량: 일본국의 항해자가 조선 연해를 자유로이 측량하여 해도를

---

4) 김용구, 앞의 책, pp.268~289 참조.

작성할 수 있을 것을 규정했다.
제8조 영사파견: 일본정부는 조선정부가 지정하는 각 항구에 관리관을 파견할 수 있을 것을 규정했다.
제9조 자유무역: 양국 상인의 자유무역을 규정함으로써 양국 상인이 조선 지방관헌의 부당한 간섭을 받음이 없이 각자 임의로 직접 거래할 수 있게 했다.
제10조 영사재판: 조선에 있어서의 일본의 편무적인 치외법권을 규정했다.
제11조 부록과 통상장정의 체결: 통상장정의 정립과 본 조약 각 조의 세목상정을 위해 양국이 임명한 위원이 6개월 이내에 서울 또는 강화부에서 회담할 것을 규정했다.
제12조 효력발생: 본 조약은 조인 즉시 효력을 발생한다는 것을 규정했다.

2. 조선과 미·영통상조약

(1) 조·미 수호통상조약

일본이 조·일수호조규에서 조선을 자주국이라고 규정한 데 대해 청국은 이 규정의 중요성을 인식하지 못하고 오히려 당연한 사실로 생각하였다. 그러나 일본은 조·일수호조규에서 규정한 자주의 의미를 독립의 의미로 해석하는 태도를 보이자 청국은 비로소 조·일조규 전문의 규정의 중요성을 인식하게 되었다. 더구나 일본은 청국 영토인 대만을 침략(1871년)하고 또 오랫동안 자국의 속방으로 대해오던 유구를 합병하는 등 그들의 진심을 표출하였다. 따라서 청국은 어떠한 수단을 써서라도 일본의 세력이 조선으로 확장하는 것을 적극적으로 저지하려고 하였다.

한편 청국은 러시아의 남하정책으로 조선이 러시아에 병합되고 뿐만 아니라 그 여세가 자국에도 미칠 것도 우려하게 되었다. 따라서 청국은 러시아의 조선으로의 진출을 억제하고 또한 일본의 대륙진출도 견제할 목적하에 以毒制毒, 以敵制敵(以夷制夷策)으로 조선을 구미제국에 개방하여 조선에서 그들 각국간의 세력균형으로 조선에서 어느 일국만의 우월적 세력을 방지하려 하였다. 즉 일·러양국의 침략으로부터 조선을 방어하여 조선에 대한 종주국의 지위를 유지하려고 하였다. 따라서 1879년 8월 청국은 조선에게 조속히 서양제국과 조약을 체결하도록 설득하였다. 그러나 조선은 청국의 권고를 거절하였다.

한편 조·일수호조규가 체결된 2년 후인 1880년 5월 4일과 29일 미국의 슈벨트 제독(Robert W. Shufeldt)은 일본을 통하여 수교하고자 하였으나 조선은 일본 외의 서양제국과는 교섭할 수 있는 권한이 없다고 하면서 이를 거절하였다. 그러므로 슈벨트는 이를 일본은 조선이 세계에 개방되는 것을 싫어서 개방의 알선을 하지 않는 것으로 판단하고 조약체결을 포기하고 귀국을 결심하였다. 한편 동경에 도착한 金弘集은 주일청국공사를 방문하였는데, 그는 김홍집에게 조선의 쇄국은 현시의 국제정세에 비추어 유지될 수 없다고 설명하면서 청국의 참사관 黃遵憲의 〈朝鮮策略〉이라는 책자를 참고하라고 주어 김홍집은 이 책자를 국왕에게 올렸다. 이 책자의 내용은 러시아가 청·조·일 3국의 무서운 강적임을 논하고 금후의 침략은 반드시 조선부터 시작될 것이다. 그러므로 조선의 금일의 급선무는 러시아의 침입을 막는 일인데, 이를 위해 親中國, 結日本, 聯美國을 해서 조선을 스스로 강하게 하지 않으면 안된다고 주장하였다. 그 중 聯美國이 가장 동양평화를 희구한다고 강조하면서 공평한 미국을 우방으로 만들어 화를 면함이 좋은 대책이라고 주장하였다.[5]

1880년경의 天津과 서울에서는 이 聯美說이 크게 대두하여 조·미교섭의 분위기를 촉진했다. 黃遵憲의 朝鮮策略은 일부 조정대신들이 반대하였으나 이미 일본과 수교한 상황에서 서양제국과의 수교는 벌써 피할 수 없다고 인식하는데 도움을 주었다. 한편 天津의 李鴻章은 長崎에서 조선정부의 회답을 기다리던 슈벨트를 초청하였고, 여기서 슈벨트는 조·미

---

5) 『日本外交文書』, 第13卷, pp.389~394., 김경창, 앞의 책, p.130 참조.

조약체결을 위해 청국이 알선해 달라고 하자 李鴻章은 조선정부에 교섭 개시를 권고하겠다고 하였다.

한편 조선정부는 1881년 2월 이홍장에게 통상개국의 의지를 보였다. 그러나 수구파의 반대가 강경하자 조선왕은 밀지를 이홍장에게 보내 청국의 도움을 요청하였다. 이에 따라 이홍장은 天津에서 슈벨트가 조선 대표와 교섭을 하도록 하였으나 조선 국왕은 슈벨트와 직접 교섭하는 것을 원치않고 이홍장이 대신하여 슈벨트와 속히 상의하도록 요청하고 조약초안을 송부하였다.

슈벨트와 이홍장의 첫 회담은 1882년 3월 25일 행해졌고, 여기서 슈벨트가 제시한 초안은 미·일, 미·청의 구조약과 현행조약을 모범으로 한 극히 온건한 10개조의 수호통상조약문이었다. 이에 반해 이홍장이 제안한 초안은 종래 구미제국과 동양제국간에 체결한 조약의 형식과는 퍽 다른 것이었다. 조·미조약 초안이 조인될 때까지의 회의는 시종 이홍장이 주도하여 슈벨트와 교섭·절충했고, 당사국인 조선대표 金允植이 天津에 체재하고 있으면서도 미국대표인 슈벨트와는 한번도 대면하지 않았다.6) 그리고 이 조약을 체결함에 있어서 1882년 5월 22일 슈벨트는 함장 쿠퍼(Cooper)를 비롯한 15명의 수행원과 20명의 호위병을 대동하고, 한편 조선에서는 전권 申櫶, 부관 金弘集이 참석하여 제물포에서 모두 14개에 달하는 조·미수호통상조약이 조인되었다. 이 때 청국의 馬建忠, 丁汝昌제독 등은 다른 방에서 조인이 끝나는 것을 기다렸다. 서명 조인일자는 大朝鮮開國國 491년, 즉 中國光緒 8년 4월 초 6일, 大美國 1882년 5월 22일이라고 기록되어 있다.

조·미수호조약은 전문과 본문 14개조로 되어 있다. 그 주요 내용을 요약하면 다음과 같다.

---

6) Charlses Oscar Paullin, *Diplomatic Negotiation of American Naval Officers 1778~1883*(The Albert Shaw Lectures on Diplomatic History, 1911), Baltimore John Hopkins Press, 1922. p.312., 김경창, 앞의 책, p.140 참조.

제1조 조·미양국은 평화와 우호를 지킬 것이라고만 규정하여 당초 청국이 본문에 淸·朝宗屬관계를 표시하려던 부분은 삭제되었다.

제4조 조선에 재류하는 미국국민에 대한 영사재판권을 규정함으로써 치외법권을 인정하였다. 그러나 조선의 법제사법기관이 완비되는 대로 치외법권을 철폐할 것이라는 원칙을 규정하여 잠정적 성질을 띤 치외법권을 규정하였다. 특히 이 규정은 일방적인 치외법권에 얽매였던 동아시아 제국민에게 희망을 주게 했다.

미국은 1883년 2월 13일 한·미조약을 비준하고 초대주조공사로서 푸트(Lucius H. Foote)를 임명하였다. 푸트는 1883년 5월 16일 서울에 들어와 묄렌도르프(Paul George von Möllendorf) 집을 숙소로 정하고 19일 閔泳穆과 비준교환을 마쳤다. 이때에 양자간에 다시 조·미수호통상조약 互換續約을 조인했다.

한편 조선 정부는 푸트 공사의 답방사로 전권대신에 閔泳翊, 부대신에 洪英植 등 12명을 미국에 파견했고, 민영익 등 일부는 다시 미국함 트렌톤호(the Trenton)편으로 유럽각국을 시찰한 후 1884년 5월 31일 인천에 귀착했다.

(2) 조·영 및 조·독 수호통상조약[7]

1) 조영수호통상조약

조·일수호조약이 체결(1876년)되던 당시의 동아시아에 있어서 러시아와 영국은 상호 상대국이 조선에 침투하는 것을 견제하려고 했다.

1881년 5월과 6월에 영국 군함과 영국 선박이 조선 지방관과 수호통상 담판을 시도했으나 이들은 목적을 달성하지 못했다. 그러다가 1882년 5월 26일 조·미수교조약이 체결되었다는 소식이 전해지자 당시 天津에 와 있던 주청영국공사 웨이드(Sir Thomas F. Wade)는 이홍장에게 조선과 조약교섭 알선을 부탁하였다. 이에 대해 이홍장은 영국이 조·미조약과 내용을 동일하게 한다는 조건이라면 알선하겠다고 동의하였다. 웨이드가 이 언명에 동의했으므로 이홍장은 조·미조약의 사본(漢文) 및 조선에 체류중인 馬建忠에게 영국전권을 소개하고 아울러 조·영조약의 체결을 알선하라는 서한 등을 웨이드에게 수교했다.

영국정부는 해군중장 윌스(Admiral Wills)를 전권대표로 임명하여 조선에 파견하여 그는 1882년 5월 27일 인천에 입항했다. 한편 이홍장의 서한을 받은 마건충은 즉시 그 취지를 신헌과 김홍집 두 사람에게 전하고 그들로 하여금 국왕에게 영국과의 조약체결을 권고하는 서한을 송달할 것을 요구하였다.[8]

일방 마건충은 영국함정으로 가서 윌스제독과 조약체결에 대해 토의했다. 한편 조선정부는 5월 28일 趙寧夏를 전권대관에, 김홍집을 부관으로 하여 마건충과 함께 영국함정으로 윌스 전권위원을 예방하여 조약에 대해 교섭한 결과 6월 6일 제물포에서 마건충, 정여창 등의 임석하에 조선의 전권 및 부관과 영국전권인 윌스 사이에 전문 14개조로 되는 한·영

---

[7] 김경창, 앞의 책, pp.150~157 참조.
[8] 『高宗時代史(2)』, pp.318~319(高宗 19年 4月 11日條).

수호통상조약이 조인되었다. 그런데 영국은 이 조약의 비준을 거부하였다. 거부의 이유는 이 조약이 영·일 및 영·청간의 조약보다 관세율이 관대하다는 것이었다.

그러나 영국은 일본 주재 공사를 다시 전권대표에 임명하여 1883년 11월 26일 조·영수허조약을 체결하였다.

2) 조·독 수호통상조약

독일도 영국의 뒤를 따라 1883년 11월 26일 같은 날 조선과 수호조약을 체결하였다. 조·미조약이 체결되었다는 정보를 입수하자 주북경독일공사 브란트(Max A. C. von Brandt)는 상해에서 독일 아시아함대사령관 블랑크(Blanc)와 협의하여 조·독조약의 체결을 확신하였다.

브란트공사도 청국의 양해와 조력을 얻기 위해 천진으로 갔으며, 거기서 李鴻章의 대리 張制憲으로부터 미·영처럼 중국관리 입회하에 라는 조건으로 주선을 수락받았던 것이다. 그러므로 브란트공사는 6월 21일 인천에 도착하였고, 한편 이를 위하여 마건충과 정여창도 월미도에 도착했다. 이로써 조선 전권대관 조영하와 부관 김홍집은 마건충과 함께 6월 17일 독일함정으로 가서 협상한 결과 6월 30일 제물포에서 양 전권에 의해 조인되었는데, 이는 전문 14개조와 漢獨佛 3文으로 작성되었고, 이의 있을 때에는 프랑스어에 의하기로 되었다. 이 조약도 영국의 희망으로 비준되지 않았다. 그러나 영국이 다시 조약을 체결하려 하자 요코하마총영사 잡페(Ed. Zappe)를 보내어 민영목과 1883년 11월 26일 수호조약을 체결하였다.

제3장 일본의 발흥과 대륙진출

제1질 일본의 타이완(臺灣)침략과 유구(琉球)병합

1. 일본의 타이완침략

일본은 명치유신 후 외적의 침략에 대한 방어로서 먼저 臺灣·福州의 양지역을 탈취하여 일본의 외환을 제거해야 한다는 주장을 펼쳤다. 마침 1871년(명치 4년) 11월 대만의 번지(蕃地) 牧丹社에 풍랑으로 표류하여 도착한 琉球人을 생번(生蕃)들이 참살한 사건을 구실로 대만을 침략하였다. 원래 유구는 청국의 속국이며 일본과는 관계가 없었는데 일본은 유구왕이 사자를 보내 일본에 호소했다는 구실을 만들었던 것이다.

일본은 출병에 앞서 1873년 4월 청국정부에 대해 대만징벌을 요구하자 청국은 유구는 청국영토이므로 그 영토 내의 원주민이 서로 살상했을 경우 그 재결은 물론 청국의 권한에 속한다고 하였다. 따라서 1874년 1월 일본정부는 생번을 문죄하기 위한 출병 방침을 수립하였다. 이와 같은 대만원정 준비는 비밀리에 진행되었으나 미국, 영국, 러시아를 비롯하여 주일 각국 공사들이 일본의 행동에 대하여 반대와 비난을 하자 일본정부는 그들의 대만으로의 출발을 정지하도록 명령하였다. 그러나 臺灣蕃地事務都督 西鄕從道는 정부의 명령을 어기고 독단으로 대만으로 병력을 발진시켜 5월 22일 대만에 도착했다.

대만에 상륙한 일본군은 예상했던 것처럼 전과를 올리지 못하고 龜山으로 퇴각하여 지구전을 강구했으나 번인(番人)들도 산중 깊숙이 은신했다가 가끔 일본군을 습격했기 때문에 일본군 측은 고전할 수밖에 없었다. 이러한 상황에서 청·일양국은 오랜 협상 끝에 청국이 일본에게 50만 양의 배상을 지불하기로 하고 일본이 철병협정을 10월 30일 조인하였다.

일본은 이 침략으로 병력사상자 6백 여명을 내고 7백여 만원의 전비를 소모했으나 불과 50만 양의 상금밖에 받지 못했으므로 당초 목적했던 야욕을 이루지 못했던 것이다. 그러나 그 교환조약에서〈대만의 생번이 일본국 소속인민을 함부로 가해하여…〉라고 한데서 일본으로 하여금 후일 유구를 합병할 구실을 주게 되었던 것이다.

2. 일본의 유구병합

유구는 오랫동안 청국과 일본의 시마츠번(島津藩)에 동시에 조공을 바쳐 온 이른바 양쪽에 속하는 관계를 갖고 있었다. 그러나 유구가 정식으로 대외교통을 시작한 것은 중국의 明朝 때부터인데 1372년(洪武 5년) 명나라 조정은 유구에 楊載를 보내 중국에 조공을 보낼 것을 명했다. 유구왕은 이에 따라 사신을 명나라에 보냈고, 유구는 정식으로 중국의 藩屬으로 되었다

한편 1592년 일본의 豊臣秀吉이 조선에 출병했을 때 征韓費를 유구로부터 징수하려 했으나 유구가 이를 거절하고 불응하자 1609년 3천 병력으로 유구를 공격하여 세액을 정하고 토지를 분배하고 관청을 설치하는 등 명과의 관계를 단절시키려고 했으나 실패하여 청 말에까지 이르게 되었던 것이다. 그러다가 명치정부는 1871년 7월 이른바 廢藩置縣의 조치를 단행하여 그때까지의 薩摩藩에 일임해 두었던 유구를 이 신제도에 포함

시키려고 하였다. 전술한 바와 같이 마침 1871년 11월 대만생번에 의한 유구민 살해사건을 계기로 유구를 병합시키려 하였다. 일본정부는 1872년 9월 유구국왕 商泰를 각료로 명하고 유구국을 유구藩으로, 유구왕을 번주로 각각 개칭하였으며, 번주 商泰로 하여금 유구가 중국에 신하로 하는 예를 단절하도록 명했다. 그리고 다음해에는 유구를 府縣과 동열에 놓아 내무성의 관할을 받게 했고 大藏省에 租稅를 납부하게 했다. 한편 일본은 유구가 일본의 속지라고 주장하여 청국과 상호 합의를 보지 못하고 끌어오다가 결국 1894년 청·일전쟁의 결과로 유구는 일본에 합병되고 말았다.[1]

제2절 청·일전쟁과 3국간섭

1. 임오군란과 조·청·일관계

1880년대에 들어오면서 조선에서는 제도의 근대적인 개혁이 이루어지게 되었다. 이는 조·일조규체결을 위해 일본전권이 인솔하고 강화에 온 서양해군의 성능이 가공함을 보고 국왕과 척신의 일부는 일본의 원조로써 군대와 농업의 근대화를 도모하려 하여 조·일양국간에 사신이 왕래했다. 즉 1876년 제1차 수신사 金綺秀 일행 75명이 일본에 갔다. 1880년 8월에는 제2차 수신사 金弘集일행 58명이 일본에 갔고, 1881년 1월 조선 정부는 열국과의 수교에 대응할 정치기구를 개혁했다. 즉 대원군이 폐지한 備邊司에 해당하는 統理機務衙門을 신설하여 군사·외교를 통할케 했

---

1) 葛生能久, 앞의 책(上卷), p.166., 김경창, 앞의 책, p.203 참조.

다. 또한 이해 9월에는 제3차 수신사 趙秉鎬 등을 일본에 파견하였다.

이에 앞서 국왕을 중심으로 군제개혁과 군비충실이 도모되었다. 조선에서도 武衛所에서 신식 병기의 제조를 시작했다.2) 또한 1881년 4월 조선정부는 하나부사(花房)공사의 권고에 따라 일본공병 소위 호리모도(堀本禮造)를 초빙하여 양반자제를 모아 신식군대인 〈別技軍〉을 신설했다. 신식군대에 대한 대우는 재래식 군대인 오영(五營)보다 훨씬 좋았다. 오영의 군인은 세습적인 것이었으나 당시 봉급인 배급 쌀이 계속 지급되지 않고 있었다. 그러므로 오영 군대는 군제개혁을 원망하여 동요하고 있었다. 이러한 상황하에서 1882년 7월(壬午年 6월)에 이르기까지 오영 군대에게 13개월이나 군량을 주지 않아 영내가 소연해 있을 때 전라도에서 쌀이 도착하여 군량을 지급하게 되었다. 그런데 이때 지급한 쌀이 정량에도 못 미칠 뿐만 아니라 겨와 모래가 반이나 섞여 있었다. 때문에 군졸들이 격분하여 그 수령을 거부하고 이를 항의하자 오히려 宣惠廳 堂上 兵曹判書 閔謙鎬가 이들 항의자들을 체포하는 강압적인 조치를 취하였다. 이를 계기로 7월 23일 군졸들은 민겸호의 집을 습격하고 나아가 별기군을 습격하여 堀本 소위와 李最應(영돈영부사 흥인군)을 살해하고, 나아가 대궐을 침범하여 민겸호 등을 살해하였으며, 민비도 가해하려 찾았으나 이때 민비는 기지를 발휘하여 궁궐을 탈출하였다. 따라서 왕은 대원군에게 전권을 맡겨 반란을 진정케 하였다. 1882년 7월 15일 대원군이 입궐하여 일체의 정무는 대원군에 의해 독재되게 되었다. 한편 민비의 생사가 분명치 않았으나 대원군은 중궁전 민비가 승하했다는 傳敎를 내리고 이를 북경의 예부와 동경 외무성에 전달하였다.

한편 7월 29일 간신히 長崎로 도망간 일본의 花房공사는 앞으로 조선과의 교섭에는 강력한 병력의 보호에 의하지 않고서는 어떠한 기대도 할 수 없다는 것을 외무성에 보고하였고, 이에 따라 31일 긴급 각의가 열렸

---

2) 『高宗時代史(1)』, pp.869~870., 김경창, 앞의 책, p.266 참조.

다. 각의에서는 조선정부에 대하여 공사관습격과 堀本 소위의 살해에 대한 책임을 묻기로 결정하고 하나부사공사에게 훈령을 전달했다. 한편 청국도 조선에 파병하여 이를 조정하기로 결정하였다. 그러므로 하나부사가 훈령을 갖고 인천에 도착한 것이 8월 12일이었는데 이미 8월 10일 청국의 정여창은 군함 3척을 인솔하고 월미도 부근에 도착했다. 따라서 일본도 8월 16일에 花房공사가 호위병을 인솔하고 서울에 도착하고, 이에 앞서 인천 해상에서 일본의 竹添進一郎과 마건충이 비공식으로 의견을 교환했고, 그리고 8월 20일 花房 공사는 2개 중대의 호위병을 인솔하고 창덕궁으로 가서 국왕을 알현했다. 국왕은 花房의 수교를 위한 전권위원임명의 요구를 수락하였다. 일본의 요구내용은 범인최고책임자의 체포, 일본이 받은 손해 및 출병준비비용의 배상, 앞으로 5년간 일본육군 1개 대대로 공사관을 호위할 것 등이었다. 그러나 조선정부는 이에 대해 회답연기를 간청하였으나 앞으로의 모든 책임은 전적으로 조선정부에 있다는 것을 성명한 후 24일 일본의 近藤 서기관이 호위병 등과 인천으로 철수하였다.

한편 청국은 8월 25일 廣東水師提督 吳長慶과 丁提督은 약 2000명의 선발부대를 인솔하여 25일 서울에 입성했다. 26일에는 대원군이 호위병을 대동하고 성밖에 있는 청군의 黃仕林 總兵營으로 吳·丁·馬 등을 답방했다. 이 때에 이들은 대원군을 강제로 天津으로 호송케 하였다. 이렇게 되자 조선정부는 일본의 花房공사가 제출한 요구책자를 가지고 와서 청국의 馬道에게 의견을 물었다. 馬道는 일본의 요구를 대부분 인정하였으나 서울에 일본군 1개 대대를 주둔시키는 것은 불가하니 수락하지 말라고 하면서 외교상의 문제점을 친절히 주지시켜 주었다. 이렇게 청국이 강경하게 나오자 일본은 당초의 요구를 관철하지 못하고 8월 30일 하나부사공사와 조선의 李裕元 전권사이에 제물포조약이 체결되었다. 제물포조약의 주요내용은 (1) 조선은 일본에 진사사절을 파견하여 사죄할 것, (2) 살해된 일본인에 대하여 5만 원을 지급할 것, (3) 일본정부에 50만 원의 배상금을 매년 10만 원씩 5년에 걸쳐 지급할 것, (4) 일본공사관을 경호하기 위하여 약간의 병력을 둔다 등이다. 여기서 약간의 병력은 사실상 2개 중대가 일본공사관을 경비하고 있었다.

한편 청군은 8월 29일 난병들의 거주지인 이태원과 왕십리를 습격하여 170명을 체포하였으며, 9월 12일 1개 소대를 인솔한 일본의 인솔자 입회하에 3인의 범인을 처형했다. 그리고 임오군란이 평정된 후에도 3,000명의 병력이 주둔하고 있어서 청국의 영향력은 절대적인 것이었다.

2. 갑신정변과 청·일관계

청국은 3,000명의 병력을 조선에 주둔시키면서 조선에 대한 종주권을 회복하였을 뿐만 아니라 1882년 10월 商民水陸貿易章程을 체결하고 이 장정에서 구래의 종속관계를 새로이 명확하게 규정하여 종주국으로서의 특권을 명문화했다. 또한 청군이 조선군의 훈련을 담당함으로써 병권을 장악하였다. 北洋大臣 이홍장은 조선에 외교고문으로 마건충을, 새로 설립된 해관고문으로 묄렌도르프(P. G. von Möllendorff)를 채용케 하여 조선의 외교 내정을 조종하는 등 조선에 대한 종주권을 실질적으로 강화하였다. 한편 일본도 제물포조약에 의하여 서울에 군대를 주둔하는 권리인 주병권을 얻게 됨으로써 조선에서 청·일양군이 충돌할 위험성을 조성했던 것이다.

그러나 개화독립당은 洪英植, 朴泳孝, 朴泳教, 金玉均, 徐光範, 徐載弼 등이 중심이었는데 이들은 모두 조선의 대표적인 양반이었으나 척족 閔氏와 趙氏로부터 압박 받고 배제되어 어떠한 세력이나 지위를 가지지 못했다. 하지만 그들이 정계에서 지위를 얻을 수 있었던 것은 국왕이 해외 견문을 넓힌 인물들을 수시로 접하여 그들의 소견을 듣는 것에 관심을 가졌기 때문이다. 개화독립당은 일본의 명치유신을 모방해서 안으로는 국정을 개혁하고 동시에 밖으로는 청과 종속관계를 폐기하여 나라를 독립자주케 한다는 것을 표방했다. 한편 일본은 적극적인 조선정책을 추진하는 일환으로 1884년 10월 金弘集과 金允植에게 40만 원의 배상금을 반환하겠다고 하였다. 따라서 국왕은 11월 3일 측근의 중신들을 불러 청・불이 전쟁관계에 있는데 청국과 일본 중 어느 쪽의 보호를 받아야 하느냐고 물었을 때 閔泳翊은 청국에 의뢰해야 한다고 하였고, 이에 반하여 독립당의 洪英植과 金玉均 등 이들은 閔泳翊의 주장을 반박하고 빨리 독립을 주장하였다.

이에 앞서 竹添 공사는 11월 1일 김옥균에게 독립당은 일본이 원조하면 내정개혁을 실행할 결심이 있는가를 물었다. 그리고 11월 4일 홍영식, 박영효, 김옥균, 서광범 등은 박영효의 집에 島村 서기관을 초대하고 장래의 취할 방침에 대해 협의했다. 여기서 독립당은 민비의 지지를 얻고 있는 척족들이 독립당을 일거 타도하려고 하므로 독립당이 먼저 척족의 거두들을 제거해야 한다고 하였다. 독립당의 주요 계획안을 보면, 일본 공사관의 낙성식을 기회로 중신 閔泳穆, 韓圭稷, 李祖淵 등을 살해하며 척신 민태호, 민영익을 사형에 처하고, 우정국 낙성 축하 만찬회를 열어 척족을 살해하고, 일본 군 1개 중대를 입궐케 한다 등이다. 거사 예정일은 12월 3, 4일경으로 정했다. 구체적인 계획은 우정국 개축 축하 만찬회를 이용키로 하고 總辨 홍영식에게 일시 및 초대인원을 미리 조사케 하여 거행 날짜는 1884년 12월 4일로 세웠다.

우정국 만찬회는 예정대로 12월 4일 오후 7시경 신청사에서 열렸고, 계획의 차질은 있었으나 민가의 방화를 계기로 右營使 민영익이 칼에 맞아 중상을 입고 박영효, 김옥균 등은 입궐하여 청국군이 난을 일으켜 방화 도살한다고 고하며 국왕, 왕비, 왕세자 등을 景祐宮으로 피신케 하는 한편 궁 내 요소에 일군을 태치케 하였다.3) 그러나 국왕은 竹添 공사에 간청하여 12월 5일 창덕궁으로 환궁하고 김옥균, 박영효 등은 6일 14개조의 개혁안을 발표하였다. 그 제1조에 대원군의 귀국과 청·조종속관계의 사대예를 폐지하고 대원군의 귀국 주장을 하였다. 이는 대원군의 쇄국적인 정치이념이나 수단이 아니라 청국이 종주국이라 해서 국왕의 생부를 불법구치한 것에 대한 반항이고, 또 하나는 척족의 전횡과 친청 세력을 배제하기 위하여 대원군을 이용하기 위한 것이다.

그러나 사변 당일 한성에 있던 吳兆有제독은 袁世凱에게 우정국으로 급행할 것을 명하고 張光前으로 하여금 창덕궁 일대의 순찰을 명했다. 12월 6일 오후 1대는 吳兆有가 인솔하여 선인문으로 창경궁에 진입했고, 1대는 원세개가 인솔하여 돈화문으로 향하여 전투는 오후 3시경부터 시작되었다. 일본군은 중과부적으로 청군을 대적할 수 없었고, 국왕은 다시 吳兆有 統領營으로 넘어갔다. 그리고 일본군은 6일 오후 7시 30분경 그들의 공사관에 귀환했고, 이때에 독립당의 박영효, 김옥균, 서광범, 서재필, 변수, 권혁로 등도 竹添 공사와 일병을 따라 일본공사관에 피신했다. 그러나 군중이 일본공사관을 습격하게 되고 위험에 처해지자 竹添공사는 인천으로 퇴거했다. 이때에 김옥균, 박영효 등도 그들과 같이 행동했다.

조선정부는 인천에 있던 竹添 공사를 서울로 돌아오라고 하였으나 그는 조선의 책임을 거론하고 상당한 보상조건을 제시하지 않으면 입경할 수 없다고 이를 거절하였다. 따라서 조선정부는 일본정부와 직접교섭하기로 하고 1884년 12월 14일 전권대신에 徐相雨 전권부대신에 묄렌도르프를 차출하여 일본에 파견하였다. 한편 조선 내란의 보고를 받은 청국정부가 12월 15일 정여창으로 하여금 함선을 통솔하고 인천으로 급행케 하자 조선정부의 대일태도도 강경하여졌다. 따라서 일본정부는 청국과의 전쟁을 각오하면서 井上 대사는 1885년 1월 1일 호위병 1개 대대를 인솔하고 서울에 왔다. 1월 6일 우의정 김홍집이 전권대신이 되어 7일부터 이노우

---

3) 『金玉均全集(甲申日錄)』, pp.85~87., 김경창, 앞의 책, p.312 참조.

에 가오르(井上 馨) 전권과 회담하여 1월 9일 조·일간에 漢城條約이 조인되었다. 그 내용은 조선은 국서로서 일본에 사의를 표명하고, 일본공사관 이전 및 증축비로 2만원 배상, 일본 호위병의 군 막사를 공사관과 접속지로 할 것 등이었다. 이로서 일본은 호위병 중 1개 대대를 공사관 경비로 주둔시켰다.

한성조약이 조인되자 조선정부는 2월 4일 예조참판 徐相雨와 병조참판 묄렌도르프를 欽差正·副大臣으로 하여 일본에 파견하였고, 이들은 2월 20일 명치천황에게 국왕친서를 제시했는데 이로써 갑신정변으로 야기된 한·일간의 문제는 일체 해결되었다.

3. 톈진(天津)조약과 동학란

(1) 청·일톈진조약

갑신정변 자체는 국내문제였으나 실제에 있어서는 청·일양국이 사대당과 친일당을 각각 원조·조정하여 조선에 자국세력을 부식하고 또 전통적인 관계를 유지하려고 하는 양국의 대립, 경쟁, 상호배제의 결과였던 이유로 갑신정변의 사후처리는 청·일양국의 교섭이 없이는 근본적인 해결이 되지 않을 것은 명백한 사실이었다. 청·일양군이 서울에 주둔하고 있으므로 청·일은 다시 어떤 중대한 사태를 가져올 것인지, 또한 일본공사에 대한 청국군의 발포 및 비전투 일본인을 참살한 책임문제를 일본정부로서는 대내외적으로 국가 위신에 관계되는 것이기 때문에 그대로 버려 둘 수는 없었다.

그러므로 1885년 2월 7일 일본내각은 청국과의 교섭에 있어서 기본입장을 결정하였다. (1) 양국 군대의 충돌 책임을 청국에 전가시키고 처벌을 요구할 것, (2) 금후의 수습책으로 양국 군대가 조선으로부터 동시 철군할 것을 주장할 것 등이었다.

  1885년 2월 24일 일본정부는 伊藤博文을 특파전권대신으로 임명하였고, 이에 따라 4월 3일 伊藤은 청국의 전권대신 이홍장(北洋大臣·直隷總督)과 天津에서 제1차 회담을 하였다. 6차에 걸친 天津회담을 하였으며, 이 회담에서 책임문제는 제쳐놓고 사후처리에 국한하여 3개조로 구성된 간략한 조약이 1885년 4월 18일 청·일天津조약이 조인되었다. 조약의 주요내용은 (1) 3개월 이내에 양국 군대는 조선으로부터 철수한다. 양국의 충돌을 막기 위하여 청국군은 마산포, 일본군은 인천항으로 각각 철퇴한다. (2) 양국은 조선국왕에게 군대를 교련시켜 스스로 치안을 확보하도록 권고하고 국왕은 외국 무관 1명 혹은 수명을 초빙하여 훈련에 임하게 하며, 이후 청·일 양국은 조선군을 훈련시켜서는 안된다. (3) 만약 장래 조선에 변란, 중대사건이 발생하여 중·일양국 혹은 1국이 파병을 필요로 할 때에는 마땅히 먼저 문서로 알리고 사태가 수습되면 곧 철군한다. 이 조약에 따라 일본은 7월 21일 그들의 병력을 전원 철퇴시켰고, 청국도 같은 날 청국군을 마산포로 철퇴시켰다.

  이 天津조약으로 일본은 커다란 외교적 승리를 획득했다. 이로써 조선은 형식상 청·일간에 완전히 세력균형이 이루어졌으나 사실상은 일본의 한반도 진출의 명분을 구축하게 되었던 것이다. 일본은 임오군란 후 실질적으로 조선에 대한 종주권을 행사해 온 청국의 발언권을 제한하고 조선에 변란 또는 중대사건이 발생했을 때 파병권을 가졌다.

(2) 동학란과 청·일진출

  청·일전쟁의 직접적인 도화선이 된 동학란은 조선조 후기의 정치의 부패, 탐관오리의 행패, 징세의 과중 등으로 개혁을 부르짖고 일어난 농민운동이었다.

  1893년 12월과 1894년 1월에 전라도 고부의 농민들은 漢文 訓長인 全

琫準을 선두로 당시 고부군수 趙秉甲이 만석보(萬石洑)의 물세를 비롯하여 황무지 과세 등 부당한 세금을 받아 군수에게 이의 시정을 요구하였다. 그러나 오히려 이들이 체포구금되자 1,000여 명의 농민들은 전봉준을 선두로 1894년 2월 15일 관아를 습격, 세미를 빈민에게 분배해 주고 만석보의 저수지를 파괴한 후 해산했다.[4] 이때 봉기한 농민들을 동학도로 취급하여 탄압하게 되자 이에 격분한 농민들은 전봉준을 총대장(大將)으로 하여 농민군의 규율과 체제를 엄격히 하는 동시에 (1) 不殺生 (2) 忠孝叢全 濟世安民, (3) 逐滅洋倭 澄淸聖道, (4) 驅兵入京 滅盡權貪 등의 4대 강령을 발표하기에 이르렀다. 이때의 봉기는 동학과 직접적인 관계가 없었으나 농민의 조직은 동학의 조직을 이용했고, 그 지도층에는 동학교도가 많았다. 농민 군은 5월 31일에는 전주를 점령했다. 이렇게 되자 6월 1일 조선정부는 袁世凱와 교섭하여 출병의 동의를 얻었다.

  6월 12일에는 청국군 2400명, 6월 25일에는 400명이 아산에 상륙하였다. 그러나 이때에는 이미 6월 11일 조선의 관군이 전주를 회복하였기 때문에 청국군 출동의 임무가 사실상 소멸되게 되었다. 그러나 한편 일본도 6월 10일 大鳥圭介공사를 400명의 해군육전대로 호위시켜 서울 공관으로 귀임하게 함과 동시에 이를 6월 13일 보병 1개 대대(800명)와 교대케 하고 혼성여단을 6월 16일 수송하였는데, 이는 청국군 출병보다 4일이 늦었다. 상황이 이렇게 되자 원세개는 6월 13일 조선정부로 하여금 청국군 철퇴를 요구케 하여 일본군의 철퇴도 요청토록 하였는데, 조선정부는 6월 14일 원세개의 의도대로 일본군의 서울 철퇴를 요구하였다.

  大鳥공사와 원세개 사이의 공동철군 교섭에 있어 6월 15일 협의한 협정은, 청·일 양국은 6월 15일 현재 상륙을 완료한 지상군 일부를 남기고 대부대를 철수하는 것으로, 즉 일본군은 그 3/4을 철수하고 1/4, 즉 250명을 인천에 주둔시키고 청국 군은 4/5를 철수하고 1/5 즉, 400명을

---

4) 金京昌, 앞의 책, pp.374~396 참조.

아산으로부터 인천 부근에 이동시킨다. 그리고 반란이 진정됨을 기다려 전원 철수한다는 것이었다. 그러나 大鳥공사는 서기관을 비롯하여 일선 군인들의 반대로 철수의 합의에 대한 조인을 거부하고 오히려 본국정부에 청국군을 조선국경 밖으로 축출하겠다고 건의하였다.

이에 앞서 청국군 출동 요구의 보고를 받은 이홍장은 6월 6일 일본 외무성에 청국군 출병을 통고하고 이는 속방을 보호하는 구예이며, 天津조약에 의하여 行文知照한다고 하였다. 이에 대해 일본정부는 조선을 청국의 속방으로 인정한 바 없고, 그들의 조선 파병은 제물포조약에 의거하고 天津조약에 의해 통첩할 뿐이다. 그러므로 철군은 추호도 청국의 지시를 받을 이유가 없다고 하였다.

조선 출병에 대해 청·일양국이 天津조약의 원칙론에 시종하고 있을 때 조선정세는 진정상태로 급변해지자 일본은 혼성여단의 병력을 조선에 투입할 수 없는 중대한 국면에 직면하게 되었고, 일본은 이의 강행을 위해 대조선정책을 갱신하지 않을 수 없으므로 6월 14일 (1) 청·일양국군이 공동으로 동학당란을 토벌할 것, (2) 반란 평정 후는 조선의 내정개혁을 위해 청·일양국은 상설위원 약간 명을 파견할 것, (3) 내정개혁으로서는 재정을 조사할 것, (4) 중앙정부와 지방정부의 부패관료를 도태시킬 것, (5) 국내의 질서와 안녕을 유지하는데 충분한 경비대를 상설할 것, (6) 재정을 정리하고 공채를 모집하여 유익한 사업을 일으킨다는 것 등의 조건을 제안하기로 결정했다. 일본은 청국이 이러한 공동개혁안에 동의하지 않을 것을 예상하고 일본이 전쟁을 하더라도 단독개혁을 단행키로 하였던 것이다. 예상대로 청국이 일본의 제안을 거절하자 6월 22일 일본정부는 결단코 조선으로부터 군대를 철수할 수 없다는 것을 성명했다.[5] 일본의 陸奧 외상은 이 공문을 제1차 절교서라고 불렀다.

한편 일본군부는 그때까지의 외교상의 이유로 연기한 혼성여단의 서울

---

5) 『日本外交文書』, 第27卷 第2冊, pp.235~237., 김경창, 앞의 책, p.384 참조.

진입과 잔여부대의 수송을 재개키로 하여 6월 24일 인천에 대기중이던 혼성여단의 선착부대를 서울에 진입시키는 한편 일본 잔여부대도 8척의 선편으로 인천에 수송, 28일 전원을 상륙시켰다. 이로써 경인지구에 병력 5000명과 산포 12문을 집결시켰다. 이제 大鳥공사는 이 거대한 병력을 배경으로 조선정부에 개혁뿐만 아니라 어떠한 것도 강제할 수 있는 입장에 서게 되었다.

　7월 10일 일본이 조선측에 요구한 내정개혁안은 전문을 5개항으로 나누어 그 긴급, 중요도에 따라 10일 내지 3년의 실시 기한을 붙이고 있었다. 그 제1의 순위에 있고 3일 이내에 의결하여 10일 이내에 실시할 것이라고 지정한 것은 (1) 정무는 의정부에 복구하고 육조판서의 권한을 확립하고 세도집정의 폐단을 匡正할 것, (2) 宮中府中의 구별을 엄하게 하여 궁정이 정무에 간섭하는 것을 불허할 것, (3) 문벌을 타파하고 인재를 등용할 것, (5) 매관을 금할 것, (6) 관리의 수뢰를 엄금할 것, (7) 서울 및 중요 항만의 사이에 철도를 건설하고 전국 중요 도시의 사이에 전신을 가설할 것의 7개항이다.

　일본이 이렇게 군대를 앞세워 조선의 내정개혁을 위해 조선정부에 강압수단을 취하자 반대로 7월 19일 청국의 원세개는 비밀리에 서울을 떠났으므로 조선의 형세가 일변하게 되었다. 형세가 이렇게 되자 大鳥공사는 7월 20일 드디어 조선정부에 조·청종속관계의 해결을 강요하는 동시에 청국군의 철수를 요구하고 그 회답기한을 7월 22일 오후 12시로 지정했다. 7월 22일 오후 12시의 기한 만료와 동시에 병력에 의한 직접행동을 준비 완료하고 7월 23일 오전 4시 용산 주둔 병력은 별다른 저항 없이 경복궁으로 침입하여 조선군의 무장해제를 하였다. 그리고 大鳥공사는 대원군을 회유하여 신정권을 수립케 하고 廟堂에서 척족을 몰아내고 국왕·왕비의 의사와 무관하게 정부의 개조와 내정개혁에 착수했다. 한편 원세개의 대리인 唐紹儀는 7월 25일 비밀리에 귀국하였다.

4. 시모노세끼(下關)조약과 3국간섭

(1) 청·일개전과 조·일관계

청·일충돌은 1894년 7월 25일 아산만 풍도에서 시작되었다. 1894년 7월 14일 일본의 이른바 제2차 절교서가 제시됨으로써 이홍장은 평화적 해결의 가망이 거의 없음을 깨닫고 조선 주둔 葉志超軍에게 7월 18일 天津 부근에 집중중인 부대에서 약 2,000명을 葉군에 증가하여 총수 5,000명으로 하고 평양주둔의 盛군 6,000명과 연합하면 경인간의 일군 8,000명을 제압하는데 충분할 것이라고 생각했다.[6] 그러나 이 부대들은 7월 20일 이전에 출발이 불가능할 뿐만 아니라 이 1주간의 지연으로 청국의 선견부대는 우세한 일본 육·해군의 반격을 받았던 것이다.

7월 23일 청군 약 1,300명이 아산에 상륙하였고, 이날 병력 1,000명과 포 12문이 아산을 향해 출발하였다. 한편 일본 大本營은 7월 19일 서울 주둔 大島여단장에게 청국이 조선에 군대를 증가하는 일이 있게되면 단독으로 사태에 대처하라고 명령하고 20일에는 청병이 증가되기 전에 주력으로써 눈앞의 적을 격파하라고 명령하였다. 그리고 연합대사령장관 伊東祐亨은 25일 순양함 13척, 포함 2척, 수뢰정 6척, 특무함 1척을 인솔하고 군산 근해에 도착하였다. 7월 25일 새벽 일본의 해상 제1유격대가 아산만 부근의 정찰 임무를 띠고 풍도 근처에서 아산에서 회항하는 청국군함 濟遠호를 포격함으로써 사실상 청·일전쟁이 개시되었다. 일본의 포격을 시작으로 2척의 청국함이 23명 사망과 67명의 부상자를 내는 등 약 1,000명의 장병이 사망하였다. 그리고 육전에 있어서는 7월 29일 성환에 있던 청군 2,000여 명이 일본 혼성여단의 3,000여 명의 공격을 받고 패퇴하여 8월 중순 평양에 도착했다. 그러므로 7월 25일의 풍도해전과 29

---

6) 앞의 책, 〈淸光緖朝中交涉史料〉, 卷15, p.283, p.407 참조.

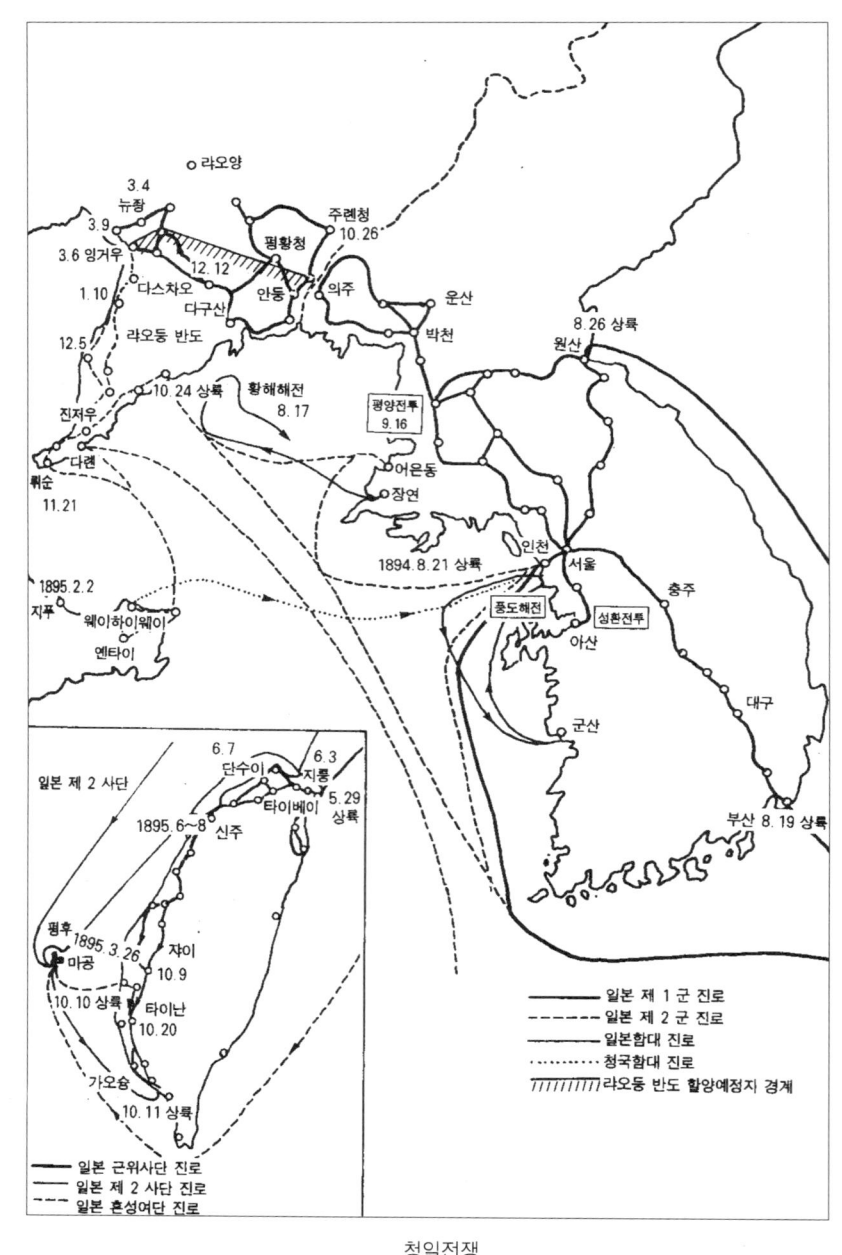

청일전쟁

일의 성환전투는 선전포고 전의 사건이었다. 공식적인 선전포고는 8월 1일 청·일 양국이 하였으며, 영국, 포르투갈, 네덜란드, 미국 등은 중립을 선언하였다.

이러한 청·일 양국의 전쟁은 육·해군전 모두에 있어서 제3국인 조선의 영역에서 발발되었다. 원래 조선은 아직 어느 교전국에도 가담하지 않았음에도 불구하고 청·일 양국의 전장이 되었다. 그러나 조선의 엄정 중립은 불가능한 상황이었다. 일본은 전쟁을 수행하기 위하여 조선을 동맹으로 할 필요가 있었다. 따라서 8월 20일 大鳥 공사는 조선정부를 협박하여 이른바 〈잠정합동조관〉을 체결하였는데, 그 주요 내용은 내정개혁, 경부·경인철도의 부설, 경부·경인간의 일본 군용전화는 향후 조약으로 체결 등이었다. 그러나 조선정부는 일본의 종국적인 승리를 믿지 않았을 뿐만 아니라 이 전쟁에는 무관하다고 중립을 주장하고 청·일 양군의 철수를 외국사신들에게 주선하도록 의뢰했는데 이 같은 조선정부의 처사를 못마땅하게 생각한 일본은 다시 조선정부를 강압하여 8월 26일 〈조·일 공수동맹조약〉을 체결하였다. 조약의 주요 내용은[7] 전문에서 조선의 동맹의무에는 직접 전투행동은 포함하지 않다고 하면서 (1) 본 맹약은 청군을 조선 국경 밖으로 철수시키고 조선의 독립자주를 공고히 하며, 조·일 양국의 이익을 증진함을 목적으로 한다. (2) 일본은 청국에 대한 공수전을 맡고 조선은 일군의 진퇴 및 양식의 준비에 대해 편의를 제공한다. (3) 이 동맹은 청국과 평화조약을 체결하는 즉시 폐지한다는 것 등을 규정했다. 이 조약으로 일본은 조선정부를 장악하고 전투행위 기타 정치행동을 자의로 할 수 있는 자유를 확보하게 되었다.

---

7) 入江啓四郎, 앞의 책, p.84.

(2) 시모노세끼 조약

일본군은 1894년 9월 15~16일 평양의 육전을 비롯하여 4개월간에 걸쳐 남만주를 점령하게 되었다. 그리고 해전에 있어서는 9월 17일 황해해전을 비롯하여 12월 하순 여순이 함락됨으로써 전국은 청국에 불리하게 되었다. 전황이 이렇게 급박해지자 청국은 강화를 요구하였고 강화담판장소는 일본의 강요에 따라 廣島로 하였다. 2월 1일과 2일 양일에 청·일 양국대표들이 회동하였으나 일본측은 중국대표의 전권위임장이 완전치 못하다는 평계로 회담을 거절하였다.8) 이는 일본이 유리한 전황하에서 아직 남방작전이 착수되지 않아서 강화는 시기상조라고 판단했기 때문이다. 그사이 2월 12일 청국은 威海衛를 점령당했다. 따라서 청국은 3월 19일 이홍장을 전권대표로 하여 다시 下關에서 3월 20일 일본의 전권 伊藤博文간에 제1차 강화회담이 시작되었다.

그러나 3월 20일부터 회담이 시작되어 24일 제3차 회담을 마치고 돌아가는 길에 이홍장이 피습을 받아 중상을 입게되자 이홍장은 이를 빌미로 하여 회담을 거부하고 한편 재일구미인들도 이를 비난하자 3월 27일 일본은 자발적으로 무조건 휴전을 제의하여 30일부터 21일간 휴전조약이 조인되었다.

그후 이홍장의 강화담판을 속행하자는 희망에 따라 4월 1일부터 회담이 시작되어 1895년 4월 17일 청·일 양국 전권 사이에 下關조약이 조인되었다. 조약의 주요내용은 다음과 같다.

(1) 조선의 독립승인: 청국은 조선의 독립을 확인하고 朝貢典禮를 폐지한다.
(2) 영토할양: 臺灣, 澎湖島, 만주남부(요동반도)와 부속 도서를 일본에 할양한다.
(3) 배상 및 지불방법: 청국은 배상금 2억 양을 7년간에 지불한다.
(4) 의정서 및 별약: 조약발효 후는 평시점령이나 행정은 청국관리가 담당하고 일시 점령지의 군사범죄에 대하여는 일본의 군사재판관할에 속한다.

---

8) 入江啓四郎, 앞의 책, p.86.

(5) 기타: 威海衛의 일본점령, 치외법권, 최혜국대우, 揚子江 상류의 항행의 자유, 불평등조약 등이었다.

(3) 3국간섭과 요동환부

일본은 下關강화조건을 비밀에 붙였으나 4월 들면서 열강들이 민감한 반응을 보이기 시작하였다. 특히 요동반도의 일본할양에 대하여 러시아, 독일, 프랑스는 이를 청국에 환부하라고 권고하였는데, 그 중에서도 러시아가 가장 강경하였다.

일본의 군사적 진전에 대해 가장 관심을 가진 것은 러시아였다. 영국은 당초 청·일전쟁이 극동에 무정부상태를 가져와 통상이익에 타격이 있을 것으로 판단하여 청국을 원조함으로써 러시아가 극동에 세력을 확장하는 것을 저지하려고 했다. 그러므로 영국은 대일 간섭을 회피했던 것이다. 독일은 극동에서 원래 중국의 현상유지를 바라고 있었다. 이는 일본의 요동에 관한 요구로 인하여 일어나게 될 중국의 분할이 독일에게 바람직한 것이 아니라고 인식하였다. 그러나 일본의 승리가 확실해지자 독일은 일본이 대륙에 토지를 획득하게 될 때 일부를 취득해야 하고, 극동에 하나의 해군기지를 얻을 것을 원하고 있었으므로 이를 절호의 기회라고 생각하였다. 1895년 4월 초 일본의 강화조약이 발표되자 독일은 그들의 간섭의도를 영국에게 제안하였으나 영국이 이를 거절하자 러시아와 의견을 교환하게 되었다.

프랑스는 처음부터 러시아와 행동을 같이 하기로 하였다. 따라서 프랑스는 고심 끝에 결성한 러·불동맹을 위하여 러·독과 공동행동을 취하게 되었다.

이와 같이 공동간섭에 대한 러·독·불의 의향이 일치되자 청국에 간섭계획을 통지하여 일본의 강화조약을 수락하지 않게 하려고 했으나 일본은 영국으로부터 이러한 정보를 얻고 요구 배상금과 요동 할양지의 범위를 감소해 가지고 청국에게 3일 내에 회답할 것을 강요했다. 청국은 3일간의 단시일로는 열강에 간섭 실행을 요구할 수도 없어 부득이 이를 승인함으로써 下關조약이 조인되고 뒤따라 3국간섭도 발동되었다.

下關조약의 조인에 크게 충격을 받은 러시아는 남만주에 있는 일본군대를 철수시킬 것을 골자로 하는 방침을 결정하고 이를 독·불에 통고하였다. 이 방침의 집행은 러시아를 주창자로 하고 독·불이 그 뒤를 따르기로 했다. 1895년 4월 23일 러·독·불 3국이 청·일강화조약 중 요동반도할양을 포기할 것을 일본정부에 권고하였다. 3국의 권고를 받은 일본은 大本營이 설치되어 있던 히로시마에서 24일 어전회의를 열어 '金州半島 점령지 철수문제는 열강회의를 개최하여 그 회의에서 결정하고, 회의 개최는 청·일강화조약이 비준된 이후에 하기로 하고 金州반도 철수의 대가를 청국으로부터 받는다'는 안을 결정하였으나 열강회의는 일본에 유리하게 전개될 가망이 없다고 판단하여 이 안을 철회하였다.

일본은 3국에게 굴복하여 5월 9일 요동반도의 영구점령을 포기한다고 통보하였다. 그런데 下關조약에는 요동환부의 규정이 없었기 때문에 러·독·불 3국은 (1) 요동환부에 대한 배상금액, (2) 일본군의 철수 기일, (3) 일본은 장래 澎湖島를 타국에 양도하지 않겠다고 보장할 것 등을 제의하였다. 이 제의에 대해 일본은 11월 8일 〈요동반도환부조약〉을 체결하고 환부상금을 3,000만 양을 보상금으로 받았다.

제3절 러·일전쟁과 만주진출

1. 일본세력의 진퇴

(1) 을미사변(乙未事變)

　일본이 3국 간섭에 굴복하고 후퇴하자 이것이 곧 조선의 국내정치판도에 결정적인 영향을 미치게 되었다. 1894년 10월 조선주재 공사로 부임한 井上馨은 11월 22일 대원군 집정을 종식시켰다. 그리고 그는 이에 앞서 국왕을 협박하여 민비가 정치에 간섭하지 못하게 하고 11월 20일 내정개혁 20개조를 제출하여 동의를 받았다. 1895년 1월 7일 국왕은 井上馨의 권고에 따라 세자, 대원군, 종친 및 신료와 함께 종묘에 참배하여 헌법의 성질을 가진 洪範 14조를 포함한 독립선언문을 奉告했다. 한편 井上 공사는 조선 내정개혁을 근본적으로 단행하기 위하여 본국정부에 대조선차관교섭을 하여 1895년 3월 조선정부와 일본 은행간에 300만원의 차관계약을 성립시켰다. 청·일간에 휴전이 성립하자 井上 공사는 열강의 간섭을 우려하여 빨리 조선 내의 재개혁에 착수하였다. 이에 따라 조선정부의 관제 및 이에 관계되는 중요한 법령, 칙령을 6일간에 제정 반포하게 하고 4월 28일부터 이를 시행하는 한편 6월 18일에는 지방 관제를 개정 공포케 함으로써 형식만의 근대국가체제를 갖추도록 하였다.[9]

　한편 3국간섭이 표면화되자 민씨 일파들은 친일파를 물리치고 친러파 내각을 출범시키게 되었다. 그리고 기타의 당면 시책에서도 친러척왜 경

---

9) 『日本外交文書』, 第28卷 第1冊, pp.396~398., 김경창, 앞의 책, p.433.

향이 급격히 노정되었다. 상황이 이렇게 되자 9월 1일 새로 부임한 육군 중장 미우라(三浦梧樓)공사는 비상수단으로 친러배일하는 민비를 제거함으로서 조·러 관계를 단절시킬 것을 결심하였다.

10월 3일 일본공사관에서 미우라의 실행방법이 확정되었다. 그 요령은, (1) 왕 측근을 제거하고, (2) 대원군을 추대하여 입궐하게 하고, (3) 행동대의 표면에는 훈련대를 앞세워 쿠데타처럼 가장하고, (4) 일체 행동의 전위대로는 일인의 민간부랑인 부대를 내세우고 그들의 엄호와 전투의 주력으로는 일본수비대가 담당하고, (5) 대원군 호위의 별동대로는 일본 조계경찰대를 동원한다는 것 등이었다.

그러나 민비와 척족계열 및 친러파가 10월 7일 훈련대의 해산 결정과, 8일 무장해제도 단행할 방침이라는 것을 三浦공사에게 통보하자 8일 밤과 새벽 사이에 三浦공사는 대원군을 훈련대, 일본경찰대, 일본군 1개 대대 기타 20명 정도의 일본 민간인으로 호위시켜 경복궁에 들어가게 했다. 민간인들은 주로 한성신문사에 관련된 자들이었다. 이들에 의해 시위대 연대장 洪啓薰, 궁내대신 李耕植, 민비 등이 살해되었다. 그리고 대원군은 이날 국왕에게 진언하여 내각을 개조하여 친일파로 보강하고 국태공(대원군)은 절대로 국무에 간섭하지 않으며, '앞으로는 대소정령은 내각 상주를 기다려 재가할 것'이라는 소칙을 5대신의 부서로 반포케 함으로써 거사 전의 자필로 서약한 약속을 실행했다.

한편 러시아공사 웨베르와 미국공사 대리 알렌(H. N. Allen)은 서울 주재 외국사절들과 공동으로 三浦공사에게 사건의 설명을 요구하였다. 이들 공사들은 이미 사건의 경위를 잘 알고 있었다. 일본은 곧 사태의 심각성을 인식하고 외무성 정무국장 小村壽太郞를 비롯한 조사단 일행을 10월 15일 서울에 보내어 흉도 조사에 착수했다. 15일 서울에 도착한 그는 우선 관련자들과 주범인 三浦의 귀국을 결정하였다. 그리고 三浦를 비롯한 40여 명을 모살 및 凶徒聚衆罪로 廣島지방재판소의 예심에 붙였으나 예심에서 증거가 불충분하다는 이유로 모두 면소되었다.

각국 사절들은 왕후피살 사실을 밝히고 폐후의 복위를 비롯한 대원군의 축출, 趙義淵, 權瀅鎭의 파면 및 시해에 관련된 흉범의 색출·처형 등을 요구했고, 국왕도 이를 원했고. 11월 26일 국왕은 소칙을 선포하여 폐왕후를 복위시키고 친위대인 훈련대 장졸의 무죄와 趙義淵, 權瀅鎭의 파면을 천명했다. 그리고 사변당시의 상전의 흉범을 체포 치죄할 것을 법부에 명령하고 12월 1일 왕후의 국상을 반포했다.

(2) 아관파천(俄館播遷)

제3차 김홍집내각은 일본 세력의 지원하에 제도개혁을 위한 많은 법령을 반포하였다. 주요제도개혁과 법령을 보면, 대일차관 500만원을 전제로 하여 근대 초유의 정부예산 편성, 12월 30일에는 태양력의 사용, 연호의 建元 및 단발령을 발포하였고, 1896년 1월 1일부터 태양력 사용과 이날을 기하여 개국 505년을 〈建揚元年〉으로, 단발령 시행과 그날(12월 30일) 밤으로 국왕과 정부대신들이 체발(剃髮)을 솔선 시범하고 전국에 이의 이행을 엄명, 특히 경향 각지에 체두관(剃頭官)과 순검을 출동시켜 강제체발을 하는 것 등이다. 이러한 조급하고도 무모한 처사는 가뜩이나 민비가 왜놈 흉한의 독칼에 의해 시해된 것이 알려져서 울분에 차있는 일반 민심을 더욱 자극하여 단발령의 반동으로 무서운 폭동을 불러 일으켰다.

단발령을 계기로 각지에서 반일·반정부 폭동이 일어났는데 폭동은 閔씨족의 근거지인 춘천이 가장 격렬했다. 그 세력이 증대해감으로 마침내 정부는 서울의 친위대 주력을 강원도 방면에 파견하였다. 친위대의 주력이 지방에 투입되자 러시아 공사 웨베르는 이틈을 타서 돌연 공사관 경비를 강화시킨다는 구실하에 2월 10일 인천에 정박중인 러시아 함정으로부터 수병 120명을 상륙 입성시켰다. 이날 벌써 친러파가 음모한대로 李範晋은 웨베르 공사와 밀의하고, 궁녀와 嚴宮을 통하여 대원군과 친일

파 및 일인들이 또다시 국왕폐립의 중대 음모를 추진중이라는 정보를 국왕께 전달하게 하여 국왕을 극비리에 러시아 공사관인 俄館으로 이어해야 한다고 하였다. 이에 따라 2월 11일 새벽 국왕과 왕세자는 女轎를 타고 무난히 영추문을 나와 웨베르 공사가 준비한 러시아 군대 50명에 호위되어 정동의 러시아 공사관에 들어갔다.

그러나 이 아관파천은 웨베르공사 등이 친러파를 이용하여 이루어졌다고 구미·일 등의 교과서에 나와 있으나 러시아 문서나 구 소련의 연구들에서는 이와는 다른 견해를 가지고 있다. 현지 러시아공사들의 요구에도 불구하고 러시아정부는 일본과의 충돌을 우려하여 군대파견을 승인치 않았으며 끈질긴 조선 조정의 요청에 할 수 없어 응하여 개입하였다고 하고 있다.10)

러시아공사와 이범진, 이완용 등의 영접을 받으며 러시아공사관으로 이어한 국왕은 즉시 경무관 安桓에게 명하여 일본세력을 배경으로 성립된 김홍내각의 5대신, 즉 김홍집, 유길준, 정병하, 조의연, 장박 등을 역적으로 낙인찍어 포살하라 했다. 따라서 친러·친미파내각이 아관파천의 당일인 2월 11일 조직되었다. 이에 당황한 일본은 이 사태를 단념·포기할 수가 없어 러시아공사에게 진상해명 요구와 함께 국왕께 속히 환궁하기를 진언했다. 그러나 러시아공사는 국왕 자의에 의한 피난임을 천명했고, 국왕도 당분간 환궁할 수 없다고 하였다. 더욱이 미·영·독공사들도 러시아공사가 이미 공한으로 표명한 대로 이번 사변이 국왕 자의에 의한 피난으로 보려는 태도를 취하였다. 따라서 일본은 당시의 군사력으로서는 러시아에 적대할 수 없어 외교교섭에 의한 타협의 길을 모색하게 되었다.

이에 따라 1896년 5월 14일 이른바 웨베르·小村협정이 조인되었다. 의정된 주요내용은,11) (1) 국왕의 환궁은 안전에 의구심이 없을 때, 일본

---

10) 김용구, 『세계외교사』(서울: 서울대학교출판부, 1997), pp.404~405 참조.
11) 金景昌, 앞의 책, pp.448~449 참조.

은 일본장사들의 단속을 보증, (2) 부산·서울간의 일본전신선 보호를 위해 헌병 200명을 초과하지 말 것이며, 조선정부가 안녕질서를 회복하면 각지로 철수할 것, (3) 개항장에 있는 일본인이나 거류지를 보호하기 위해 서울에 2개 중대, 부산에 1개 중대의 일본병력을 두나 1개 중대는 200명을 초과할 수 없으며, 점차 이를 철수할 것, 러시아의 위병도 일본병력 수를 초과하지 않을 것이며 조용해지면 철수할 것 등이었다. 이 각서로서 러시아는 새로운 주병권을 얻게 된 것이다.

일본으로서는 조선에서 러시아 세력에 대하여 어떠한 보장을 받을 필요가 있었다. 일본정부는 1896년 5월 26일 러시아황제 니콜라이 2세(Nicholas II)의 대관식에 육군대장 야마가타(山縣有朋)를 특파전권대신으로 모스크바에 파견하였고, 그는 러시아외상 로바노프(A.B. Lobanov-Rostovskii)와 비밀교섭을 한 결과 6월 9일 로바노프·山縣협정이 조인되었다. 이 협정은 공개조항 4개와 비밀조항 2개로 되어있다. 공개조항의 주요내용은 (1) 양국 정부는 조선의 세출입의 균형유지, (2) 조선은 자력으로 군대·경찰을 창설 유지, (3) 일본은 현재 점유하고 있는 전신선 계속관리, 러시아는 서울에서 국경에 이르는 전신선 가설 권리보유 등이다. 비밀조항 2개의 주요내용은 (1) 원인 물문하고 조선에 다시 군대 파견을 필요로 할 경우 그 충돌을 예방하기 위하여 양국 군대의 사이에 공지를 마련하고 용병지역을 확정할 것, (2) 조선이 스스로 군대를 조직할 때까지는 조선 내에 양국이 동수로 군대를 둔다.

山縣의 당초의 의도는 북위 38도선으로써 조선을 분할하는 데 있었다. 즉 남쪽의 반은 서울을 포함하여 일본에, 북쪽 반은 러시아에 양여하려는 것이었다. 그러나 러시아는 이를 거절하였다. 우리는 현 남북분단의 역사를 가끔 이 사항에서부터 찾고 있는 경우가 있는 데 이는 우리의 지정학적 위치와 강대국간의 갈등관계를 연관시키는 시각이라 할 수 있다.

한편 로바노프외상은 니콜라이황제 대관식의 축하사절을 겸해 모스크바에 파견한 주러공사 閔泳煥으로부터 원조요청을 받았다. 러시아는 조선의 끈질긴 요청에 대해서 〈조선에 보내는 회답항목들〉이란 문서로 5개 조항을 약속했다. 그 주요내용은 다음과 같다.12)

(1) 조선 국왕은 러시아공사관에 체류하는 동안 러시아 군대에 의해 호위되고, 환궁하게 될 경우 안전에 대해 도덕적 보장을 책임진다. 현재의 공사관의 군대는 필요한 경우 증원할 수 있다.
(2) 군사교관문제의 해결을 위해 근일 중에 경험있는 러시아 고급장교를 파견한다.
(3) 조선에 원조를 하게 될 고문파견, 군사 및 재정에 관한 파견인원은 러시아공사 지도하에 조선정부의 고문으로 복무한다.
(4) 조선정부에 대한 차관문제는 조선의 경제상태와 정부의 필요 여하가 판명되는 대로 고려한다.
(5) 러시아정부는 러시아의 육상전신선을 조선의 전신선과 연락하는 것을 승낙하고 이에 관계하는 원조를 제공할 것 등이다.

민영환 일행은 8월 19일 러시아를 떠나게 되는데 그가 떠나기 얼마 전인 8월 7일 로바노프 외상에게 러시아어로 작성된 각서를 수교하였다.13) 이 외에 같은 해 8월 1일 로바노프는 민영환공사에게 앞으로 조선에서 뜻하지 않는 사태가 생기면 병력으로써 돕겠다는 조·러 밀약의 서한을 보냈는데 이것은 동맹제의에 해당된 것이었다.

(3) 일본의 재진출

1896년의 로바노프·야마가타 의정서에 따라 러시아는 만주로는 크게 진출하였으나 조선에서는 일본에게 많은 양보를 했다고 인식하고 있었다. 그러므로 러시아는 조선에 그들의 영향력을 확대하려고 하였다. 따라서 1898년 초 러시아는 한국에 있어서의 러·일 양국간의 장래의 갈등을 막

---

12) 김경창, 앞의 책, pp.449~452 참조.
13) 김용구, 앞의 책, p.407.

기 위해 다시 협정을 체결할 필요를 느껴 3월 17일 러시아정부는 일본정부에게 협상의 기초는 러・일 양국이 상호 한국의 독립을 확인하고, 청국으로부터 旅順口와 大連灣의 대여를 받는 것이라고 하였다. 이에 대해 일본정부는 한국이 외국의 조언 및 조력을 필요로 할 경우에는 이의 의무를 일본에 일임해야하며 만약 러시아정부가 이에 동의한다면 일본정부는 만주 및 그 연안은 일본의 이익과 관계없다는 이른바〈滿韓交換案〉을 제시했다. 그러나 4월 2일 러시아가 이를 반대하였으므로 일본 외상 西德二郞은 4월 8일 러시아공사 로오젠(Romanovich Rosen)에게 (1) 일・러 양국은 한국의 주권과 독립인정, 내정불간섭, (2) 일・러 양국은 한국이 일본 또는 러시아에 대해 권고 및 보조를 요구할 때는 먼저 양국이 상호협상, (3) 러시아는 한국에 있어 상업, 공업의 기업이 크게 발달한 사실과, 일본 거류민들이 많다는 사실을 인정한다는 등을 제안했다. 이러한 일본의 제안을 러시아가 받아드리자 1898년 4월 25일 이른바 西・로오젠협정(The Nishi-Rosen Protocol)이 조인되었다.

일본은 러・일협약의 체결로 한국에 대한 러・일 양국의 관계가 잠정적이나마 타협을 보게되고 일본이 한국에 다시 진출하게 되어 경제적인 면에서 청・일 전쟁 이전의 우월한 지위를 완전히 회복할 수 있게 되었다.

2. 미국의 아시아 개입외교

1898년 미국은 스페인과의 전쟁에서 승리하여 하와이제도와 필리핀을 병합함으로써 동아시아에 진출할 수 있는 확실한 교두보를 마련하였다. 그러므로 태평양세력으로 부상한 미국은 그의 산업발전을 위해서 인구 4억의 중국시장의 확보가 크나큰 중요성을 지니게 되었다.

당초 미국의 문호개방정책을 선언토록 한 것은 영국이다. 영국은 그의 무역상의 침체상태를 극복하기 위하여 문호개방정책(Open Door Policy)을 선도하였으나 揚子江 유역 등을 그들의 세력범위로 설정함에 따라 그 의미를 상실하게 되었다. 그러므로 미국에 의하여 그 정책적인 주도권이 행사되었다.14)

1898년 9월 6일부터 미국의 국무장관 헤이(John Hay)는 영국, 독일, 러시아정부에 문호개방에 관한 각서를 전달하였다. 이 문호개방선언은 크게 세 개의 원칙 위에 서 있었다.

　(1) 금후 중국에서 개별국가가 지닌 특권은 타국의 무역을 저해하는 도구로 사용되지 않을 것을 일정불변의 정책으로 삼는다.
　(2) 세계무역에 개방된 중국시장에 있어서의 현상을 개선하고 기회를 균등히 해야 한다.
　(3) 중국의 영토보전을 존중함으로써 국제분쟁을 방지한다.

이러한 세 개의 원칙을 보장하기 위하여 다음과 같은 보장책을 내포하고 있다.

　(1) 중국 내의 세력범위 또는 조차지 내에서 어떠한 국가도 조약항구 또는 기득권에 관여할 수 없다.
　(2) 모든 항구에서 중국의 관세율이 이런 범위 내에서도 적용되며 이의 징수는 중국 정부가 행한다.
　(3) 각국은 자국선박에 부과하는 이상의 항만세, 철도운임 징수를 금지시킴으로써 모든 외국선박에 대하여 자국민과 같은 대우를 한다.

이러한 미국의 선언은 열강의 기득권을 그대로 인정하고 있고, 중국의 영토보전도 언급하고 있지 않으며, 광산과 철도부설권에 관하여도 침묵을 지키고 있었다. 그러므로 각국의 반응은 일반적으로 긍정적이었고 모두가 상호주의원칙에 입각하여 타국도 같은 행동을 취한다면 응한다는 입장이었다. 러시아는 특히 그들이 조차한 大連港의 자유화를 선언하면서도 관세에 대해서는 애매한 태도를 취하였다. 그러나 이에 대한 영국의 압력으

---
14) 오기평, 앞의 책, pp.236~239 참조.

로 결국 러시아도 미국의 선언을 승인하기에 이르렀다.

이는 미국이 구주세력에 대한 먼로독트린을 아시아에 적용한 성격을 띠었다. 이 선언은 계속 확대되고 타국도 이어서 따랐다. 처음 이 선언은 미국이 중국시장에 진출하는데 공헌하였으나 점차적으로 미국이 그의 자본력을 통해 대중국 차관단을 지배하려고 계획하고 나아가 만주에까지 세력범위를 넓히려 함으로써 차츰 그 의미를 달리하게 되었다.

그러나 1900년에 들어서서 중국영토의 대부분이 義和團사변에 의하여 혼란에 빠지고 일본을 포함한 연합국과 청국이 전쟁에 휘말리는 무질서 속에서 1990년 7월 3일에 다시 제2차 문호개방선언을 하였다. 이도 역시 헤이 국무장관에 의한 제2차 선언으로서 내용은 다음과 같다. 즉 "미합중국정부는 청국의 영원한 안녕과 평화를 유지시키고, 청국의 영토 및 행정을 보전하고 조약 및 국제법에 따라 열국에 대하여 보증한 권리를 보장하고, 청국 각지에서 세계 각국의 균등하고 공정한 통상정책을 보호키 위한 해결책을 요구한다"고 선언하였다.

3. 의화단(義和團)사건과 러시아의 진출

義和團은 白蓮敎의 일파로서 반종교적인 비밀결사였다. 이들은 당시의 배외적 분위기에 영합하여 1898년이래 공공연히 기독교를 적으로 규정하고 山東지방에서 기독교배격운동을 전개하였다. 의화단란은 확대되어 1900년에는 直隷省에 파급되고 배외운동으로 전화하여 일반 외국인과 외국 상품의 소지자와 판매를 습격했고 철도와 전선도 파괴·절단했다.

청국정부는 의화단의 탄압을 결의하고 100여 명의 청군으로 北京의 각국 공사관을 호위케 했다. 그러나 청국정부는 얼마 안되어 관군에 명하여 의화단과 협력하여 외국인을 습격하도록 하였다. 얼마 후 의화단은 北京을 포위하고 나아가 철도 전신을 파괴하여 北京은 완전히 고립되었다. 상황이 이렇게 되자 일본은 이미 동원령이 내려진 혼성 1개 사단에 즉시 청국으로 출동명령을 내렸다. 한편 러시아는 6월 19일 각국 정부에 통첩을 보내 병력 4,000명을 北淸에 출동하지만 목적은 러시아인과 일반 유럽인의 보호 이외에 러시아의 특수이익을 도모하는 일은 결코 없을 것이라고 단언했다. 그리고 러시아는 7월 30일 愛琿과 사벨로프카(Sabelovka)의 청군을 공격하여 이를 점령하였다. 한편 연합군은 8월 15일 北京을 함락시켰는데 여기서 일본은 의화단 진압에서 가장 강력한 선봉으로 되었다. 따라서 일본은 열국과 대등의 입장을 획득하여 세계 무대에 등장하게 되었다. 이와 반대로 러시아는 의화단란을 계기로 연합국과 협조적 태도를 취하면서 비밀리에 청국에 은혜적 태도를 취하여 청국에 편성, 만주를 지배하려고 했다.

그런데 10월 5일 駐北京러시아공사는 청국정부에 구두로 만주 철군에 관한 신제안을 제출하고 교섭을 요구하였다. 이에 대하여 청국이 반대하자 수차례의 회담을 한 후 러시아도 3월 16일 철군 기한에 관한 당초의 주장을 반감하여 3년을 1년 반으로 고치고 기타에 대해서도 대체로 청국의 희망을 받아들였다. 이에 대해 영·미 양국과도 협의한 결과 1902년 4월 8일 전문 4개조로 되는 〈만주환부에 관한 러·청조약〉이 조인되었다. 조약의 주요 내용은 다음과 같다.

(1) 만주는 중국의 일부로서 청국 정부의 권리회복을 승인하고 러시아 군대는 점령 이전의 상태로 복귀한다.
(2) 이 조약이 조인된 후 6개월 이내, 즉 1902년 10월 8일까지 奉天省 서남부로부터 러시아군은 철수하고, 다음 6개월 사이에 盛京省 잔류부대와 吉林省의 러시아군은 철수한다.
(3) 러시아군대가 철수한 후 청국 정부가 만주에서 군대를 증감하는 경우에 러시아 정부에 이를 통지한다.
(4) 러시아는 1900년 9월이래 러시아군이 점령하는 山海關, 營口, 新民屯의 각 철도를 그 원주인에게 환부 등이다.

이와 같이 러시아는 만주 철군조약을 조인하고서는 1902년 10월 8일 제1기의 철군을 이행하였다. 그러나 제2기 철수의 약속 이행은 고사하고 철수 실시에 관해 또다시 보상으로서 1903년 4월 18일 만주철군에 관한 7개조의 신 요구를 청국에 제출했다. 이러한 러시아의 요구에 대하여 일・미・영 등이 항의하자 이 요구를 청국이 거절하였다. 그러나 러시아는 오히려 청국이 러시아의 요구를 타국에 누설하고 조급히 거절한 태도에 대해 힐책하고 그들의 요구를 재고하기를 강요하였다.

이러한 강요에 따라 1903년 7월 만주문제를 해결하기 위하여 〈旅順會議〉를 가졌는데 이 회의 후 만주에 있어서 러시아의 군사행동은 갑자기 활기를 더해 갔다. 러시아는 본국 및 시베리아로부터 대병력을 증가하여 압록강 방면의 鳳凰城, 安東縣 일대의 요지는 전부 러시아의 지배하에 들어갔고, 旅順의 요새를 강화했다. 그리고 8월에는 極東總督府를 설치하고 알렉세예프 대장이 極東總督에 임명되어 극동경영상의 한 기원을 만들었다.

만주 철군의 제3기가 가까워짐에 청국은 東三省의 각 장군에게 환부지 수령의 임무를 명하고 이를 러시아공사에게 통보하였다. 그러나 이러는 사이 오히려 러시아 군대는 압록강을 넘어 한국 내로 침범하였다. 한편 러시아는 목재회사 시설을 가장하여 압록강 하류지방에 무기를 비밀리에 수송하고 러시아인 수십 명이 龍岩浦에 나타나 토지 가옥을 매수하며, 한・청인을 고용하여 선착장을 건설하고 다량의 무기와 탄약을 비밀히 大東溝에 반입했다. 그리고 러시아군대는 삼림보호의 명목으로 대거 용암포에 나타나 그곳을 점령하고 영주할 계획을 착수했다. 이에 대해 한국정부는 러시아군의 철수를 요구했으나 오히려 병력을 증강시키고 한국정부에 새로이 용암포의 조차를 요구했다.[15] 용암포의 조차 요구는 러시아의 강압으로 부득이 한국정부는 승낙하지 않을 수 없게 되어 1903년 8월 23일 이에 관한 협정이 성립되었다.

---

15) 外務省編, 앞의 책, p.319., 김경창, 앞의 책, p.518 참조.

이러한 협정에 대해 일본 林權助공사는 한국정부에 강경히 항의하고 만약 러시아의 요구가 받아들여진다면 일본은 그 권리이익의 옹호를 위하여 적당한 조치를 취할 것이라고 경고함에 따라 한국정부는 〈본건계약은 한국정부가 유효하다고 인정하지 않는다〉는 성명을 했다. 그러나 파블로프 러시아공사는 여전히 계약의 실시를 강요하고 그 사이 용암포에 보루 공사를 시작했으며, 두만강 방면의 한·만국경에는 초병을 두고 압록강의 斗流浦에는 망루대를 세우는 등 러시아의 일방적 행동은 한국정부의 힘으로서는 막을 수 없었다.

4. 영·일동맹외교

영국은 전통적인 '영광의 고립'에서 벗어나 동맹을 찾게되었는데 이 동맹은 바로 동양의 일본과의 결합이었다. 영국은 4년간 독일과의 협상에서 실패하자 청국과의 전쟁을 통해 그 군사력을 과시한 일본과의 동맹을 필요로 하였다. 한편 일본은 3국 간섭으로 고립무원이 되었고, 특히 러시아와의 협상이 결렬되어 영국과 손을 잡은 것이다.

영·일관계의 긴밀화가 구체화된 것은 의화단사건 이후, 즉 러시아의 만주 점령으로 중국본토에 있어서의 영국의 권익이 위협받게 된 때부터이다. 일본도 일·러의 충돌은 면할 수 없는 정세로 인식하고 러시아의 남하를 억제하기 위하여서는 속히 영국의 의향을 탐지하는 것이 필요하였던 것이다.16) 1901년 4월부터 런던에서 시작되었던 일본과 영국간의 협상은 1902년 1월 30일 조인되고 2월 12일에 공표 되었다. 동맹의 주요 내용은 다음과 같다.17)

---

16) 外務省編, 앞의 책, pp.251~252., 김경창, 앞의 책, p.520 참조.
17) 入江啓四郞, 앞의 책, pp.96~98 참조.

(1) 한·청 양국에 있어 특수이익의 승인: 한·청 양국의 독립을 승인한다. 영국은 주로 청국에 있어서, 일본은 한국과 청국에 있어서 특수이익을 가진다.
(2) 중립조항: 영·일 양국 중 어느 일방이 개전하게 되면 타방은 엄정중립을 지키나 제3국이 동맹국에 적대하면 이를 방해하도록 노력한다는 호의적 중립을 약속하였다.
(3) 원조의무발생사유(Casus Foederis) 및 단독 불강화: 전쟁 중 동맹의 일방에 대하여 제3국이 교전국에 가담하면 동맹국에 원조하고, 단독으로 강화조약은 하지 않는다.
(4) 대립동맹 금지: 동맹국과 협의 없이 타국과 동맹 체약 금지.
(5) 유효기간: 본 조약은 조인일로부터 실시하되 5년간 유효하다.

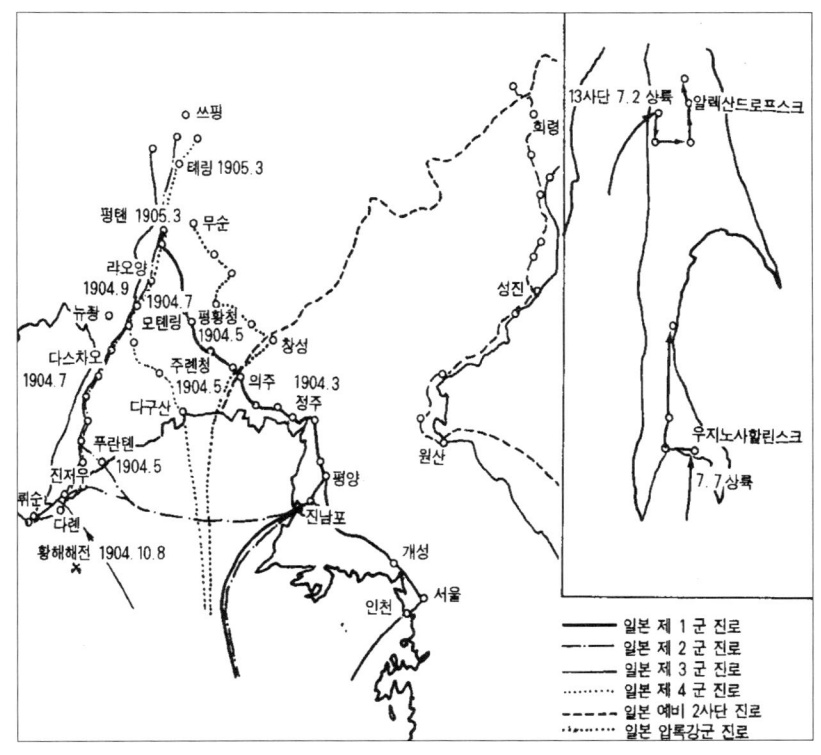

러일전쟁

이 영·일조약에 대하여 3월 20일 러·불·양국은 공동선언을 발표하여 영·일 동맹의 취지에 찬성했다. 그러나 그 중에서 〈만약 러·불 이외의 제3국이 청국에 침략적 행동을 기도하거나 혹은 청국에서 내란이 발발하여 러·불 양국의 이익을 훼손할 때에는 양국은 제휴하여 이익옹호의 수단을 취하겠다〉는 것을 부언했다. 그리고 4월 8일 러시아는 만주철군협정에 조인했다.

5. 러·일전쟁과 포오츠머스 강화조약외교

(1) 러·일전쟁

러시아가 한국에 대하여도 적극적인 정책을 펴자 일본은 만주와 한국의 문제를 별개 문제로서가 아니라 〈한만문제〉로 인식하였다. 그러므로 일본은 1903년 4월 21일 伊藤와 山縣의 2원로, 桂太郞수상, 小村壽太郞외상간의 회의와 6월 23일 어전회의를 거쳐 대러교섭의 기본방침을 정하였다. 기본방침은 (1) 러시아의 만주에서 철군을 요구하고 이에 응하지 않을 경우는 별도로 한국문제를 해결하며, (2) 한국은 그 일부도 러시아에 양여할 수 없고, (3) 만주에서는 러시아에 양보해도 일의 우위를 인정한다는 등이다.

이러한 일본의 협상제안에 대해 러시아는 10월 3일 그들의 대안을 제출하였다. 이에 의하면 한국의 독립과 영토보전은 약속하나 청국의 독립과 영토보전 그리고 청국에 있어서의 기회균등주의의 보지에 관해서는 약속을 거절하였다. 또한 한국에 있어서의 일본의 자유행동권에 여러 제한을 설정하고 필요한 경우 일본의 출병권을 인정하나 미리 러시아에 알려줄 것을 요구하였으며, 한국 영토의 일부라 하더라도 군사전략상의 사용에 이용함을 금지하고 한국 영토의 1/3이상(북위 39도 이북)을 중립지대로 할 것을 제의하고 있었다. 즉 만주에 관해서는 일체 일본과 협정하는 것을 거부하고 한국에 관해서는 영토의 2/3약(북위 39도 이남)에 대해 일본의 이익을 승인한다는 대안이었다.

일본은 이러한 러시아의 제안을 거부하고 10월 14일 수정안을 제출하고, 러시아도 일본의 수정을 거부하고 또 12월 11일에 일본에 수정안을 제출하였다. 이와 같이 일본과 러시아간에 수정안이 수차례에 오고갔으나 합의에 이르지 못하자 대 러시아전쟁을 준비 완료한 일본은 1904년 2월 4일 어전회의에서 국교단절을 결정하고 2월 5일 小村외상은 주러시아 栗野공사에게 국교단절의 통첩을 람스도르프 외상에게 전달하도록 하였다. 2월 10일 栗野공사를 러시아에서 철수하도록 하는 한편 같은 시각 東京의 로오젠(Romanovich R. Rosen)공사에게도 일본에서 철퇴할 것을 요구했다. 이에 따라 일본은 2월 24일을 공식적으로 개전일로 정하였다.

그러나 사실상 일본은 먼저 무력행위를 하였다. 2월 6일 일본연합함대는 佐世保를 출항하였고, 그중 제4전대는 인천에 상륙시킬 육군 운송선 3척을 호송하였다. 당시 인천에는 러시아 순양함 2척이 정박하고 있었다. 2월 8일 3척의 운송선은 러시아 해군의 면전에서 상륙을 개시했고 제4전대는 인천항 내의 러시아 순양함 2척을 공격하여 침몰시켰다. 한편 旅順으로 직행한 일본연합함대의 구축함 10척은 심야에 러시아 함대를 기습하여 2월 9일 전함 2척, 순양함 1척을 좌초시켰다. 2월 10일 먼저 러시아에 대해 선전포고하고 러시아도 이날 일본에 대해 선전포고를 하였다.

전쟁이 개시되자 영국은 영・일동맹의 규정에 따라 엄정중립을 선언했으나 일본에 대해 호의적 중립을 취했다. 한편 독일과 프랑스는 엄정중립을 선언했으나 러시아에 편의를 제공했다. 그러나 미국은 일본에 호의를 가져 독・불에 대해 러시아에 가담하게 되면 일본을 원조하겠다고 하였다.

한편 일본은 작전계획을 예정대로 수행하여 초전에는 연전연승의 성과를 올렸으나 전쟁 초기부터 강화문제가 중요하였다. 따라서 열강간에 강화알선의 움직임은 3회나 되었는데 실현된 것은 마지막 세 번째였다. 제1회의 강화알선은 일본군이 旅順을 함락(1905년 1월 1일)했을 때였다. 이

때에 프랑스와 미국은 러시아에 강화를 권고하였으나 러시아는 발틱함대와 奉天 부근의 수십 만의 병력을 신뢰하여 강화를 거절했다. 제2회의 권고는 3월 10일 奉天점령 때였다. 일본의 奉天점령은 결정적인 승리였으나 이 회전 후의 일본은 군사상으로나 재정상으로도 그 이상 더 전쟁을 계속할 수 없었기 때문이다. 그러므로 일본정부는 강화의 필요를 느껴 주일 미국공사 그리스캄(L. C. Griscom)을 통하여 루스벨트(Theodore Roosevelt) 대통령에게 이의 전달을 요망하게 되었다. 그러나 3월 12일 러시아가 속전과 신군대의 증강을 결정하였으므로 루스벨트의 활동은 성공하지 못했다. 마지막인 제3회의 강화알선은 5월 27일과 28일의 동해에 있어서의 러·일 해전의 결과였다. 해전에서 일본은 승리를 거두었지만 만주의 육전에서는 일본이 불리하였다. 러시아는 奉天회전 후 5월 후반까지 새로운 총사령관 리내비치 장군(Gen. Linevich)하에 70,700명의 병력파견을 비롯하여 계속 그 수가 증강하고 있었다. 이와는 반대로 일본은 현역병은 거의 전사하고 예비역의 노병으로써 겨우 전선을 유지했다. 이에 더하여 군수물자와 재원의 고갈로 더 이상 전쟁을 계속할 수 없는 상태에 있었다. 이러한 상황하에서 6월 8일 미국의 루스벨트 대통령이 러·일 양국에 중재안을 보냄으로써 포오츠머스(Portsmouth)강화회의가 열리게 되었다.

(2) 포오츠머스 강화조약

루스벨트 대통령은 1905년 6월 9일 러·일 양국에 강화를 제의함에 있어서 '강화 담판은 전적으로 양 교전국간에 직접 해야하는데, 이는 양국 전권이 중개자 없이도 강화의 조건을 협정할 수 있는가를 보기 위함이다'라고 하였다. 강화회의는 미국 메인주(Main) 뉴 피스카타쿠아(Piscataqua) 해군 공창에서 1905년 8월 9일 열렸다. 그런데 회의장의 해군 공창은 뉴 햄프셔주(New Hampshire State)의 포오츠머스(Portsmouth)해군 공창 관리하의 제86호 건물이다. 그러므로 러·일 양전권들은 뉴 햄프셔주 뉴 캐슬(New

Castle)의 웬트워스 호텔(Wentworth Hotel)에 숙박하면서 피스카타쿠아강을 사이에 두고 통근했던 것이다.

전권위원은 러시아측에서는 수석 윗테, 차석에 로오젠이었고, 일본측에서는 小村 외상과 高平 주미공사가 각각 임명되었다. 강화회의는 8월 9일 예비회의로 시작되어 9월 1일 양국군사령관에 의한 휴전의정서를 서명하고 9월 5일 강화조약이 조인되었다. 그런데 여기서 의정서와 강화조약 말미에 다같이 포오츠머스에서 작성이라고 되어 있으나 실제로는 피스카타쿠아에 서명조인되었던 것이다. 조약의 주요 내용은 아래와 같다.

(1) 일본의 한국에 있어 우위성 승인: 러시아는 일본의 한국에 있어서의 정치, 군사, 경제상의 우월 이익 및 한국에 대한 지도, 보호, 감리의 권리를 승인할 것.
(2) 만주보전, 旅大의 러시아 조차권, 철도권리 승계: 이는 일정 기한 내에 만주에서 철군하고 또 만주에 있어서의 청국의 주권 또는 기회균등주의와 서로 용납할 수 없는 영토적 이익 및 기타의 특권을 포기할 것, 일본은 점령중의 만주를 청국에 환부하나 요동반도조차지는 제외할 것, 일·러 양국은 청국이 만주의 상공업 발달을 위해 취하는 열국 공통의 일반조치를 서로 방해하지 않을 것.
(3) 남부 사하린 할양: 사하린과 이에 부속되는 도서 및 재산을 일본에 양도할 것.
(4) 어업권 설정: 러시아는 오호츠크해(Sea of Okhotsk), 베링해(Sea of Bering) 및 동해 연안의 어업권을 일본인에게 허여할 것 등이다.

본 조약은 영·불 양국어로 작성하고 프랑스어를 정문으로 하였다. 그리고 이 조약은 청국의 승낙을 조건으로 하여 旅大조차권 및 남만주철도의 양도를 약정하였으므로 이에 따라 일본은 청국정부와 교섭해서 만주에 관한 조약 및 부속협정서를 체결하였다.

일본은 포오츠머스강화회의를 진행하면서 영국과 1905년 1월 1일 제2차 영·일 동맹조약을 체결하였고 미국과는 태프트(Taft)·桂합의각서를 교환함으로써 한국에 대한 우월권을 확실히 하였다.

제4절 일본의 한·만진출

1. 일본의 한국진출과 을사협약

일본은 러시아와 전쟁을 시작하면서 한국의 식민지화에 착수하였다. 일본은 1904년 2월 10일 러시아에 선전포고하였고 23일에는 林權助공사가 한국정부를 협박하여 외부대신서리 李址鎔과 한일의정서를 조인했는데 그 내용은 다음과 같다.[18]

(1) 한국은 제도개선에 관한 일본의 충고를 받아들인다.
(2) 일본정부는 한국의 독립과 영토안전을 확실히 보증할 것.
(3) 외국의 침해에 의하거나 혹은 내란 때문에 한국 황실의 안녕 혹은 영토보전에 위험이 있을 경우에는 일본정부는 속히 임시 필요한 조치를 취할 것이고 한국정부는 위의 일본정부의 행동을 용이하게 하기 위해 충분한 편의를 줄 것. 일본정부는 전항의 목적을 달성하기 위해 군략상 필요한 지점을 임시수용할 수 있을 것.
(4) 한국은 이 조약과 상반되는 협정을 제3국과의 사이에 체결할 수 없다.

이 의정서의 체결은 일본의 한국종속화의 제1보이며, 이로써 한국은 그 자주권의 일부를 일본에 의해 강탈당하게 되고 주요 국무에 관한 간섭 권을 일본에 허용한 것이 되었다. 이외에 또한 한국정부는 5월 18일 일본의 강요로 한·러 제조약과 협정의 폐기를 성명했다. 일본은 더욱이 한국의 보호화 작업을 급속도로 추진하였다. 일본은 5월 31일 각의에서 한국에 대한 근본적 방침을 결정하고 6월 11일 천황의 재가를 받았다. 이의 개요는 한국에 대한 일본의 보호권을 확립하는 것을 목적으로 하고

---
18) 김경창, 앞의 책, pp.548~549 참조.

한국시정의 요점, 특히 정치·외교·군사상의 실권을 확고히 파악하는 동시에 일본의 이권을 점차 확충하고 종국에는 전 한국을 사실상 일본의 주권범위에 넣으려는 것이었다.

이러한 방침에 따라 8월 22일 외국인고문채용협정을 조인하고, 10월 15일 한국정부는 일본인 目賀田鍾太郎과 재정고문채용계약을 체결하였다. 그리고 12월 27일에는 미국인 스티븐슨(Durham White Stevens)과 외교고문 채용계약을 체결하였다. 이로써 한국의 재정과 외교는 일본정부의 간섭을 받게 되고 특히 정부의 외교기관은 서울에서 東京으로 점차 넘어가는 상태가 되었다. 이외에도 1905년 3월 20일 林공사는 군사외교운용상 필요하다는 이유로 한국정부를 협박하여 4월 1일 통신기관위탁에 관한 합동조관을 의정했다. 따라서 한국의 외교비밀문서 통신이 막히게 되었다.

일본 내각은 1905년 4월 8일 드디어 한국에 대한 보호권 확립을 결정했다. 이를 위해 우선 일본은 먼저 영국으로부터 일본의 자유행동권을 승인 받기로 했다. 1905년 8월 12일 개정된 제2차 영·일동맹조약 제3조에서 영국은 일본의 한국에 있어서의 정치·군사·경제상의 권익과 일본이 한국을 보호하는 권리를 승인했다. 이의 보상으로 동맹의 적용범위를 인도까지 확장하여 일본은 영국에 대하여 인도 국경의 보증과 인도의 보전을 위해 필요하다고 인정되는 조치를 영국이 취할 권리를 인정했다.

한편 일본은 미국으로부터도 영국에서와 같은 보장을 얻고자 했다. 이 시도는 1905년 7월 27일 일본에서 미육군장관 태프트(William Howard Taft)와 桂太郞수상간의 의견교환인 이른바 태프트·桂협정(The Taft-Katsura Agreement or Note)으로 알려지고 있다. 그 요지는 다음과 같다.[19]

(1) 일본은 필리핀에 대해 하등 침략적 의도를 가지고 있지 않으며, 미국의 지배를 확인한다.
(2) 극동의 평화를 유지하기 위하여 일·미·영 3국은 실질적인 동맹관계

---

19) 김경창, 앞의 책, p.555 참조.

(Good Understandig)에 있어야 한다.
(3) 일본의 한국에 대한 종주권(Suzerainty)을 인정한다는 것 등이다.[20]

이로써 일본은 미국으로부터도 필리핀의 안전을 보장하는 교환조건으로 한국에 대한 자유행동권을 공식으로 보장받게 되었는데 일본의 한국 침략을 인정한 미국은 1882년에 체결한 조·미수호통상조약 제1조에서는 '만약 별국이 체약일국을 不公輕侮하는 일이 있을 때에는 서로 알려서 조력보호하고 그것을 조정함으로써 우의를 표시한다'고 약속한 바 있다.

한편 11월 15일 일본정부는 伊藤博文을 특파대사로 임명하여 서울에 보내 高宗皇帝에게 (1) 外部를 폐지하고 일본 東京에 외교부를 설치하여 일체의 외교권을 일본에 위탁할 것, (2) 서울주재 공사를 統監으로 개칭할 것, (3) 서울 및 각 항구의 영사를 이사로 개칭할 것 등 3개조를 제시하고 윤허를 강요했다. 이때에 伊藤은 일본이 제시한 이 보호조약은 조금도 변경할 수 없는 최종안임을 강조하였다. 이에 대해 고종황제는 차라리 사직에 따라 죽을지언정 이를 결코 허락할 수 없다고 거부하였다. 그러므로 伊藤은 그들의 헌병, 순사, 고문관, 보좌원 등을 대궐 내로 데리고가 의정부 각 대신들을 협박하고 원안을 2~3곳 고쳤고, 이를 학부대신 李完用, 외부대신 朴齊純, 李址鎔, 李根澤, 權重顯 등 5대신이 동의하자 칙령이라고 속여 고문 스티븐슨으로부터 대신들의 도장을 가져다가 박제순에게 날인케 하였다. 이것이 바로 1905년 11월 18일 오전 1시의 한·일협상조약인 乙巳保護條約 또는 乙巳5條約이다. 조약의 주요 내용은 다음과 같다.

(1) 한국의 외교관계는 일본이 감리·지휘하며 해외한인은 일본외교관이 보호한다.
(2) 일본정부는 한국과 타국의 사이에 현존하는 조약의 실행임무를 맡으며 한국은 금후 일본정부의 중개를 거치지 않고서 국제조약을 체결하지 않는다.
(3) 일본은 한국의 외교사항을 관리하기 위하여 1명의 통감(Resident-General)을 둔다. 통감은 오로지 외교에 관한 사항을 관리하기 위해 서울에 주재

---
20) 外務省編, 『日本外交年表並主要文書(上)』, pp.239~240, p.555 참조.

하고 친히 한국황제폐하에 건의할 수 있는 권리를 가진다. 일본정부는 또한 한국의 각 개항장 및 기타 일본정부가 필요로 인정하는 지역에 이사관(Resident)을 둘 권리를 갖는다. 이사관은 통감의 지휘하에 종래 재한국일본영사에 속한 일체의 직권을 집행하고 아울러 본 조약의 조관을 완전하게 실행하기 위하여 필요로 할 일체의 사무를 장리할 것.
(4) 일본국과 한국의 사이에 현존하는 조약 및 약속은 본 협약에 저촉되지 않는 한 그 효력을 계속하는 것으로 한다.
(5) 일본정부는 한국황실의 안녕과 존엄을 유지할 것을 보증한다.

이로써 일본은 한국의 외교권을 완전히 장악하게 되어 11월 23일 이후 미국을 선두로 독, 이, 영, 불, 벨, 청 등이 전후하여 주한 공사관을 철거하고 한국외교부가 폐지되고 한국공사관도 전부 철폐되었다. 그리고 이토가 1906년 3월 통감으로 서울에 부임하였다.

2. 만주에 관한 청·일협약[21]

원래 포오츠머스강화조약은 러시아가 일본에 대해 요동반도 조차지, 長春(寬城子)·旅順간 철도 등의 제권익을 양도하는 데는 청국정부의 승인을 조건으로 했다. 그러나 일본은 청국과의 교섭개시 전에 일본의 요구취지에 대해 영·미 양국, 특히 미국의 양해를 미리 받을 필요를 인식하고 1905년 9월 9일 小村외상은 루스벨트 대통령으로부터 요동조차권 및 철도양수권에 관하여 확실한 동의를 얻었고, 후일 영국정부로부터도 미국과 동일한 취지로 일본을 후원할 것이라는 내약을 받았던 것이다.

이에 따라 일본정부는 10월 17일 각의에서 청국정부에 제시할 요구사항과 이의 교섭에 관한 주요 방침을 결정했다. 그 요구할 조건 9개조 중 청국정부로 하여금 러시아의 요동반도조차권과 동청철도의 양도를 승인

---
21) 金景昌, 앞의 책, pp.562~567 참조.

시키는 건을 특히 절대필요조건으로 하고 청국정부가 이 필요조건을 승인하지 않는다면 일본은 잠시 교섭을 중지하고 요동조차지와 만주철도는 계속 그대로 점거할 결심으로써 담판에 임하기로 했다.[22] 11월 7일 北京에서 양국은 첫 회의를 개최하였는데 여기서 먼저 小村 전권이 서면으로 11개조의 요구를 제출하고 이에 대해 청국전권이 이를 검토한 후 의견을 서면으로 제출할 것을 약속했다.

11월 21일 일본의 제안에 대한 청국측의 회답서와 추가요구조건 7개항이 따로 제시된 후 12월 19일까지 20회의 회의를 거듭했고, 12월 22일 만주에 관한 청·일조약(北京조약)이 조인되었다. 그 주요 내용은 아래와 같다.

(1) 러시아가 일본에 한 양도를 청국이 승낙한다.
(2) 일본은 러·청간에 체결된 원 조약을 준수 할 것 등을 규정한 기본조약 외에 부속협정과 비밀회의록이 있었다. 부속협정은 제 도시를 외국인에 개방, 일본이 安奉線 경영, 압록강 우안의 삼림벌채 등이다. 비밀회의록은 청국은 吉林지방에서 별개국에 철도부설권 불허, 요동 이동의 군용철도에 필요한 자금은 일본에서 차관. 남만주철도의 이익을 침해하는 지선은 부설치 않음 등이다.

이와 같이 北京협정은 단지 포오츠머스조약에 의한 러시아의 권익 양도를 청국이 승낙했다는 것뿐만 아니라 이를 기회로 하여 새로운 일본권익을 부식하도록 설정하는 것을 도모했던 것이다. 그리고 이들 권익을 일본은 만주에 있어서의 자국의 기득권익 또는 특수권익으로서 그후 강력히 주장하게되었던 것이다. 이러한 의미에서 포오츠머스조약과 北京조약은 일본의 만주권익기반을 구축한 것이며, 일본이 이른바 만주문제를 해결함에 있어서의 기초로 된 것이라고 할 수 있다.

---

22) 『日本外交文書』, 第38卷 第1冊, pp.105~107 참조.

3. 한·청 간도감계(間島勘界)문제[23]

청조는 원래 白頭山(長白山)을 조상발상의 영지로 생각하여 이곳을 자국판도에 편입하려고 했다. 청국이 조선과는 淸 太宗때 중립지대를 설정하고 이를 양국의 직접충돌을 회피하는 출입금지지역으로 했던 것이다. 그러나 그후 조선인이 이를 침범하는 일이 자주 일어나므로 백두산 방면의 경계를 분명하게 해둘 필요를 느꼈다.

이에 따라 청의 康熙帝는 1677년(肅宗 3년) 내대신으로 하여금 백두산을 답사케 했고, 1684년(숙종 10년)에는 駐防協領 勒出로 하여금 백두산을 답사케 했으나 답사 도중 조선인의 창살에 부상을 당하여 답사를 중지한 바 있었다. 그러다가 1710년(숙종 36년) 渭原 북문 밖에서 李萬枝 등의 조선인들이 청국인 5명을 살해하고 인삼을 약탈하자 이를 계기로 다시 경계문제가 대두되었다. 1711년 康熙帝는 이 사건을 재심할 때에 조·청국경을 심사하라고 명하였다. 이 때의 康熙帝의 언급에는 '압록강 서북은 중국이고 그 동남은 조선영토이며, 土門江은 長白山에서 발원하여 동남으로 흘러 바다로 들어가는데 그 서남은 조선이고 그 동북은 중국이다. 그 土門·압록강 사이의 지방이 분명하지 않기 때문에 鳳凰城에 사람을 보내 李萬枝사건을 회심케 한다'는 요지가 있었는데 청국정부는 후일 국경쟁의가 벌어졌을 때 이 황제의 언급을 金科玉條처럼 인용했던 것이다. 1711년 康熙帝는 '오는 봄 해빙하는 때를 기다려 관리를 보내 義州로부터 강을 거슬러 올라가서 土門江을 조사하라고 명했다.

1712년 4월 청의 吉林총독 穆克登은 조선 接伴使 참판 朴權을 물리치고 조선군관 李義復, 趙臺相 등 하급관리만 대동하고 백두산에 도착하여 양국 경계를 감정하고 1712년(숙종 38년 5월 15일) 백두산 天池로부터 10리

---

[23] 앞의 책, pp.568~584 참조.

아래의 분수령 위에 높이 2자, 폭 1자의 작은 定界碑를 건립했다. 이와 같이 穆克登은 송화강에 유입하는 土門江 상류에 정계비를 세우고 그후 조선 측이 정계비로부터 穆克登이 지정한 강의 발원지에 이르는 사이에다 흙담·돌담을 쌓아서 경계를 표시했다. 이 때문에 후년 간도문제라는 대분쟁이 생기게 되었다.

 백두산정계비의 건립은 후대의 분쟁문제를 남겼다고 하더라도 양국간의 경계문제는 일시적으로는 확실히 상당한 효과가 있었다. 丁酉·丙子의 양 호란에서 약속된 두만·압록 두 강 이북의 間曠地帶 존중의 정신이 더욱 강화되었던 것이다. 그것이 1875년(고종 12년) 이후부터 북한의 빈민들이 금지지역을 범하고 잇달아 간도지방으로 유입해 갔고, 청국에서도 1881년 7월 吉林省 남부의 禁山圍場을 개방하고 9월에는 督辨 吳長徵 등의 주청으로 그 동남부, 즉 土門江 동북안 일대 황무지의 초청개간을 허용하고 동년 琿春에 招墾局을 설치하여 개간사무를 취급케 하는 한편 조사위원을 파견하여 개간 가능지를 조사케 했다. 그 결과 많은 조선인이 간도지방에서 경작에 종사하여 2,000餘晌의 토지를 개간하고 함경도 관찰사로부터 地券이 발급되고 있을 뿐만 아니라 장부에 등록되고 있는 것을 발견했다.

 이에 놀란 청국은 土門江을 넘어 개간하는 조선인은 이미 중국민이라 하고 앞으로는 사사로 월경하여 개간하지 않도록 조선국왕에게 알렸다. 그러나 당시 조선정부는 그 지방의 지리에 어두웠을 뿐만 아니라 청국의 위엄에 눌려 청국이 말하는 대로 일단 유민소환에 동의했다. 따라서 청국이 유민을 귀환시키려 했으나 유민의 수가 너무 많아 이를 도저히 실행할 수 없었다. 뿐만 아니라 조선조정은 온성, 종성, 회령, 무산 등지의 변경주민들이 청국이 두만강을 土門江으로 오인하고 두만강을 국경으로 생각하는 것이 아닌가 하여 기록 및 口碑에 전해진 백두산정계비를 탐험하고 지세를 조사하다가 종성부사 李正來에게 청국 주장의 부당성을 호소하고 敦化縣으로 하여금 정당한 경계를 정하도록 조회할 것을 원했다. 이것이 그후 28년간에 걸쳐 분규를 극한 간도문제의 발단이며, 우리가 조·청국경은 두만강이 아니라 정계비에 명기되고 있는 土門江이라는 것을 주장한 효시이다. 이러한 과정을 거쳐 양국에서 위원을 파견하여 감계(堪界)할 것이라는 의견의 일치를 보아 1885년의 이른바 〈乙酉堪界談判〉을 시작하게 되었다.

이로써 조·청 양국 감계위원의 제1차 감계담판은 1885년 乙酉年 11월 6일 회령부에서 개시되었다. 청국은 圖們江(豆滿江)이 조·청 양국의 국경이라는 것을 전제하고 다만 원류지방의 많은 지류 중 어느 것을 본류로 정해야 할 것인가를 결정하면 충분하다고 하여 정계비를 무시하려 했고, 조선위원은 정계비를 근거로 하여 土門江에 의해 감계하려고 했다. 그리고 현장 답사방법에서도 청국은 두만강하류에서 따라 올라가면서 원류를 확인하자고 한 반면 조선 측은 우선 정계비를 본 후 원류를 찾을 것을 주장하였다. 즉〈先査碑〉냐〈先査江〉이냐로 다투다가 두만강 상류의 西頭水·紅丹水·紅土水의 합류지점에서 어느 것이 본류인지 알 수 없으므로 결국 조·청혼성 3대로 나누어 조사키로 결정하고 각각이 작성한 초고지도를 가지고 12월 3일 정본 작성에 착수하여 1886년 1월 1일 지도 정본이 작성되었다.

이 지도를 작성해 놓고도 양국 감계사들간에 논쟁이 벌어졌는데 중국은 土門과 圖們을 같다고 하며 이를 豆滿江이라고 하였다. 그러나 조선측은 〈東爲土門〉이란 문자는 圖們과 豆滿은 중국음으로 동일할 뿐 土門과는 다르다고 하였다. 이러한 의견차이와 청국의 소극적인 태도로 인하여 결정을 회피하고 1886년 1월 3일 각각 본지로 돌아갔다. 5월 21일 청국은 다시 조선에게 圖們江界를 확실히 지점하기 위한 위원을 파견하도록 통첩했다. 이에 따라 조선은 전 위원인 李重夏를 다시 파견하여 1887년 丁亥年 4월 29일 회령에서 양국 대표가 회동했다. 여기서도 청국은 圖

們江(豆灣江)을 경계로 할 것을 주장하였으나 조선은 이를 거부하였다. 따라서 양국은 다시 강의 원류지방을 조사하기로 하였는데, 청국은 西豆水를 조사할 것을 주장하고 반면 조선은 정계비에 가장 가까운 紅土水에 유도하려고 하여 결국 절충안으로 중간의 紅丹水를 먼저 조사하기로 하였다. 조사를 끝내고 조선 측이 圖們江만 지정하면 되는 것이므로 西豆水 답사를 거부하게 되어 이번 담판도 어떠한 해결을 못하고 각자 본 근무지로 돌아갔다.

1887년 丁亥堪界 담판은 조선위원 李重夏가 크게 양보했음에도 불구하고 어떠한 해결을 봄이 없이 끝났지만 만약 청국위원이 李堪界使가 고집하던 紅土水로써 정계하는 데 동의했더라면 벌써 그때에 간도는 청국에 양도되었겠지만 그들이 石乙水로써 정계할 것을 고집했던 관계로 간도문제는 사실상 아직도 한·중간의 현안으로 남았다.

그런데 일본은 1905년 한국의 외교권을 박탈한 후 1906년 2월 한국에 통감부를 설치했다. 그러므로 한국정부는 통감 伊藤博文에게 공문으로 間島在駐韓民의 보호를 의뢰하는 형식을 취했고, 伊藤은 간도에 보호관을 파견키로 했다. 1907년 8월 23일 간도 統監府 파출소장 齊藤季次郞(육군중좌)이 龍井村에 파출소를 설치하고 한국민의 생명 재산과 복리증진을 위해 그 직책을 다할 것이라는 취지를 고시했다. 파출소의 행동요령을 보면 다음과 같다.

(1) 간도는 한국영토이다.
(2) 한국인은 청국의 재판에 복종할 것이 아니다.
(3) 청국관헌이 징수하는 일체의 조세는 파출소가 이를 승인하지 않는다.
(4) 청국관헌이 발포하는 일체의 법령은 역시 파출소가 승인하는 바이다.
(5) 청국관헌이 명한 都鄕約, 鄕約 등에 대해서는 일반 한국인과 동일 취급을 한다는 등 5개조를 정했다.

이와 같이 간도에 齊藤 중좌를 비롯한 일본군인이 한국민 보호를 이유로 파견되자 8월 27일 청국정부는 간도는 延吉廳에 속하는 청국 국경 내에 있으므로 일본 파견대를 빨리 철수하라고 요구하였다. 이에 대해 일본은 1872년(康熙 51년) 청·한 양국 경계사정위원 입회하에 백두산 분수령상에 건립한 정계비에 명기된 土門江부터 이남 두만강에 이르는 사이의 지역은 한국인이 주장하는 간도로 그것은 한·청 어느 나라의 영토에 속할지는 아직 미해결상태에 있다. 그리고 거주 한국민들이 보호를 간절히 요청해 齊藤중좌를 파견한 것이라고 주장하였다.

일본이 이렇게 나오자 9월 17일 청국은 지금 한국 사정이 안정되었으므로 청·한 경계를 입회측정하여 사단을 피하고자 하니 일본정부도 위원을 임명하여 참여할 것을 제의하였다. 이러한 청국의 제의는 간도 소속문제에 의심이 있다고 인정한 것이 아니라 간도는 청국 영토로 하고 다만 두만강 상부의 경계를 측정하고자 한데 지나지 않았다.

원래 간도문제는 한·청 양국간의 현안이었으나 일본이 한국의 외교권을 박탈한 후로는 일·청간의 현안으로 미해결상태에 있었다. 1905년 만주에 관한 일·청 北京조약은 당시 일본이 종전 직후 서둘러 성립시킨 관계로 〈滿洲 5안건〉이라는 교섭안건이 다시 생기게 되었다. 만주5안건은 다음과 같다.

(1) 法庫門철도문제
(2) 大石橋지선문제
(3) 京奉철도연장문제
(4) 撫順燃臺炭抗문제
(5) 安奉철도개축문제 등이다.

그러므로 만주현안과 간도문제에 관한 청·일교섭은 1908년 12월 38일부터 개시되었다. 이에 따라 일본이 간도를 청국에 양보함으로써 1909년 9월 4일 양 전권간에 滿洲5개조간에 관한 협약과 간도에 관한 협약이 조인되었다.

간도에 관한 협약의 주요내용은 다음과 같다.

(1) 청·일 양국은 圖們江(豆滿江)을 한·청 양국의 국경으로 하고 강의 원류 지방에 있어서는 정계비를 기점으로 하여 石乙水로써 양국의 경계를 할 것을 설명한다.
(2) 청국은 종래대로 圖們江北의 개간지에서 한국민의 거주를 승인한다. 그 지역의 경계는 별도로써 이를 표시한다.
(3) 본 조약은 조인 후 즉시 효력을 발생할 것이고 통감부 파출소와 문무각원은 될 수록 속히 철수를 개시하여 2개월로써 완료할 것. 일본정부는 2개월 이내에 龍井村, 局子街, 頭道溝, 百草溝 등에 영사관을 설치할 것 등이다.

이 협약에서 일본은 한·청국경을 두만강·石乙水로 할 것에 동의함으로써 간도에 대한 청국의 영토권을 승인하고 또한 간도 거주 한국민에 대한 청국의 재판권을 승인하는 대신에 吉長철도를 연장하여 회령에 연결하는 것을 청국이 승인했다. 이로써 오랫동안의 한·청간의 현안이던 두만강 이북 土門江 이남의 간도소속문제는 일단락을 짓게 되었으나 이 단락은 일본이 滿洲 5개건을 그들의 약속대로 해결하기 위한 대가로서 부당하게 간도를 청국에 양도한 것이 사실이었던 만큼 〈간도귀속〉이란 우리의 종래 주장에는 추호도 변함이 없을 뿐 아니라 한일국교정상화조약의 효력 발생에 따른 한일간에 체결되었던 구 조약이 일괄 무효가 된 현재 우리의 간도귀속 주장과 염원에는 어떠한 변함도 있을 수 없다.

4. 한일병합[24]

한국정부를 강압하여 보호조약을 체결하고 한국의 외교권을 탈취한 일본정부는 서울의 일본공사관을 철폐하고 통감부를 신설하여 통감(Resident-General)에 伊藤博文을 임명했다. 한편 보호조약의 체결로 한국 외무기구인 '외부'는 폐지되고 의정부에 외사국을 두어 외국에 관한 교섭

---

[24] 『日本外交文書』, 第38卷 第1冊, pp.600~611 참조.

통상사무의 각종 조약서 및 공문서 등을 보존하는 사무를 보게 하였다. 이에 따라 주한 각국 공사관은 전후하여 철수하게 되고 이 사이 재외 한국공사들도 각각 그 사무를 현지주재 일본공사에게 인계했다.

이와 같이 보호권을 확립한 일본은 보호통치의 조직기구를 갖추어 통감정치를 실시하게 되었으나 이른바 乙巳5賊으로 된 정부 대신을 제외한 한국 관민은 일본의 보호국으로 된 것을 분개하여 조약 반대와 乙巳5賊을 참죄할 것을 상소하고 국가존망을 개탄하여 趙秉世, 閔泳煥, 洪萬植, 宋秉濬, 李相哲, 金奉學 등은 자결순국했다. 이외에 지방에서도 조약 반대와 배일 소란이 확대되었을 뿐만 아니라 光武帝를 비롯한 우국신하들은 보호조약체결은 일본의 강압에 의한 것임을 세계에 성명함으로써 열국의 동정을 얻어 조약을 파기코자 했다. 그러나 이러한 상황들은 별 성과를 거둘 수가 없었다. 국내의 배일운동은 일본의 군과 경찰에 의해 여지없이 제압되었고, 국외적인 활동도 적극적인 지지를 받지 못하였다. 특히 1907년 7월 5일 고종황제의 밀사 李儁, 李相卨, 李瑋鍾 등이 2회 헤이그(Hague) 만국평화회의에 참가할 것을 영·미·불 등에 간청하였으나 영국의 주장에 따라 참가가 거부되자 李儁은 분사하고 李相卨은 러시아로, 李瑋鍾은 베를린으로 갔다.

한편 헤이그 밀사사건을 伊藤 통감은 일본에 대한 선전포고라고 위협했다. 이와 같은 일본의 태도에 대해 수상 이완용과 농상공부대신 宋秉畯은 1907년 7월 16일의 각의를 열어 황제의 양위를 결정하였고, 7월 19일 황태자 李拓에게 양위를 하였다.

7월 24일 伊藤은 드디어 통감의 감독권을 확장하는 신조약을 한국정부에 제출하여 한일협약(제3차)이 조인되었다. 이 협약에 의해 한국정부는 시정개정에 관해 전적으로 통감의 지도를 받아야 하고(제1조), 입법 및 중요한 행정상의 처분은 미리 통감의 승인을 거쳐야 하며(제2조), 또 통감이 추천하는 일본인을 한국 관리에 임용(제5조)하기로 했으므로 한국의 정치는 명실공히 통감의 수중에 들어가게 되었다. 이 조약 조인과 동시에 황궁경비를 위한 육군 1개 대대를 유지하고 그 외의 군대는 전원 해산케 했다. 이에 의해 한국정부는 8월 1일 궁중경비에 필요한 근위병 640명을 유지시킨 외에 각대 및 지방진위대를 폐지하게 되어 侍衛대대장 朴星煥은 분개하여 자살하였다. 그리고 장병들도 격분하여 소요를 일으키고 타부대에 가 이에 합세했으나 일본군의 탄압으로 진압되었다. 한국정부는 1907년 8월 2일 光武년호를 〈隆熙〉로 개원했고, 8월 8일에는 황제가 英親王 垠을 왕세자에 책립했다.

 1908년 6월 14일 伊藤이 추밀원의장으로 전임되고 曾欄荒助가 통감으로 임명되었으며, 桂 수상은 한국합병 실행계획을 가속화하였던 것이다. 한편 伊藤은 추밀원의장으로서 내한하여 曾欄 통감과 더불어 7월 12일 한국의 사법 및 감옥사무를 일본정부에 위임케 하는 각서를 한국정부와 조인했다. 이로써 한국 법부는 폐지되고 사법권은 완전히 일인 관리하에 들어갔다. 그리고 伊藤은 이완용 등과 협의하여 한국 군부를 폐지하고 존치시켰던 侍衛隊마저 일본군사령관의 통제하에 들어가게 했다.25) 伊藤은 한일병합방침이 확정되자 한국과 국경을 접하고 있는 러・청 양국의 완전한 양해를 얻어 분쟁을 없앨 목적으로 러시아 재무상 코코프초프(Vladimir N. Kokovtsov)와 하르빈에서 회견을 갖기로 했다. 그러나 1909년 10월 26일 하르빈역에 도착하여 코코프초프와 열차 내에서 인사를 교환한 후 하차하여 러시아 수비대를 열병하고 각국 영사단과의 인사 교환을 끝내는 伊藤을 安重根義士가 射殺하였다.

 이와 같은 정세하에 일본정부는 1910년 5월 30일 曾欄통감을 경질하고 육상 寺內正毅를 통감으로 겸임시키고 7월 8일 일본 각의는 한일병합 안, 소칙 안, 선언 안 등을 결정했다. 그리고 6월 24일 통감부와 한국정부의 사이에 경찰사무 위탁에 관한 각서를 교환함으로써 한국경찰관제는 폐지

---

25) 『日本外交文書』, 第42卷 第1冊, p.179., p.182., 朴殷植, 『韓國通史』, pp.274~275.

되었다. 일본 헌병대사령관 明石元二이 통감부 경무총장을 겸하게 됨으로써 전 한국의 경찰사무까지 일본 헌병의 수중에 들어가게 되었다. 寺內는 7월 23일 통감으로 부임하여 한국의 병탄에 박차를 가하였다. 그는 총리 이완용에게 합병조약체결을 강요하여 1910년 8월 22일 이완용은 寺內와 조약서를 조인했는데 이것이 한일합방조약(庚戌條約)이며 이는 비밀에 붙였다가 8월 29일에 공표 되었다. 그 내용은 전문과 8개조로 되어 있으며, 이를 요약하면 아래와 같다.

제1조 한국 황제는 한국정부에 관한 일체의 통치권을 완전·영구히 일본황제에게 양여 한다.
제2조 일황은 전조에 언급한 양여를 수락하고 한국을 일본국에 병합할 것을 승낙한다.
제3조 일황은 한국 황제, 황태자 및 후비와 후예를 각기의 지위에 따라 상당한 존칭위엄 및 명예를 향유시키고 또 이를 보지하는데 충분한 세비를 공급할 것을 약속한다.
제4조 일황은 전조이외의 한국황족 및 그 후예에 대하여 각각 상당의 명예와 대우를 향유시키고 또 이를 유지하는데 필요한 자금을 공급할 것을 약속한다.
제5조 일황은 훈공있는 한인에 대하여 특히 표창하는 것을 적당하다고 인정한 자에 대하여 영작을 주고 또 은급을 줄 것.
제6조 일본정부는 앞에 언급한 합병의 결과로서 전적으로 한국의 시설을 담당하고 여기에 시행하는 법규를 준수하는 한인의 신체 및 재산에 대하여 충분한 보호를 하고 또 그 복리의 증진을 도모할 것.
제7조 일본정부는 성의로써 충실하게 신제도를 존중하는 한인으로서 상당한 자격을 가진 자를 사정이 허락하는 한도에서 한국에 있어서의 일본관리로 등용할 것.
제8조 본 조약은 일황과 한국황제의 재가를 거친 것이며 공포일로부터 이를 시행한다.

이로써 조선왕조는 517년만에 나라를 잃게 되고 한민족은 나라 없는 민족이 되었다. 한편 일본정부는 병합조약을 조인하고 공포에 앞서 한국과 조약관계에 있거나 또한 최혜국대우를 받게 되어있는 각국 정부에 합병조약을 통고하고 동시에 이에 관한 선언을 하여 공포일까지 비밀로 해 줄 것을 희망했다.26) 이 선언을 받은 관계열국은 한국합병에 대해서는 별로 이의를 제기하지 않았으나 병합 후 한국에 있어서의 법률적 관계, 즉 열국이 다년간 한국에서 향유해온 치외법권의 철폐에 따른 모든 문제를 영·독·미·불·이 등이 일본정부에 질문했으나 小村 외상의 회답으로 결국 납득하게 되었다.

---

26) 『舊韓末條約彙纂』, 上卷, pp.104~109.

제3편

제1·2차 세계대전

1914 베르사이유회의

제1장 제1차 세계대전
　제1절 대전발발의 배경과 원인
　제2절 각국의 참전외교
　제3절 평화외교와 베르사이유체제외교
　제4절 유럽체제의 붕괴

제2장 제2차 세계대전
　제1절 유럽전쟁의 전개외교
　제2절 태평양전쟁

제3장 전쟁의 종결외교
　제1절 전시외교
　제2절 대전 종식외교

제1장 제1차 세계대전

제1절 대전발발의 배경과 원인

1. 대전발발의 배경

제1차 세계대전 직전 유럽국가체제는 몇몇 강대국에 의하여 지배되었다. 그들은 자신들을 주요 국제문제에 대하여 이미 정해진 중재자들로서 간주하였다. 3국협상과 3국동맹간의 경쟁관계에도 불구하고 제1차 발칸전쟁을 해결하기 위하여 양측의 화합은 가능한 상황이었다. 영국, 프랑스, 러시아, 독일, 오스트리아-헝가리, 이태리 등 6개국은 당시 강대국으로서 일반적으로 용인된 국가들이었다. 이러한 강대국관계에서 전쟁의 배경을 찾아보면 아래와 같다.[1]

(1) 영국과 독일 사이의 세계패권을 둘러싼 쟁탈전을 들 수 있다. 뒤늦게 식민지확보에 뛰어든 독일은 기존세력인 영국에 도전하였고, 이는 세계적인 규모의 경제전 그리고 식민지 쟁탈전에서 두드러지게 되었다. 이는 구체적으로 영국의 '3C책과' 독일의 '3B정책'간의 갈등이 점차적으로 양국간의 격심한 건함경쟁으로 발전하게 되었고, 이는 영국으로 하여금 지금까지의 '영광된 고립'으로부터 탈피하여 유럽대륙의 세력정치에서의 중립정책이나 균형자적인 역할을 포기하게끔 강요하는 결과를 낳았다.

---

[1] 吳淇坪, 앞의 책, pp.300~301 참조.

(2) 범게르만주의와 범슬라브주의의 대립이라고 할 수 있다. 독일과 오스트리아의 팽창주의정책은 발칸을 둘러싸고 러시아의 정책과 정면으로 대치하게끔 되었다. 독일과 오스트리아가 내세운 범게르만민족주의는 러시아의 범슬라브민족주의와의 갈등을 빚었고, 독일-오스트리아의 동진정책은 러시아의 전통적인 남하정책과 맞부딪치게 되었다. 이는 자연히 민족적·사상적인 대립을 구성함으로써 전쟁으로 갈 수밖에 없었다.

(3) 독일과 프랑스간의 역사적인 대립관계를 들 수 있다. 독일 통일을 위한 마지막 전쟁인 1871년의 프랑스와의 전쟁 결과로 프랑스는 알사스·로렝지방을 빼앗기는 굴욕을 초래했고, 양국간은 계속적으로 프랑스의 복수전과 독일의 예방전쟁의 위협을 되풀이 경험하였다. 독일은 계속해서 벨기에와 북프랑스의 공업지대를 병합하기를 원했으며 프랑스는 자아르 탄전지대와 라인란트에 대한 지배권을 갈구하고 있었다. 한편 유럽대륙 밖에서는 영토를 둘러싼 모로코에서 1905년~1906년 및 1911년 7~8월의 제1차 및 제2차 모로코사건은 민족감정의 대립으로 발전하였다.

(4) 1909년에 오스트리아가 보스니아와 헤르체고비나를 병합한 이후 세르비아와 오스트리아간의 민족적 감정은 최악의 상태에 들어가 있었다. 또한 오스트리아의 영향권 아래 있던 슬라브족과 세르비아가 야합함으로써 대세르비아국을 건설하려는 움직임에 대해 오스트리아의 탄압은 계속되었고, 이에 대해 세르비아 측은 계속 오스트리아에 대한 복수전의 기회를 노리고 있었다. 여기에 사라예보(Sarajevo)사건이 제1차 세계대전의 직접적인 도화선으로 작용하게 되었다.

2. 직접적인 원인

제1차 세계대전의 도화선은 사라예보(Sarajevo)사건이다. 1914년 6월 28일 오스트리아-헝가리의 황태자 프란츠 페르디난트(Franz Ferdinand)가 보스니아의 수도 사라예보에서 암살되었다. 유고슬라비아의 민족통합운동과 발칸의 민족분쟁에서 비롯한 이 사건은 바로 제1차 세계대전의 직접적인 도화선이 되었다. 1914년 6월 28일 사라예보에서 오스트리아-헝가리의 노황제 프란츠 요제프 1세(Franz Joseph I: 84세)가 황태자 페르디난트부처와 함께 군사대연습을 참관하고 시청환영회에 가던 중 세르비아의 청년인 프린찌프(Gavrilo Princip)에게 저격을 당하여 사망함으로써 이른바 사라예보사건이 발생한 것이다.

당시 반 오스트리아운동 또는 대 세르비아주의의 비밀결사들은 〈통일 아니면 죽음〉,〈검은 손〉 등이 있었으며, 이들은 세르비아 장교들에 의해 조종되고 있었다.

7월 1일에 오스트리아 프란쯔 요제프는 독일 빌헬름 2세에게 친서를 보내 독·오 동맹관계를 분명히 하기를 원한 데 대하여 독일황제는 동맹의무를 무조건으로 이행할 것을 확약하였다. 이 당시 독일과 오스트리아는 러시아와 세르비아간의 친분관계를 과소평가하였다. 일단 독일로부터 지원을 확약받자 오스트리아 각의는 7월 5일 적극적인 행동을 결정하고 7월 23일에 세르비아에 대한 최후통첩을 보냈다. 그런데 오스트리아에 전달된 최후통첩은 그 당시 오스트리아-헝가리 수상이었던 티사(Stephen Tisza)마저도 반대했을 정도로 가혹했던 내용이었다. 최후통첩의 내용은 다음과 같다.

(1) 세르비아 내의 반오스트리아적인 출판물을 금지한다.
(2) 반오스트리아 운동을 위한 비밀결사인 국민방위단(Narodna Obrana)을 해산시킬 것.
(3) 반오스트리아적인 교육을 금지시킬 것이며 반오스트리아적인 교육자를 제거시킬 것.
(4) 반오스트리아적인 태도를 지닌 정부관리를 파면시킬 것.
(5) 반오스트리아 운동을 금지시키는 데 대한 보장을 위하여 오스트리아가 협력을 제공할 것이고 세르비아는 이를 용인할 것.
(6) 사라예보사건의 관계자를 처벌할 것이며 그 관계자의 재판에 오스트리아 대표를 참가하게 할 것.

(7) 사라예보사건에 공모한 관리를 즉시 체포할 것.
(8) 무기와 폭발물의 국외반출을 엄격히 단속할 것.
(9) 사라예보사건 이후에 반오트리아적인 언사를 사용한 고관들의 행태에 대하여 적절한 설명을 할 것.
(10) 이상의 제반조치 내용에 대한 회신을 늦어도 7월 25일, 토요일 저녁 6시까지 회답하기를 기대한다.

이러한 최후통첩에 대하여 세르비아는 온건하고 외교적인 회답을 하였다. 그러나 세르비아는 사라예보사건 관계자의 재판에 대한 오스트리아 대표의 참가요구는 세르비아의 헌법과 형사소송법에 의하면 사법권의 침해란 이유로 수락할 수 없으나 다만 개개인의 경우에 관하여는 심리결과를 오스트리아에 통보하겠다고 하였다. 그러나 세르비아의 회답에 대해서 오스트리아는 전 항목을 무조건 수락할 것을 요청하며 주베오그라드 오스트리아공사 기이슬을 본국으로 퇴거하게 함으로서 외교관계는 단절되었다. 따라서 1914년 7월 28일 오스트리아는 세르비아에 선전포고를 하여 제1차 세계대전은 시작되었다.

제2절 각국의 참전외교

1. 독·러·불의 참전

1914년 7월 28일 오스트리아가 세르비아에 선전포고를 하였는데 이는 독일과 오스트리아가 세르비아와 오스트리아의 문제를 국지화시킬 수 있으리라고 낙관한 데서 나온 것이었다. 오스트리아는 베오그라드(Belgrade)와 기타 지역을 점령한 이후에는 정전할 것과 이는 러·영에 의한 조정노력이 있는 한 계속되어야 한다는 것이었다.

1914년 7월 29일 러시아가 총동원령을 내렸는데 이는 오스트리아를 대상으로 한 부분동원이었으나 7월 31일 다시 전면적 동원령을 내렸다. 이에 대하여 독일은 주독 영국대사인 고센(Gossen)을 통하여 3국동맹조약에 따라 러시아가 오스트리아를 공격할 때에는 응원의무사유 발생에 의하여 독일은 오스트리아를 지원해야 될 의무가 발생하고 그 때에 영국이 중립을 지켜줄 것을 요청하였다. 그러면서 독일은 프랑스의 영토를 합병하지 않을 것과 네덜란드의 중립 및 영토보전을 약속하였다.

이 때 이미 독일의 몰트게(Moltke)는 오스트리아의 참모총장이었던 콘라트(Conrad)에게 러시아에 대한 동원을 독촉하였고, 그리고 그는 12시간 시한부로 러시아에게 전쟁준비중지 요청을 하고 반응이 없자 8월 1일에는 대러시아 선전을 포고하였다.[2] 그리고 독일은 8월 3일에는 벨기에 침공을 단행하면서 프랑스에 대하여 선전을 포고하였다.

---

[2] "German Declaration of War on Russia, 1 August 1914." *Documents*, pp.345~346., 오기평, 앞의 책, p.305 참조.

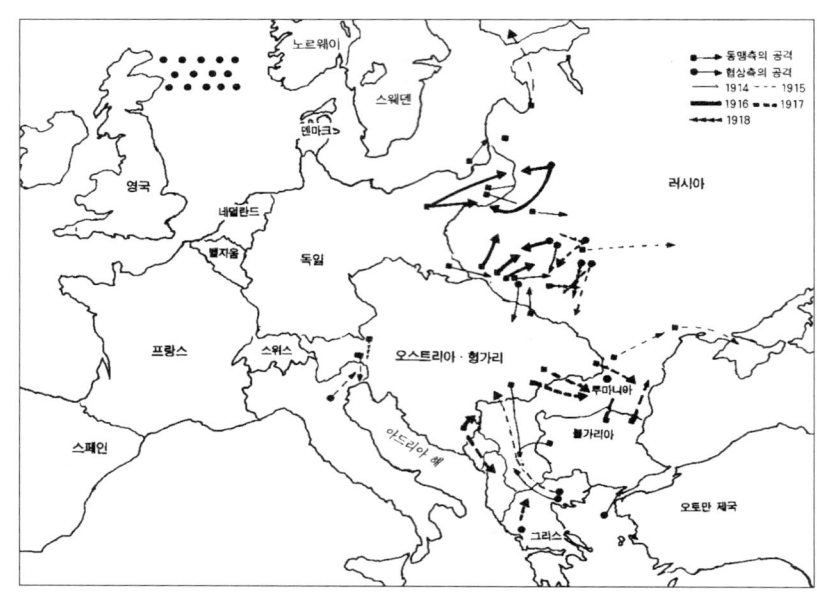

제1차 세계대전

　프랑스는 독일이 먼저 선전해 올 것을 희망하던 바이었다. 왜냐하면 그러한 상황이어야 프랑스는 영·러에게 3국 협상체제 속에서의 원조를 기대할 수 있었기 때문이었다. 그러므로 프랑스는 8월 1일 동원령을 내렸다. 독일로부터 선전포고를 받은 프랑스가 대독전쟁에 가담할 것은 당연한 것이었다.

　러시아는 7월 22일에 세르비아로부터 원조요청을 받고 나서 러시아의 외상인 사조노프(Sazonoff)는 오스트리아의 외상인 베르흐톨에게 전쟁의 위협에 대하여 경고하였다. 그리고 나서 7월 24일에 오스트리아의 최후통첩 내용을 알고 나서 러시아는 긴급각의를 소집하여 두 가지 사항을 결정하였다.

　첫째로는 오스트리아에게 최후통첩의 시한을 연장해 줄 것을 요구할 것, 둘째로는 필요할 때에는 키에프(Kiev), 오데사(Odessa), 모스크바 그리고 카잔(Kazan)에 있는 4개 군단과 발틱 및 흑해에 있는 3개 함대를 동원할 것을 결정하였다.

아울러 사조노프는 3국협상체제 국가인 영국과 프랑스에 대하여 공동행동을 종용하였고, 이는 일단 유사시에는 영·불로부터의 원조를 기대한다는 것이었다. 이러한 기대를 지닌 러시아는 매우 강경한 입장을 띠게 되었고 더욱이 발칸에서 계속적으로 독일과 오스트리아에게 당한 참패를 설욕하려는 의도는 러시아의 태도를 예상외로 강경하게 만들었다. 러시아 내의 강경파는 전쟁에 대하여 적극적이었으며 이는 외적으로는 영·불로부터의 원조를 기대하였기 때문이었고 내적으로는 러시아 국내에서의 어려움을 전쟁을 통하여 진정시키려 한 것이었다. 즉 사라예보사건이 일어나고 6일 후에 러시아에서는 전국적인 파업이 일어났고 이로 인한 혁명 기운을 억제하기 위해서는 오직 전쟁에서 그 돌파구를 찾자는 것이었다. 그에 비해 온건파는 국제회의를 소집하여 협상을 통한 해결책을 모색하자고 주장하였으나, 그 노력은 무위로 끝나고, 7월 25일에는 전쟁준비기간을 선포하고 7월 30일에는 동원령을 발함으로써 8월 1일 독일의 대러 선전포고를 유발하는 데 성공하였다.

2. 영국의 참전

영국은 독일이 중립국 벨기에를 침입하자 러시아 및 프랑스와 더불어 벨기에 방위의 의지를 표명하고 8월 4일 이를 벨기에정부에 통고하였다. 뿐만 아니라 영국은 같은 날 독일에 대하여 벨기에의 중립을 존중할 것을 요구하는 최후통첩을 발표하였고, 독일의 회답이 없는 상태에서 독일과의 전쟁상태에 돌입했다는 요지의 통첩을 수교하였다. 그러나 실질상의 선전포고는 8월 6일 하였다. 따라서 오스트리아도 같은 날인 8월 6일 러시아에 대하여 선전포고하였다.

영국이 독일에 선전을 통보하는 과정을 보면 다음과 같다. 7월 26일에 오스트리아가 세르비아에 대한 외교관계를 단절하자 영국은 양국간에 일어날지도 모르는 전쟁에의 참전의무가 없는 것으로 보았다. 그러나 영국은 러·불로부터 전쟁이 개시되면 3국협상체제에 적극적으로 가담하여 줄 것을 요청받기에 이르렀다. 이에 영국은 중립보다는 간섭으로 그 정책을 선회시켰고 전영국함대에 대하여 임전태세를 명하였다. 한편 프랑스로부터 원조요청을 받은 영국은 독일의 도전과 영국의회가 승인한다는 조건하에 원조를 약속하였다. 따라서 8월 3일에 독일이 벨기에에 대한 침공을 시작하자 주독 영국대사 고센에게 퇴거할 것을 명령하고 영국은 독일의 벨기에의 중립침해를 이유로 8월 4일에 대독선전을 포고하고 전쟁에 돌입하였다.

3. 이태리의 참전

이태리는 3국동맹의 일원이었으나 프랑스의 외교솜씨가 성공하여 3국동맹을 약화시켰다. 이태리는 독일과 오스트리아와 형식상의 유대를 지니고는 있었으나 실질적으로는 영국의 강력한 영향력 아래 놓여있었다. 또한 1902년에는 프랑스와의 중립을 약속한 바 있어서 당시 이태리의 입장으로서는 영국과 프랑스가 독·오와의 전쟁상태에 들어갈 경우에도 3국동맹에 가담할 수 없는 상황에 있었다. 더구나 제3차 3국동맹의 갱신시에 이태리는 오스트리아 영토 내의 트렌티노(Trentino)를 요구하였다. 그러므로 오스트리아는 자연히 이태리와 소원해졌다.

그러므로 7월 28일에 오스트리아가 세르비아에 선전하자 이태리는 3국동맹의 원조의무발생사유는 발생하지 않는다고 선언하였다. 그리고 이태리는 8월 3일에 중립을 선언함으로써 일단 전쟁에 참가하지 않았다. 그러나 이태리가 1915년 5월 23일에 오스트리아에 대하여 선전을 함으로써 대전에 참전하게 되었다.

　이렇게 이태리가 늦게 참전하게 된 것은 해양국인 이태리가 영국과 프랑스의 해군력에 의한 압력하에 놓여 있던 상황 속에서 오스트리아와의 영토분쟁을 겪게 되자 실질적으로 3국동맹과 유리된 상태에서 영·불 등 연합국들의 참전권유에 더하여 연합국 측으로부터 아시아, 터키, 그리고 아프리카에서의 식민지 획득에 있어서 원조를 약속 받았으므로 참전하게 되었다.

4. 기타국가의 참전

(1) 터키의 참전

　전쟁이 장기전으로 접어들자 교전국들은 중립국을 자기편으로 참전케 하기 위하여 치열한 외교전을 벌였다. 전쟁이 발발하자 1914년 8월 2일 터키는 독일과 동맹조약을 맺고 엄정중립을 약속했다. 그러나 만일에 독일이 오스트리아에 응원의무사유가 발생할 때는 터키에도 이 의무가 생기며 또한 터키가 위협을 받을 때는 독일은 터키를 방위한다는 조약을 맺음으로써 독일편에 서게된 것이다.

　8월 10일 독일군함 2척이 다다넬스해협으로 진입함에 따라 프랑스는 터키에 대하여 외교관계를 단절하였다. 10월 29일에 터키함대는 독일함대와 합류하여 러시아의 항구인 오데사(Odessa)와 세바스토폴리(Sevastopoli)를 포격하는 데 가담하였고 러시아는 이에 대응하여 다다넬스 해협을 점령하였다. 10월 31일에 러시아는 터키에 선전하였고 영국과 프랑스도 이에 동조하여 터키에 선전하였다.

(2) 일본의 참전

일본은 영국과 동맹관계에 있을 뿐만 아니라 일·불, 일·러 및 영·러의 3국협상을 통하여 협상진영에 속하고 있었다. 그러나 전쟁이 발발하자 영·일 동맹은 일본을 대상으로 한 조약이 되었다. 영국의 대독개전과 때를 같이하여 일본은 영국과의 동맹조약에 의거 행동할 것을 선언하였다.

1914년 8월 3일 일본은 최초로 "독일의 함대가 홍콩을 공격한다면 일본은 영·일 동맹조약에 따른 책무를 다한다"고 하였다.3) 이에 대하여 영국은 8월 4일 홍콩이나 威海衛가 독일로부터 공격을 받으면 일본에 의존하지만 일부러 일본을 전쟁에 개입시키고 싶지 않다고 하였으나, 8월 7일에는 일본에게 중국근해에 있어 독일의 무장선을 공격해 달라고 하였다. 이에 대하여 일본은 8월 9일에 영국에 회답을 다음과 같은 내용으로 보냈다.4)

(1) 독일의 순양함의 수색과 격파를 위해서는 개전선언을 할 필요가 있다.
(2) 일단 교전국이 되면 일본의 행동은 적국의 순양함 격파에 국한하지 않고 동아에 있어 독일의 세력을 구축한다.
(3) 일본의 참전선언문 중에 동아에 있어 평화가 위협받거나 특수이익이 위협받을 때 일본은 영국에게 원조하고 응한다.

그러나 영국은 일본의 이러한 회답은 영국의 요청범위를 훨씬 넘어서는 것으로서 일본의 참전에 소극적이었다. 영국은 영·일 동맹에 기초한 일본의 행동을 단념하고 간접적으로 참전의뢰를 철회하도록 하였다. 이러한 영국의 태도에 대하여 일본은 거듭 그들의 주장을 굽히지 않아 영국은 일본의 입장에 동의하였고, 이에 따라 일본은 8월 15일 독일에게 최후통첩을 발하고 8월 23일에 대독선전을 하여 전쟁에 개입하였다.

---

3) 入江啓四郞, 앞의 책, p.221.
4) 위의 책, p.221 참조.

(3) 중국의 참전

중국은 전쟁이 발발하자 1914년 8월 6일 국외중립을 선언하고 국외중립조규를 공포하였다. 그러나 중립국영역은 경우에 따라 제한적 범위로 교전국의 전장이나 작전지대로 화하였다. 중국의 원세개(袁世凱)는 8월 6일에 중립규칙 24개조를 발포하면서 중립사무소를 天津, 上海, 南京, 黑龍江에 설치하였다. 그러나 명목상의 중립정책을 표방하고 있던 당시 중국의 상황은 밖으로는 일본까지도 참전한 유럽전쟁이 진행되고 있었다.

특히 일본이 1914년 8월 23일에 대독선전을 포고한 것은 膠州灣의 독일조차지를 중국에 환부하는 것을 전제로 하여, 이것을 다시 일본에 인도하는 것으로 하였다. 그러나 이것이 용인되지 않았으므로 일본이 그 방면으로 군사행동을 취하였다. 일본은 참전한 이후 1915년 1월 18일에 원세개정부에 대하여 독일이 중국에서 지니고 있던 山東省에 관한 이익의 처분을 중심내용으로 한 21개조에 달하는 요구조건을 제시하였다. 이는 중국의 참전 자체를 억제시키고 있던 일본이 중국에서 독일이 지니고 있던 특수이익을 넘겨받기 위한 것들이었다.

1915년 5월 25일에 조인된 21개조에 의해 일본은 중국 전토에 걸쳐 산업적·재정적 특권을 지니게 되었으며 山東省, 남만주 및 몽고에 있어서는 정치적·경제적인 이익을 얻을 수 있게 되었다. 한편 영국은 1916년 10월 10일 중국의 참전을 권유하였다. 그러나 이 시점에서 21개조 요구에 의해서 중국에서 특수권익을 지니고 있는 일본이 중국의 참전을 반대하였다.

그러나 미국은 1917년 2월 3일 독일의 무차별 잠수함공격으로 독일과 단교하고 2월 4일에 중국의 참전을 권유하였다. 전쟁중인 과정에서 연합국측은 중국과 참전조건의 구체적인 협상보다는 우선 중국이 독일 및 오스트리아와 국교를 단절한다는 조건하에 중국의 조건을 수락하였다. 3월 14일에 드디어 중국은 독·오와의 국교단절과 동시에 참전할 것을 결정하였으며 보다 구체적으로 독·오에 대한 의화단의 배상금은 영구히 폐지하되 연합국에 대해서는 10년간 무이자로 이의 지불을 연기하기로 하였다. 8월 14일 오전 10시 중국은 정식으로 독일에 선전하고 연합국 측에 참여하였다.

5. 미국의 참전외교

미국은 대전이 발발하자 초기에는 중립을 취했다. 1914년 8월 4일에 윌슨(Woodrow Wilson) 대통령은 중립을 선포했는데 이는 (1) 1909년 3월 4일의 합중국 형법에 기초하여 미국 영역 및 관할권 내에 있어 비중립적 행위를 금지하고, (2) 미국 영수 내에서 교전국 군함의 행동을 규제하는 데 있다고 하였다.[5] 미국은 이후에도 8월 5일의 대통령령, 8월 14일에 국무성 회람 및 8월 17일의 훈령 등을 비롯하여 수 차례에 걸쳐 중립을 효율적으로 확립하는 데 힘썼다.

그러나 30개월 후 미국은 윌슨정부나 국민 모두가 지지하였던 중립정책을 폐기했으며, 1917년 2월 초에는 독일과 외교단절을 진행시켰고, 이어서 4월 초 윌슨은 미국의회에서 상하양원의 절대적인 지지를 받으면서 대독 선전포고를 가결시켰다. 또한 대독 선전포고는 미국국민의 열렬한 환영을 받았다. 이렇게 미국의 참전 결정에 직접적인 영향을 준 것은 독일의 무제한 잠수함 작전이었으며, 이 무제한 잠수함 작전은 미국의 인명과 교역에 치명적인 타격을 가했기 때문이다.

미국의 본격적인 참전은 지상군을 유럽전선에 파견하면서부터이며 이는 전황에 결정적인 영향을 주었다. 우선 즉각적인 영향은 독일의 잠수함 작전의 봉쇄였다. 독일의 잠수함은 1917년 4월 중립국 함정을 포함하여 8

---

5) 앞의 책, p.223 참조.

만 톤의 상선을 격침시켜, 이 같은 속도로 나간다면 영국은 6개월 내에 완전히 항복해야만 하게 되었다. 그러나 미국의 참전은 독일의 전쟁계획과 계산에 차질을 가져오게 하였다. 다음은 연합국들에 대한 경제적이며 재정적인 지원이었다. 마지막으로는 군사적인 면에서 결정적인 영향을 주게 되었다. 미국의 병력은 1918년 봄부터 전선에 투입되었으나 1918년 100만, 1919년 200만의 병력을 동원하게 되었다.

제3절 평화외교와 베르사이유체제외교

1. 러시아의 혁명과 전쟁이탈

(1) 러시아혁명

제정러시아는 제1차 세계대전으로 안팎의 난국에 직면하게 되었고, 결국 와해의 길을 걸었다. 러시아의 쇠퇴조짐은 이미 1905년 일본과의 전쟁에서 일기 시작하였다. 그럼에도 불구하고 제1차 세계대전이라는 장기적인 소모전에 개입하게 되었고, 이러한 상황 속에서 전쟁물자나 생필품의 부족 등으로 사회불안 속에서 혁명기운은 태동하였다.

1917년 2월혁명의 발발로 3월 15일에 니콜라이 2세가 퇴위함으로써 로마노프왕조는 종막을 고하고 임시정부가 제정러시아정부를 계승하였다. 3월 22일 미국을 비롯하여 프랑스, 영국, 이태리 등은 이 임시정부를 승인

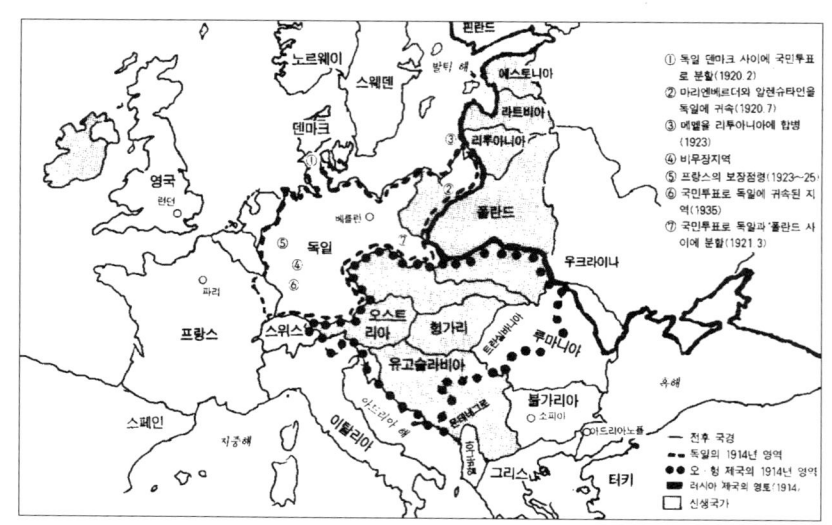

제1차 세계대전 후의 유럽

하였다. 연합군이 임시정부를 승인한 것은 대독 항전체제를 유지할 것을 기대하였기 때문이다. 그러나 그 해 4월에 독일의 도움을 받고 귀국한 레닌을 중심으로 한 볼세비키파가 주동이 되어 10월의 사회주의혁명에 성공하였다.

10월에 소비에트정부가 제일 먼저 착수한 것은 전쟁의 종식이었다. 1917년 11월 27일 레닌은 인민위원회의 이름으로 협상제국정부에 대해서 강화교섭을 제의하였다. 그는 소위 '평화에 관한 선언'을 발표하고 즉시휴전을 주장함으로써 동부전선에의 이탈을 위한 노력을 공식화하였다. 평화선언에서는 3개월 이상의 즉시휴전 이외에도 비밀조약의 폐기, 민족자결에 입각하여 무병합, 무배상의 원칙하에서 연합국에 교섭제의를 하였는데 이에 대하여 연합국은 응할 수 없었었다. 왜냐하면 무병합·무배상의 원칙에 동의한 미국을 제외하고는 독일에 대한 승리만을 공통된 전쟁목적으로 합의한 연합국 측은 이를 거부하였다. 그러나 독일과 오스트리아는 소련의 평화교섭제의를 수락하여 소련은 단독으로 강화를 모색하기에 이르렀다.

(2) 브레스트 – 리트프스크조약

소련과 독일과의 휴전교섭은 1917년 12월 3일 브레스트－리프보스크(Brest-Litvosk)에서 개시되어 12월 15일에 28일간의 휴전협정이 조인되었다. 그리고 이에 이어 소련과 독일은 22일부터 강화교섭을 시작하였다. 이 협상에 앞서 소련의 트로츠키(Trotsky)는 독일이 제시한 강화수락요구의 최후통첩을 거부하고 혁명전쟁을 계속하자고 하여 레닌이 주장한 즉시 강화수락안이 1918년 1월 21일 폐기되었다.[6] 그러므로 독일은 휴전기간이 끝나는 것을 계기로 하여 1918년 2월 18일에는 휴전을 폐기하고 다시 전투에 돌입하는 상태가 되었다. 그러나 독일이 일방적으로 지시한 내용대로 강화를 수락하지 않으면 안되었던 소련은 드디어 1918년 3월 3일에 독일·오스트리아가 요구하는 대로 브레스트－리트프스크조약 내용에 합의하였다.

강화조약은 전문 14개조로 되어 있으며 그 주요내용은,[7] 전쟁상태의 종결(제1조), 영토분리(제4조), 소련군의 동원해제(제5조), 우크라이나 및 에스토니아와 기타 발트지역 관계조항(제6조), 포로석방(제8조), 전비배상의 상호 포기(제9조) 등이다.

---

6) 앞의 책, p.246 참조.
7) 오기평, 앞의 책, p.341 참조.

2. 휴전과 종전외교

　독일과 소련간의 브레스트-리트프스크강화는 과도적으로는 독일이 승리자의 지위에 있었으나 전체적인 전쟁국면에 있어서는 독일에 불리하였다. 러시아와의 강화조약에 곧이어 독일의 동맹진영은 불가리아를 선두로 하여 항복하기 시작하였다.

　1918년 7월에 이르러 연합군 최고사령관인 프랑스의 포슈(Foch)장군은 미군을 포함하여 100만 이상의 대군으로 반격을 시도하여 전세를 완전히 역전시켰다. 이에 독일은 자신을 구제하기 위해 연합국에 평화를 제의하게 되고 스위스를 통하여 미국에게 강화알선을 제의하였다. 한편 독일진영에서 전쟁을 수행하던 동맹국들은 하나씩 항복하기 시작하였다.

(1) 불가리아 휴전

　우선 불가리아는 동맹국에 제시한 조건을 무조건 수락하고 1918년 9월 29일 휴전협정에 서명하였다. 협정은 적대행위의 중지, 그리스·세르비아로부터 철수, 군대의 동원해제 등이다. 이 휴전협정은 단순한 휴전이 아니라 종전을 의미하였다.

(2) 터키

　불가리아가 휴전함으로써 오스트리아의 남쪽에 연합국의 진입로가 생기게 되었다. 또한 터키가 10월 31일에 무드로스(Mudros)에서 영국과 단독으로 휴전에 합의함으로써 전열에서 이탈하였다. 그러나 이는 영국단독의 휴전이었다는 점에서 오히려 연합국간에 불화를 낳기도 하였다.

(3) 오스트리아·헝가리

　독일과의 군사동맹국으로서 전쟁에 개입한 오스트리아-헝가리는 이미 1917년 7월 이전 남슬라브족의 봉기로 내란까지 겹쳐 있었고 1918년

9월 15일에 오스트리아황제인 카알 1세는 단독으로 연합국에 평화제의를 하였으나 이때 오스트리아·헝가리는 체코슬로바키아와 일부의 유고스라비아, 헝가리로 분리되는 과정에 있었다. 따라서 휴전협정은 11월 3일 무조건항복을 조건으로 휴전에 조인하였다.

(4) 독일

독일은 러시아가 붕괴되자 1918년 10월 5일 윌슨의 14개조에 입각하여 연합국에 강화를 요구했으나 이미 시기가 지나 연합국은 독일의 조건에 전연 응할 수가 없었다. 즉 강화의 기초를 14개조로 삼는다는 데 대해서 이미 전쟁 중에 영토의 분할에 관한 비밀조약을 맺은 영·불·이로서는 쉽게 받아들일 수 없는 처지였다. 이들은 미국과의 의견의 차이에도 불구하고 10월 23일에 단독으로라도 독일과 강화를 추진하겠다는 미국의 위협 앞에서 두 개의 유보조건만을 붙인 채 강화회의 개최에 동의하게 되었다. 11월 4일에 연합국의 최고군사회의는 강화안을 승인하였고 11월 5일에 윌슨이 이를 독일에 통고할 수 있었다. 드디어 11월 8일 독일의 휴전사절단은 포슈원수로부터 휴전조건을 제시받고 프랑스의 파리 교외인 콩삐에뉴(Compiegne)에서 휴전회담이 열려 11월 11일에는 연합국 측의 포슈원수와 독일의 에르쯔베르거(Erzberer)간에 휴전에의 서명이 이루어졌다. 이 때의 조건은 독일은 전 점령지대로부터 철수할 것이며 라인좌안으로부터도 철수하고 라인좌안에는 중립지를 설치한다는 것이다. 그러므로 이 휴전협정은 사실상 항복이었다.

이 휴전협정은 통상 다른 휴전협정과는 다르다. 휴전기간을 36일로 정하였으나 강화까지의 준비가 늦어서 〈강화예비조약 체결까지〉라는 규정을 두어 2회에 걸쳐 휴전기간을 연장하였다.

3. 파리강화회의

독일과 그 동맹국들에 대한 강화처리를 위하여 전승국들만으로 파리예비회담이 개최되었다. 파리회의는 형식적으로는 강화예비회담이라고 하나 사실상은 전승국간의 입장을 조정하고 적국에 대한 강화조건을 확립하는 대단히 중요한 회의였다.

1919년 1월 18일 제1회 총 회의로부터 1919년 6월에 걸쳐 파리에서 제1차 세계대전에 대한 종전처리를 위하여 평화회의가 개최되었다. 회의의 주요국은 미국, 영국, 프랑스, 이태리, 그리고 일본 등 5개국이었다. 강화예비작업이 끝나자 〈강화조건〉은 1919년 5월 7일 베르사이유에서 독일에 전달되었다. 이에 따라 5월 29일 독일로부터 〈강화조건에 대한 의견서〉 제출이 있었다. 이에 대해 연합국은 6월 16일 이른바 최후통첩으로서 독일이 수락토록 하였다. 이렇게 하여 독일과의 강화조약은 베르사이유 거울의 궁전에서 6월 28일 서명되었다. 이 거울의 궁전은 1871년 프러시아가 프랑스에 승리하고 독일제국건설을 선언했던 바로 그 곳이다.

이 베르사이유강화조약은 전문 및 말문 외에 본문은 15편 440조에 이어 부속서를 가진 방대한 내용이었다. 그리고 이는 단순히 구 적국과의 강화사항 뿐만 아니라 제1편에서는 국제연맹규약, 제13편에는 노동 등 전반적인 국제평화기구, 국제노동기구확립을 기도하고 있다. 그리고 제1편에는 국제연맹규약, 제2편에는 독일의 경계, 제3편에는 유럽의 정치조항, 제4편에는 육군 및 해군조항 등이 규정되어 있다. 끝으로 베르사이유조약의 하나의 특기사항은 독일 빌헬름 2세가 국제도의에 위반하고 조약의 신성성을 모독한 중범죄자이므로 개인의 책임을 추궁하는 것이었다(제227조). 그러나 그가 네덜란드로 도피하였는데 네덜란드는 그의 신병인도를 거부하여 조약의 규정은 실현되지 못하였다.

독일의 동맹국들과의 강화조약은 1919년 9월 10일 오스트리아와의 생

—제르망—앙—레이(Saint-Germain-en-Laye)조약, 1920년 6월 4일 헝가리와 트리농(Trianon)조약, 1919년 11월 27일 불가리아와 느이(Neuilly)조약, 1920년 8월 10일 터키와 세르브(Sevres)조약 등을 들 수 있다.

4. 국제연맹의 창설외교

　베르사이유조약에서 확립된 국제평화 및 국제협력의 기본골격은, 첫째 국제연맹, 둘째 상설국제재판소, 셋째 국제노동기구를 들 수 있다. 이 가운데서도 외교협상의 측면에서 보면 국제분쟁의 해결, 평화유지기관으로서의 국제연맹이 특히 중요하다고 할 수 있다.[8] 따라서 강화조약에서는 (1) 과도적이고 항구적인 체제로서 국제연맹의 감독과 통제에 위임하는 것과, (2) 현안의 해결을 다음의 처리에 남기고, (3) 조약의 실시에 있어서 분쟁의 발생소지가 많으므로 이에 대하여 국제연맹이 처리하도록 위임한다는 것을 규정하였다.

　이러한 국제연맹이 창설됨에 있어서 주요 협상과정은 그렇게 간단히 진행된 것은 아니었다. 1919년 1월 25일 강화전체회의에서는 만장일치로 국제연맹헌장을 강화조약의 일환으로 포함시킬 것을 결정했다. 이에 따라 2월 3일 특별위원회가 소집되었고, 여기서 국제연맹헌장은 베르사이유조약뿐만 아니라 생·제르맹조약이나 뉴이이조약, 트리아농조약, 세브르조약 등에도 포함시켰다. 그러므로 베르사이유조약이 발효된 1920년 1월 20일 독일과 다른 해외국의 비준을 거쳐 역사적인 국제연맹은 드디어 탄생하게 되었다.

　1920년 1월 16일 파리에서 윌슨의 주재로 첫 국제연맹이사회가 개최되어 프랑스, 영국, 일본, 벨기에, 브라질, 그리스가 이에 참가하였다. 국제

---

[8] 入江啓四郞, 앞의 책, p.269 참조.

연맹은 총회, 이사회, 사무국 등 3개의 중요기관으로 구성되었다. 총회는 1국 1표의 투표권을 가지고 있고, 회의는 연 1회로하며 9월에 제네바에서 개최된다. 그리고 총회는 결의와 권고안을 투표할 수 있고, 절차에 관한 문제를 제외하고 어떠한 결정에도 만장일치제였다.

전후 세계 최강국으로 부상한 미국이 베르사이유조약을 인준하지 않았는데, 이는 미국의 주권과 국제연맹규약에서의 의무간의 불일치성이나 불수용성 때문이었다. 그러므로 윌슨은 국민에게 직접 호소할 것을 결심하였으나 1920년의 대통령 선거유세에서 심장마비로 사망하고, 11월 선거에서 공화당에 패배하였기 때문에 민주당 정권은 결국 국제연맹가입에 실패하였다. 그러므로 미국은 베르사이유조약에 서명을 한채 인준을 마치지 못한 유일한 국가가 되어 1921년에 베르사이유조약에서 국제연맹규약만을 뺀 베를린조약으로써 독일과 평화조약을 체결하였다.

5. 베르사이유체제하의 외교

(1) 로카르노(Locarno)조약

독일은 베르사이유조약에서 라인강좌안의 일정지역에 대하여 비무장을 할 것에 동의하였으므로 여기에 대한 위반은 조약 서명국에 대한 적대행위와 세계평화를 파괴하는 것으로 간주한다고 하였다. 이러한 조치는 프랑스가 독일에 대하여 자기의 안전보장을 위한 국제적 조치였던 것이다.

프랑스는 새로이 독일에 대항하기 위하여 국제연맹을 통한 집단안전보장제도를 강화시킴으로써 프랑스의 안전보장체제를 구축하려 하였다. 프랑스는 1924년 5월의 총선거 후에 베르사이유체제의 운영에 있어서 독일에 보다 타협적인 정책을 추구하였다. 한편 독일은 1923년부터 수동적 저항정책을 버리고 연합국에 보다 협조적인 '이행정책'을 취함으로서 독일의 대외관계는 유연성을 띠게 되었다. 그리고 독일은 국제연맹 가입을 위한 외교정책을 추진하였다. 이러한 외교의 일환으로 독일은 국제연맹에 가입하기 이전에 라인의 보장을 요구하기에 이르렀다.

로카르노조약 협상은 1922년 12월에 독일의 쿠노(Cuno) 수상이 미국무장관 휴즈(Huges)에게 미국이 보장국이 되고 영국·프랑스·벨기에·독일은 서로 전쟁에 호소하지 않을 것을 약속하자고 제의한데부터 시작되었다. 그러나 이때 프랑스는 이를 거절하였다. 프랑스는 이 때 루르를 점령하기 직전 상태이었으므로 독일의 제의는 거부되었다. 1925년에 영국은 독일에게 2년 전의 쿠노안을 수정하여 제출할 것을 종용하여 1925년 2월에 독일은 네 번째의 수정안을 제출하였고, 이 안을 기초하여 2국간의 형식으로 스위스의 로카르노에서 독일을 일방으로 하고 타방은 불·벨기에·체코 그리고 폴란드 등 5개국으로 하여 협상한 결과 로카르노조약이 1925년 10월 16일에 조인되었고,[9] 정식서명은 12월 1일 런던에서 이루어졌다. 그리고 실시는 1926년 9월 14일이었다.

로카르노 5국조약인 〈상호보장조약〉이 안전보장의 이름으로 불려지는 것은 영국과 이태리가 편무적으로 원조와 보장을 약속했기 때문이다.[10] 그리고 로카르노 조약의 핵심은 라인란트의 보장으로서 라인에 대한 이해관계국은 상호간의 不戰을 약속하고 베르사이유조약을 확인하는 사항들을 규정하였으며 또한 광범위한 중재재판조약을 체결할 것을 약속한 것이다.

---

9) 조약 내용에 대해서는 "The Locarno Treaties, 16 October, 1925," Documents, pp.465~468 참조., 오기평, 앞의 책, p.374 참조.
10) 오기평, 위의 책, p.291 참조.

(2) 브리앙 · 켈로그부전조약

로카르노체제와 독 · 소 중립조약에 의하여 유럽의 평화분위기가 고양됨에 따라 전세계적 평화의 확보에 기여한 것은 프랑스와 미국이 제창한 부전조약의 성립이다.

1927년 6월 20일에 프랑스 외상 브리앙(A Briand)은 미 · 불 양국간의 부전조약을 제의하였다. 이에 대하여 미국무장관인 켈로그(Frank Kellogg)는 이를 미 · 불간의 쌍무조약 보다는 다국간조약으로 할 것을 희망하였다. 1928년 4월 켈로그는 조약 초안을 영 · 독 · 일 · 이 등에 송부하여 동의를 요구하였다. 8월에는 이미 미 · 불 2국을 포함한 15개국이 이에 찬성하여 1928년 8월 27일 파리에서 서명하였고 뒤에는 거의 모든 세계국가 63개국이 조약에 가입하였다.

이 조약의 정식명칭은 '전쟁포기에 관한 조약'(Treaty for Renunication of War)이나 브리앙— 켈로그조약으로도 불린다. 그리고 이 부전조약의 주요 내용은, 전문에서 체약국은 국책의 수단으로서 전쟁을 포기해야 하는 시기가 도래했음을 확신하면서 다음과 같이 규정하였다.[11]

(1) 전쟁의 포기: 조약국은 국제분쟁의 해결을 위해서 전쟁에 호소하지 않으며, 조약국 상호관계에 있어서 전쟁을 국책의 수단으로 하는 것을 포기하며, 이를 각자의 국민의 이름으로 엄숙히 선언한다.
(2) 분쟁의 평화적 해결: 조약국은 그들 상호간에 야기되는 모든 분쟁은 충돌에 있어서 그 성격 여하를 불문하고 평화적 수단 이외의 처리 또는 해결을 추구하지 않는다는 것을 약속한다 등이다.

---

11) 앞의 책, p.293 참조.

(3) 워싱턴 군축회의

1) 워싱턴 해군군비제한

베르사이유조약은 〈각국의 군비제한을 실현하기 위하여〉 독일의 육군, 해군 및 항공에 관한 조항을 규정하고 독일에 대해서는 이를 엄중히 준수할 것을 약속한다고 하였다. 그리고 국제연맹규약에도 군비축소와 제한에 대한 방침을 거론했다. 그런데 이러한 규정들은 주로 유럽을 중심으로 한 것이었다. 그러나 연맹주체들은 일반군비제한문제를 다루지 않고 있었다. 이러한 사이에 미국이 소집한 워싱턴회의에서 해군군비제한문제가 다루어지게 되었다.

미국은 그들의 국제적인 지도력을 확립하자는 동기에서 당시 미국의 공화당 대통령이었던 하아딩(Warren Gamaliel Harding)이 워싱턴에서 해군군축을 위한 회의를 소집하였다. 공식적인 회의 목적은 일반군축, 특히 해군군축문제였다. 따라서 워싱턴회의에서는 주로 강대국 해군감축을 다루었다. 1921년 8월 13일 미국정부는 대통령 명의로 영국, 프랑스, 일본, 이태리, 네덜란드, 벨기에, 포르트갈, 중국 등을 워싱턴에 정식으로 초청하고 회의주제를, (1) 일반군축, 특히 해군군비제한, (2) 극동 및 태평양 지역에 관한 해결이었다.[12]

미국 국무장관이었던 휴즈(Evans Hughes)는 해군군비제한문제에 있어서 회의 개최 벽두에서부터 중요 함정의 새로운 건설이나 해군함정수의 제안을 포함하는 광범위한 해군 군축안을 제시했다. 그가 제시한 주요 내용은 다음과 같다.

(1) 건조중이거나 계획된 주력함의 건조계획은 모두 폐기한다.
(2) 일부의 노령함을 폐기하고 다시 축소한다.
(3) 관계국의 해군력을 결정하는 데는 현재 보유한 해군력을 고려한다.

---

12) 앞의 책, p.278 참조.

(4) 주력함 톤 수를 가지고 해군력의 기준으로 하고, 일정의 보조함정을 여기에 대응하여 할당한다.

이러한 미국의 제의는 미국, 영국, 일본에 대하여 폐기해야할 함정으로서, 건조중이거나 노령의 주력함과 이후 10년간 보유해야할 주력함의 제한에 대하여 명시한 것이다. 이에 따라 각국의 주력함 보유 톤 수는 미국 50만 톤, 영국 50만 톤, 일본 30만 톤이었다. 미국의 이러한 제안에 대하여 각국은 원칙적으로 찬성하였다. 그리고 이 워싱턴회의에는 프랑스와 이태리도 참석하여 결국 1922년 2월 6일 다음의 2개 조약이 서명되었다.

(1) 해군군비제한에 관한 조약: 이 조약에서는 앞으로 10년간을 기한으로 주력함(1만 톤 이상, 8인치 포 이상의 함정) 및 항공모함의 톤 수를 영국과 미국은 5, 일본이 3, 프랑스와 이태리는 각각 1.75의 비율로 한다는 각국의 해군 군비에 대한 비율을 정했다. 또한 '해군의 휴일'(Naval Holiday)이라고 하여 향후 10년간은 해군 함대를 창설하지 않는다는 조항이 삽입되었다.
(2) 잠수함 및 독가스에 관한 5조약: 상선은 나포에 앞서 임검, 수색의 명령을 받고, 이에 거부하면 나포 후 안전한 장소로 이동시킨다. 교전국의 잠수함도 이러한 의무를 면제할 수 없다. 독가스의 일체 사용금지 등이다.

2) 태평양 4개국조약

극동 및 태평양에 관한 문제에 있어서는 영·일동맹의 폐기와 태평양 방면에 있는 영유제도의 보전문제였다. 영·일양국은 미국의 태도를 고려하여 먼저 제3차 영·일동맹을 협상함에 있어 미국을 동맹의 밖으로 하기 위하여 많은 노력을 하였으나 미국은 워싱턴회의를 계기로 영·일동맹을 폐기할 것을 요망하였다. 그러므로 영국의 발포아(Balfour)는 미국의 휴즈에게 영·일동맹에 가입하도록 권고하였다. 이에 대하여 일본은 이를 수락하였으나 미국은 거부하였다.

미국은 프랑스를 포함시켜 태평양권에서의 현상유지를 구상한 것이다. 그러므로 1921년 12월 13일 미·영·불·일 등 4개국간에 '태평양방면에 있어 도서의 속지와 도서의 영지에 관한 4국조약'을 서명하고, 1922년 2월 6일에는 4국조약 추가협정을 체결하였다. 이 협정은 특히 네덜란드와 포르투갈 양 정부에도 보냈다. 이상의 제 문서의 주요 내용은, 유효기간은 10년이며, 태평양지역에서 조약국들은 태평양도서에 관한 소유권을 상호 침범하지 않으며, 만일 이에 관한 분쟁이나 타국에 의한 침략이 있을 경우 지체없이 4개국이 협의한다.13)

여기서 추가협정은 전적으로 일본도서영역에 관한 정의였다. 일본은 남사할린, 대만 및 팽호도와 더불어 일본의 위임통치하에 있는 제 도서를 지칭하는 것으로서 일보 본토의 도서를 제외하기 위한 것이다. 그리고 체약국이 아닌 네덜란드와 포르투갈 양국에의 통보는 태평양방면에 있는 양국의 도서에 대한 속지에 관한 권리를 존중하기 위한 것이었다.14)

3) 중국에 관한 조약

워싱턴회의에서 중국에 관한 것으로서는, 첫째 일반문제로서 중국의 불평등지위를 해소하는 것이고, 둘째는 일본의 기존 대중국정책이었다.

우선 중국의 불평등지위와 열강의 세력범위 및 특수이익에 관해서는 군비제한회의 과정에서 토의되었다. 이 토의에서 1922년 2월 4일 치외법권 문제, 외국우편국문제, 외국무장부대문제, 그리고 외국무선전신국에 관한 문제를 포함하여 총 8건의 결의가 채택되었다. 주요 내용을 보면 다음과 같다.

(1) 일본관계 사항: 21개조 문제, 산동문제와 일본이 滿蒙우선권 완화에 따른 랜싱·石井교환공문이 1923년 4월 14일 폐기되었다.
(2) 영국관계: 영국도 워싱턴회의에서 威海衛반환에 관한 선언을 하고 이의 환부에 관한 조약을 1930년 4월 8일 체결하였다.
(3) 중국에 관한 9개 조약: 워싱턴회의에서 토의중 미국을 포함한 회의 참가

---
13) 이기택, 앞의 책, p.315 참조.
14) 入江啓四郎, 앞의 책, p.279 참조.

9개국간에 〈중국에 관한 9조약〉이 성립되었다. 1922년 2월 6일 중국에 관한 9개 조약의 주요 내용은 다음과 같다.
① 중국의 주권, 독립 및 영토적·행정적 보전을 존중한다.
② 중국이 스스로 안정된 정부를 수립하도록 기회를 제공한다.
③ 중국에 있어서의 상공업에 대한 문호개방과 기회균등주의를 일층 유효하게 유지한다.
④ 중국 국민의 권리를 침해하는 특별 권익을 획득하지 않는다.
⑤ 체약국은 중국영토 내에서 특정지역에 세력권을 창설하려 하거나 독점적 기회를 향유하는 것을 지지하지 않는다.
⑥ 중국은 국내철도, 여객 및 화물운송 등에 있어 국적 불문하고 여하한 차별을 두어서는 안된다.
⑦ 중국이 참가하지 않는 전쟁에서 중립을 지켜야 하며, 조인국은 이 결정을 존중해야 한다.

이상과 같은 워싱턴군축회의의 4대국조약과 9개국조약은 일본의 태평양과 중국에 대한 진출을 저지하기 위한 것이었다.

(4) 제네바 해군군축회의

워싱턴회의에서는 보조함정의 규제에 대하여서는 충분한 합의에 이르지 못하여 그 후에 오히려 보조함의 건조경쟁이 격화되었다. 프랑스는 주력함에 대해서만 제한비율이 적용되고 보조함에 대한 건조는 제한을 받지 않으며, 대독 육군력의 증강에는 제한을 받지 않는다는 조건하에 앞의 비율에 합의하였다.

특히 미국, 영국, 일본 등은 각각 공군을 발전시키고 그를 위해 항공모함의 건조에까지 박차를 가하고 있었다. 이에 1927년 2월 27일 미국의 대통령 쿠울리지(Calvin Coolidge)에 의해 보조함의 제한을 위한 회의가 제창되었다. 여기서 영국, 미국, 일본의 함정보유량을 5 : 5 : 3의 비율로 하고 프랑스와 이태리는 이 회의에서 결정하자고 제안했다.

이에 대해 영국과 일본은 동의했으나 당초 워싱턴 해군군축에서 보조함의 건조에 대해서 제한을 두지 않는다는 조건부로 주력함비율에 동의했던 프랑스는 이를 반대하였다. 그러므로 1927년 6월에는 오직 미·영·일의 3국만이 제네바에서 보조함의 비율을 정하기 위한 회의를 개최하였다.

제네바회의에서 미국은 순양함이나 잠수함에 대해서도 워싱턴회의에서의 미·영·일의 비율인 5 : 5 : 3을 적용할 것을 주장한 데에 대하여, 영국은 이 비율은 단지 대형순양함에만 적용하되 소형순양함에는 적용하지 말 것을 주장하였다. 이로써 미·영간에 이견의 차이가 뚜렷해졌으며 회의는 결렬되었다.

(5) 런던 해군군축회의

제네바에서의 군축회의가 실패한 후 1928년 7월 28일 영국과 프랑스간에는 해군군축협정이 성립되었다. 미·영 관계에는 긴장도가 높아졌고 미국은 다시 해군력의 증강에 박차를 가했다. 1928년 초에 미국은 대순양함 15척과 항공모함 1척의 건조계획이 하원에서 통과되었다. 이에 미국의 후우버 대통령은 미·영 관계를 개선해야 될 필요성을 절감하고 1928년 10월에는 미국이 스스로 건함정지를 성명하였다.

이러한 분위기 속에서 1930년 1월부터 다시 런던에서 보조함에 대한 군축협상이 시작되었다. 1930년 1월부터 4월까지 진행되었던 이 회의에는 워싱턴 군축회의의 5대강국인 미·영·일·불·이 등 5대국이 참가하였으나 보조함의 건조제한에 반대하는 프랑스와 이태리는 조약에 불참하였다. 따라서 런던회의에서는 미·영·일 3국간에만 보조함의 비율에 대한 합의가 이루어졌으며 그 내용은 아래와 같다.15)

런던회의에서 합의된 보조함의 비율

국 가	대형 순양함	소형 순양함	잠수함
미국	10	10	10
영국	8.1	13.4	10
일본	6.02	7	10

또한 런던군축회의에서는 주력함에 대한 워싱턴조약을 개정하였다.
(1) 주력함 대체의 기한을 1931~1936년까지 연장한다.
(2) 주력함의 척수를 미·영 각각 15척, 그리고 일본은 9척으로 한다.
(3) 2천 톤 이상으로 5.1인치 이상의 포를 탑재한 잠수함은 앞으로는 건조하지 말 것.
(4) 이 조약에 불참한 국가가 해군을 건설할 때 3국협정에 의하여 그 톤 수의 비율을 확장할 수 있다.

---

15) 吳淇坪, 앞의 책, p.383.

제4절 유럽체제의 붕괴

1. 이태리의 에디오피아침략

　이태리가 제1차 세계대전에서 연합국편에 참전하게 된 것은 이태리인의 거주지인 남티롤, 트리에스트, 괴르츠 등을 회복하기 위한 목적에서였다. 그러나 파리강화회의에서 영·불로부터의 냉대 속에서 트리에스트 등 약간의 영토만을 획득하였을 뿐 피우메와 알바니아의 영유에 실패하였다.
　한편 전후 국내적으로는 자유주의정부의 무능과, 재정파탄, 산업의 부진, 인구과잉 등에서 오는 사회적 불안이 1920년에 들어서면서부터는 더욱 심화되어 노동쟁의가 빈번해지고 노동자가 공장을 점령하는 등 극단적인 사태가 벌어져 1919년에는 155만 명이 스트라이크에 참가하는 사태로 악화되었다. 결국 이러한 사태에 대한 반작용으로 군인과 자본가계급의 지원을 받는 파시즘의 발흥을 초래하였다.
　1922년 무솔리니(Benito Mussolini)의 파시스트가 로마에 진군하여 정권을 장악하면서부터 이태리는 팽창주의의 준비기간으로 들어섰으며 이를 위하여 공격적인 외교를 전개하였다. 그러나 영·미의 도움으로 약간의 아프리카진출에 성공한 이태리는 한 동안 외교적인 유연성을 회복하여 대략 1929년까지는 관계제국과의 정치적 조정을 이루게 되었다. 하지만 1929년의 공황으로 정권에 대한 국민들의 불만이 커지자 다시 발칸과 중부유럽으로 정치적·경제적 진출을 적극화하였다. 더욱이 1931년 일본의 만주침략과 독일에 나치정권의 수립은 무솔리니를 강하게 자극하였다.

1934년 12월 에디오피아와 이태리령의 경계선 왈왈(Walwal)에서 이태리수병과 에디오피아군인 사이의 충돌로 이태리군에 소속된 원주민 30명이 사살된 사건이 발생하였다. 이에 이태리는 40만에 달하는 군대를 동원하였다. 그러므로 1935년 1월 에디오피아는 이러한 이태리의 동원을 국제연맹에 호소하였으나 이를 이태리가 거절하자 다시 3월에 연맹에 평화적 해결을 의뢰하였다. 그러나 이는 이태리와 충돌을 피하기 위하여 중재의 권고로 그쳤다. 그러므로 영국과 프랑스는 에디오피아의 독립보전과 주권을 존중하면서 3국관리와 국제관리 안을 제안하였으나 무솔리니는 이를 거부하고 1935년 10월 국제연맹조약을 위반하고 에디오피아를 무력으로 침략하였다. 이러한 이태리의 무력침략에 대해 국제연맹이사회는 이태리를 만장일치로 침략국이라고 규정하고 제재를 결정하였다. 11월 18일 채택된 제재는 군사적인 것을 제외한 경제적인 제재에 국한하였다. 이러한 소극적인 연맹의 경제적인 제재에도 불구하고 이태리는 1936년 5월 5일 에디오피아의 수도 아디스아바바를 점령하고 9일 이태리 국왕이 에디오피아 황제를 겸한다고 합병선언을 하였다.16)

2. 나치즘의 집권과 국제연맹탈퇴

(1) 나치즘의 집권

베르사이유조약에 의한 막대한 배상금은 독일경제를 혼란시키고 독일의 화폐가치를 하락시켜 1923년 독일의 인플레이션은 그 절정에 달하였다. 그러므로 1919년에 발족한 독일의 바이마르공화국은 민주적인 헌정체계를 지녔으나 이러한 경제적 어려움과 더불어 극우와 극좌의 공격 앞에서 자기방어의 기능을 상실하였다. 1920년에 히틀러(Adolf Hitler)가 뮌헨

---

16) 김용구, 앞의 책, p.688 참조.

오스트리아를 점령하는 히틀러

에서 창건한 나치당은 그 당 강령을 베르사이유체제의 타파에 두었다. 그 이외에 독일의 생활권(Lebensraum)의 확장을 위한 영토의 주장과 오스트리아를 병합함으로써 대독일을 건립하자고 내세웠다.

그러므로 1930년 9월의 독일 총선거에서는 독일 역사에 있어서 하나의 획기적인 사건이었다. 독일의회에서 오직 12석 밖에 차자하지 못했던 나치당이 총 577석 중 107석을 차지하였고, 1932년 7월의 선거에서는 608석 중 나치당원의 의석은 230석으로 증가하였다. 이는 독일국민의 나치당에 대한 열광적인 호응이었으며 이 결과 1933년 1월 30일에는 히틀러가 수상에 취임함으로써 그의 집권이 이루어졌다.

집권한 히틀러는 그의 통치권을 강화하기 위하여 2월 1일 의회를 해산시키고 2월 27일에는 의사당 방화사건을 일으켜 공산당을 불법화하였다. 또한 긴급명령에 따라 민주주의적인 기본권을 말살하고 나치당 이외의 정당과 단체를 해산하였으며 카톨릭 중간파와 연합하여 1933년 3월 23일에는 소위 수권법(Ermachtigunggesetz)을 통과시켜 1934년 8월에 히틀러는 전권을 쥔 총통으로 취임하였다.

(2) 국제연맹의 탈퇴

수상에 취임한 히틀러는 제일 먼저 베르사이유 조약의 군비제한 조항을 철폐하는 것이었다. 이는 그가 수상취임 후 최초로 행한 연설인 장군들의 모임에서 1933년 2월 3일 이 점을 강조하였던 것으로도 잘 알 수 있다.

베르사이유에서 결정된 자아르지역의 귀속을 인민투표에 붙이기로 한 것은 그로부터 15년이 지나, 히틀러의 집권 후인 1935년 1월에야 국제경찰군의 감시하에 실시되었다. 그 결과 90% 이상의 주민이 독일에의 귀속을 희망하였고 그 이후부터 베르사이유체제가 붕괴되어 가는 결정적 시기를 맞이하였다.

1933년 독일은 세계군축회의와 국제연맹으로부터도 탈퇴했다. 그리고 1935년 3월 히틀러는 재군비에 대한 완전한 자유와 일반징병제도의 실시를 선언하였고, 독일의 라인란트의 재무장정책을 선포하였다. 또한 독일의 세력확장에 대비해서 러시아와 프랑스간에는 1935년에 상호원조조약이 체결되었다. 1936년 3월에 프랑스의회의 인준동의를 위한 토론이 행해지고 있는 동안 히틀러는 소·불동맹은 로카르노조약에 위배된다는 이유로 로카르노조약을 파기한다고 선언하고 라인란트를 군사점령하였다.

3. 일본의 만주침략과 국제연맹탈퇴

(1) 만주사변과 만주국

일본이 만주에 군대 주둔권을 획득한 것은 포오츠머스조약 추가 약관에 규정된 철도 수비대의 주둔권에서 비롯되었다. 이러한 일본군 주둔은 1906년 창설되어 1919년에는 1개 사단과 6개의 독립대대로 관동군으로 창설되었다. 그리하여 1930년 9월 관동군은 점령지통치안을 작성하였다.

이러한 관동군이 이른바 柳條溝사건을 계기로 만주침략을 전개하였다. 1931년 9월 18일 밤 奉天 근교의 일본군 점령하에 있었던 남만주 철도 유조구에서 폭탄이 폭발한 사건인데 이로 말미암아 일본군이 약간의 피해를 입게 되었다. 이를 구실로 삼아 일본군은 본국 정부의 명령도 없이 군사작전을 개시했으며, 급기야는 봉천, 장춘의 중국군을 공격하여 몇 주 후에는 전 만주를 점령했다. 그러므로 중국은 9월 19일 국제연맹에 문제해결을 부탁했다. 연맹 이사회는 9월 30일 만주 문제에 관하여 최초의 결의안을 채택하였다. 결의안은 일본군의 신속한 철수를 권고한 것이다. 이에 따라 이사회는 12월 10일 조사위원회 파견을 결정했다. 이것이 유명한 리튼(Victor A.G.R. Lytton)경을 위원장으로 한 조사단 구성이었다. 따라서 리튼 보고서는 1932년 10월 제네바에서 공표되었는데 물론 일본은 이 보고서를 찬성하지 않았다.

일본정부는 사실상 현지 군부가 기정사실화한 사건을 뒤쫓는 결과가 되고 말았다. 관동군의 만주개입은 다만 만주지역의 일본인의 생명과 재산을 보호하기 위한 것이라고 발표되었으며, 목적이 달성된 후에는 곧 철수하겠다는 조건을 덧붙였다. 일본은 중국과의 외교협상을 통해 남만주 철도 영역만이 아니라 만주 전역에서의 일본의 특권을 기도하였다. 그러므로 9월 28일에는 일본의 만주침략문제가 국제연맹에 제소되었다. 이에 일본은 다시 상해로 출병하여 1932년 1월 드디어 이 지역에 이르렀다. 수개월간의 전쟁 끝에 영국의 중재로 일본군은 일단 후퇴하였다.

그러나 일본은 1932년 3월 괴뢰 국가인 만주국을 수립하고 국가로 승인했다. 만주국의 왕은 溥儀를 앉혔다. 만주국정부는 영토 보존을 위해 일본군의 만주 주둔을 인정했고, 드디어 일본군은 熱下까지도 공격하여 받아 그 영향은 萬里長城에 이르게 되었다. 이에 대하여 중국은 만주사변을 국제연맹에 제소하였다. 당시 중국은 일본군에 대항할만한 재정이나 자원을 소유하고 있지 못했다. 따라서 바로 여기에서 일본의 만주침략에 대한 국제연맹의 태도가 더 중요하게 부각되었던 것이다.

1931년 9월 30일 중국정부가 만주문제를 국제연맹에 제소하자, 열강은 이를 계기로 국제연맹의 권위를 공고히 할 수 있는 좋은 기회라 생각했다. 그러나 국제연맹은 일본의 만주침략에 집단안전보장 조항으로 저지하지 못했으며, 결국 평화의 파탄이라는 역사적 전환기를 맞이하게 되었다. 1931년 9월 30일과 10월 23일, 국제연맹 이사회에서는 일본군의 철수와 철수 후 만주 지역의 일본인의 생명과 재산에 대한 보장을 결의했다. 그러나 일본정부는 철수를 거부했고, 중국정부에게 만주 내에서의 새로운 철도 건설과 일본 농민에 의한 소작을 요구하고 나섰다.

(2) 리튼보고서와 국제연맹탈퇴

위에서 언급한 바와 같이 국제연맹이사회는 리튼경을 조사단장으로 한 조사단을 만주에 파견하였으나 사전에 일본군의 철수를 요구하지 않고 만주에 대한 일본의 이권 조사를 결의한 것은 국제연맹이사회가 일단 일본의 입장을 인정한 셈이 되었다. 일본정부는 만주 지역에서 자행되는 일본군의 행위가 군사행위가 아닌 경제행위라고 하면서 결코 침략이 아니라고 주장하였다. 한편 리튼경의 조사가 지연될 수밖에 없었던 사실은 일본의 군사행동에 대해 국제연맹이 무력했다는 것을 나타내고 있다.

리튼경의 보고는 다음과 같다.

첫째, 일본의 關東軍에 의한 만주국 설립은 국민의 의사가 아니다.

둘째, 국제연맹은 만주국의 승인을 끝까지 내려서는 안된다는 점을 과감히 지적했다.

그리고 그의 임시적 해결방안으로는 첫째, 만주지역은 중국의 일부분으로서 행정적인 자치체제를 확립할 것을 권고한다. 둘째, 임시로 만주 치안은 만주 경찰에 의해서 진행시키고, 중국군과 일본군은 일단 철수시킨다. 셋째, 철도문제와 소작은 중일간의 해결 문제로 한다는 것이었다.

이러한 조사 결과와 권고는 만주에서의 일본의 특권만을 인정한 셈이 되었다. 이와 같은 상황하에서 보고서를 심의하는 이사회가 1932년 12월 제네바에서 개최되었다. 이에 이어 국제연맹총회는 1933년 2월 24일 찬성 42, 반대 1(일본), 기권 1의 투표로 리튼보고서를 채택했다. '따라서 일본은 3월 27일 정식으로 국제연맹 탈퇴를 선언했다.

4. 독일의 오스트리아합병과 체코침공

(1) 오스트리아합병

오스트리아의 운명이 결정된 것은 1938년 3월 11일이었다. 전후 오스트리아는 인구 650만 명의 소국으로 전락하였다. 그러므로 독일은 오스트리아를 병합시키고자 하는 야욕을 지속적으로 추진하였다.

한편 오스트리아 내의 독일계 오스트리아 국민의회는 이미 1918년 11월 12일의 결의에서 독일계 오스트리아는 민주적 공화국을 구성하며 이는 독일연방공화국의 일부라고 선언함으로써 양국간의 불가분의 관계를 명백히 하였다. 또한 전후 독일의 바이마르 공화국의회는 그 헌법을 제정하면서 독일과 오스트리아의 합동을 수용할 수 있게끔 하였다. 그러나 1933년 독일에서 히틀러의 집권은 오스트리아 내의 나치스세력의 친독경향을 두드러지게 하였으며 많은 동요가 있었다.

1936년 라인란트 진주를 성공적으로 마친 히틀러는 그 해 7월 11일 독·오간에 오스트리아의 독립에 관한 합의를 하였다. 이 합의 내에는 오스트리아를 '독일인의 국가'라는 조항을 두게 하였다. 그러므로 이 협정의 체결로 오스트리아 나치당은 공공연하게 독일과의 통합을 주장하였다. 이러한 가운데 합병의 계기는 1938년 1월 오스트리아의 경찰이 비엔나의 나치당원이 쿠데타를 음모하였다는 계획을 발표하였던 것이다. 이 독일

측의 음모가 발각된 후부터 이미 오스트리아정부는 위협을 느껴 1938년 2월 12일 베르흐테스가덴(Berchtes-gaden) 산장에서의 오스트리아 수상 슈스니히(Schuschnigg)는 히틀러와 비밀회담을 가졌는데 여기서 히틀러는 그의 저의를 나타냈다. 이 회담에서 히틀러는 슈스니히 수상에게 폭언을 하면서, 오스트리아가 독일 국경에 군사력을 강화하고 있으며, 독일을 배반하고 있다고 비난하고, 프랑스의 무능력과 이태리와 독일의 우호관계를 과시하였다. 그 대신 내부로부터의 병합을 수행할 계책의 하나로 오스트리아 내의 나치 당원인 인콰르트(Inquart)를 내무상으로 임명할 것을 요구하였다.[17]

  2월 15일 히틀러의 최후통첩에 굴복한 슈스니히 수상은 내무상에 인콸르트를 임명함과 동시에 다른 나치당원 3명을 포함하는 개각을 단행하여 오스트리아의 경찰권은 완전히 독일 나치스의 수중으로 넘어갔다. 이러한 독일의 압력은 점점 과격하게 되자 오스트리아는 3월 11일과 12일 밤사이에 새로 임명된 수상이 국내 질서가 공산당으로부터 위협받고 있다는 구실을 들어 독일군의 오스트리아 진주를 요청했다. 12시가 되자 독일 군은 오스트리아 국경을 돌파했고 3월 13일 히틀러에 의해서 독일·오스트리아간의 국가병합이 선언되었다. 이어서 국민투표가 실시되었고, 99.75%의 지지를 획득하였다는 발표와 함께 병합은 완료되어 오스트리아라는 국가는 사라지게 되었다.

---

17) 이기택, 앞의 책, pp.353~354 참조.

(2) 체코침략[18]

1) 쥬데텐(Südeten)문제

1620년 이래 오스트리아의 장악하에 있던 체코는 제1차 세계대전에서 오스트리아의 붕괴를 기화로 1918년 10월 19일에 독립을 선포하기에 이르렀다. 체코의 독립은 베르사이유회의에서 확인되었으며 이는 주로 프랑스의 독일 견제를 위한 협상체제의 일환으로 나타난 결실이기도 하였다.

독일의 오스트리아 병합으로 말미암아 체코는 독일에 의해 영토의 반이 포위되어 버렸고, 더구나 그 안에 구성원의 대부분이 독일인인 쥬데텐지방이 포함되어 있었다. 이 상황에서 독일의 다음 침략 대상은 체코가 될 것이라는 것이 명백해졌다. 히틀러는 이미 1937년 11월 5일 쥬데텐지역의 병합을 위해 회의를 주재한 바 있었다. 체코 내의 쥬데텐지역에는 약 3백 20만 가량의 독일계 주민이 거주하고 있었으며, 1918년 오스트리아·헝가리가 몰락한 이후에도 독일제국에 병합된 일없이 체코인들과 병합하였다. 그러나 1935년 체코의회 선거 때부터 주로 콘라드 헨라인(Konrad Henlein)이 영도하는 쥬데텐·도이치·파르타이(Südeten Deutsche Partei)가 주요 쥬데텐독일당으로 부상하게 됨에 따라, 초기에는 체코 헌법의 범위를 벗어나는 정치적 성격을 띠지도 않았으나 실제로 나치독일과 깊은 관계를 맺게 되었다. 그 당시 체코는 1924년 프랑스와의 조약과 로카르노조약에 의해 보장받고 있었다.

프랑스·체코동맹은 독일의 침략이 있을 경우 즉각적인 원조를 받을 수 있는 것으로 되어 있었는데 유효기간은 로카르노조약과 같았다. 1935년 5월 16일에 체결된 소련과의 조약도 프랑스의 협력을 전제로 소련의 원조를 받을 수 있다는 내용이었는데, 그 당시 프랑스가 이 조약을 공약면에서 어길만한 조짐은 없었다. 3월 11일과 12일에 괴링은 오스트리아

---

[18] 吳淇玶, 앞의 책, pp.436~447 참조.

병합으로 불안해하는 체코에 대하여 주독 체코 공사 마스트니(Mastny)를 통해 독일의 오스트리아 침공은 단순한 '집안 일'이라고 전함과 동시에 체코에 대한 무력침공은 없을 것이라는 보장을 했다.

그러나 9월 12일 히틀러는 뉘른베르크에 군중을 모아놓고 체코 내의 독일인이 체코정부에 의해서 압박을 받고 있으며 이들의 자기방어가 불가능하므로 이에 대한 책임을 독일이 져야 한다는 내용의 열변을 토하였다. 이를 계기로 다음날 쥬데텐지역에서 난동이 일어났고 그 후 진정되기는 했으나 두 가지의 의미를 내포하고 있었다. 첫째는 런시맨의 중재가 이미 끝났다는 것을 의미하며, 또 하나는 영국 수상 체임벌린이 다음날 직접 항공기로 날아와 히틀러와의 회담을 갖게 되는 계기를 내포하고 있었다. 체임벌린은 쥬데텐지역의 사태가 수습될 수 없는 상태로 진전되는 것을 두려워하여 1938년 9월 15일 체임벌린은 69세의 노구를 이끌고 베르히테스가덴의 히틀러 별장에서의 회담을 통해서 문제를 진정시키려 하였다. 그러나 독일 측은 300여 명의 사망자를 낳은 사태의 심각성을 들어 쥬데텐을 독일에 병합해야 한다고 주장하였고, 이에 대해 체임벌린은 이 문제는 프랑스나 런시맨과 상의한 후에 결정할 문제라고 하면서 개인적으로는 쥬데텐지역의 분할에 반대하지 않는다는 견해를 피력하였다.

귀국한 체임벌린은 런시맨과 상의한 후 견해가 합치하지 못한 상태에서 원칙적으로 독일의 쥬데텐병합을 지지하게 되었다.[19] 그리고 9월 18일 프랑스의 달라디에 대통령과 보네가 체임벌린과 회담한 후 유럽의 평화유지를 위해서는 체코 국경을 수정해야 하며 체코의 반은 독일에 병합되어야 한다는 영국과 프랑스의 안을 제시하게 되었다. 이에 따라 국제회의 소집을 건의하게 되었다.

이러한 영·불안을 체코는 단호히 거절하였다. 체코정부는 그의 영토할양에 대해서 사전에 아무런 협의도 받지 못했으며 이는 종국적으로 체

---

19) 이기택, 앞의 책, pp.358~359 참조.

코의 독립을 위태롭게 할 것이기 때문이었다. 따라서 체코는 영·불에게 재고할 것을 요구하면서 1925년에 맺은 로카르노에서의 독·체코간의 중재재판조약에 의해서 문제를 타결할 것을 제시하였다. 그러나 영·불의 태도는 완강하였으며 체코가 이 제안에 동의하지 않을 때에는 그들의 체코지원을 철회하겠다는 내용의 최후통첩을 9월 21일 새벽 2시 15분에 발송하였다. 결국 체코는 9월 21일 영·불에 굴복하였고, 22일 거리에는 체코정부와 프랑스가 배반자라는 명목으로 광란적인 데모가 있었다. 따라서 호자(Hodza)대통령은 사임하고 참모총장인 시로비(Syrovy)장군이 새 정부를 구성하게 되었다.

2) 뮌헨협정

예정대로 9월 22일 체코가 동의한 영·불안을 휴대한 체임벌린은 히틀러와 고데스베르크(Godesberg)에서 재회를 하였으나 예상외로 히틀러는 쥬데텐의 즉시 할양을 주장함으로써 회담은 결렬되었다. 히틀러는 20년 전에 처리된 남슬로바키아와 쥬데텐의 실레지아지역이 독일과 폴란드의 희생을 전제로 한 부당한 결정이기에 10월 1일까지 이 문제에 대한 해결책이 보장되어야 한다는 것이고, 불분명한 지역에서 국민투표가 실시된다면 독일에 이민한 쥬데텐인들도 투표에 참가해야 한다는 것을 주장하였다. 이에 대하여 체임벌린은 영국이나 세계의 여론을 고려해 볼 때, 해결책을 찾을 수 없다는 내용의 서한을 발송하였고, 히틀러는 한 치의 양보도 할 수 없다는 반응을 보였다.

9월 23일 히틀러와 체임벌린 간에는 아무런 결과도 없는 회담이 개최되었고, 그 대신 회담 도중인 22시 30분 체코의 총동원령이 내려졌다는 소식이 라디오를 통해 알려졌다. 이는 독일이 주장하는 바의 즉시할양은 받아들일 수 없다는 것이었다. 9월 26일 오전 체임벌린은 히틀러와 무솔리니에게 메시지를 발송하고 영국·프랑스·이태리·독일 및 체코가 참가하는 국제회의 개최를 제의하였다. 체임벌린의 최후의 노력과 아울러 루스벨트도 9월 24일 헤이그에서 이들 해당국이 참가하는 수상회의 개최를 주장하였다. 전쟁 준비의 미비로 초조해진 무솔리니는 영국이 제안한 이태리 중재 역할을 기꺼이 수락하였다. 9월 27일에는 영국도 해군에 동원령을 내리고 프랑스의 군사준비와 더불어, 소련은 체코에 대한 동맹의무를 성명하여 가장 강경한 태도를 표명하였다.

9월 26일 히틀러는 "쥬데텐은 유럽에서의 나의 최후의 영토적 요구이다"라고 말하면서 이 문제가 해결되면 독일은 이제 유럽에 있어서 영토문제가 없다고 선언하였다. 그리고 계속해서 "나는 이 이상 체코슬로바키아에 관심을 갖지 않으며 나는 이것을 보장한다"고 말하였다. 히틀러가 9월 28일 오후 2시를 공격개시를 위한 시한으로 명백히 한 상태에서 사태는 위급하여 졌으며, 9월 28일 오전에 베를린 주재 이태리대사인 앗도리코는 히틀러와의 면담에서 공격을 24시간 연장해 줄 것을 요청하였고 히틀러는 이에 동의하였다. 무솔리니의 알선에 의하여 히틀러가 제창한 것으로 나타난 뮌헨 4국회담은 결정되었다.

9월 29일 12시 45분에 개최된 뮌헨회담은 체코의 초청이 히틀러에 의해 거부된 채 영·불·독·이 4개국에 의해서만 이루어져 30일 새벽에 협정이 조인되었다. 이 뮌헨협정에 의하여 일단 전쟁 없이 쥬데텐지방은 독일에 할양됨을 공식화하였다. 뮌헨회담의 결과는 체코의 영토 희생을 전제로 '평화를 위하여'라는 슬로건을 내세운 유화정책이었다.

이에 대해 소국들이 염려한 것은 4대강국의 지도체제하에 부당한 해결책을 강요당하리라는 것이었다. 독일에게 큰 승리를 안겨준 뮌헨회담은 그 후 몇 달 동안 세 가지 사건으로 점철되었다.[20]

첫째, 영·독간 또는 불·독간의 불가침조약.
둘째, 체코의 점진적인 해체과정이었다.

---

20) 이기택, 앞의 책, pp.360~364 참조.

셋째, 이태리의 새로운 야욕으로 나타난 알바니아에 대한 침공.

9월 30일 체임벌린은 첫째, 영·독관계가 두 나라와 유럽에 있어서 가장 중요한 요인이라는 것과, 둘째, 영·독간의 해군협정과 뮌헨회담이 양국간의 평화와 담보라는 내용의 불가침조약을 독일과 체결하였다.

이 두 조약은 두 나라에 관계되는 모든 문제의 해결은 상호협의라는 방법을 택하며 양국간의 견해차이와 그 근원을 제거하기 위한 노력을 계속할 것이며, 유럽의 평화를 공고히 하는 데 기여한다는 내용을 골자로 하고 있는데, 프랑스에 알리지 않고 조인되었다. 승리에 도취한 듯한 체임벌린은 귀국 성명에서 "나는 이것이 우리 세대의 평화를 위한 것이라고 생각한다"라고 말했으나 영국 보수당 내부로부터 강력한 반발을 받았다. 처칠은 '최대의 재난'이라고 반박하였고, 몇 개월 후 그는 외상직을 사임하였다. 그리고 그는 체코가 완전히 말살될 것이라고 예언을 하였다. 한편 영·독불가침조약과는 달리 프랑스의 대독불가침조약은 많은 난관을 안고 있었다.

뮌헨협정으로 히틀러는 그가 원하는 모든 것을 얻었다. 10월 1일을 기하여 쥬데텐지방 전부를 점령하겠다는 것이 오직 10월 1일부터 점령이 시작되는 것으로 바뀌었을 뿐이다. 10월 1일 오전 10시를 기하여 독일군은 북부 오스트리아의 아이겐으로부터 국경을 넘어 제1지대의 점령을 완료함으로서 체코의 군사점령은 시작되었다. 독일은 뮌헨협정의 과실로서 토지 1만 1,000평방 마일 이상과 인구 365만 명을 획득하였다.

한편 9월 30일 뮌헨협정이 알려지자 폴란드는 10월 1일 정오까지 시한을 정한 영토에 최후통첩을 체코에 발송했다. 결국 체코는 양보를 하게 되었고 2일 폴란드군이 국경을 넘어 테쉔(Teschen)으로 진입하였다. 그리하여 폴란드가 1,000평방 킬로의 영토와 23만 인구를 획득할 수 있는 양국간의 각서로 국경문제는 해결되었고, 다시 카르파치아 이남의 우크라이나지역까지 병합하려 했으나 히틀러의 반대로 좌절되었다. 그리고 헝가리는 1938년 11월 2일 비엔나중재로 체코 남부를 해체하여 100만 인구를 포함하는 12,000평방 킬로의 영토를 할양받게 되었다. 한편 10월 7일 체코군이 해체되었고, 동시에 슬로바키아(Slovaqui) 자치정부가 구성되었으며 루테니아(Ruthe'ni) 자치정부도 연이어 구성되는 등 체코 내부의 해체 역시 진행되고 있었다. 11월 19일 체코 하원은 사실상 두 자치정부를 허용하는 법안을 통과시켰고, 베네스도 사임하고 친독일인들로 내각이 구성되었다.

3) 체코의 병합[21]

이제 독일에 있어서 남은 문제는 체코를 완전히 해체하는 일만이 있었다. 이미 히틀러는 12월부터 체코 해체를 구상하고 있었는데 단지 그 구실을 찾고 있을 뿐이었다. 1939년 3월 1일 유럽문제는 완전히 해결되었다고 영국정부가 선포하던 같은 날에 핫샤(Hacha) 대통령은 체코의 통일을 파괴한다는 이유를 들어 티소(Tiso) 추기경에 의해 영도되고 있는 슬로바키아 자치를 취소하게 되었다. 따라서 3월 11일 티소는 독일을 방문하여 원조를 요청하였고 그에 힘입은 슬로바키아는 3월 16일에 독립을 선포하면서 독일의 보호국이 되었다. 이때 이미 독일군은 보헤미아(Bdhemia)와 모라비아(Moravia) 지방으로 침투하고 있었으며, 15일 오전 9시에는 프라하가 독일군에 의해서 점령되고 있었다.

다음날 히틀러는 프라하 통과하게 되었으며, 그 성명에서 이 지역은 독일의 생존공간(Lebensraum)으로서 몇 천년대 독일의 지역이라고 선포했으며 따라서 이 지역은 독일의 보호국으로 한다고 선포했다. 같은 날 슬로바키아는 독립을 선포하였고, 이어 16일 독일의 보호하에 들어갔다. 그러므로 체코슬라바키아는 독립을 선포한지 20년 6개월, 그리고 뮌헨협정이 체결된 지 6개월도 채 되지 않은 채 분해되어 버린 사상희유의 대비극이었다. 동시에 헝가리 국경 경비대는 폴란드와 접하는 주요 철도들을 점령하였다. 이제는 국제문제를 해결하는 데 있어서 힘의 사용이 합법적

---

21) 이기택, 앞의 책, pp.364~365 참조.

인 것으로 간주되는 실정이었다.

  체코가 해체된 바로 뒷날인 1939년 3월 17일 프랑스는 독일의 체코병합을 항의하고 이는 뮌헨협정의 문구와 정신에 위반된다고 하여 그 합법성을 부인하였다. 같은 날 영국외상도 독일에 똑같은 내용의 항의를 제출하고 영·불은 동시에 베를린으로부터 그들의 대사를 소환해 버렸다. 3월 18일에 소련은 체코의 핫샤 대통령이 독일의 보호권에 동의한 것에 대한 합법성에 이의를 제기하면서 독일의 체코점령을 폭력적 침략이라고 비난하고 이는 유럽에 아주 나쁜 영향을 미칠 것이라고 경고하였다. 이러한 항의에 대하여 독일은 체코슬로바키아의 해체는 내부에 있어서의 자동적인 현상이고 독일에게는 하등의 직접적인 책임이 없노라고 발뺌하였다. 이와 같이 히틀러는 처음으로 비독일 영토를 병합하고 3월 22일 독일의 최후통첩으로 리투아니아(Lithuania) 정부는 일부 영토와 함께 메멜(Memel) 지방을 독일에 양도했으며, 이어서 23일 루마니아와 조약을 체결하고 석유 공동개발에 합의하게 되었다.

  여기에 이르러 영국은 이제 유화정책을 포기하고 강경한 저항정책을 강구하기 시작하였다. 3월 17일 체임벌린은 버밍엄연설에서 그의 격분을 토로하면서, "히틀러가 베르히테스가덴에서 나에게 한 말, 즉 이 이상 독일의 영토적 야욕은 없다던 약속은 어떻게 되었는가? 오스트리아와 쥬데텐 점령이 세계여론을 격분시켰으나 그래도 그 행위는 민족적 명분이 있었다. 그러나 이번 사건은 별개의 문제다. 영국은 전쟁이 참혹하다는 것을 알고 있으나 무력으로 세계를 지배하려는 도전이 있을 경우 이에 대한 저항도 하지 않을 정도로 무기력하다고 생각한다는 것은 큰 오산이다"라는 내용의 연설을 했다. 유화정책의 한계와 종말을 의미하는 연설이었다. 그러나 영·불·소의 항의는 기정사실 앞에서 어떤 효력도 발생할 수 없었다. 단지 히틀러의 대답은 체코의 해체는 내부적 요인에 의한 자동적 해체 현상이므로 독일에게는 책임이 없다는 내용에 불과하다.

제2장 제2차 세계대전

제1절 유럽전쟁의 전개외교

1. 독·소불가침조약

독일과 소련간의 동맹조약은 하나의 획기적인 사건이라고 할 수 있다. 이는 나치즘이 성립할 때부터 볼세비즘의 타파를 기본 목표로 삼았으며 히틀러가 집권이후 줄곧 반볼세비즘의 전선을 구축했기 때문이다.

그러나 독·소불가침조약의 초기 협상은 1939년 4월 17일 소련의 제의에 의하여 시작되었다. 소련은 독일과 서방이 마찰을 빚고 있을 때 이것을 악용하지도 않았으며 또 독일과 소련간의 관계가 장차 우호적인 발전을 하지 않을 것이라고 믿을 아무런 근거가 없다고 우회적으로 외교를 전개하였다. 즉 무력행사와 침략은 주

독소불가침조약

로 서방측에 그 책임이 있으며, 소련과 독일간에 근본적인 분쟁의 씨는 없다고 말하며 독일에 대한 접근을 시도하였다.

소련은 한편으로 영국과의 협상을 진행시키면서 다른 한편으로는 독일과의 교섭을 진행시키고 있었다. 한편 볼세비즘을 인류문명의 파괴자요 불구대천의 적으로 규탄하던 히틀러에게 있어서 소련과의 협상이라는 것은 기괴한 것이었다. 그러나 히틀러는 이미 폴란드침공을 9월 1일로 결정하고 있었기 때문에 독·소 관계를 촉진해야할 필요가 있었다. 그러므로 독일은 소련이 서방측과 군사협정을 중심으로 한 협상을 개시했던 8월 16일 독일외상 리벤트로프(Ribbentrop)를 모스크바로 보냈고, 몰로토프(V.M. Molotov)는 독·소간의 세력범위의 확정을 내용으로 하는 의정서 체결에 동의하였다. 이에 따라 8월 23일 오후 리벤트로프가 모스크바에 도착하여 그날 밤에 불가침조약이 조인되었다.

독·소 불가침조약은 두 개로 구성되어 있다. 그 하나는 8월 24일 발표된 이른바 독·소 불가침조약이었고, 다른 하나는 양국의 세력범위를 획정한 비밀의정서였다. 독·소 불가침조약은 7개의 조항으로 구성되어 있는데 내용을 요약하면 다음과 같다.[1]

(1) 상호간에 침략적 행위를 하지 않으며 양국간의 모든 분쟁은 평화적으로 해결한다.
(2) 어느 한 나라에 적대적인 전쟁이 발발할 경우 양국은 제3국을 지원하지 않는다.
(3) 두 당사자간의 어느 적대국에 대해서 동맹관계를 갖지 않는다.
(4) 조약의 효력기간은 10년이며 서명과 더불어 효력이 발생한다.

그리고 비밀협정의 내용은 다음과 같다.

(1) 발트 제국의 영토를 재조정하는 경우 양국간 이해 지역은 핀란드, 에스토니아, 라트비아는 소련의 영향권에 들어가고, 리투아니아는 독일의 영향권 하에 둔다.

---

[1] 김용구, 앞의 책, pp.742~743 참조.

(2) 폴란드 영토를 재조정하는 경우 독·소간의 영향권 분할은 나류·비스틀·상(Narew Vistule-San)을 경계로 하며, 추가로 두 나라간의 이익을 위하여 폴란드를 독립국으로 할 것인가 하는 문제와 폴란드의 국경문제는 앞으로의 정치적 진전을 통해서만 결정될 수 있는 문제이므로 여하한 경우에 있어서도 두 정부는 이 문제를 우호적 협상을 통해 해결한다.
(3) 독일은 소련의 베사라비아(Bessarabia)에 대한 이익을 인정하며 독일은 이 지역에 대해 정치적 이익을 갖지 않는다.

이와는 별도로 히틀러는 일본 및 이태리와 방공협정을 맺었는데 여기서 일본은 독·소 불가침협정 제4조를 가지고 일·독 방공협정에 위배되는 것이라 하여 불만을 표시했다. 그러나 당시의 세력정치 속에서 어쩔 수 없이 받아들일 수밖에 없었고, 또한 독일의 패권을 확신함으로써 일본은 이에 승복하였다. 한편 영국은 8월 22일에 즉시 각의를 개최하여 대책을 협의하고 폴란드를 지원한다는 기존의 방침을 다시 한번 명백히 하였다. 영국정부는 24일 의회를 소집하고 국방관계에 대한 긴급권의 승인을 요청하였고 무혈승리를 노리는 독일의 오산을 경고하였다.2)

2. 독일의 폴란드침공과 대전의 발발

(1) 영·불의 최후통첩

1939년 9월 1일 오전 5시 45분 독일은 독·폴 불가침조약을 파기하고 폴란드에 진격함으로써 제2차 세계대전은 발발하게 되었다.

영국과 프랑스는 이러한 독일의 침략은 일방적인 국제조약의 폐기라고 비난하면서 총동원령을 결정하였다. 9월 1일 영국은 군비지출에 관한 의회의 승인을 받고 총동원령을 내리면서 폴란드에 대한 독일의 침략을 비

---

2) 오기평, 앞의 책, p.461 참조.

난하고 즉시 독일군대의 철수를 보장하라고 요구하였다. 만약 독일이 이에 응하지 않을 경우 영국정부는 폴란드에 대한 의무를 수행할 것을 명백히 하는 경고를 보냈다. 이에 대한 독일의 회답이 9월 3일 오후 5시까지 없는 한 영국은 독일과의 교전상태를 선포할 것이라는 최후통첩을 수교했고, 실제로 9월 4일에 대독선전이 포고되었다. 프랑스도 9월 1일 총동원령을 내리고 2일에는 군비 지출에 관한 의회의 승인을 받았으며 9월 3일 12시 30분에 영국과 같은 내용의 최후통첩을 수교하였다.

특히 영국의 체임벌린은 수년간 누적되었던 히틀러에 대한 불신의 사례들을 지적하면서 독일 국민에게 호소하였다. 즉 히틀러는 로카르노조약을 지킬 것을 약속하였으나 이를 어겼으며, 오스트리아의 병합을 원치 않는다고 했으면서도 이를 어겼고, 독일에 체코의 편입을 원치 않는다고 했으나 편입시켰다. 또한 그는 뮌헨협정 이후 유럽에 대해서는 더 이상 영토적 요구가 없다고 했으면서 그 약속을 깼다. 폴란드 영토를 원치 않는다고 했으면서 그 약속 또한 지키지 않았으며 그는 다년간 볼세비즘을 불구대천의 적이라고 공언했으면서도 지금은 그 동맹국이 되었다는 것 등을 지적하였다.

(2) 이태리의 참전

이태리는 제1차 세계대전에서처럼 전쟁 초기에는 관망하는 태도를 취했다. 9월 1일 독일의 폴란드 침략이 시작되자 이태리는 참전의사가 없음을 명백히 하였다. 그러면서도 이 전쟁에서의 중립이라는 표현 대신 '비교전의 지위'에서 방관하기로 하였다. 히틀러도 처음에는 이태리의 원조를 기대한 것은 아니었다. 9월 1일 히틀러는 "우리를 지지해 준 이태리에 감사한다고 하면서도 이 전쟁을 수행하기 위해 외국의 원조를 구걸할 생각은 없다"고 성명하였다.

히틀러는 처음에 이 전쟁을 독·폴 관계에 국한시키려고 하였고, 한편 이태리는 이 전쟁을 국지화시키기를 희망하였다. 이러한 양국의 입장은 서로 잘 받아들여졌다. 이태리가 국지전을 희망하게 된 것은 이태리는 교전국이 되기 전에 물자의 비축이 필요하였으며, 전쟁준비를 위해서는 3년의 기일은 요한다고 보았기 때문이다. 그러나 무솔리니는 폴란드 문제의 해결을 위한 국제회의를 제창함으로써 또다시 뮌헨회의와 같은 형식을 되풀이하고자 하였다. 무솔리니는 9월 2일에 현재 유럽에서 분쟁의 원인을 이루고 있는 베르사이유조약의 제 조항을 심의하기 위한 국제회의를 9월 5일에 갖자는 제의를 독일과 영·불에게 보냈다. 그러나 영·불은 회의 소집의 전제조건으로 독일군의 폴란드 철수를 요구하였으며, 무솔리니의 제안은 무산되었다.

그러나 히틀러는 프랑스를 침공함에 있어 이태리의 참전이 필요했다. 이에 따라 1940년 3월 18일 히틀러는 무솔리니에게 참전을 요구하였다. 한편 1940년 5월 10일에 서부에 대한 독일의 대공세가 전개됨에 따라서 무솔리니는 이태리참전의 불가피성을 느끼게 되었다. 이렇게 이태리가 참전 쪽으로 기울어지자 영국과 프랑스는 당황하여 많은 양보로 이태리를 회유하였고, 미국도 이태리의 요구가 실현되도록 보장하겠다고 제의하였다. 그러나 무솔리는 6월 1일 히틀러에게 참전 결정을 전달하고 6월 10일 전쟁을 선포하였다.

(3) 소련의 발트해 진출

소련은 독일의 신속한 승리에 대하여 경악을 금치 못하였다. 1939년 9월 1일 새벽 독일의 정예화부대가 공군과 협동으로 전격전으로 노도처럼 폴란드에 침공을 개시하여 폴란드는 불과 개전 2주만에 루마니아 국경지방으로 천도하는 지경에 이르렀고 그로부터 3일 후인 9월 17일에는 폴란드 대통령 모식기가 루마니아로 도망하였다.

이 때 소련은 폴란드영토인 우크라이나와 벨로러시아를 점령해 버림으로써 폴란드는 절망상태에 들어갔다.3) 그리고 9월 28일에는 독·소간에 폴란드의 분할협정을 체결하여 소련은 서부우크라이나 및 서부벨로러시아의 회복 목적을 달성하였다.4) 한편 소련은 발트제국의 병합을 서둘렀다. 그리고 9월 28일에는 에스토니아와의 상호원조조약을 체결하여 그 영토 내의 군대 주둔권과 해군기지의 건설권을 획득함으로써 사실상의 보호권을 설립하였다. 또 10월 4일에는 라트비아와도 같은 조약을 맺고 공군 및 해군의 근거지를 획득하였다. 다시 10월 10일에는 리투아니아와 상호원조조약을 체결하였다.

소련은 이어서 핀란드에 대해서도 같은 방법으로 지배하려고 30일에는 핀란드에 대한 전면적인 무력공격을 시작하였다. 핀란드는 소련에 대항하면서 한편으로는 국제연맹에 제소하였다. 연맹총회는 12월 14일에 소련의 핀란드 침략을 규탄하면서 소련을 연맹에서 제명시켜 버리는 것으로 이에 대응하였다. 약한 핀란드는 1940년 3월 12일에 소련과의 강화조약에 합의할 수밖에 없었다. 소련의 발트해에서의 통치는 이제 확고해졌다.

(4) 프랑스의 항복

영·불군과 독일군 사이에 실제로 전투가 개시된 것은 1940년 노르웨이작전에서부터였다. 1940년 4월 9일 새벽에 독일군은 전격적으로 덴마크와 노르웨이를 침공하였다. 이로써 덴마크는 즉각 항복하였고 노르웨이는 영·불과의 작전아래 저항하였으나 실패하였다. 한편 독일군은 5월 12일에 프랑스가 난공불락이라고 자부하던 마지노선(Maginot Line)의 서쪽을 돌파하여 벨기에 방면의 영·불 양국군을 포위하였다. 이에 네덜란드 총

---

3) 소련의 폴란드 진군은 1921년 3월 18일의 리카조약에 의해서 폴란드에 빼앗겼던 양지역을 회복하기 위한다는 구실이었다. 오기평, 앞의 책, p.480 참조.
4) 1939년 10월 26일에 서부우크라이나 국민회의는 우크라이나 공화국과의 합병을 의결하였고, 10월 28일에 서부벨로러시아는 벨로러시아공화국과 합병을 결정해 모두가 소비에트연방으로 편입되었다. 오기평, 위의 책, p.481 참조.

사령관은 5월 14일 오후에 전투중지명령을 내리고, 15일에는 독일에게 항복하고 28일에는 벨기에가 항복하였다. 이러한 급박한 형세 속에서 프랑스는 5월 18일 레노(Reynaud) 수상겸 국방상 아래 국민의 신임이 두터운 페탱(P'etain)장군을 부수상으로 하는 개각을 단행하였다.

그러나 6월 10일에는 이태리가 참전하였고, 6월 14일 파리가 점령되어 6월 21일 프랑스가 항복하였다. 그리하여 프랑스는 독일과 함께 이태리와도 휴전교섭을 진행하여 1940년 6월 24일 로마에서 휴전협정이 조인되었다. 휴전협정은 페탱정부의 요구로 이루어졌다.

(5) 독일의 소련침공

히틀러가 소련을 침공하게 된 가장 중요한 이유는 영국이 독일의 평화제의를 거부하는 것은 소련과 제휴의 가능성 때문이라고 인식하였기 때문이다.[5] 그러므로 이에 대한 최선의 방법은 전격전에 의하여 소련을 붕괴시키는 것이라고 판단하였다. 1940년 7월에 이미 히틀러는 소련과의 전쟁을 결말지어야 한다는 것을 그의 측근 장군과 토의하였다. 구체적인 검토는 1940년 11월 소련과의 교섭이 실패하고 또 지중해 진출을 위한 비시(Vichy) 정권 및 스페인과의 교섭이 성공하지 못하자 완료되었다. 이에 따라 12월 18일에는 바바롯사(Barbarossa)라고 하는 소련 침공작전계획안이 확정되었다.

독일은 소련에 대한 공격개시일을 처음에는 1941년 5월 15일로 잡았으나 유고침공 때문에 6월 22일로 연기되었다. 원래 유고침공은 1941년 3월 유고슬라비아에 영국과 소련으로부터 지지를 받는 정부가 새로 들어서게 되어 독일이 1941년 4월에 유고슬라비아와 그리스를 점령하였던 것이다. 그러나 히틀러의 전쟁수행계획은 크나큰 차질을 가져왔고 전격전에 의한 승리는 일단 대소전에서 끝나고 말았다.

---

[5] 김용구, 앞의 책, p.759 참조.

제2절 태평양 전쟁

1. 중·일전쟁과 미국의 태도

　일본은 1937년 7월 7일 蘆溝橋사건을 도화선으로 하여 중·일전쟁을 발발시켰다. 전쟁이 개시되자 일본군은 즉시 대규모의 공격을 개시하여 7월 말에는 北京, 天津을 점령하였고, 11월 1일에는 上海를 점령했으며 12월 10일에는 드디어 南京을 함락시켰다. 이리하여 중·일전쟁의 제1기에서 일본은 완전히 성공을 거두었으며 12월 13일에는 蔣介石의 南京정부에 평화제의를 하기로 결정하였다.

　한편 1937년 10월 5일 루스벨트 대통령은 시카고에서 이른바 〈격리연설〉(Quarantine Speech)로 침략국의 격리를 주장하고,[6] 다음 6일 국무성은 일본의 행동이 9개국조약 및 부전조약의 위반이라는 정식성명을 발표하였다. 그리고 11월 3일에는 브뤼셀에서 중국을 포함한 9개국조약회의가 개최되었다. 그러나 이 회의에서 일본이 불참하였고 다만 미국은 일본의 현재의 행동을 중지시켜야 한다고 주장은 하면서도 일본에게 경제적, 정치적 안심감을 주어야 한다는 유화정책을 시사하였다.

　중·일전쟁이 장기전으로 화하자 일본은 1938년 11월 이른바 〈大東亞新秩序宣言〉을 발표하여 극동에 일본을 지도자로 하는 신질서를 건설할 결의를 표명하였고, 미국은 1939년 7월 미·일 통상조약을 갱신하지 않고 폐기한다고 발표하였다. 그러므로 아직까지도 경제적으로 대미의존을 벗어나지 못하고 있던 일본은 이제 시급히 경제적 자급태세를 확립해야

---

[6] 오기평, 앞의 책, p.491 참조.

하게 되었으며 그러기 위하여서는 남진으로 활로를 개척하는 길밖에 없었다. 그런데 이러한 일본의 남진정책은 1939년 5월~9월간의 노몽한(Nomonhan, 러시아명: Khalkhin-Gol)사건의 실패와 독·소 불가침조약으로 더욱 박차를 가하게 되었다. 노몽한의 실패로 일본은 소련침략의 한계를 깨닫게 되었으며 또한 독·소의 접근은 만주국경의 긴장을 완화시켰기 때문이다.

한편 유럽에서는 1940년 5월에 개시된 독일의 서부작전으로 전세가 독일에게 압도적으로 유리하게 전개되자 일본은 불령인도차이나와 네덜란드령인도네시아를 점령하기 위하여 남진정책을 적극적으로 추진하게 되었다. 이러한 정세하에서 1940년 8월 일본은 〈大東亞共榮圈建設〉의 결의를 하였고 7월에는 일본군부가 작성한 〈세계정세의 추이에 따르는 시국처리요강〉이 정부에서 채택되었다. 8월 1일에 일본은 불령인도차이나에 최후통첩을 보내었고 29일에는 일본과 프랑스의 비시(Vichy)정부사이에는 일본이 요구한 군사상의 편의를 일본에 제공하는 협정이 체결되었다. 이 협정에서 극동에서의 일본의 우월적 권익을 승인 받았다. 또한 일본은 8월 17일에 네덜란드령 인도네시아와도 석유문제를 교섭하였다. 그러나 그 교섭은 실패로 돌아갔다. 그리고 1940년 9월 23일에는 일본은 북부불령인도차이나를 침략하였다.

이와 때를 같이하여 일본은 남방진출에서 미국을 견제할 필요를 느껴 벌써부터 독일이 제의하여온 일·독·이 3국동맹조약을 수락하기로 결정하였으며 1940년 9월 27일에는 베를린에서 그 조인을 하였다.

2. 미·일협상과 진주만 기습

미국은 1937년까지 일본과 중국 사이에 중립을 지켰다. 그러나 1937년 7월 7일 중·일전쟁 이후부터 중국문제를 둘러싼 미국의 정책은 반일·친중국적으로 기울어지기 시작하였다. 그러면서도 미국은 중국 문제를 둘러싼 일본과의 갈등 속에서 아시아나 중국의 문제를 엄격히 태평양 권의 문제로 보았다.

일본은 일·독·이 3국동맹조약을 체결함으로서 중·일전쟁의 처리와 남방진출에서 미국을 견제하려 하였고 독·이 양국은 일본을 이용하여 미국의 영·불측에의 참전을 막으려고 하였다. 그러나 미국은 이러한 추축제국의 결속에 오히려 반발적인 태도를 취하게 되었다. 이리하여 미국은 1940년 7월에는 일본에 대한 석유와 철강수출을 제한하고, 항공기용 가솔린의 수출을 금지하였다. 그리고 9월에는 철과 강철마저 대일 수출을 금지하였다. 그러나 아직도 미국은 일본과의 충돌을 피하고 될 수만 있으면 일본의 침략 방향을 북방으로 돌려보려고 하였다. 한편 일본도 역시 아직 대미전쟁에 대하여서는 승산이 서지 않았으므로 될 수 있는 대로 미국과의 무력충돌은 피하려고 하였다. 이리하여 미·일 양국간에 외교교섭이 시작되었다. 1941년 2월 11일에는 일본의 해군대장출신인 노무라(野村吉三郎)가 주미대사로 임명되어 워싱턴에 도착하였고, 그는 2월 24일에 루스벨트 대통령에게 신임장을 제출하고 3월 8일에 헐(Hull) 국무장관과 회견하여 미일교섭을 개시하였다.

이때 미국은 히틀러의 군사적 침략에 대해서는 자위를 위하여 단호히 대항할 결의를 명백히 하고 세계평화의 유지와 태평양문제의 해결을 위해서는 일본과 협력을 추구한다는 것이었다. 이러한 상황에서 일본의 대미교섭은 3국동맹의 테두리 속에서 미국의 유럽전쟁에의 참여를 방지하기 위한 위장전술의 성격도 띠고 있었음은 분명하였다.[7]

1941년 4월 9일 미·일 양국의 민간유지들이 작성했다는 7개 조목의 諒解私案이 나왔는데 이 비공식사안이 미·일 교섭의 기초가 되었다. 그러나 일본은 이 양해 안을 수정하여 5월 12일 미국에게 제출하였다. 이 수정안을 받은 미국은 이를 거부하고 6월 21일 미국 안을 제시하였다. 이러는 가운데 일본은 7월 26일 남부불령 인도차이나 진주를 발표하고 29일 이를 단행하였다. 그러므로 미국은 26일에 재미일본재산을 동결하고 8월 1일 석유금수를 하여 미·일 교섭은 파국을 맞이하게 되었다. 이렇게 미국과 일본이 수차에 걸쳐 상호 수정안을 제시하였으나 서로 합의점을 찾지 못하자 루스벨트 대통령은 소위 비극의 가능성을 피하기 위하여 12월 6일[8] 오후 9시에 일본천황에게 친전을 보냈다. 그러나 이것이 천황 손에 들어가기 전인 12월 7일 오전 7시 55분(진주만시간)에 일본은 진주만에 대한 기습공격을 감행함으로서 미국에게 전쟁을 도발하였다.

워싱턴에서 일본의 최후각서를 미국에게 수교한 것은 진주만 기습 1시간 후인 오후 2시 20분(워싱턴 시간)이었고, 또한 東京에서 이 최후통첩은 이미 기습이 끝난 뒤인 8일 오전 7시 30분에 미국대사 그류우(Joseph C. Grew)에게, 그리고 8시에는 영국대사인 크레이기(Robert Craigie)경에게 수교되었다. 그리고 일본외상이 그류우대사에게 전쟁상태의 선포를 알린 것은 8일 오전 11시였다. 이에 대하여 미국은 12월 8일 오후2시 30분 양원합동회의에서, 영국은 그날 12시에 각각 대 일선전을 포고하였다. 또한 중국은 12월 9일에 대일·독·이 3국에 선전하여 이들과 전쟁상태에 들어가게 되었다. 이에 따라 독일과 이태리도 12월 11일에 대미선전을 하였고 미국도 같은 날 그들에게 선전함으로써 이제 전쟁은 대서양과 태평양에 걸쳐 수행되었다.

---

7) 미·일교섭이 시작될 무렵, 松崗 외상은 1941년 3월에 베를린을 방문하여 히틀러와 더불어 싱가포르 공격과 기타 일·독간의 군사경제협력문제를 협의하였다. 오기평, 앞의 책, p.497 참조.
8) 이 시간은 워싱턴에서는 7일 오후 1시 20분, 일본에서는 8일 오전 25분이었다. 오기평, 위의 책, p.504 참조.

제3장 전쟁의 종결외교

제1절 전시외교

1. 대서양헌장외교

독일의 '유럽 신질서', 일본의 '대동아 공영권'에 대항하여 연합국은 '국제연합 조직'을 선언하고 그것을 전시외교의 기본 목표로 삼았다. 이러한 목표의 시발이 바로 대서양 헌장(Atlantic Charter)이다.

1941년 8월 9~12일 루스벨트와 처칠이 뉴펀들랜드(New Foundland) 외양에서 첫 회담을 가졌다. 이 회담에서 양 거두가 8월 14일 합의한 대서양 헌장에서 미래의 새로운 세계질서는 다음과 같은 8개 원칙에 입각해야 된다고 천명했다.[1]

 (1) 영토적 확장 불추구
 (2) 주민의사에 반대되는 영토변경 불추구
 (3) 국민들의 정부형태 선택권 존중, 박탈된 주권회복
 (4) 무역에 있어 균등한 대우
 (5) 경제에 있어 협력
 (6) 나치 후 평화스러운 세계 건설
 (7) 공해자유

---

[1] 김용구, 앞의 책, pp.781~782 참조.

(8) 힘의 사용폐지

이 회담에서 영국과 미국은 소련과의 협의 없이 전후처리에 대한 기본원칙을 정하였으며, 그 결과만을 스탈린에게 통고한 것이었다. 이에 대하여 스탈린은 불만을 토로하고 곧 외교 통로를 통해서 연합국과의 협의를 제의하였다. 1941년 12월 16일에 처음으로 소련은 베사라비아와 발트 연안국에 대한 소련의 영향권의 회복을 주장하였다. 이는 대서양헌장의 조항과는 거리가 있는 요구였다. 그러므로 스탈린의 이러한 요구에 대하여 영국과 미국은 침묵을 지켰다. 그 이유는 무엇보다도 전쟁의 승리가 최우선이므로 소련과의 논쟁을 회피하기 위해서였다.

그러다가 일본의 진주만 공격이 있자 1941년 12월 22일 미국이 회담을 요청하여 영·미 양수뇌간에 워싱턴에서 회의가 개최되었다. 이 회의에는 미국주재 소련대사도 수차에 걸쳐 참석하였다. 그리고 영·미간에는 군사협력을 담당할 연합참모부(Combined Chiefs of Staff)를 창설하기로 하였다.

이 회의 도중 1942년 1월 1일 영·미를 비롯한 26개국이 대서양 헌장의 정신에 입각한 〈국제연합선언〉(Declaration of the United Nations)을 발표하여 추축국에 대한 공동항쟁을 약속하고 단독으로 강화하지 않겠다고 천명했다.

2. 카사블랑카회담

1942년 11월 프랑스령 북아프리카에 영·미 연합군의 상륙이 성공하고 장차의 전략을 토의하기 위하여 1943년 1월 14~24일 카사블랑카(Casablanca)에서 회의가 개최되었다. 이 회담에는 스탈린을 초청하였으나 그는 참석하지 않았다. 이 회담에 소련을 초청하게 된 것은 소련이 전보다 연합국의 전쟁물자나 지원이 필요없게 되었으며, 특히 영국과 미국이 두려워한 것은 소련이 연합국과의 협상에 실패할 경우 독일과의 협상을 통해서, 독일이 요구하였던 우크라이나 병합을 포기하면 소련이 독일과 단독평화협상을 할 가능성이 있었기 때문이다.

그러나 소련은 계속적으로 그해 2월에 연합국에게 북부 프랑스에 대한 제2전선 형성을 다시 요구하였다. 이에 대하여 영국은 소련에게 소련이 요구한 시점에서 제2전선을 형성한다는 것은 시기상조이므로 8월에나 9월에는 공격이 가능하다고 암시하였다. 실제에 있어서는 처칠은 루스벨트와의 회담에서 북부 프랑스에 대한 상륙작전은 적어도 1944년 봄까지 가야 한다는데 합의하고 있었다. 6월 11일에 스탈린은 이러한 지연은 소련국민이나 소련군에게 있어서 타격이 된다고 항의하였다.

3. 테헤란회담

1943년 11월 28일~12월 1일 사이에 최초로 미·영·소 수뇌들이 회의하였는데 이것이 테헤란회담이다. 이 회담은 군사문제 외에는 결정된 것이 거의 없다. 그러나 3국 수뇌들이 한자리에 모여 솔직한 의견을 나눈 것은 역사적인 의의를 가졌다고 할 수 있다.

이 회의에서 소련의 전후처리에서의 요구사항이 전면적으로 표명되었고, 소련의 요구도 만족을 얻게 되었다. 이 회담에서 소련은 공식적으로 1943년 9월에 이행된 연합국의 이태리 상륙에 이어서 1944년 5월에는 반드시 연합국 측이 대대적인 노르만디 상륙작전을 예정대로 수행할 것을 강력히 주장하여 이행한다는 약속을 획득하게 되었다. 또한 스탈린은 발칸반도에서 영국의 제2전선 형성 주장에 대하여 반대하였고, 이 군사계획을 루스벨트의 도움으로 취소케 하였다.

독일의 분할에 관하여는 스탈린도 원칙적으로 찬성하였다. 그러나 어떤 방식으로 분할하느냐 하는 문제는 추후로 미루었다. 스탈린은 폴란드의 서부국경이 오데르(Oder)강까지 확장되어야 한다는 견해를 밝힌 바 있다.

4. 얄타회담

1945년 2월 4일~12일에 걸쳐 얄타에서 미·영·소 수뇌와 외상 그리고 군사 참모들이 참여한 회의는 전시회의 중 가장 중요한 회담이라고 할 수 있다. 미·영은 테헤란회담에서 소련의 요구에 대해서 협상하되 정확한 언질을 피한다는 그들의 전략에 대한 외교가 위험하다는 것을 알게 되었다. 이유는 이미 소련은 동유럽을 석권하고 있어서 매우 유리한 입장에서 회담에 임한 반면에, 미·영은 아직 어려운 전쟁을 하고 있었다. 특히 미국은 극동에서 일본군과 고전하고 있었다. 그러므로 루스벨트는 소련이 대일전에 참전하는 것이 절대 필요하다고 판단하여 이것을 관철시키는 데 주력하였다.

얄타회담에서 논의된 주요 항목은 다음과 같은 광범위한 세계문제와 관련하고 있었으며, 특히 한국문제도 거론되었다.[2]

(1) 국제연합: 1944년 10월 덤버튼 옥스(Dumbarton Oaks)회의에서 채택된 제안에 따라 1945년 4월 25일 샌프란시스코에서 국제연합 헌장채택.
(2) 독일문제: 독일을 미·영·소·불이 점령한다는 원칙에 합의하였다. 독일문제는 그의 법적 지위가 최종적으로 결정될 때까지는 소련, 미국, 영국간에 나누어 점령지역으로 점령한다는 것이었다. 추후에 서방측 점령 지역의 일부를 프랑스도 점령한다는 것이었다. 즉 독일문제의 해결은 분할이라는 방식으로 일단 얄타에서 '임시적으로'라는 것이었으나 해결한 것이다.
(3) 극동문제: 이는 소련의 대일참전문제였다. 소련은 독일이 항복할 경우 일본에 대해 참전할 것을 약속했다. 그 대신 그 대가로는 1904년 이전에 러

---

[2] 김용구, 앞의 책, p.793~795 참조.

시아가 빼앗긴 권리와 이권을 회복한다는 것이었다. 이의 구체적인 내용은 다음과 같다.
① 大連灣조차 회복.
② 남만주 철도와 만주횡단 철도에 대한 이권 회복.
③ 사할린에 대한 영토회복.
④ 쿠릴섬에 대한 점령과 소유의 약속.
⑤ 한반도에 있어서의 부분적인 영향권을 행사할 수 있다는 한반도에 대한 개입을 약속 받은 것 등이었다.
(4) 폴란드문제: 이 문제는 가장 논란의 대상이 된 주제였다. 소련이 당초 인정했던 런던의 폴란드 망명정부의 승인을 돌연 취소하고 루블린(Lublin)에 있는 친소적인 임시정부를 지지하고 나섬으로써 문제가 복잡하게 되었다. 그러나 결국 폴란드의 정부형태 선택은 일반·비밀·자유선거에 의하여 결정한다는 일반원칙만이 합의되었다. 그러나 스탈린은 안보상의 이유를 들어서 장차 폴란드에는 소련에 우호적인 정권이 등장해야 된다는 점을 강조하였다.

폴란드문제에 대한 타협안으로서 영·소는 소련의 몰로토프가 제의한 '폴란드계 외국이민을 포함하는 민주적 인사의 참여를 새로이 구성되는 임시정부에 참여시킨다'는 안에 동의하였다. 그러나 영·미는 폴란드 공산당이 참가하는 숫자만큼 민주적 인사를 획득할 수 없었으며, 결국 새로운 폴란드 임시정부에는 공산당이 60%가 지배하는 결과가 된 것이다. 이로써 폴란드 임시정부 인사는 친소파로 채워지게 된 것이다.

소련은 독일이 패망한 이후 2~3개월 이내에 대일전에 참가한다고 약속하였다. 그러나 그 대가에 관한 3국 수뇌들의 비밀 합의는 당시에는 알려지지 않았으나 1947년 3월 미국무성이 발표하여 세상에 알려졌다. 비밀내용은 다음과 같다.
(1) 외몽고의 현상유지 즉 몽고인민공화국 계속 존속.
(2) 1904년 일본에 양여한 권리의 복구.
(3) 쿠릴(Kurile)열도를 소련에 할양 등이다.

제2절 대전 종식외교

1. 독일의 패배와 유럽전의 종식

1942년까지 독일은 모든 전선에서 우세를 확보하여 승리에 도취되어 있었다. 동부전선의 독일군은 스탈린그라드를 점령하였을 뿐만 아니라 볼가강과 코카서스지방까지 도달하였다. 그리고 아프리카 전선에서는 롬멜(Rommel)장군의 지휘아래 이집트의 알렉산드리아 교외까지 진출하였다.

독일의 이러한 진출에 대하여 연합군은 중요한 결심을 하지 않으면 안되었다. 연합군은 독일의 계속적인 전선확대를 저지하기 위하여 1942년 6월 워싱턴에서 미국과 소련이 회담하여 북프랑스에 제2전선을 설정한다고 발표하였다. 그러나 이러한 설정발표에 대하여 영국의 처칠은 반대하고 오히려 북아프리카 상륙을 주장하게 되었고, 루즈벨트는 앞에서 언급한 바와 같이 처칠의 주장에 동의하였다. 물론 이러한 처칠의 주장과 이에 대한 루즈벨트의 동의에 대하여 스탈린은 불만이 컸다. 스탈린의 주장과 불만은 독일의 최대목표가 스탈린그라드 공략이었기 때문이다. 독일의 하계 공격목표는 코카사스 유전지대를 점령하고 남부우크라이나 곡창지대를 거쳐 스탈린그라드를 점령하는 것이었다.

이에 따라 독일은 1942년 9월 스탈린그라드공격을 개시하여 11월에는 최후의 공격을 하였다. 그러나 예상외로 소련군의 대반격을 받아 12월에 독일은 퇴각하지 않으면 안되었다. 소련군은 1943년 1월 독일군에 대하여 총반격과 더불어 섬멸전을 전개하였다. 한편 서부전선에서는 영국의 몽고메리(Montgomery)가 1942년 10월 이집트 알라메인 공격에서 성공하여 11

월 미·영 연합군은 모로코와 알제리에 상륙하였다. 따라서 1943년 1월을 계기로 독일은 동부전선의 대소전과 서부전선의 아프리카전선에의 패배로 전국은 연합국에 유리하게 전개되었다.

서부전선에 있어 아프리카에서의 독일의 패배는 바로 이태리의 패배로 이어졌다. 1943년 5월 미·영 연합군은 아프리카에서 승리한 후 곧바로 이태리로 진군하였다. 미·영 연합군은 7월 시칠리아 섬을 점령하고 9월에는 이태리본토에 상륙하여 이태리를 항복시켰다. 그리고 1944년 6월 미·영 연합군은 노르만디상륙작전에 성공하여 8월 25일 파리에 입성하였다. 한편 소련은 1944년 초 루마니아, 체코슬로바키아, 폴란드 국경에 도달하였다. 이렇게 미·영·소 연합군은 동·서부전선에서 독일의 방위선을 돌파하여 1945년 3월 중순 미군은 라인강에 도달하여 도강을 시작하였고, 소련군은 4월 중순 비엔나에 입성하여 4월 26일 미·소 양군은 엘베 강 부근에서 만나게 되었다.

5월 1일 히틀러의 사망이 발표되었고 5월 7일 요들(A. Jodl)장군이 아이젠하워 사령부에서 무조건 항복 문서에 서명하였고, 다음날에는 같은 절차가 주코프 사령부에서 있었다. 따라서 유럽전쟁은 종식되었다.

2. 포츠담회담과 태평양전쟁 종식외교

태평양전쟁을 감행한 일본은 유럽의 독일처럼 초기에 일방적인 승리를 거두었다. 1941년 12월 7일 진주만 기습과 더불어 말레이해전에서 승리하고 필리핀, 말레이 등을 점령하였다. 그리고 1942년 2월에는 싱가폴의 영국군을 항복시킴으로써 태평양을 장악하고 중국에서는 군사적으로 중요 지역을 점령하였다. 그리고 뉴기니아를 공략하고 미국과 호주를 차단하려는 작전을 감행하였다.

일본의 항복

　그러나 일본은 이러한 초기의 승리에도 불구하고 1942년 6월 미드웨이 해전에서의 패배를 계기로 하여 전세가 역전되어 1945년 4월 1일에 미국이 오키나와 상륙에 성공함으로써 일본의 패배는 시간문제였다. 이는 일본열도에 대한 상륙작전이 가능하게 되었기 때문이다. 그리고 이로부터 5주 후에 동맹국인 독일이 항복함으로써 연합국은 태평양으로 그의 군사력을 전환할 수 있었다. 따라서 6월 1일에 트루먼은 일본에게 무조건 항복을 하도록 선언하였다.

　독일 항복 이후 세계대전의 전후처리를 위한 마지막 미·영·소의 3국 수뇌회담이 7월 17일부터 8월 2일까지 베를린 남부교외의 포츠담(Potsdam)에서 열렸다. 이 회담에는 새로이 미국의 대통령직을 승계한 트루먼, 영국의 애틀리 수상3)과 소련의 스탈린이 참석하였다. 여기에서는 동유럽이나 극동문제는 거의 거론되지 않았고 주로 독일과 그의 위성국

---

3) 영국에서는 7월 15일의 총선에서 처칠은 패배하고 노동당이 집권함으로써 애틀리 수상이 참석케 되었다.

가들에 관한 합의사항들을 구체화시켰다. 회담의 주요 내용을 보면 다음과 같다.4)

(1) 독일문제: 독일은 미·영·불·소 4국이 분할점령하나 경제적으로는 하나의 공동체로 남는다는 원칙에 합의 등과, 배상에 관하여는 소련에게 많이 돌아가도록 하였다.
(2) 폴란드 영토문제: 동프러시아의 북부지역은 잠정적으로 소련에 이양한다. 단치히 시를 포함한 나머지 동프러시아 지역은 장차 평화회의에서 최종적으로 결정이 있을 때까지 폴란드에 이양한다. 따라서 독·폴 간의 국경은 오데르-나이제 선으로 한다.
(3) 외상 이사회(Council of Foreign Ministers)의 설치: 5개국 외상으로 구성되는 이사회를 설치하여 독일의 동맹국이었던 핀란드, 루마니아, 이태리, 불가리아, 헝가리 등과의 평화조약 문제를 담당하도록 하였다.

그리고 이 포츠담선언에서 연합국은 일본에게 무조건 항복을 권고하였

도쿄 전범 재판(1946)

---

4) 김용구, 앞의 책, pp.797~798 참조.

다. 또한 선언은 계속해서 카이로선언의 영토에 관한 조항은 이행될 것이며, 일본의 주권은 本州, 北海島, 九州 및 四國과 연합국이 정하는 작은 섬들에 국한시킬 것과, 일본군의 완전무장해제를 요구하였다. 그러나 일본은 7월 26일의 포츠담 선언을 거부하였다. 따라서 미국은 원자폭탄을 8월 6일에는 廣島에, 8월 9일에는 다시 長崎에 투하하였다. 그러나 무엇보다도 8월 8일에 소련군이 대일전쟁에 참전하였는데 이는 전쟁의 양상을 일변시켰다.

1945년 8월 15일 일본은 무조건 항복을 전세계에 발표함으로써 중국에의 침략전쟁과 태평양전쟁은 끝나게 되었다.

제4편

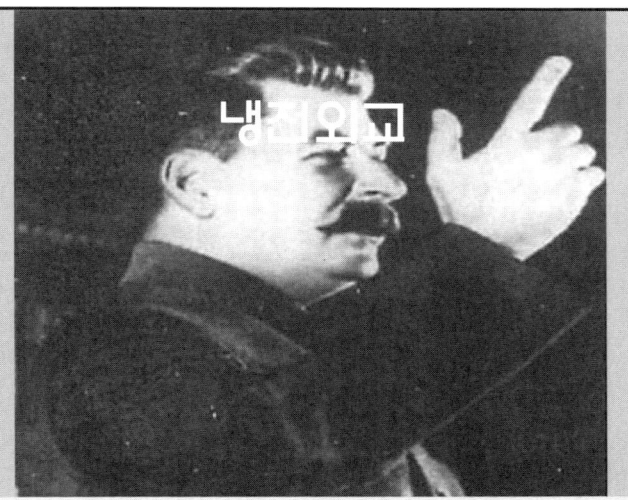

냉전외교

1930년대의 독재자 스탈린

제1장 미·소대립과 냉전
  제1절 미·소대립
  제2절 유럽의 냉전외교
  제3절 냉전의 열전화 및 아시아외교

제2장 소련진영의 동요와 긴장완화외교
  제1절 평화공존과 중·소분쟁
  제2절 닉슨독트린과 미·중화해외교
  제3절 일·중변화

제3장 얄타체제의 붕괴외교
  제1절 고르바초프의 새로운 사고외교
  제2절 몰타회담과 독일통일외교
  제3절 독립국가연합(CIS)의 출현과 얄타체제의 붕괴외교

제1장 미·소대립과 냉전

제1절 미·소대립

1. 미·소대립양상

    제2차 세계대전 후 냉전(Cold war)이라는 말이 일반화된 것은 1947년 미국의 평론가 리프만(Walter Lippmann)의 "냉전: 미국 외교정책의 연구"가 출판되면서부터였다.[1] 그러나 냉전이 발생한 상황은 대단히 단순하다. 소련(혁명 전 러시아)의 국경은 전통적으로 거의 발트 동해안부터 흑해에 이르는 선으로 이어져 왔다. 이 선의 서쪽은 근대에 와서 핀란드, 에스토니아, 라트비아, 리투아니아, 폴란드, 그리고 발칸제국이 완충지대를 형성하였다. 이 완충지대의 서쪽에는 독일, 오스트리아, 이태리, 프랑스가 있다. 서측의 열강은 전통적으로 러시아의 거대한 세력이 서진하는 것을 견제하고 균형을 유지하여 왔다. 따라서 20세기에 러시아의 서진을 봉쇄한 것은 독일이었다. 이러한 역학관계에 의하여 유럽은 균형을 이루고 있었다.
    이러한 균형은 제2차 대전이 종료된 1945년에 깨어지고 말았다. 대전 후 제2차 대전을 주도한 미국이 직면한 문제는 우선 독일과 일본의 패배로 생긴 유럽과 아시아에 있어서 힘의 진공상태를 어떻게 메울 것인가였

---

[1] Lippmann, Walter, "*The Cold War: A Study in U.S. Foreign Policy*" (New York: 1947)., 白京男, 앞의 책, p.234.

다. 그런데 종전시 소련은 완충지대의 대부분을 점령하였을 뿐만 아니라 서방 깊숙이까지 진출하였다. 소련군은 폴란드 전영토, 베를린 서쪽 10마일까지 침입, 헝가리, 오스트리아 동부. 루마니아, 불가리아 등을 점령하여 동유럽을 군사적으로 정복하였다. 그리고 이러한 전진은 계속되었다. 그러므로 1945년부터 1947년에 걸쳐 유럽은 세력균형이 붕괴의 위험에 처하게 되었다. 그러므로 이러한 상황에서 다시 세력균형을 위해서는 대전이 발발할 잠재성을 가지게 되었는데 이 전쟁은 바로 냉전이라는 형태로 나타났다.

그러므로 1945~1947년에 있어 동서의 대립은 (1) 폴란드의 자유선거, (2) 독일의 전후처리, (3) 유럽 5개국, 즉 헝가리, 루마니아, 불가리아, 핀란드, 이태리 등과 강화조약 체결, (4) 원자력의 국제관리 등을 위한 유엔에서의 논쟁, (5) 이란, 터키, 그리스, 그리고 일본에 있어 소련의 영향력행사라고 하는 국면으로 확대되었다. 다시 말하면 대서양세력임과 동시에 태평양세력인 미국과 유럽세력임과 동시에 아시아세력이라고 하는 소련은 지구의 서쪽에서는 독일의 분단선을 중심으로 하고, 지구의 동쪽에서는 한국의 분단선을 중심으로 하여 미·소 대립이 심화되어 갔다.

2. 냉전의 기원

냉전(Cold war)이라는 의미는 〈평화는 불가능하나 전쟁도 일어나지 않는 상황〉 또는 〈교섭불가능성의 상호인식에 서서 비군사적 단독행동의 응수〉 등으로 정의되고 있다. 이러한 성격의 냉전이 시작된 것은 제2차 대전이 끝나고 얼마 되지 않아서부터이다.

미국 내에서 대소불신과 대소강경론이 고조되고 있던 1946년 2월 16일 캐나다정부가 원폭정보를 훔친 용의자로 소련인 스파이단 22명을 체포한 사건이 발생하였다. 이 사건 1주일 전인 2월 9일 스탈린은 모스크바시 스탈린 선거구의 선거전의 집회연설을 하였는데, 이 연설에서 미국의 전후처리구상을 비판함과 동시에 자본주의와 공산주의 공존을 부정하고 독점자본주의의 존재가 전쟁발생을 불가피하게 하여 소련은 이에 대한 안전보장을 위하여 경제건설에 전력을 집중할 필요가 있다고 강조하면서 1944년의 7월 브레튼우즈회의(Bretton Woods Conference)회의에서 제시된 금융 및 재정문제를 비롯한 경제체제에의[2] 참가가능성을 전면 부정했다.

그때까지 전후부흥에 있어 미국의 경제원조에 큰 기대를 가진 소련에게 미국은 대소차관제공에 소극적인 자세를 취했다. 이에 대해 스탈린은 대미정책을 수정할 것을 결정하고 미국으로부터의 10억 달러의 차관을 단념하는 한편 국제통화기금(IMF)이나 세계은행(IBRD)에의 참가를 거절하고 이후 자력부흥주의를 표명하였다. 그러나 미국은 스탈린의 비난에도 불구하고 소련의 IMF가입의사를 알기 위하여 모스크바주소공사 죠지 케난(George F. Kennan)에게 그의 의견을 구하였다. 이에 대하여 케난은 2월 22일 5부 8000자 16쪽으로 된 장문의 전보를 본국에 보냈다. 이 전문에서 그는 소련의 대외정책의 주된 요인은 팽창정책에 있으므로 대소봉쇄정책을 전개해야 한다고 주장하였다.

케난의 전보가 워싱턴에 도착한 2월에는 이미 언급한 바와 같이 소련군의 불법 이란주둔문제가 제기되고 있었다. 그리고 3월 5일에는 미주리주 웨스트민스터 대학에서 트루먼 대통령과 같이 동석했던 영국의 처칠이 2월 9일의 스탈린 연설에 대항하여 '철의 커튼'(The Iron Curtain)이라는 연설을 하였다. 철의 커튼의 요지는 "지금 발트해의 쉬테틴으로부터 아드리아해의 트리에스트까지 하나의 철의 커튼이 유럽대륙을 횡단하여 내려지고 있는데 장막 뒤의 모든 수도와 주민은 소련 권내에 들어있다"는 것이다. 그러므로 처칠은 이 철의 커튼을 넘어 유럽으로 침입하는 공산주의

---

2) 이상철 옮김, 그레이엄로스, 『새유럽외교사 II』(서울: 까치, 1995), p.218.

의 위협에 대하여 앵글로색슨은 단결하여 대처하지 않으면 안된다고 역설하였다.

이와 같이 46년 2월부터 3월에 걸쳐 동서간의 긴장을 고조시킬 사건들이 많이 발생하여 이 시기를 경계로 하여 세계는 냉전의 시대에 돌입하였고, 미국의 대소정책도 중대한 전기를 맞게되었다.

제2절 유럽의 냉전외교

1. 트루먼독트린과 마샬플랜

(1) 트루먼독트린(Truman Doctrine)

대전 후에 곧 연합국간에 마찰과 대립이 나타나기 시작하였으나 세계가 동·서 진영으로 구분되지는 않았다. 그러나 1946년에 들어가면서 그리스, 아제르바이젠 등지의 분쟁, 국제연합 안전보장이사회의 대립, 그리고 인도차이나반도 분쟁으로 미·소대립은 점차 노골화되었다.

이러한 분쟁에서도 그리스문제가 가장 심각하게 부상하였다. 그리스의 우파를 지원하고 있던 영국은 1946~1947년에 들어서 경제파탄에 직면하게 되어 1947년 2월 21일 미국에게 3월 말부터 그리스에 재정지원을 중단할 수밖에 없으니 대신 재정지원을 해줄 것을 요청하였다. 이러한 요청을 받은 미국은 충격을 받고 즉시 이에 대한 조치를 강구했다. 1947년 2

월 24일 제1회 국무성 그리스·터키 원조문제검토특별위원회가 개최되었다. 이 회의에서 미국은 소련의 거부권행사로 유엔이 제기능을 하지 못하고 더욱이 영국이 소련의 지중해 진출을 저지하는 역사적 사명을 포기한다면 미국이 직접 유럽 및 중동의 공산주의의 팽창과 대결해야 한다고 인식하였다. 따라서 이에 대하여 트루먼 대통령은 1947년 3월 12일에 미국의회 상하합동회의에서 트루먼독트린인 그리스·터키원조법안을 발표하였다. 원래 트루먼독트린은 미국이 공산주의의 공포와 압정으로부터 자유주의제국을 수호한다는 것을 세계에 선언한 것이다. 이 연설 속에서 그리스가 공산게릴라의 위협아래 놓여 있으며, 이를 구하기 위해서는 미국은 그리스와 터키에 대하여 4억 달러 원조를, 즉, 터키에 3억 달러, 그리스에 1억 달러를 제공하고 군사고문단을 파견할 것이라고 하였다.

트루먼독트린으로 지원되는 원조라는 것이 그 성격에서 자선적인 경제원조의 성격이나 경제적인 성격의 원조가 아니라 군사원조를 목적으로 하는 경제원조였다. 그러나 트루먼의 본의는 공산주의국가인 소련과 전

1949년 유럽

세계적 규모에서 대결을 결심한 것이 아니고 미국의 고립주의 복귀를 강력히 주장하는 미국민과 의회에 경종을 주기 위한 과장된 표현이라고 할 수 있다. 당시 미국이 가장 신경을 쓰고있던 유럽의 정치적 경제적 취약성과 연관하여 중동지원 중요성을 호소하는 것에 진의가 있었다.

(2) 마샬플랜(Marshall Plan)

미국은 트루먼독트린에 이어 유럽부흥원조를 위한 이른바 마샬플랜의 구상을 발표하였다. 1947년 1월 번즈의 후임으로 국무장관에 취임한 마샬은 6월 5일에 하버드대학에서 마샬플랜을 천명하였다. 마샬은 "세계정세는 매우 심각하다"고 전제하고 전쟁 후의 "유럽의 물자부족은 유럽의 지불능력을 넘어서고 있다. 현 유럽이 경제·정치·사회적인 해체에 처하게 된 상황하에서 미국은 유럽에 중요하고도 필요한 무상원조를 고려하고 있다"고 한 것이다. 이것은 피폐된 당시의 유럽경제부흥에 미국이 협력할 의지가 있다는 것을 밝힌 것이다.

당시 트루먼 정권 내부에 있어 가장 우려한 것은 소련에 의한 군사침략 보다는 유럽의 경제적 붕괴였다. 유럽의 경제적 빈곤은 공산주의의 온상이라고 판단한 마샬은 '의사가 협의하는 사이에 환자가 죽고 있다'고 하면서 서구경제부흥계획추진의 필요성을 통감하여 국무성 내부에 정책기획실을 설치하고 서구의 경제적 취약성은 소련의 영향력을 허락하는 것이라고 경고한 케난을 실장에 기용하였다. 따라서 케난을 중심으로 5월 이후 이 대규모 경제원조계획의 구상이 굳혀졌다.

이에 응하는 영·불 회담이 6월 17일에 개최되었고 소련의 참가를 호소하였다. 이후 곧 마셜플랜이라고 약칭된 유럽부흥계획(European Recovery Plan) 토의를 위해서 6월 27일부터 7월 2일까지 파리에서 영·불·소 3상 회의가 개최되었는데 소련은 몰로토프가 참가하였다.

이 회의에서 몰로토프는 소국이 대국을 초청하고, 국가주권의 침해에 해당한다고 하면서 이에 반대하였다. 그리고 참가범위도 스페인을 제외한 전 유럽이 해당한다고 하는 영·불의 주장에 반하여 소련은 과거의 연합국에 한정해야 한다고 시종 주장하여 결국 7월 2일 회담은 별 성과 없이 끝나고 말았다. 영·불은 즉각 마샬플랜 참가 희망국가에 대하여 유럽경제부흥회의에 참여할 것을 종용하였다. 그러나 소련과 그의 위성국 및 핀란드가 참가를 거부하였고, 그 대신 파리에서 7월 12일에 16개국으로 회의가 개최되었다. 회의는 영·불·이·노르웨이 및 네덜란드 등 5개국으로 구성하는 협력집행위원회를 설치하고 다시 5개의 위원회를 구성하였다.

금후 4년에 걸친 유럽부흥계획에 관한 보고서가 9월 22일 전체회의에서 승인되고 트루먼 정권은 동년 12월 19일에 1948년 4월 1일부터 1952년 6월 30일까지에 유럽부흥을 위한 170억 달러의 경비지출을 승인하는 특별교서를 의회에 보냈다.

2. 코민포름의 결성외교

1947년 7월 마샬플랜이 결정되자 소련의 외상 몰로토프(V.M.Molotov)는 즉각 그의 몰로토프 계획을 제창하였다. 그는 그의 계획을 제창함에 있어, 구 추축국으로부터 배상, 징수, 소련 중심의 동유럽의 무역증진, 경제협력의 촉진을 전후 동유럽의 경제부흥정책의 원칙으로 하는 소련과 동유럽 국가간의 경제원조협정과 장기무역협정을 체결하는 것이라고 하였다.

이러한 소련의 주장은 미국의 트루먼독트린과 마샬 플랜을 중심으로 미국과 서유럽 국가들의 결속에 직면하여 소련을 중심으로 한 국제공산주의를 다시 부활시킬 필요가 있었기 때문이었다. 그런데 국제공산의주의 조직으로서는 1918년에 결성된 코민테른(Kommintern)이 있었는데 이 코민테른은 독·소전에서 미·영과 협력을 위하여 1943년 5월 정식으로 해체되었던 것이다.

앞에서 언급한 바와 같이 냉전시대로 접어들면서 각국의 공산당은 공통의 문제를 협의하고 정보를 청취하자는 명목으로 국제적인 조직체 결성의 필요성에 합의를 보았다. 1947년 9월 8일 폴란드에서 소련, 폴란드, 체코슬로바키아, 헝가리, 루마니아, 불가리아, 유고슬라비아, 프랑스 및 이태리의 9개국 공산당에서 2명씩 대표들이 참석하여 코민포름(Cominform, Communist Information Bureau: Information Bureau of Communist and Worker's Parties)을 결성하였다. 이 코민포름은 1947년 10월 1차 회의를 소집하였으며, 그 이름을 '코민포름'이라고 명명하였다. 이 기구는 단순한 연락기관으로서 집행기구를 갖는 기구는 아니었다. 본부를 벨그라드에 두고 기관지를 프랑스어와 러시아어로 발간하는 본격적인 기구적 성격을 띠었다.

그 첫 연설 속에서 소련 대표 쥬다노프는 세계는 두 진영으로 분열되었다고 선포하고, 미국은 제국주의와 자본주의의 진영을 주도하고, 소련은 반제국주의와 반자본주의를 이끌 것이라고 선언함으로써 두 동서진영의 확고한 분열을 확인하였다.

3. NATO의 창설외교

북대서양조약기구인 NATO(North Atlantic Treaty Organization)의 창설의 직접적인 배경은 1948년 2월의 체코의 정변에서 찾을 수 있다. 소련은 체코에서 군, 노동조합 등의 공산세력을 장악하고 1948년 2월 이들을 통하여 쿠데타로 공산정권을 수립하였다. 그러므로 서방국가들은 소련이 체코의 공산정권수립과 같은 방식으로 다른 국가들을 공산화하지 않을까하는 두려움을 가지게 되었다. 이러한 소련의 팽창에 대한 대응은 유럽에서 경제적 부흥이 어렵게 된 현실에서 유럽부흥의 필요요건은 군사적 안전보장이라고 인식하게 되었던 것이다.

이러한 인식의 결과 1948년 3월 17일에 영·불과 베네룩스 3국간에 브뤼셀조약(The Treaty of Brussels)이 체결되었다. 이 조약은 조약의 규정을 실행하기 위하여서는 항구적인 기구를 두었다는 점에서 혁신적이라고 할 수 있다. 가맹국의 외상으로 구성되는 자문위원회, 런던주재대사로 구성되는 상임위원회, 각국의 국방상으로 구성되는 국방위원회 등이 설치되고, 나아가 육·해·공군으로 연합군사령부를 설치한다고 하였다. 평시에 가맹국간에 이렇게 긴밀한 연대조직을 구축한 동맹은 과거에는 없었다. 그런데 이 브뤼셀조약은 아무리 긴밀하고 일체화된 조약이라고 하나 현실적으로 소련권의 본격적인 군사침공에 대항할 수 없다는 것은 명백하다. 그러므로 미국으로부터 원조가 없다면, 즉 결국 미국을 서구방위에 포함시키지 않는 한 군사적 봉쇄를 한다고 하더라도 이것은 하나의 위협에 지나지 않는 것이다.

한편 유럽에 있어 방위체제정비를 지켜보고 있던 미국은 같은 날 17일 트루먼은 상하양원 합동회의에서 이 조약의 탄생을 환영한다고 연설하였다. 즉 그는 의회연설에서 "적당한 수단을 가지고 미국이 필요한 지원의 수단을 이러한 자유제국에 제공하는 하는 것이 필요하다고 나는 확신하고 유럽의 자유제국이 자위하겠다는 결의는 그들을 도와주겠다고 하는 미국의 결의와 일치하는 것이라고" 하였다. 이에 따라 7월 6일 미국은 브뤼셀조약과 캐나다간에

NATO회담

보다 광범위한 북대서양동맹을 조기에 결성하기 위한 협의를 정식으로 개시하여 12월에는 캐나다가 합의하고 연말에 걸쳐 노르웨이, 덴마크, 아이스랜드, 이태리, 포르트갈 등이 참가하였다. 따라서 1949년 4월 4일 워싱턴에서 12개국이 조인하여 NATO가 탄생되었다.

1949년 당시 미군 2개 사단이 독일에 주둔하고 있었으나 진정한 군사기구로서의 NATO 건설에 박차를 가한 것은 1950년 6월 한국전쟁의 발발에 따랐던 것이다. 1949년 11월에는 미국의 주창으로 전략물자의 공산권에의 수출을 통제하기 위하여 아이스랜드를 제외한 NATO 가맹국 및 서독에 의하여 공산권수출통제위원회(코콤)가 파리에 설치되었다.

제3절 냉전의 열전화 및 아시아외교

1. 중국의 공산화

미국의 전통적인 대중정책은 중국시장에 대한 문호개방과 인도적 견지에서 원조를 실시하고, 군사불개입을 기본원칙으로 하였었다. 그러나 제2차 대전이 발발하자 연합국의 일원으로서 중국을 대국으로 대우하고, 또한 일본 패배후의 공백을 채워서 전후 세계질서의 일익을 담당해야할 국가로서 蔣介石의 국민당정부를 강력히 지지하였다. 1942년 미국은 재정, 물자, 기술, 군사적 원조계획으로 중국의 육군과 공군을 근대화하였다. 그리고 1945년 얄타회담에서 미국은 동북아시아에 있어서 제정시대의 영토를 소련이 회복하는 대상으로 소련이 국민당정부를 지지할 것을 약속받았다. 소련의 약속은 1945년 8월 14일 중국과 소련의 우호동맹조약 체결을 가져왔다. 또한 미국은 중국에 유엔안전보장이사회 상임이사국 자리를 부여했다. 그러나 실제 장개석이 이끄는 중국은 분열되어 있었다.

그러나 중국의 공산군은 소련의 도움으로 만주에서 항복한 일본군의 무기로 더욱 강화되었다. 공산주의자들은 중국서북 지방의 광대한 지역을 그들의 지배하에 두었다. 따라서 1945년까지 공산당이 중국 총인구의 1/4를, 만주를 제외한 중국영토의 15%를 지배하게 되었다. 그러므로 미국은 전쟁이 끝난 직후 1945년 9월 14일 일본점령지역에 대한 공산세력의 확대를 저지하기 위하여 국민당정부에 군사원조확대를 결정한 이외에 5만의 해병대를 화북의 중요거점에 상륙시켜 국민당군의 수송을 지원하고, 국·공양당의 휴전과 통일을 촉진시키기 위하여 헐(Hul)대사를 국·공교섭에 임하도록 하였다. 이에 따라 1946년 1월 中慶에서 정치협상회의는 정전명령에 합의를 보았고 2월에는 군대의 통합이 승인되었다. 그리고 내전의 정치를 감시하기 위한 군사조처집행부가 설치되었다.

그러나 내전은 1946년 5월부터 재개되어 7월 이후부터 본격적으로 확대되어 갔다. 공산군에게는 국민당의 현실적인 약점에 대한 빠른 계산이 있었고 유럽에서 냉전의 개시가 소련으로 하여금 중공과 국민당 사이의 경쟁을 자극토록 하였다. 전세는 국민당군의 절대적인 수적 우세에도 불구하고 1947년 말경부터 공산군에 유리하게 전개되어 갔다. 그러므로 소련은 국·공조정을 단념하였다.

1948년 후반에 들어가면서 만주지방에서 공산군이 승리함으로써 1949년 1월 31에는 공산군이 北京에 무혈 입성하였다. 그리고 10월 1일 중화인민공화국이 선포되었다.

2. 한국전쟁

1948년 10월 소련은 북한을 승인하고 12월 25일에 그들의 군대를 북한에서 철수하였으나 조·소비밀군사협정에 의하여 북한에 대해서 대규모적인 군사원조를 실시하였다. 한편 미국군은 1949년 6월 30일 남한으로부터 철수를 완료하였으나 한국에 대한 군사원조에는 소극적이었다.

소련은 1949년 3월 17일 조·소경제문화협정과 비밀군사협정을 체결하여 북한에 (1) 6개 보병사단과 3개 기관총부대의 무장과 무기공급, (2) 100대의 항공기 공급, (3) 120명의 군사고문단 파견, (4) 10억 원의 재정원조를 약속했다. 이러한 소련과의 군사협정과 더불어 북한의 군대는 배로 증가되었으며 소련으로부터의 원조는 1946년부터 1948년까지 2억 8천 8백만 달러인데 비하여 1949년에는 2억 5천 7백만 달러가 되었다.

그리고 1949년 毛澤東과 스탈린이 1월에 회담하였고, 1949년 3월 18일 북한과 중공의 방위협정에 따라 만주에서 중공군에 편입되어 항일전과 국·공전에 참가했던 한국국적군인 2만 2천 명이 북한으로 돌아와 북한의 "인민군"에 편입되었다. 그들은 북한의 제5사단과 제6사단 그리고 제7사단에 편입되었다.

한편 미국은 한국에서 군대를 철수한 후 중국에서 공산정권이 수립되었으나 냉전이 본격화하는 1947년 이후부터 유럽 제1주의정책을 취하면서 한반도에 대한 직접적인 군사적 공약을 회피하는 것을 기본방침으로 하였다. 당시 미국은 소련의 미국에 대한 기습공격의 가능성에서 벗어날 수가 없었다. 그러므로 미국은 한국을 전략적으로 과소 평가하였다. 따라서 한국에 대한 미국의 정책도 소극적이었다. 미국은 1945년부터 1948년까지 한국에 4억 9백 3십 93,000달러만 원조하였다. 그러므로 한국전쟁까지 미국의 한국에 대한 군사원조는 공공질서 유지에만 도움이 되었을 뿐이다. 1947년 9월 미국 합동참모본부의 상황분석에서는 미국의 아시아에서의 안전보장은 한국 이외의 전장에서 결정되므로 한국에서의 미국군대의 주둔은 짐이 될 뿐이므로 한반도는 미국의 공군력과 해군력으로 무력화하면 된다고 보았다.

한반도에 대한 미·소의 이러한 인식과 정책하에서 북한은 1950년 6월 25일 새벽 4시에 38도선 전역에 걸쳐 전면적인 무력공격을 개시하여 6월 28일 서울을 점령하였다. 그러나 전쟁이 발발하자 미국의 대응은 신속하였다. 미국은 유엔 안전보장이사회 소집을 요청하고 6월 25일에는 북한군의 행위를 침략으로 단정하고 동시에 즉시 정전과 북한군의 철퇴를 요구하는 결의를 가결하였다. 그리고 27일에는 한국에 무기원조의 권고결의가 성립되어 소련의 결석하에 채택되었다. 특히 26일에 극동공군을 한반도에 출동시킨 트루먼은 안보리결의를 27일 발표하고 미 해·공군의 한국지원을 지시하는 한편 제7함대를 대만해협에 파견하여 중공의 대만침공을 저지하고 다시 필리핀주둔미군의 증강과 군사원조를 촉진하였다.

그러므로 냉전개시 이래 미국은 항상 유럽에서 동서대립과 공산주의 봉쇄를 중심으로 한 전략구축을 하여왔는데 냉전은 일거에 한국전쟁이라고 하는 극동지역에서 일어나 동북아시아도 유럽과 나란히 냉전의 주요 무대가 되었다.

3. 동남아의 냉전

미국은 한국전쟁발발과 인도차이나에서 내전이 격화됨에 따라 아시아에서 반공방위체제의 구축이 시급하였다. 그러나 아시아는 유럽지역과는 달라 동남아지역에서 지역집단안전보장기구의 형성은 쉽지 않았다. 이러한 이유는 필리핀을 제외하고 미국이 이 지역과의 결속이 약하고 이에 더하여 전후 독립한 국가들은 인도네시아의 스카르노 등의 민족주의적 지향이 강한 카리스마적 지도자가 많아 각국을 반공의 기치 아래 결집시키는 것이 곤란하였기 때문이다.

우선 동남아시아의 정세를 개관하면 베트남, 라오스, 캄보디아 등 인도지나 3국은 1869~1900년에 걸쳐 프랑스의 지배하, 즉 불령인도차이나하에 있었으나 1930년에 독립을 목표로 한 베트남공산당이 결성되었다. 그 후 1940년 9월 하노이로부터 중국으로 통하는 援蔣루트의 차단을 이유로 일본군이 북부 불령인도차이나에 진주하였고, 41년 7월에는 남부에까지 진주하였다. 이에 대하여 동년 5월에 호치민을 중심으로 한 베트남민족주의자들은 중국 廣西省에서 공산당을 중핵으로 하여 베트남독립동맹을 결성하였다.

그런데 일본이 항복하자 연합군 동남아시아군사령관의 성명에 의하여 북위 16도선을 경계로 하여 베트남 북부와 라오스는 중국 국민당군이, 베트남 남부와 캄보디아는 영·불군이 진주하였다. 그러나 베트남에서는 호치민이 인솔하는 베트민이 일제히 봉기하여 바오다이왕을 퇴위시키고, 한편 1945년 9월 2일 일본이 항복하던 날 베트남민주공화국(월맹)을 건설하였다. 그리고 라오스에서는 동년 10월에 라오스 임시정부를 수립하고 독립을 선언하였다. 또한 캄보디아에서도 1945년 3월 시하누크 국왕이 독립을 선언하였다.

이러한 상황에 대하여 종주국인 프랑스가 캄보디아와 라오스의 독립을 취소시키고 베트남에서도 9월 23일 사이공을 점령하였다. 이에 대하여 1945년 3월 호치민과 프랑스간에 하노이 잠정협정을 체결하였다. 이 협정에서 프랑스는 일단 베트남 민주공화국의 자치를 승낙하고 프랑스연합 내의 하나의 자유국으로 인정받고 북부(통킹), 중부(안남), 남부(코치나)의 베트남 3지역의 합병문제는 인민투표를 실시한다고 하였다. 그리고 4월 군사협정에서는 프랑스가 베트남군을 포함하여 인도차이나군의 지휘권을 행사하고, 1952년까지 기지유지관리를 제외하고 프랑스군은 모두 철수한다고 하였다.

그러나 이러한 협정에도 불구하고 1946년 12월 19일에 프랑스와 베트남 양군이 충돌하였고, 20일에 호치민의 전국의 동포에 대한 항전호소와 더불어 프랑스군과 민족해방세력간에 제1차 인도차이나전쟁이 시작되었던 것이다.

그러나 1950년 2월 미국은 월남의 바오다이 정권을 승인하고, 한편 중·소 양국은 베트남민주공화국을 1950년 1월 승인하였다. 특히 공산중국이 베트민군에 대한 무기·탄약의 지원을 계속하였고, 1950년 말에는 중국국경의 중요 거점이 베트민군의 수중에 떨어져 전국의 주도권은 점점 베트민측으로 넘어가게 되었다.

1950년 2월 미국은 인도차이나에서 공산세력의 확대는 동남아시아 전역에 공산화를 초래한다고 하는 〈도미노 이론〉하에 점차 공산주의를 봉쇄하는데 일익으로서 인도차이나를 중시하게 되었다. 특히 미국은 한국전이 발발하자 이와 같은 인식이 한층 더 강하게 되어 1950년 6월에 베트남주둔 프랑스군에의 군사원조와 고문단 파견을 시행하게 되었다. 그러나 전쟁의 국면은 시종 프랑스의 열세가 계속되었다. 그러므로 1954년 1월 25일부터 베를린에서 소련의 동의를 얻어 미·영·불·소 등 동서 4개국외상회담이 개최되었고, 회의종반에 중국도 가담하여 한국의 통일 및 인도차이나 휴전문제에 관하여 제네바회의를 개최할 것을 합의하였다.

그러나 한국전쟁이 휴전되자 여유를 얻은 중공은 호치민에게 군사원조를 증대하여 베트민군은 라오스국경에 연하여 베트남 서북부에 대한 공격행동을 강화하였다. 따라서 프랑스가 1만 2000명의 병력을 투입한 디엔비엔푸 요새가 중대한 위협을 받게 되었다. 프랑스는 미국의 공군기에 의한 폭격지원을 요청하게 되었고, 이에 대하여 미국은 전술핵무기를 포함한 군사지원을 검토하였으나 중공군의 참전가능성 등을 고려하여 미국 단독 무력개입을 피했던 것이다. 따라서 미국은 1954년 1월 베를린에서 합의된 제네바회의를 개최하였다. 이 제네바회의는 제2차 대전 후 미·영·불·소·중 5개국 외상이 한자리에 처음으로 만났으며, 남북한이나 인도차이나제국 등 22개국 대표가 참가하였다. 여기서 한국문제는 4월 26일부터 6월 15일까지 개최되었고, 인도차이나문제는 5월 8일부터 7월 21일까지 개최되었다. 그런데 인도차이나문제를 취급할 하루전인 5월 7일 디엔비엔푸 요새가 함락되었다. 따라서 7월 21일 인도차이나휴전협정이 조인되어 9년간에 걸친 인도차이나전쟁은 일단 종식되었다.

한편 미국의 지원하에 바오다이 왕정의 고딘 디엠수상은 1955년 10월 국민투표에서 99.2%라고 하는 높은 지지를 받아 왕정을 폐지하고 초대대통령에 취임하였고, 국명을 베트남공화국(월남)이라고 하였다. 미국은 1955년부터 61년에 걸쳐 월남에 경제·군사원조로서 10억 달러 이상을 투입하여 1961년에 디엠정권은 미국의 대외원조수령국의 제5위가 되었다. 또한 56년 초부터 미국은 월남군을 훈련할 책임을 프랑스로부터 인계받았고, 사이공에 파견된 군사원조고문단이 그 책임을 떠맡았다.

제2장 소련진영의 동요와 긴장완화외교

제1절 평화공존과 중·소분쟁

1. 소련의 평화공존외교

　1956년은 전후의 국제정치사를 양분하는 진정한 분수령이었다. 이는 과도한 단수화의 염려도 있으나 이 해는 대립하는 동서양체제는 어느 측이던 약한 부분을 위험에 노출시켰다. 이것이 바로 소련의 평화공존 (Peaceful Coexistence)노선이라고 할 수 있다. 원래 평화공존정책은 레닌의 전략이론의 하나로서 냉전에서 협력으로의 과정이다. 마르크스·레닌주의는 세계혁명의 목표를 달성하기 위하여 폭력주의를 옹호하나 자본주의국가에 둘러싸인 공산주의국가로서 평화공존의 시간을 벌고 숨을 쉴 기회를 얻어 공산주의사회의 건설을 강화하는 전략에 해당된다.
　1956년 2월 25일 소련공산당 제20차 대회가 폐막되던 저녁의 비밀회의에서 흐루시초프(Nikita Sergeevich Khruschev) 제1서기가 〈스탈린 개인숭배의 결과〉라고 하는 보고연설을 하면서 스탈린 비판을 전개하고 스탈린 노선의 격하를 시작했다. 이는 형제당의 협의없이 스탈린 격하를 선포한 것이다. 비밀보고서는 우선 은익되어 있던 레닌의 유언을 소개하고, 레닌이 스탈린의 조폭한 성격과 권력을 활용하는 경향을 발견하고 서기장의 지위를 해임할 필요가 있다고 생각했던 것을 지적하고, 따라서 그의 성격적 결함이 개인숭배와 대량숙청이라고 하는 이상한 결과를 가져왔다고 주장했다.

그리고 흐루시초프는 제20차 대회의 첫날 2월 14일 6시간에 걸쳐 연설을 하면서 자본주의는 전쟁의 근원이라고 하는 종래의 테제에 대하여 〈자본주의가 잔존해도 전쟁은 숙명적으로 피할 수 없는 것은 아니다〉고 주장하고 마렌코프의 전쟁가피론을 계승하였다. 현재에는 제국주의가 전쟁을 시작하는 것을 저지할 수 있는 수단을 가진 강대한 사회주의세력이 존재한다고 해도 사회주의진영의 정치적 영향력의 확대라고 하는 근본적 정세변화에서 전쟁가부론의 논거를 구하였다. 그러나 실제로는 원자폭탄에 이어 수소폭탄이 개발되는 등 핵무기의 출현과 군비경쟁이 격화되어 전쟁에 대한 감각의 변화에 영향을 받은 것이다.

흐루시초프 수상

그러므로 흐루시초프는 자본주의로부터 사회주의에의 이행형태는 각국의 다양성에 따라 여러 가지 형태가 고려되어 의회를 통하여 평화적인 사회주의에의 이행의 가능성을 긍정하는 등 자본주의진영의 약체화와 사회주의진영의 강화발전이라고 하는 역사적 변화에 응해서 〈평화공존〉의 노선을 소련외교정책의 기본방침으로 하였다.

이와 같이 흐루시초프의 평화공존이 강조되자 1956년 4월 동구지배를 위한 기구인 코민포름을 해산하였다. 그리고 자유·비스탈린화의 노선은 스탈린 체제를 통치의 기본으로 하여온 동구제국에 정치적 혼란을 가져온 결과가 되었다. 1956년 6월 28일 아침 폴란드 서부의 보스난시에 있는 차량공장의 노동자가 대우개선을 요구하며 데모를 비롯하여 정치적, 경제적 자유를 요구하는 대규모 반소폭동이 발생하였다. 이에 대하여 흐루시초프는 10월 19일 바르샤바조약 군최고사령관과 폴란드를 방문하고 폴란드주둔 소련군도 바르샤바로 이동하여 교섭한 결과 고물카를 당 제1서기로 대체하면서 사태를 진정시켰다.

폴란드에 이어 헝가리에서도 반소폭동이 일어났다. 1956년 10월 23일 부다페스트에서 시민과 학생 30만이 격렬한 반스탈린 데모를 일으켜 정부와 노동자간에 시가전의 사태로 확대되었다. 이 헝가리 사태에 대하여 11월 4일 아침 소련군 전차 2000대가 부다페스트에 침공하였다. 이에 대하여 헝가리군과 시민들은 시가전을 벌이면서 격렬히 저항했으나 다음날 소련군에 의해 제압되고 말았다.

당시 미국이 동구자유화의 움직임에 깊이 관여하지 않았던 것은 중동정세가 긴박하였기 때문이다. 헝가리동란이 정점에 달한 10월 30일 수에즈동란이 발발, 세계의 주목은 중동에 쏠려있었다. 수에즈동란은 소련의 헝가리에 군사개입을 용이하게 하였다.

2. 중·소분쟁

毛澤東은 1949년 7월 건국에 앞서 이미 소련일변도의 정책을 명확히 하였다. 동시에 劉少奇부주석과 高崗동북인민정부주석을 모스크바에 보내 건국 후의 정치체제나 경제건설 등에 관하여 스탈린과 협의하게 하였다. 그 후 1950년에는 중·소 우호동맹상호원조조약을 체결하고, 이의 부흥·근대화 추진과 미국의 봉쇄정책에 대항하기 위하여 이 후 중국이 소련과의 협력관계를 깊이 했다는 것은 앞에서 언급한 바 있다.

그러나 이러한 협력관계도 일시적인 것이었다. 1953년 3월 스탈린이 사망하자 중·소 밀월시대는 종말을 맞게 되었다. 앞에서 언급한 1956년 2월 흐루시초프의 스탈린 비판에 대하여 4월 중국은 〈프롤레타리아 독재의 역사적 경험에 대하여〉라는 제목으로 비판적 논문을 발표하였다. 스탈린 치하의 공포정치의 원인을 그의 인격적 결함과 개인숭배에서 찾는 것은 중대한 오류를 범할 뿐만 아니라 스탈린의 위대한 공적을 무시하는 것이라고 하였다. 1957년 11월 모택동은 모스크바를 방문하여 〈동풍이 서풍을 압도하고 있다〉, 〈미제국주의는 종이호랑이에 불과하다〉라고 하는 자본주의제국에 대한 사회주의진영의 우월성을 호소하면서 흐루시초프의 평화이행론을 비판하였다.

한편 소련은 1958년 7월 31일 대만해협의 긴장이 높아지던 시기에 중국에게 핵무기를 제공하는 대가로 중·소 공동함대의 창설, 전자군사기술의 중·소 통합사령부 설치, 소련공군의 중국 내의 기지사용 등을 제시하였다. 그러나 이에 대하여 중국은 주권침해라고 강력하게 반발하였다. 이러는 가운데 중국은 8월 23일 갑자기 金門島에 포격을 하고 대만의 무력해방정책을 추진하였는데 이는 흐루시초프의 반발과 소련의 평화공존노선에 대한 도전적 자세를 과시한 것이라고 할 수 있다. 1959년 6월 소련은 1957년 10월 15일에 조인한 중·소 국방신기술협정을 일방적으로 파기하고, 중국에의 원폭제조기술의 제공을 거절하였다.

중국은 1960년 4월 소련과 결별하고 독자노선을 걸을 것을 결심하였다. 한편 소련은 1961년 10월 제22차 공산당대회에서 새로운 당 강령을 채택하고 평화공존, 평화적 경제경쟁, 평화이행 등 3대 지주를 국제전략으로 새로운 사회주의국가론을 내세웠다. 그러나 중국은 이를 수정주의노선이라고 비판하고 반소, 반유고의 입장을 취하는 알바니아를 지지하였다. 이에 대해 소련은 중국을 스탈린주의라고 비판하고 1961년 11월 소련・알바니아 양국은 국교를 단절하고 서로 대사를 소환하였다.

　1962년 4월과 5월에 중・소간의 국경에서 군사분쟁이 발생하였다. 중・소간의 국경은 유라시아를 거쳐 7,000km에 이르는 긴 국경이다. 1962년 소련이 쿠바로부터 미사일 철수를 할 때에 중공은 이에 대해 단호하게 소련을 규탄한 것이다. 1964년 10월 16일 중국은 처음으로 핵실험에 성공하여 다섯 번째의 핵보유국이 되었다. 그리고 1967년에는 수소폭탄 실험에도 성공하였다.

　중・소분쟁은 초기에는 이념적인 분쟁에서 출발하였으나 중공이 핵을 가짐으로써 중・소분쟁은 국가분쟁으로서의 성격을 띠기 시작한 것이다. 이러한 중・소분쟁은 점점 악화되어갔다. 1969년 3월 2일 및 15일의 두 번에 걸쳐 국경수비대간의 교전사태가 발생하였다. 우수리강에서 중・소 국경을 경계하여 양국의 정규군이 교전을 한 것이다. 다만스키섬을 중・소가 각기 자기 영토라고 함으로서 영토분쟁으로 확대되었다. 이 혈전의 군사적인 분쟁은 중・소분쟁의 절정을 이루었다.

제2절 닉슨독트린과 미・중화해외교

　중국은 1969년 3월 소련과 국경무력충돌에서 우월한 소련의 군사력 앞에서 안보의 위협을 느끼게 되었다. 그러므로 중국은 미국과 새로운 관계 정립의 필요성을 절감하게 되었다. 한편 미국은 중국의 毛澤東세력을 공산주의세력으로서 보다는 민족주의세력으로 평가하기 시작하였다. 즉 아시아의 국제질서를 이데올로기로부터 탈피한 세력간의 재편성을 구상하게 되었다.

이러한 국제정세의 변화, 중국 자체의 변화, 미국 내의 중국에 대한 재평가 등을 바탕으로 1969년 7월 25일에 미국 대통령 닉슨(Richard Nixon)은 그의 외교정책의 기본인 닉슨독트린(Nixon Doctrine, Guam Doctrine)을 괌도에서 발표하였다. 이는 새로운 아시아 정책으로서 그 주요내용은 다음과 같다.[1]

(1) 미국은 조약상의 공약은 모두 지킬 것이다.
(2) 미국은 미국과 동맹관계에 있는 국가 혹은 미국에게 있어서 안전보장 상 사활적으로 중요하다고 생각되는 나라의 자유를 핵 보유국가가 위협할 경우에는 이에 방패를 제공한다.
(3) 다른 종류의 침략이 있는 경우에는 미국은 조약상 공약에 따라서 요청이 있을 경우 군사·경제원조를 제공한다. 미국은 직접 위협을 받고 있는 국가가 자위를 위해서 지상군을 공급할 1차적인 책임을 져야한다는 것이다.

닉슨독트린의 배경에는 세 가지 중요점이 있다고 볼 수 있다. 그 하나는 민족주의에 대한 재평가였고, 둘째는 미국의 아시아에서의 군사방식의 변화였다고 할 수 있다. 셋째로는 아시아의 국제정치질서가 근본적으로 변했다는 사실이다.

첫째, 미국의 아시아에 대한 민족주의의 새로운 평가이다. 중공의 毛澤東세력을 과거 오랫동안 공산주의의 정치세력으로 보아 왔으나 금후부터는 동시에 민족주의세력으로 보기 시작한 것이다. 미국은 동시에 군사동맹이었던 일본에 대한 민족주의문제도 새로운 각도, 즉 단순한 자유세계라는 각도에서만이 아니라 역시 전후 일본의 새로운 성격을 검토하기 시작한 것이다. 월남문제의 해결도 역시 인도차이나반도를 중심으로 한 민족주의 세력과 타협하고 해결한 것이다. 인도차이나 문제를 파리 협상에서 월남과 합의하여 해결한 것이 아니라 호지명세력과 타협하고 해결한

---

[1] 이기택, 앞의 책, pp.513~519 참조.

것이다. 미국이 아시아의 민족주의에 냉전체제 이래 새로운 평가를 하기 시작한 것이었다고 볼 수 있다.

실제로 닉슨이 이에 대한 암시를 얻어 그 후 닉슨독트린의 배후 사상이 된 것은 1968년 인도네시아 방문에서였다고 할 수 있다. 결국 아시아의 대국인 인도네시아가 미국의 군사원조나 경제적 지원없이 하루아침에 스카르노의 좌익국가로부터 우익국가로의 전환한 힘이 어디에서 나오는가 하는 명제였다. 아시아의 공산주의를 대항할 수 있는 세력은 기본적으로 아시아의 민족주의라고 간파한 것이다.

둘째로는 군사기술상의 변화이다. 월남전에 주력 육군 56~57만을 전부 투입하였던 미군의 과오에서 기인한 것이었다. 앞으로 미국은 아시아에서 지상군 위주의 군사개입은 하지 않겠다는 것이었다. 해군과 공군이라는 융통성이 높고 기술집약적인 군사기술로 대처한다는 것이고, 닉슨독트린의 결론 조항에서 보듯이 앞으로는 지상군은 1차적으로 아시아 당사국이 책임을 져야 한다는 것이었다.

이것에는 다음과 같은 이유에서였다고 할 수 있다. 즉 사활적인 이익을 갖고 있는 미국의 태평양 및 인도양 정책에서 어떻게 지상군을 사용치 않으면서 계속 헤게모니를 장악할 것인가 하는 문제였다. 이에 대한 최선안은 미국이 전략적 해상수송로를 장악함으로써 해외로부터 식량, 에너지, 원자재의 수입에 의존하고 있는 나라들에 대한 군사적 통제를 실시하는 것이었다고 할 수 있다. 아시아 국가 중에 수로에 의존하지 않는 나라는 없다. 이의 대표적인 국가는 일본이며, 10억 인구를 가진 중공도 밀을 호주, 미국, 캐나다로부터 수입해야 하는 것은 수로를 통해서인 것이다. 미국은 이를 도서수로전략이라고 말한다.

이러한 닉슨독트린의 군사적 배경에는 다음과 같은 정치적이며 경제적인 배경이 있는 것이다. 미국정부의 전망으로서는 태평양권의 공업화의 촉진이나 경제발전은 다음과 같은 전략적 귀결을 초래한다고 본 것이다.

첫째, 외국의 원유 및 석유제품에 대한 의존도는 주로 미국의 메이저에 의존할 것이다. 이것은 전량이 해상수송로에 의존한 수송이다.

둘째, 현금화율이 높은 수출지향형 공업으로 아시아 농업이 변화하는 것으로서 이는 식량자급자족이 공업화가 되면 될수록 문제가 될 것이다. 이것은 식량자급체제를 붕괴시키고, 특히 식량의 전량을 해상 수입하는 것, 즉 미국으로부터의 수입이 불가피해진다는 전제이다.

셋째, 기술수준이 높은 수출지향형의 공업개발은 그 결과 원료, 생산설비 등의 해외의존도가 높아질 것이다. 이것의 대부분을 해외에서 수로를 통해서 수입하게 된다.

넷째, 미국, 일본, 서유럽이 주로 지배하는 금융시장이 동경, 싱가포르, 홍콩 등으로 금융센터가 아시아의 국제 금융체제를 형성해 갈 것이며, 각국 경제가 집중될 것이다. 이들 금융시장 모두가 해상에 있다는 점을 유의해야 한다.

이와 같이 아시아의 여러 나라들이 철도나 파이프라인을 통해서 자원에 접근하거나 수출해서 경제를 성장시킬 수 있는 나라는 없으며, 전부가 공업화가 되면 될수록 해상무역에 의존해야 한다는 사실이다. 따라서 미국의 군사력이 집중하고 있는 지역에 대한 전략적 중요도가 높아질 것이라는 것이다. 그러므로 아시아는 미국의 전략적인 기반 위에 유지되어야 하기 때문에 이를 무시할 수 없다는 것이다.

여기에서 미국은 지상군의 철수 결정을 닉슨독트린과 함께 진행시켰다. 지상군 철수는 해·공군을 중심으로 한 도서 수로 전략으로 전환한 것인데, 이는 지상군을 위주로 한 군사기술 및 방식을 월남전에서까지 포기하고 태평양국가로 남으면서 아시아에 군사적인 주둔을 바다에 대한 점령으로 전환하는 전략이라고 할 수 있다. 그리하여 한반도로부터 미지상군의 철수는 닉슨독트린 이후 이러한 전략에 의한 것이었다고 할 수 있다.

셋째로는 아시아의 국제질서의 변화이다. 과거 20년 동안 1970년대까지 아시아의 냉전질서는 미지상군과 그 기지를 경계로 한 냉전체제였다.

미군사선을 경계로 하여 미국을 중심으로 한 자유세계와 중·소를 중심으로 한 공산세계간의 아시아적 관계였다. 그러나 미·중공간의 정치적 합의인 반패권(Anti-Hegemony)이라는 정치질서는 아시아의 냉전체제를 근본적으로 수정하는 새로운 국제질서이다. 이데올로기체제로부터 세력균형체제로 돌입하는 것이다.

이에는 주로 1815년 이후의 국제질서를 공부한 키신저의 발상이 크게 영향을 주었다고 할 수 있다. 즉 중부유럽으로 하여금 나폴레옹 몰락 이후 헤게모니를 장악하려는 러시아를 견제케 하는 동시에 프랑스가 새로이 일어나지 못하도록 한다는 영국의 전통적인 정책을 유사하게 적용하려 한 것이다. 즉 중공을 국제세력으로 대두시켜서 중공으로 하여금 소련과 일본을 동시에 견제하게 한다는 것이 키신저의 아시아 질서의 새로운 수상이었다고 할 수 있다.

중공으로 하여금 소련을 견제케 함과 동시에 일본을 견제케 한다는 이러한 아시아의 새로운 질서는 아시아제국에게 큰 영향을 주게 된 것이다. 아시아의 여러 나라에서 누구도 단독 적인 패권을 수립해서는 안된다는 원리가 미·중공간의 上海공동성명(1972년 2월) 속에서 반패권조항으로 나타났다. 이것은 곧 앞으로의 평화는 세력균형체제하에서 유지한다는 원리이다. 이미 미국은 아시아의 민족주의를 재평가하면서 아시아의 정치질서를 비이데올로기화하여 온 것이다. 이러한 배경하에서 미·중공간의 화해가 구체화되어 가는 것이다.

중공을 최초로 승인한 국가는 1964년 프랑스였다. 1965년부터 1968년까지의 문화혁명은 중공을 고립시켰으나 모택동은 劉小奇를 제거하고 권력을 완전히 장악할 수 있었다. 그러나 중공이 세계적인 고립으로부터 벗어날 수 있었던 것은 周恩來의 현실주의와 닉슨의 현실주의, 그리고 유엔에 대한 세계여론이었다.

1971년 4월에 돌연 중공이 미국의 탁구팀을 초청하는 핑퐁외교를 함으로써 미·중공간의 접근이 시작되었다. 곧 이어서 닉슨은 중공에 대한 상당한 부분의 전략물자에 대한 금수조치를 해제한다고 발표하였다. 7월 15일에 중공은 닉슨 대통령을 초청하였으며, 이를 수락하였다는 발표로 세계를 경악케 하였다. 이는 이미 키신저에 의해서 파키스탄을 통해 극비리에 중공을 방문하고 난 이후였다는 것이 알려진 것이다.

그러나 미·중공간에는 아무런 타협점이 발견되지 못하였다. 중공은 계속 대만을 포함하는 중국은 하나라는 점과 이는 논리상으로나 현실적으로 인정되어야 한다는 것이었다. 또 한편 닉슨은 대만을 포기할 수 없다는 것을 거듭 주장하고 있었다. 그러나 중공과 유엔문제는 다른 각도로 진행되었다. 중공의 유엔 가입문제에 있어서 대만을 제거할 것인가 하는 문제였다. 단순한 중공의 유엔 가입안은 놀랍게도 59대 54, 기권 15로 거부되었다. 1971년 10월 26일에 그 대신 대만을 추방하고 중공을 안전보장이사국으로 가입시키자는 알바니아안은 76대 35, 기권 17로 가결된 것이다.

닉슨의 중공방문을 중재하기 위해서 키신저가 제2차 중공방문을 준비하고 있었던 미국으로서는 큰 패배였다고 할 수 있다. 중공이 안전보장이사회라는 거부권을 행사할 수 있는 세계협조체제의 일원으로 가담한 것이다. 중공이 세계정치의 주역의 하나로 등장한 것이다. 실제에 있어서는 미국이 중공을 세계무대의 길로 유도한 것이다. 닉슨독트린의 핵심적인 기반은 미국과 중공간의 화해를 전제한 아시아의 전반적인 국제정치질서의 재편성에 있었다.

닉슨의 중공방문에 대한 발표가 1971년 11월 29일에 있었고, 1972년 2월 21일로부터 28일까지 중공에 체류하게 되었다. 닉슨과 모택동간의 회담은 세계적인 중요한 회담이었다. 닉슨은 중국이 하나의 중국(One China)임을 인정하였으며, 대만은 중국의 일부라고 인정한 것이다. 또한 중국의 통일문제는 중국인에게 있다는 것을 인정하였다. 그러나 미국과 대만정부간의 1954년 이래의 방위조약은 유효하다고 천명한 것이다. 중국 측은 혜

게모니와 힘을 추구하는 정책에는 반대한다고 함으로서 반 패권조항이 성립한 것이다. 미·중공간에는 상호불간섭 원칙을 인정하였다. 회담을 끝낸 닉슨은 자기가 모택동과 회담한 1주일이 세계를 변모케 했다고 말한 것이다.

제3절 일·중변화[2]

미·중공간의 새로운 협상과 타결을 일본은 닉슨 쇼크(Nixon Shock)로 받아들였다. 주미 일본대사는 이러한 미·중공간의 화해를 이렇게 표현하고 있었다. 즉 "내가 가장 두려운 것은 어느 아침잠에서 깨었을 때에 미국과 중공이 손을 잡고 있는 것을 발견할 때이다"라고 하였다. 대만정부와 많은 관계를 갖고 있었던 일본으로서 중공에 대한 접근은 큰 관심사였다. 1971년 단순한 중·일간에 상업협정을 체결하였다. 그러나 사토 수상은 주은래가 요구한 세 가지 조건, 즉 첫째, 중공을 유일 정부로 인정할 것, 둘째로, 대만을 중공의 일부로 인정할 것, 셋째, 대만과의 평화조약을 폐기할 것을 거절하였다.

사토가 사임한 후 다나카(田中)가 수상이 되어 그는 기본적으로 중공에 대한 접근론자였다. 그는 사회당의 힘을 빌려 대만문제를 중공에게 설득하려 한 것이다. 大平 외상은 적극적으로 대중공 접근을 꾀하였으며, 일본의 대중공 접근은 단순한 자민당의 일은 아니었으며 전국가 이익이 걸

---

2) 이기택, 앞의 책, pp.520~521 참조.

린 문제였다. 중공의 시장접근을 어떻게 빨리 할 것인가 하는 문제였다. 1972년 9월 다나카는 중공을 방문하였고, 공동성명서에서는 첫째, 중공정부가 유일 합법정부이다. 둘째, 대만과의 평화조약은 언급하지 않고 다만 大平성명으로써 대만과의 조약은 이미 그 실효성을 잃었다는 것으로 마무리한 것이다. 셋째, 두 나라간의 형식상 전쟁상태의 종결을 선언하였다. 넷째, 평화우호조약을 가까운 장래에 협의할 것을 결정한 것이다.

일본과 중공간의 관계성립은 그 동기에 있어서 중공의 정치적이며 군사전략적인 조건과 일본이 미국에게 뒤지지 않고 중공의 시장을 차지해야 한다는 이익과의 일치가 중·일관계를 낳게 한 것이다.

제3장 얄타체제의 붕괴외교

제1절 고르바초프의 새로운 사고외교

1. 소련외교정책의 변화[1]

 1985년 3월 11일에 고르바초프(Mikhail Gorbachev)가 소련의 최고 권력을 계승하였을 때 소련은 사회주의에 지친 공산제국이었다. 대제국을 움직이는 기본적인 힘이 되는 경제는 정체되어 성장의 둔화, 만성적인 소비재 부족, 과학·첨단 기술의 낙후, 생산성저하, 노동력 부족의 구조적인 모순에 직면하여 있었다. 사회자본이나 생산설비의 근대화를 추진하려 하여도 비대한 군사비 지출과 아프가니스탄 침공에 따른 군사적인 모험으로 국가자본은 바닥이 나 있었다. 그리고 관료주의의 경직성, 판옵티콘적(Panopticon) 독재체제는 체제의 내부모순으로 이미 그 한계성에 도달하였다.
 고르바초프는 이러한 소련의 사회와 경제파탄의 현실 앞에서 우선 소련경제가 빠른 성장과 질적 향상을 가져오지 못하면 누적되는 당과 국가에 대한 국민의 불만으로 소련은 붕괴할지 모른다는 위기의식에서 이데올로기 지향보다는 실용주의적 노선에서 개혁정책을 실시하였다.
 고르바초프는 소련경제의 침체와 사회적 부조화를 종식시키려는 페레

---

[1] 白京男, 앞의 책, pp.312~319 참조.

스트로이카(Perestroika)정책의 성공은 국내정치의 개혁 외에 국제환경의 뒷받침없이는 불가능하다고 보았다. 그것은 서방 선진자본국가와의 경제교류에 의한 선진기술 도입과 군비감소가 긴급한 과제였기 때문이었다. 그러므로 대유럽안보정책에 있어서도 새로운 사고가 전개되어야 하였다. 강력한 자신의 권력유지 기반 위에서 소련이 안심하고 국내정치·경제개혁을 수행할 수 있는 국제환경변화의 조건은 새로운 화해, 협력에 바탕을 둔 안전보장의 비군사적 측면 조성이었다.

우선 대외정책의 지침을, (1) 수단에 있어서 '탈 군사화', (2) 모든 국가관계에 있어서 평등관계를 구축하는 '동등화', (3) 국제관계에서 '탈 이데올로기화'로 설정하고, 전통적인 안전보장 개념을 극복하는 새로운 차원에서의 안전보장개념을 재구성하였다. 즉 현대의 안전보장 확보는 군사력만이 아니라 정치, 외교, 경제를 포함한 종합적 힘에 의존해야 된다는 논리에서, (1) 안전보장은 군사적 문제보다 정치적 문제가 더 중요하며, (2) 자국의 안전보장은 다른 나라 안전의 희생 위에서 이루어질 수 없으며, (3) 상호안전을 의미하는 원칙을 수락하는 포괄적인 '상호안전보장' 개념을 창출하였다.[2] 상호안전보장은 체제를 불문하고 모든 인류의 존재 그 자체가 핵전쟁의 위험에 노출되어 있다는 '상호위험성'의 현실에 기반을 두었다.

자국의 안전보장은 상대측의 이해와 의도에 달렸다고 보는 상호안전보장에 대한 이러한 새로운 정치적 사고로부터 1986년 6월 16일에 소련공산당 중앙위원회에서 핵무기의 감축을 위한 국제적 협력을 제안하고, 1987년 12월 8일에 미국과 중거리핵무기의 폐기협정에 성공하여 미·소 양대 강국이 최초로 전략우위 획득경쟁으로부터 해방되어 전략상호의존체제로 전환토록 하였다. 더불어 그는 전략 핵의 50% 삭감을 목표로 하

---

2) Kiese, Hans Peter, "Wandel der Sowjetischen Position zur Deutschen Frage: in Europa-Archiv," 4/1990. p.125.

여 적극적 핵감축 교섭을 진행하면서 동서관계 구조변화에 새로운 전기를 마련하였다. INF, 즉 중거리 핵무기 폐기협정은 전세계 핵무기의 5%에 불과하지만 유럽을 핵무기 공포의 위협에서 벗어나게 하는 결정적인 계기가 되었다. 폐기될 핵미사일은 미국이 퍼싱 II 1백 8기, 크루즈미사일 2백 56기, 퍼싱 IA 72기, 계 4백 36기이고, 소련은 SS-20 4백 41기, SS-4 1백 12기, SS-12 1백 30기, SS-23 20기, 계 703기였다.

결국 고르바초프의 "신사고 외교"는 국제공산주의의 공식적 입장인 서구 두진영론과 사회주의국가·자본주의국가·노동자계급·제3세계 민족운동론의 포기였다. 그것은 동구지배와 제3세계 사회주의국가 지원 중단으로 군사비·대외경비 감소와 병행 미국과 군축협정을 실현하는 것이었다. 그리고 서방국가의 경제원조를 확보하고 중국과의 관계개선을 염두에 두고 있었다.

이러한 고르바초프의 평화정책은 소련에 대한 동구와 서구의 위협감을 희미하게 하였고, 소련과 동구에 서방사회의 사고와 체제가 확대되도록 하여 소련이 보유한 군사력의 의미는 변화되어 가고 있었다. 뿐만 아니라 동구 사회주의권에 엄청난 변화의 에너지를 불어넣었다.

2. 브레즈네프독트린 폐기

냉전시대 동구는 소련의 세력권에서 그 위성국으로 존재하여 왔다. 그것은 제2차 대전 후 분단된 유럽의 강제상황이었다.

1953년 3월 스탈린 사망 후 흐루시초프는 비스탈린화 정책을 전개하고 사회주의로의 다양한 길을 제시하였다. 그것은 소련의 동구에 대한 철의 지배에 동요를 가져와 동구에는 자유화운동이 시작되었다. 소련의 철의 지배하의 누적된 불만은 해방을 향한 폭발적 에너지로 전환되어 헝가리에서는 1956년 10월 학생과 노동자들의 민주화운동이 일어났다. 당시 임레나지 정권은 소련군 철수, 바르샤바조약기구로부터 헝가리 탈퇴, 민주주의에 입각한 복수정당제와 자유선거 실시의 새노선을 공식선언하였으나 자유와 민주를 지향한 헝가리 인민들의 요구는 소련의 탱크로 무참하게 좌절되고 말았다.

이때부터 소련 공산당이 지닌 권위의 도덕적 위치는 결정적으로 흔들리기 시작하였고, 사실상 소련 공산당은 국제 공산주의운동의 중심으로서의 역할을 더이상 수행할 수 없게 되었다. 1956년 12월 이태리 공산당 서기장 토리아티(Palmiro Togliatti)는 사회주의의 다양성과 민주주의를 중시하는 노선을 택하고 다 중심주의의 방향을 제시하였다. 그 후 1968년 체코슬로바키아의 프라하의 봄은 젊은 개혁파인 두브체크가, (1) 공산당의 국가권력의 독점 배제, (2) 결사의 자유, (3) 의사와 정보의 자유, (4) 언론의 자유, (5) 거주이전의 자유, (6) 민주적 선거체제와 의회제, (7) 권력집중의 방지, (8) 문화와 예술창조의 자유를 공산당 행동강령으로 제시하였다.

이 행동강령은 사회주의 사회의 민주적 모델로서 동구 사회주의 국가가 가야될 이정표를 뚜렷하게 밝힌 노선이다. 스탈린식 사회주의에 도전을 한 두브체크는 공산주의 독재체제를 극복한 '인간의 얼굴을 한 사회주의(Socialism with a Human Face)'를 건설하려 하였으나, 마르크스-레닌주의의 총본산인 소련은 독자적인 체코슬로바키아의 자유화 노선을 도전이라고 간주, 1968년 8월 21일에 소련군을 주력으로 한 바르샤바조약군의 무력침공으로 좌절시켰다.

프라하의 봄을 탱크로 짓누르면서 브레즈네프는 "사회주의 국가들의 전체이익을 위해서 한 국가의 이익은 종속되고 한 국가의 주권은 제한된다"는 '브레즈네프독트린'을 앞세워 동구의 자주적인 사회주의 또는 민주적인 사회주의의 길을 강압적으로 차단하였다. 기본적으로 자유와 민주주의를 추구하는 공통의 가치관, 즉 인간의 권리와 가치를 존중하고 강조하는 서구 문명의 전통을 공유하고 있는 동구권 공산국가들은 소련에 의해 강제적으로 공산주의 일당 독재체제를 택하게 되었으므로 그들의 민주주의를 향한 길은 프라하의 봄부터 1980년대 후반까지 소련의 지배 아래 침묵을 지키면서 브레즈네프독트린이 철폐될 때까지 침묵을 지킬 수밖에 없었다.

동구에서 정치적 민주화, 경제의 시장화의 길은 소련에서 고르바초프 등장으로 열리게 되었다. 자유와 인간의 존엄성, 인간다운 삶을 지향하는 인간의 보편적 요구가 스탈린식 사회주의 체제의 구조적 모순 속에서 억압되어 에너지로 축적되었다가 고르바초프 체제의 등장을 계기로 표출되었던 것이다.

1985년 3월 11일에 소련에서 고르바초프 공산당 서기장의 등장은 동구에 있어서 소련으로부터의 해방의 기회를 의미하였다.

소련의 경제·정치·사회·문화 개혁과 글라스노스트의 개방 영향은 물론 소련의 외교 정책에 변화를 가져왔다. 고르바초프 서기장은 스스로 글라스노스트는 동구에서도 시행되어야 하며, 그로 인한 변화는 유럽의 분단을 완화하고 종식시킬 것이라고 밝혔다.3)

동구의 이데올로기적 군사공동체는 전후의 틀, 즉 얄타체제로서, 그 지배적인 이데올로기는 마르크스-레닌주의였고 정치적으로는 스탈린이 확립한 러시아적 사회주의체제였다. 그리고 군사적으로 바르샤바조약기구 속에서 경제적으로는 사회주의 통제경제로 상징되어 왔다. 이러한 군사, 이데올로기, 경제, 정치체제는 동구의 정치·사회·경제발전을 저해하여 동구에서 사회주의의 구체제 해체는 피할 수 없는 과제로 되어 왔다. 동구에서 이러한 시스템의 대개혁의 계기는 역시 고르바초프였고, 또한 고르바초프에 의한 페레스트로이카와 글라스노스트는 소련을 넘어 동구 전체에 그 파장이 넓혀져 갔다. 개혁과 개방의 파장은 혁명의 형태로 전개

---

3) Von Burt, Richard R., "Gorbatschows Glasnost und das Westliche Bundnis, in: Europa-Archiv," Folge 9/1987, p.254.

되어 페레스트로이카에 의해 야기된 혁명에 의한 동구의 민주화는 페레스트로이카 발상지인 소련에 되돌아갔다. 페레스트로이카를 실시하는데 소련 자체 내부의 어려움에 부딪친 고르바초프는 그의 국내에서의 페레스트로이카와 글라스노스트를 동구국가들에게 촉구하고 압력을 가하여 그 영향이 소련에 불어닥치기를 기대하였다.

동구는 역사적으로 서구의 민주주의적 바탕을 가진 나라들이기 때문에 동구의 개혁은 소련에서보다 훨씬 빠른 속도로 전개되었다.

글라스노스트의 동구에의 적용은 동서긴장을 완화하는 촉진제 역할을 하였다. 다루기 힘든 동구 국가에 대한 소련의 지배는 전후 유럽의 불안이 되어 갔으며, 제2차 대전 후 소련에 저항하는 동구 국가들은 소련의 군대로 강제상황이 유지되어 왔다.

1968년 8월 소련의 브레즈네프 정권이 바르샤바조약기구의 군대를 동원, 체코슬로바키아 혁명을 군대로 저지하였을 때 그 행동을 합리화하기 위해 만든 제한주권론은 사회주의의 기초를 위험에 빠지게 하든지 아니면 사회주의 공동체의 구성원은 그 국가를 원조할 의무가 있다고 규정하였다. 브레즈네프독트린에 의해 동구의 움직임은 저지 당하여 왔다.

브레즈네프독트린은 소련의 지배를 동구에서 폭력으로 유지하기 위해 소련의 장기적 정책의 화신이었다. 그런데 고르바초프의 새로운 대외정책 노선, 즉 타국간의 동등화, 탈이데올로기화, 비군사화, 정치·경제·군사의 포괄적인 상호안전보장 개념은 브레즈네프독트린의 존재이유를 그 근저부터 흔드는 원동력이 되었다. 실제로 글라스노스트 도입은 지난 4반세기 동안 브레즈네프독트린 정책의 역기능 작용을 그대로 노정시켜 과거의 정책은 이제 뒤로 하여야 된다는 필연성을 제기하였다.

1987년 5월 소련과 동구 국가들은 바르샤바조약기구와 소련의 군사독트린의 방위적 성격을 강조하였다. 또 1988년 3월 고르바초프는 폴란드와 베오그라드 방문시 "과거의 가부장주의적 관계는 청산되어야 된다"고 언급함으로써 제한주권론인 브레즈네프독트린 폐기를 선언하고, 1989년 초부터 고르바초프는 동구에 대하여 소련군의 불개입 방침을 시사하였다. 같은 해 3월 고르바초프 서기장은 소련을 방문한 그로스(Ka'roly Gro'sz) 헝가리 공산당 서기장에게 "사회주의 국가의 국내문제를 해결하기 위하여 외부세력은 개입해서는 안된다"고 말함으로서 브레즈네프독트린 폐기 의사를 명확히 하였다.

　1989년 7월 7일과 8일에 브카레스트의 바르샤바조약기구의 정치자문위원회 정례회의는 "가맹국이 정치체제·사회체제를 자유롭게 결정할 수 있는 권리를 가진다"라는 성명서를 발표하여 브레즈네프독트린을 정식으로 부정하고, 1968년 프라하의 민주화운동에 대한 군사개입을 사죄하였다. 나아가서 나토와 바르샤바조약기구간의 분쟁없는 새로운 관계 형성을 제안하고, 동맹국간의 정치적·군사적 대화 그리고 핵과 화학무기로부터 해방된 안정된 유럽을 제창하였다.4) 또한 브카레스트의 커뮤니케는 "이 세상에는 어떤 보편적인 사회주의의 모델이 존재하지 않으며, 아무도 진리를 독점할 수 없다"고 선언하였다. 새로운 사회의 건설은 하나의 창조적인 과정이고 그 과정은 각 나라의 조건과 전통과 요구에 일치해 발전하는 것임을 명백히 하였다.

　세계공산혁명의 조국이라고 자칭하여 온 소련은 동구 국가들에게 소련의 사회·정치·경제체제를 강요하면서 각국의 독자노선을 저지하여 왔으나, 이제 그 소련의 그림자가 공식적으로 동구의 여러 국가에서 걷히게 되었다. 그것은 국제 공산주의 운동의 유일중심적 단일지도체제의 강요로 집약되었는데, 동구에서 각 국가들의 동등권, 독립성, 자주성이 보장된 다양한 사회로의 길이 이제야 열리게 된 것이다.

　동구의 각 국가들은 고르바초프 정권의 공인 아래 소련의 간섭이 배제된 모스크바로부터 독립된 정치적 노선, 즉 브레즈네프독트린 대신 '내

---

4) "Text, in: Euopa-Archiv," Folge 20/1989, pp.596~606.

길을 간다(Going My Way)'는 이른바 시나트라독트린의 노선을 택할 수 있게 되었다.

이어서 1989년 10월 20일에 바르샤바조약기구 7개국 외무장관 회의는 (1) 주권과 외세에 의한 불간섭 원칙의 존중, (2) 브레즈네프독트린 폐기, (3) 현 유럽 국경선의 고수를 선언하였다. 각 국가의 주체적 운명결정권, 사회주의에의 세계적 모델 불인정, 동맹국간의 평등과 독립이 보장되기에 이르렀다. 이로써 소련의 대위성국 외교의 기본인 브레즈네프독트린은 사라졌다. 브레즈네프독트린의 폐기는 소련정부의 동구지배의 포기를 의미하였고, 소련의 동구지배의 포기는 동구의 소련으로부터의 해방을 의미하였다.

해방된 유럽에서는 한꺼번에 공산주의 정권이 붕괴하는 세기적인 혁명을 맞이하게 되었다. 아래로부터 혁명이 이루어진 국가에서는 그 과정이 (1) 재야 시민단체와 원탁회의, (2) 자유선거, (3) 연립정권 형성의 순서로 진행되었다. 프랑스혁명으로부터 200년이 되는 1989년은 동구에 있어서 혁명의 해였다. 소련형의 사회주의는 도미노 현상을 불러 일으켜 붕괴하고, 일당 독재체제로부터 복수정당제, 의회민주주의, 정치적 다원주의로 전환하고, 권력의 자리도 교체되었다. 소련의 동구지배를 보장하기 위한 브레즈네프독트린 붕괴로 마르크스-레닌주의체제는 동구 사회의 모든 차원에서, 즉 이데올로기, 경제체제, 공산당을 통한 사회에 대한 전체주의적 통제의 해체로 막을 내린 것이다.[5]

동구의 평화적 무혈혁명의 또 다른 원인은 선진 자본주의 사회의 변화된 모습을 들 수 있다. 1975년 유럽의 현상을 승인하는 헬싱키 유럽안보회의 결의 이후 동서의 협력이 증가하고 커뮤니케이션 확대로 동구는 서구 자본주의 모습을 들여다 볼 수 있었다.

---

5) Schwarz, Hans-Peter, "Auf dem Weg zum post-Kommunistischen Europa, in: Europ Archiv," Folge 11/1989, p.321 ; Csaba, La., *After the Shock*, Budapest 1992.

사회주의 사회에서 볼 때 서구 자본주의 사회는 이미 고전적 자본주의 사회가 아니다. 경제성장이 인간의 복지를 대규모로 증대시켜 근로 대중들을 위협하였던 생존문제가 완전히 해결되고 경제성장, 정치적·사회적인 시민의 평등, 기본권의 향상, 인간존중의 사상, 문화의 발전이 계속 진행됨으로서 모든 사람에 있어서 삶의 기회가 증대되었다. 이미 사회민주주의적 합의가 이루어져 서유럽 자본주의 사회에서 노동자들은 자본주의 사회체제의 유지세력 또는 안정세력으로 자리를 차지하고 있었다.

공산주의는 자본주의체제 붕괴의 불가피성을 예언하였으나 서구의 자본주의 국가는 이미 탐욕스런 자본가들의 국가가 아니라 시민은 역사발전에 영향을 미치고 있었으며 노동자계급을 대표하는 정당의 주장은 제도 속에 흡수되어 국가의 법률이 그들의 이익을 지켜주고 있었다. 국가는 독점을 배제하고, 노동조합을 법률로 인정하고, 사회보장정책을 펴고, 경영과 자본은 분리되고, 기술혁신의 경쟁이 조장되고 있었다. 자본주의 국가들은 사회주의 체제에 대한 자기방어로서 끊임없는 극복 노력으로 모든 사람에게 삶의 기회를 증대시켜 계급간의 화해로 사회적 갈등을 조정하여 가고 있었다.

자본주의 사회가 공산주의 이론대로 부르조아 계급의 착취사회, 불평등, 대중빈곤, 실업, 자본가의 무제한한 특권 국가로 남아 있으면 공산주의 이데올로기의 존립 근거가 되지만, 배분적 정의가 이루어지고 산업민주주의가 실현된 서구 자본주의 국가 현실은 공산주의 이데올로기의 존립 근간을 뒤흔들어 놓은 것이다.

재산의 사회화는 노동자의 기업관리권으로, 산업의 사회화는 공동결정과 공공관리로 관리의 사회화를 이루어 모두 풍요로운 사회에서 계급의 이데올로기란 힘을 잃어갈 수밖에 없는 것이었다. 다른 한편 앞으로 급격한 과학기술 발전은 자기 가속적 효과를 가져와 국제경제의 흐름은 지구촌 시대의 경제사회를 창출, 초국가적 조정기구가 나와 사회주의 국가들과 자본주의 국가들이 협력할 기회가 증대됨에 따라 사회주의 국가에서도 중앙정부와 공산당의 권한이 축소되고 개인적인 자유와 정치적 민주주의가 증대될 것임은 필지의 세로 내다보이는 것이었다.

다원주의에 대한 인식이 증가하고 여러 사회단체의 이익표출이 활성화되면 당의 영향력 행사는 약화되어 정치적 충성이나 이념에 대한 강요는 구시대의 유물이 될 수밖에 없었다. 획일적인 강제력이나 권위주의적 이데올로기 통제가 삶의 목표가 다원화되고, 자기 실현 욕구가 높아지고, 개성적 삶의 방식이 주요시되는 21세기에도 걸맞으리라고 볼 수 없었기 때문이었다.

소련으로부터 억압과 개인의 위협아래 자기규제와 내부분열 가운데 정치를 운용하여 온 동구는 공산당의 지배를 없애는 것이 우선 순위에 올라 있었다.

제2절 몰타회담과 독일통일외교

1. 베를린장벽의 붕괴

동독의 공산주의체제를 근본적으로 동요시킨 것은 체제를 거부하는 동독 국민에 의한 시위의 확산이었다. 동독의 호네커 정권은 동구에서 일고 있던 변화의 도도한 물결을 거부함으로서 국민들의 울분과 초조는 더욱 깊어가고 있었다. 마침내 폴란드와 헝가리의 민주화가 일단락된 1989년

여름부터 동독 국민들은 적극적으로 움직이기 시작하였다.

1989년 5월 20일에 헝가리 정부는 오스트리아 국경선의 철조망을 철거하였다. 이것은 동구와 서구의 철의 장막에 바람구멍을 내는 일이었다. 최초의 국경개방 앞에서 동독인은 바로 반응을 보였다. 공산주의 지배에 강력한 반대 표시가 탈출이었던 동독인에게는 절호의 기회였기 때문이다. 헝가리에서 철의 장막이 걷히자 여름휴가 중이던 동독인들의 탈주는 줄을 이었고, 동독 국내에서는 9월 4일에 니콜라이교회 앞에서 1천 2백 명의 시민들이 서독으로 여행을 요구하였다. 헝가리 정부는 동독과의 쌍방 여행협정을 철회하고 6천 5백 명의 동독인의 자유여행을 허용하였다. 동독 주민들의 탈출은 동독 경제의 주요 부문들이 마비될 정도로 증가하였다. 10월 1일에는 프라하와 바르샤바의 서독대사관으로 피신한 7천 명의 동독인들이 특별기차 편으로 서독으로 떠났고, 10월 4일에도 1만여 명의 동독 인들이 특별기차 편으로 프라하에서 동독을 경유 서독으로 이주하였다.

동독 국민의 이러한 대탈출은 공산당의 철저한 억압에 대한 반발과 분노의 한계성을 드러낸 것이었다. 동독의 국민은 장벽으로 차단되면서 자유에 대한 의미를 절실히 느끼게 되었다. 서구의 전파는 장벽을 넘어 동독 국민의 안방에 침입, 번영과 자유를 구가하는 서독인의 풍요로운 생활을 보여주었다. 당이 선전해 온 '사회주의 체제의 우위'가 허구임이 폭로된 이상 거역할 수 없는 개혁의 파도와 더불어 삶의 새로운 국면을 개척해야 했다. 대탈출의 행렬이 끊이지 않는 시점에서 통일은 요원하고 미래는 불투명했기 때문에 탈출 그 자체는 그들 삶의 기회로 여겨졌다.

1989년 11월 9일 사회주의통일당 정치국원 샤보브스키(Gu̇nter Schabdwski)는 기자회견에서 정무원의 결의로 동독 국민의 여행자유화와 동독 국경의 전면 개방이 선언되었음을 발표하였다.[6] 국민의 압력이 공

---

6) 앞의 책, pp.329~334 참조.

산당 정권으로 하여금 베를린 장벽을 개방토록 한 것이다. 자유를 갈구하는 시민의 행동이 미국과 소련의 거대한 군사력과 핵무기로도 어찌할 수 없었던 냉전과 이데올로기와 분단의 상징인 베를린 장벽을 조용히 붕괴시켰던 것이다. 이것은 바다 속에서 소리없이 일고 있던 혁명의 파도가 표면에 나타나서 새로운 질서의 도구를 찾는 모습에 비유될 수 있다. 이 날은 독일인들이 세계에 유래가 없었던 히틀러의 나치스가 인류에 저지른 죄의 대가로 짓눌린 분단의 상태를 어쩔 수 없이 받아들였지만, 피와 눈물과 고된 시련으로 얼룩진 금세기의 고통을 극복하고 민족자결능력의 중요한 전제가 되는 민족동질성을 회복하기 위한 인고의 노력이 가져온 보람의 빛을 하나같이 체험한 날이었다.

분명히 독일정부는 1961년 베를린 장벽을 동독인의 서독으로의 대량탈출을 막기 위해 구축하였으나, 이제는 그 대량탈출을 막기 위해 장벽을 철거하게 되었다. 그러나 베를린 장벽의 붕괴는 독일문제 해결에 새로운 돌파구를 가져오게 한 것이다. 11월 10일에 동독의 사회주의 통일당 중앙위원회는 자유선거 실시, 모든 여행규제 철폐, 경제정책의 전환, 집회·결사자유의 보장 및 새로운 언론법을 정부에 촉구하였다. 11월 12일 서독의 콜 수상은 "서독과 동독은 하나이다. 우리는 공동의 미래를 위하여 점진적으로 노력해야 한다. 우리는 한 국가이고, 앞으로도 한 국가로서 계속 남아있을 것이며, 같은 소속이다."라고 하여 통일의 의사를 강력히 시사하였다. 이에 11월 13일에 동독의 새로운 수상으로 선출된 모드로프(Hans Modrow)는 양독관계에 있어서 "세계공동체"의 길을 제시함으로써 서독의 통일 염원에 회답하였다.

소련은 유럽에서 자국의 헤게모니를 위하여 동베를린을 지켰고, 트루먼도 미국의 이익을 위해 유럽을 사수하고자 서베를린을 방위하였다. 그 결과 전후의 장벽이 붕괴되기 전까지 베를린은 두 개의 세계제국, 미국과 소련의 군대가 서로 대치한 유럽의 가장 위험한 지역이었다. 그러나 1989

년 11월 9일은 1945년이래 44년 동안이나 두 초강대국에 의해 동면하고 있으면서 국제정치의 도구로 이용되어 왔던 베를린시가 비로소 자기의 기능을 회복한 날이었다. 따라서 그 아무도 예상치 못했던 베를린 장벽의 붕괴는 중부 유럽의 정세를 일변시켜서 어제까지 베를린의 주역들, 즉 제2차 대전의 전승국들은 망연자실한 관객으로 변하고 말았다. 세계정치에서 중요한 역할을 담당했던 그 베를린 장벽을 두 강대국이 붕괴시킨 것이 아니고, 독일인 스스로가 붕괴하였으므로 이제 독일의 심장은 돌연히 고동치기 시작했고, 독일의 운명은 그 어떤 국가도 아닌 독일인 스스로가 개척하고 결정하는 길이 열린 것이다.

2. 몰타회담과 냉전종식

1989년은 프랑스혁명으로부터 2백 년째, 소련의 볼세비키혁명으로부터 72년, 독일에 있어서는 히틀러 탄생으로부터 1백년, 분단 40년째 되는 해였다. 동구가 붕괴되고 베를린 장벽이 무너진 것이다. 이는 엄청난 변화였다. 제2차 세계대전이 끝나고 가장 큰 규모의 변화로 얄타의 전후체제는 이제 그 종막을 고하고 아직 정의되지 않은 새로운 미지의 국제질서 체제로의 이행이[7] 진행 중이었다. 이 변혁은 평시에는 생각해보지 못한 빠른 속도로 폭넓게 진행되며 이러한 규모의 변혁이 전쟁이나 분쟁같은 외부의 압력없이 일어나고 있어 인류 체험상 일찍이 없었던 이례적인 변혁이었다. 고르바초프 대통령의 페레스트로이카와 신사고외교 제창으로부터 4년째되는 1989년 동구의 혁명은 내적 요인으로 (1) 경제의 부진과 사회주의의 구조적 결함의 심각화, (2) 경직된 관료국가에 대한 불만 폭발, (3) 내셔널리즘의 대두를 들 수 있고, 외적인 요인은 (1) 동서 긴장

---

[7] 앞의 책, pp.334~340 참조.

완화, (2) 소련의 지배 포기, (3) 서유럽의 번영을 들 수 있다.

동구 변혁과 베를린 장벽 붕괴로 인한 냉전질서의 변화는 1989년 12월 23일에 미국의 부시 대통령과 소련의 고르바초프 대통령의 몰타회담을 열리게 하였다. 두 정상은 회담을 마치고 "세계가 냉전체제에서 벗어나 새로운 시대로 접어들고 있다"면서 "우리는 미·소관계에서 전혀 새로운 협력시대의 문턱에 서 있다"고 선언하였다. 전후 미국은 소련에 대한 봉쇄정책을 외교의 기본전략으로 하여 냉전시대의 발상을 계속하여 왔으나, 부시 대통령은 몰타에서 고르바초프와의 8시간의 회담으로 고르바초프 소련 대통령의 소련과 동구에서 페레스트로이카의 본질을 확인하고 페레스트로이카의 지원을 약속하였다. 소련 경제에 대한 미국의 지원 약속은 미국의 대소련정책의 역사적인 대전환을 의미하였다. 그때까지 5년에 걸친 경제개혁의 노력에도 불구하고 소련경제는 붕괴 직전에 놓여 있었다. 만성적인 식량결핍과 생필품 부족에 소련은 시달리고 있었다. 미국이 소련에 제안한 경제협력의 내용은 (1) 소련을 최혜국 대우를 하며, (2) 수출입은행의 대소련 수출신용의 범위를 확대하며, (3) 미국 산업계의 대소련 투자를 촉진하기 위하여 소련에 진출한 미국 기업의 본국으로 이익 송금을 보장하고 미·소투자협정체결, (4) 관세 및 무역에 관한 일반협정에 소련의 옵서버 참가 지지였다. 파탄 직전의 소련경제를 재건하는 데는 미국이나 서방측 선진국의 강력한 지원이 요청되는데 고르바초프는 부시와 회담에서 성공을 거둔 셈이 되었다. 부시 대통령은 소련의 페레스트로이카가 실패하면 개혁의 좌절 외에 세계가 미·소대결시대보다 더 나쁜, 세계적 무질서와 혼란으로 빠지는 것을 두려워하였다. 또 고르바초프체제가 붕괴하면 소련은 반대의 코스로 선회할 염려가 있었다.

미소 정상회담 후 두 지도자의 회담결과는 다음과 같다.

(1) 동유럽의 변화는 동유럽 국가 스스로가 결정할 문제이다.
(2) 유럽의 분단과 군사적 대결을 종식시키는 노력을 한다.

(3) 전략무기감축협상에 노력한다.
(4) 독일의 통일과 관련하여 독일 민족 스스로 장래를 결정해야 하며, 인위적인 가속화 조치는 없어야 한다.
(5) 동서 진영의 군사동맹인 나토와 바르샤바조약기구의 진로에서 고르바초프 서기장은 군사동맹에서 정치군사동맹 – 정치동맹으로의 단계적 변형을 주장한 데 대해 부시 대통령이 이에 동의를 하여 미국과 소련은 새로운 질서를 모색하면서 상호 의존의 관계에 들어가게 됨으로써 공포의 균형으로 특징지어졌던 미·소 관계는 이해의 균형 위에 서게 되었다.

두 나라의 국방비 비대화는 상호자멸을 의미하였기 때문이다. 미국으로서는 동구의 소련으로부터 이탈, 제3세계에의 소련의 영향력 배제는 "냉전"의 이름으로 행해진 전후 세계정책의 최대의 목표였으나 그 목표가 실현됨으로써 미·소간 냉전은 이제 끝났다.

회담은 포스트 냉전의 세계를 모색하는 새로운 미·소 협력단계에서의 회담으로 새로운 세계의 현실을 만들어낸 것은 아니다. 결국 미국과 소련은 대립으로부터 협조에 이행함으로서 약해지는 국제적 영향력을 상호협조로 유지하고자 하는 공통의 이해가 양국관계의 준 동맹에 가까운 관계구조 형성을 가능케 하였다. 동서 냉전이 끝남으로써 냉전의 산물인 유럽과 독일의 분단도 그 종말을 고하여 가고 있었다.

3. 독일통일[8)]

1972년 12월 21일에 동베를린에서 동독의 에곤바르와 서독의 미카엘 콜의 양 외상은 기본조약 체결에 성공하였다. 기본조약은 서독에서는 1973년 6월 7일에, 동독에서는 1973년 6월 21일에 발표되었다. 기본조약은 10개 조항으로 구성되었는데 전문에서는 평화유지, 유럽에서 긴장완화와 안전, 국

---

8) 앞의 책, pp.345~351 참조.

경의 인정, 무력행사포기를 강조하였으며 주요 내용은 다음과 같다.

    제1조 평등한 원칙 아래 두 독일간의 정상적인 선린 국가로서의 관계 개선.
    제2조 유엔헌장의 목적과 원칙을 준수하고 모든 국가의 주권적 평등, 자주, 독립 및 영토보전의 존중, 자결권과 인권 옹호 및 철폐.
    제3조 양국간의 국경 불가침 및 영토보전의 존중.
    제4조 어느 한 국가도 상대편을 국제적으로 대표할 수 없다.
    제5조 양 국가의 주권은 각각의 영토에 한정되고 상호간의 자주, 독립 존중.
    제6조 양 국민의 교류와 가족의 재결합 촉진과 경제, 과학, 문화, 통신, 스포츠의 교류.
    제7조 각 국가의 수도에 상주 대표부 설치.

  기본조약 체결로 서독이 오랫동안 주장하여 왔던 단독 대표권과 동독 실체에 대한 법적 존재의 불승인은 사실상 소멸되었다. 기본조약 서명시 독일 통일에 관한 서한이 추가되었으나, 이로써 두 국가로의 분열이라는 현상 승인은 현상을 극복하면서 분단을 극복해 가는 초석을 마련하였다. 다시 말하면 이 조약은 독일관계의 발전에 있어서 상호신뢰 구축을 위한 기본원칙으로 이 조약 체결로 두 독일 국가는 그들 민족의 장래에 대하여 대국에 의존하지 않고 대화할 수 있는 제도적인 장치를 마련하는 데 성공한 것이다.

  서독은 기본조약 체결 후 민족 내부조건을 성숙시키면서 유럽의 강제상황이 걷히기를 기다려 왔다. 통일 독일을 향한 내부조건 형성과 성숙 표출은 소련이 그 세력의 약화로 동구지배를 포기하자 극적으로 전개된 1989년 가을 동구의 대혁명을 맞아 걷잡을 수 없이 분출되었다. 당시 동독에는 현존하는 구질서의 틀은 통일의 에너지를 누를 수 없었다. 동독 시민은 먼저 장벽을 부수고 자유화·민주화를 실현하면서 장벽을 구축한 반 통일세력인 공산당의 구체제 세력을 축출하고 에너지를 통일에 집중하였다. 동독에서 혁명의 전위는 16세부터 30세까지의 젊은 세대였다. 그들은 공산주의의 가장 열렬한 옹호자로 간주되어 왔다. 사회주의는 인간의 천국이라고 매일 들으면서 성장한 세대였는데 전파를 타고 보이는 서독의 현실은 그들이 기만당하고 있음을 인식토록 하여 그들의 분노는 축적되었다. 이에 그들은 동독의 사회주의 체제가 완전히 폐기되지 않으면 동독을 떠날 것을 결심하고 혁명에 참가하였다.

그래서 그들은 1989년 동독 사회주의의 가장 강력하고 비타협적인 적으로 되어 사회주의가 단기간이라도 연명하는 것을 두려워하였다. 그들이 그 체제를 변혁시킬 것인가, 떠날 것인가의 양자택일을 확신하자 젊은 세대들은 타협을 모르게 되었다. 이때 이미 서독의 국력은 국제관계의 데탕트를 거치면서 통일을 민족자결에 의해 주도할 수 있을 정도로 충분히 성장해 있었다. 뿐만 아니라 데탕트 시대의 유럽의 평화에 담보가 되어온 독일 통일에 대한 터부시는 그들의 모범적인 민주주의 능력으로 주변 국가들의 대독일 불신을 제거해 그 동안 자체의 역량으로 확대하여온 외교영역과 능력에 더하여 환상이 현실로 된 독일 통일을 주변 강대국이 어떠한 제지도 할 수 없게 만들었다. 분단된 상황아래서도 서독은 서유럽 최강의 경제력을 가졌고, 세계 경제에서 미국과 일본에 버금가는 경제력과 첨단의 과학·기술을 소유하였다. 그 큰 국력을 유지하면서 대국에 강요된 패전국의 자리는 어디로 보나 부자연스러웠다.

그러나 현실적으로 유럽이 새질서의 구도가 들어서기 전에 막강한 독일의 출현은 통일 독일의 잠재력과 그 엄청난 불확실성으로 주변국에 충격과 두려움이 아닐 수 없었다. 동독에서 아래로부터의 통독요구가 거대한 압력으로 대두되자 독일 통일은 이미 피할 수 없는 것으로 4개국도 인식하게 되었다. 서유럽에서 역사적으로 가장 많은 피해를 입은 프랑스는 독일의 독주를 막으면서 통일을 견제하려 하였다. 전후 프랑스는 대독일 분단정책을 취하여 왔다. 프랑스의 유럽통합구상도 서구동맹구상도 대독일정책에서 발단되었다. 독일이 분단되어 있을 때, 프랑스는 전승국이라는 유산, 핵보유국으로서의 지위를 가지고 유럽통합에 있어서 선두지휘를 해오다시피 하였다. 그것은 두 개의 독일이 존재했기 때문에 가능했다. 1989년의 혁명은 전후 프랑스의 이러한 대독일 봉쇄정책의 조건을 해체시키고 말았다. 프랑스는 강대한 독일의 출현 가능성에 직면하자 몰타회담 전 워싱턴을 방문하고 몰타회담 직후에 소련과 동구를 순회하면서 독일 통일을 지연시키거나 견제하려 하였다. 콜 수상은 프랑스의 이러한 강경 자세에 미국과 소련을 설득하였다. 그는 특히 마르크를 앞세워 소련의 고르바초프 대통령을 방문하고 설득하여 소련으로부터 통일을 확약 받았다. 그리고 독일 통일의 문제를 오로지 독일의 문제로 만들어 통일공작의 무대를 독차지, 주변국가의 간섭을 거부하거나 따돌리면서 질풍노도처럼 통일을 신속하고 능란하게 완성하였다. 통독을 가속화시킨 것은 동독에서 1990년 3월 18일에의 자유선거였다. 선거에서 콜 수상은 기본법 제 23조에 의한 서독에의 흡수·통합, 조기통일, 동독 마르크의 1대 1의 교환을 약속하였다. 콜 수상이 지원한 보수연합 외에 다른 정당은 신중성을 주장하였다. 선거의 결과는 콜 수상의 조기통일을 압도적으로 지지, 통독은 가속화되었다.

 베를린 장벽이 붕괴될 때까지 동독 국민의 최대의 요구는 자유였으나 그 자유의 욕구가 성취되자 통일의 내셔널리즘이 비등하고, 콜 수상이 모스크바로부터 통일을 확약받아 옴에 따라 통일이 기정사실화 되자 경제문제가 주요 이슈로 대두되어 선거에서 서독 마르크의 동독으로의 도입과 조기통일을 약속한 기독교민주당을 택하였다. 동독 인민의 정치의식은 1989년 가을에 이상주의에서 내셔널리즘으로, 그리고 물신주의의 경향을 보였다. 이렇게 정치 의식이 단기간 내에 급선회한 가운데 그날을 있게 한 시민혁명의 선구자들은 불필요한 존재로 되어 버린 것이다. 그들은 선거에서 패배하였다. 지식인의 역사로부터 소외였다. 그리고 점진적인 통일을 주장한 사회민주당도 패배하였다. 사회주의 용어에 대한 알레르기 반응에서 매력적인 선택의 대상이 되지 못하였다.

동독에서 선거가 끝나고 콜 수상은 통일의 하부구조와 상부구조를 갖추고 통독의 국제적인 안전보장의 지위를 규정하는 전승 4대국의 평화조약 체결로 외적 측면을 다져 1990년 10월 3일에 통일을 완성하였다. 독일 사람들은 베를린 장벽이 붕괴되고 11개월, 날수로는 327일만에 예상외의 속도로 통일을 자유와 평화 속에서 완성하고 주권을 회복하였다. 21세기를 10년 앞둔 문턱에서 독일 민족은 하나로 되어 같은 생활, 같은 정치, 같은 사회, 같은 역사를 꾸려나게 되었다. 그 통일은 금세기의 희망이나 기대사항이 아닌 그저 먼 장래의 꿈으로 금세기 중에는 그 기반이나 다지자는 생각이었는데 갑작스럽게 현실로 성큼 다가온 역사의 선물이지 않을 수 없다.

1848년과 1918년의 혁명은 독일 역사상 좌절된 미완의 혁명이었으나 이제 통일이 평화와 자유 속에서 이루어졌으니 1989년 혁명은 그 목적을 완수하였다. 통일독일은 독일 민족에게는 새로운 역사의 시작을 의미한다. 독일 통일의 모형은 히틀러의 죄의 대가로 분단 그 자체가 응징적인 국제적 분단형이었음에도 불구하고 국제환경의 혁명적 변화에 신속한 적응과 대처로써 축적된 민족의 응집력과 자결능력을 동원, 주체적으로 평화적 통일을 달성한 귀감을 제시하고 있다. 독일 분단이 중심이 된 유럽의 분단을 내용으로 한 얄타체제는 독일 통일로 유럽의 분단이 종식되고 하나의 유럽이 등장함으로써 붕괴되고, 국제질서는 새로운 체제로 돌입하였다. 뿐만 아니라 전후 동서 세계는 이제 이데올로기의 막을 내리게 되었고, 유럽을 지배하여 온 미국과 소련의 권리는 유럽에서 그 결별을 고하게 되어 새로운 유럽의 태동은 그 장애가 없어지게 되었다. 전 세기, 헤겔과 마르크스 이론을 중심으로 독일에서 잉태된 관념론과 유물론에 입각한 양대 이데올로기 대치로 점철되었던 거친 20세기의 부조리가 통일 독일로 정리되어 가고 있다. 진보를 주장하면서 따르라는 이데올로기는 역사에 의해 그 탈이 벗겨짐으로써 금세기에 각 국가간의 분쟁의 원인이 되었던 근거가 없어지고, 이데올로기가 그 존재 가치를 정당화시켜 왔던 핵무기, 탱크, 미사일 등에 의한 군사력 사용이 당분간 정당성을 상실하는 새로운 세계가 이루어져 가는 가능성도 보인다.

다른 한편 독일 통일을 권력정치 측면에서 부면, 독일은 20세기에 들어서 대국들이 막강한 독일을 현실로 인정하려 들지 않자, 지나친 자기주장을 하다가 그 응징의 대가를 분단상황으로 받아오다가 21세기를 10년 앞둔 문턱에서 그 부조리의 질곡을 완전히 청산하고 기적처럼 다시 태어나 세계에 우뚝 서게 되었다. 그 근원적인 생명력에 놀라지 않을 수 없다. 독일의 재 탄생은 이제까지의 선과 악, 친구와 적에 대한 관계가 변하게 되는 정보산업사회 내지 후기 민족세계로 들어가게 되었다.

제3절 독립국가연합(CIS)의 출현과 얄타체제의 붕괴외교

1. CIS의 탄생

1991년 12월 1일 우크라이나공화국은 국민투표를 실시하여 90% 이상의 압도적 다수의 지지를 얻어 독립을 결정하였다. 그리고 12월 8일 러시아·우크라이나·벨로러시아의 슬라브계 3공화국 사이에 '슬라브'연합이 결정되었고, 12월 21일에는 카자흐스탄, 키르기스탄, 우즈베키스탄, 타지키스탄, 투르크메니스탄의 중앙아시아계 5공화국에 아제르바이잔, 아르메니아, 몰도바가 참가한 총 11개 공화국이 독립국가연합(Commonwealth of

Independent States: CIS)을 창설하였다. 이로써 소연방은 70여 년만에 해체되었다.

　이렇게 소연방이 해체되게 된 것은 고르바초프의9) 페레스트로이카로 인하여 소련 내의 각 공화국들의 연방탈퇴와 공화국간의 민족분리운동을 확산시켰기 때문이다. 이 운동은 1986년 카자흐공화국의 수도 알마아타에서의 폭동과 1988년 나고르노-카라바흐지역을 둘러 싼 아르메니아·아제르바이잔 공화국 사이에 유혈사태에서 시작되었다. 에스토니아, 라트비아, 리투아니아의 발트 3국의 소련으로부터 독립요구는 1988년 가을부터 1989년 초에 '인민전선'을 결성하고 에스토니아 최고회의가 주권선언을 함으로서 구체화되었다. 그러나 1988년 3월 고르바초프의 브레즈네프 독트린 폐기선언이 소련 내의 민족반란을 야기하였다고 비판받았다. 고르바초프는 신임투표로 선출되었으나 모스크바, 레닌그라드, 키에프에서 공산당이 패배하였다. 한편 1990년 5월 29일 옐친(Boris Jelzin)은 러시아연방공화국의 최고회의의장(원수)에 당선되었다. 그리고 6월 12일에는 러시아공화국 헌법과 법률이 소연방 헌법에 우선한다는 것을 명기한 러시아공화국의 주권선언 안을 발효시키고 옐친을 최고회의 의장으로 선출하였다. 그리고 옐친은 1991년 6월 실시한 러시아연방공화국 대통령선거에서 57.38%의 표를 얻어 7월 10일 초대 대통령에 취임하였다. 더불어 공산당 일당독재 포기로 고르바초프는 공산당 서기장이었으나 소련에 대한 지배가 사실상 어렵게 됨에 따라 인민대의원 대회에서 대통령이 되었다. 6개국을 제외한 9개국 공화국 대표들은 8월 20일에 '신연방조약'을 서명할 예정이었으나 중앙집권적인 소련연방 붕괴의 위기 의식에서 공산당 보수파들에 의한 쿠테타가 19일 발생하였다. 그러나 옐친을 중심으로 결집한 러시아의 민중은 쿠테타를 진압하였다. 쿠테타 실패는 권력을 독점해온

---

9) 고르바초프는 국민투표에서가 아니라 신임투표 의원이 3분의 1을 차지하는 인민대의원대회에서 선출되었고, 그는 옐친 지지의 모스크바시 공산당에 대하여 러시아 공산당을 창설하였다.

공산당의 해산을 의미하였고 각 공화국들의 독립을 더욱 촉진시켰다. 1991년 8월 26일, 소연방최고회의 임시회의는 소련에서 공산당 활동정지를 결의하였다. 1991년 10월에 고르바초프 대통령은 느슨한 형태의 신연방으로서 국가연합조약과 경제공동체조약을 제안하였다. 그러나 앞에서 언급한 CIS의 창설은 고르바초프의 '신연방조약'구상을 거부한 것이며, 따라서 12월 25일 고르바초프는 소연방의 해체를 선언하고 스스로 소연방 대통령직을 사임하였다.

이로써 유라시아 대륙을 지배하여 온 소련에 대신해 11개 공화국들로 구성된 CIS가 새로운 질서를 담당하게 되었다. 그러나 CIS 가운데 최대의 러시아가 실질적으로 소련의 자산을 인계받게 되어 있다.

2. 얄타체제의 붕괴[10]

세계질서를 미국과 소련이 공동관리하기로 한 얄타질서는 지구의 서쪽에서 독일을 중심으로 한 유럽의 분단과 동쪽에서는 한국분단을 중심으로 하여 세계적 규모의 적대관계, 특히 이데올로기는 양 진영을 대표하는 미국과 소련의 세계적 패권을 위한 전략을 정당화하는 논리를 제공해 왔다. 미국을 중심으로 한 자유진영 국가 군대와 소련을 중심으로 한 공산진영 국가 군대는 각 진영간의 적대관계와 각 진영 내의 결속을 다지면서 상호불신과 군사대결로 집약되는 냉전의 양극구조를 형성하였다. 전후 세계정치의 양극구조하에서 정치적 행위는 안전보장을 전제로 제약을 받을 수밖에 없다.

양 진영간의 인적 교류와 정치적 커뮤니케이션도 제약을 받았고 특히 동측의 공산주의 진영은 서측에 대하여 폐쇄적인 정책으로 일관하였다.

---

10) 앞의 책, pp.354~356 참조.

그것은 인간과 인간의 접촉을 금지하였고, 커뮤니케이션을 차단하였으며 문화교류를 통제하였다. 그 결과 미·소 군사력 균형을 바탕으로 한 동서대립은 역사상 유례없는 물질적 재화를 낭비하였을 뿐만 아니라 인간에 있어서 사고의 세계와 창조적 에너지를 마비시켜 왔다.

전후 40여 년에 걸쳐 냉전상태를 지속하여 온 미국과 소련은 군사비의 중압에 눌려 경제력이 크게 저하하였다. 제2차 세계대전 직후 1950년대 미국은 세계 GNP의 34%를 차지한 경제 대국이었으나 1989년에는 19%로 줄어들었다. 대소 봉쇄정책은 미국 전략의 기본목표였고 이를 위해, 특히 1960년대 후반 베트남 전쟁으로 인한 과대한 정부지출은 미국의 경제를 약화시켰다. 레이건시대 미국은 8년 동안에 재정적자와 무역적자가 증대하여 세계최대의 채무국으로 전락하였다. 재정적자의 주원인은 GNP 6%에 달한 군사비였다.

한편 미국의 군사력에 대항하기 위한 소련의 경제력은 소련으로 하여금 미국 다음가는 패권국가에서 '세기말의 제국'으로 떨어지게 하였다. 1970년대 이후 무기의 고도화는 고도의 정밀한 과학기술을 필요로 하였으나 폐쇄사회 특징으로 인한 정보 산업에서 뒤진 소련은 미국의 무기 제조 기술에 대항할 수 없었을 뿐만 아니라 거액의 군사비가 경제의 파탄을 야기하여 1985년 고르바초프가 소련 공산당 서기장에 취임할 때 소련은 이미 지쳐있는 공산제국으로서 더 이상 버틸 수 없게 되었다. 세계적 차원의 혁명이라는 대외정책 목표의 포기와 대내정책에 있어서 대전환의 필요성에 직면한 소련의 고르바초프는 페레스트로이카와 글라스노스트 정책을 추진하였다. 고르바초프의 글라스노스트는 브레즈네프 독트린의 포기와 동구 위성국가에 대한 내정 불간섭정책으로 나타나 동유럽국가들은 1989년 가을 강제에 의한 통치시대에 종막을 고하는 혁명적 변혁의 물결에 휩싸였다.

프랑스혁명으로부터 200년째, 소련의 볼세비키혁명으로부터 72년, 유럽

분단 40년째, 동구가 붕괴되고 베를린 장벽이 무너졌다. 그것은 얄타체제의 결정적 붕괴를 의미하였다. 즉 미국에 대하여 한 극을 버텨오던 소련 제국이 무너졌다.

이러한 새로운 정치정세는 동서의 블록구조의 붕괴는 물론 정치, 이데올로기, 군사, 경제, 사회 그리고 정신면에서 분단상태의 종식을 가져와 새로운 체제변화를 가능하게 하는 미지수의 정치적 지평을 가진 세계사적 변화를 가져오게 한 것이다. 특히 동구의 시민들에게는 이러한 새로운 상황이 해방의 작용을 하여 인권의 존중과 기본적인 자유의 보장, 다양한 의견의 공존, 권력의 분립, 법치국가 원리가 새로운 정치체제의 원리로 되었다.

여하튼 제2차 세계대전 이래로 냉전, 데탕트, 제2의 냉전, 제2의 데탕트로 얄타체제를 특징 지운 동서대립의 구도는 종막을 고함으로써 지금까지 국제정치를 지배하여 온 미·소 초강대국에 의한 2극 구조가 청산되고 세계는 이제 새로운 정치구조시대로 진입하게 되었다. 혁명으로 레닌이 저지른 20세기의 정치는 고르바초프가 정리하여 결국 20세기 정치의 대변혁의 주인공은 레닌과 고르바초프임이 드러났다.

제5편

포스트냉전시대의 지구촌외교

GORBACHEV

제1장 군사·안보에서 경제우선외교
제1절 유엔의 평화유지외교
제2절 경제적 지역공동체
제3절 세계무역기구(WTO)외교

제2장 환경외교
제1절 환경론
제2절 환경외교의 전개
제3절 경제개방과 환경

제3장 비정부기구(NGO)외교
제1절 NGO의 개념
제2절 대표적인 국제NGO

제1장 군사 · 안보에서 경제우선외교

제1절 유엔의 평화유지외교

1. 걸프전쟁과 유엔평화활동

　1990년 8월 2일 이라크가 쿠웨이트를 침공함으로써 제1차 걸프전쟁(Gulf war)이 발발하였다. 이라크는 쿠웨이트를 전격적으로 침공, 6일에는 쿠웨이트의 병합을 발표하였다. 이라크의 후세인(Saddam Hussein) 대통령은 1990년 7월 31일 쿠웨이트 침공에 앞서 쿠웨이트에게 이라크가 이전부터 이라크 영토로 주장한 루메라이 유전을 이라크 영토로 인정할 것, 쿠웨이트가 동 유전에서 채굴한 기름의 배상금으로 24억 달러를 지불할 것, 100억 달러의 채무를 무효화하는 것, 부비얀, 아르바 두 섬을 이라크에 할양할 것 등을 요구하였다. 그러나 쿠웨이트는 이러한 요구를 거부하였고, 8월 2일 이라크는 14만 명의 군대로 쿠웨이트를 침공하였다.[1]

　유엔 안전보장이사회는 8월 2일 즉시 이라크의 침략행위를 비난하고 무조건 쿠웨이트로부터 철수할 것을 안보리 결의 660호로 결의하였다. 한편 미국의 부시(George Bush) 대통령은 이라크의 침공이 사우디아라비아에 확대되는 것을 막기 위하여 바로 항공모함 기동부대를 페르시아만에

---

1) 최종기, 『신국제관계론』, 「21세기 국제관계의 변화」(서울: 博英社, 2000), p.649.

파견하고 군사행동의 강경한 태세를 취하면서 즉각적인 이라크의 철군을 요청하였다. 영국, 프랑스도 육군과 함대를 페르시아만에 급파하였다. 8월 10일 아랍국가들의 수뇌회의는 위기의 확대 가능성에 직면, 합동군 파견을 결정하고, 11일 이집트, 모로코 양군이 사우디아라비아에 출병하였다. 이에 후세인은 이라크의 철군조건으로 이스라엘의 아랍점령지역으로부터 철퇴를 요구하면서 아랍민족주의와 아랍세계의 경제적 격차를 들어 아랍권의 이익 우선을 앞세웠다.

몰타회담 후 미·소 협조가 전후의 동서냉전을 종결시키고, 소련이 붕괴되는 과정에서, 유엔의 평화유지 기능이 자연적으로 회복되는 기회가 도래하였다. 유엔의 평화유지 기능은 대부분 미·소 대립에 기인하였기 때문이다. 미국을 중심으로 한 다국적군과 아랍군이 편성되어 이라크군과 대치하게 되었다. 이러는 가운데 미국의 주도 아래 유엔 안보이사회는 앞에서 언급한 8월 2일의 이라크의 무조건 즉시 철퇴를 시작으로 하여 (1) 8월 6일, 결의 661호로 이라크에 경제제재, (2) 8월 25일, 결의 665호로 경제제재 실효성을 위해 다국적군의 한정적 무력행사를 허용하고, (3) 11월 29일, 결의 678호로 이라크가 1991년 1월 15일까지 철퇴하지 않는 경우, 쿠웨이트의 탈환을 위해 다국적군(Coalition Forces)이 무력을 행사토록 하였다.

나아가서 미군을 주역으로 한 다국적군과 아랍 군으로 된 27개국의 지상군과 군함, 항공기가 사우디 아라비아와 걸프만에 파견되고, 경제 제재의 효과를 위해 해상이 봉쇄되었다.

군사적 행동에 들어가기 전에 미국과 유엔은 평화적 해결을 위한 회담·설득을 수차 진행했으나 실패로 끝나 1991년 1월 17일 미군을 주체로 하는 다국적군의 '사막의 방패작전'(Operation of Desert Shield)이 개시되어 이라크를 공습, 걸프전쟁이 시작되었다. 전쟁은 다국적군의 일방적 승리로 이라크는 쿠웨이트로부터 철수하였다. 2월 27일 유엔안보리는 이라크에 대하여 유엔결의 수용을 촉구했다. 이라크가 이에 동의하자 1991년 2월 28일 정전되었다. 전쟁에서 다국적군의 군사적 활동은 5대국의 지지를 포함한 안보이사회의 의결에 따른 강제조치였다.

걸프전쟁은 냉전종식 직후에 일어난 전쟁으로 냉전 후의 시대에 세계질서를 어떻게 구축할 것인가의 문제를 제기하였다. 세계적으로 확대되는 민족문제, 중동국가들의 민주화문제, 그리고 중동의 평화문제가 뒤이어 제기되었다. 걸프전쟁에서 유엔의 집단안전보장체제가 성공적으로 기능하자 세계 각 지역에서의 분쟁에 대처하는데 유엔의 PKO(Peace-Keeping Operation)에 대한 기대가 높아졌다. 걸프전쟁은 어느 한 국가가 기존의 평화구조에 도전하면 유엔의 이름으로 대처한다는 확고한 선례를 남겼고 나아가서 전통적 국제정치 원리인 내정불간섭 원칙이 파기된 다른 국가에 내정불간섭이 국제평화의 이름으로 합법적으로 이루어질 수 있음을 보여 주었다.

결국 걸프전쟁은 새로운 세계질서 등장에 있어 앞으로 지역분쟁의 해결 방식으로 적용될 수 있겠는가 하는 문제를 제시하였다. 그리고 미국을 단일 극으로 형성하고 정치·경제적으로 다극체제와 다원적 상호의존이 형성된 새로운 질서의 태동을 보여주었다.

2. 팔레스티나문제와 중동평화외교[2]

걸프전쟁에서 미국은 유엔의 이름으로 전쟁을 수행하여 승리하였는데 그 적대국은 이라크였다. 그러나 이라크에 대한 이스라엘의 폭격에 유엔은 어떠한 제재도 취하지 않았기 때문에 아랍국가들의 불만이 나오게 되었다. 이에 미국과 소련은 공동으로 1991년 10월 30일부터 2일간 마드리

---

[2] 白京男, 앞의 책, pp.414~417 참조.

드에서 중동평화 전체회의를 개최하였다.

중동평화 협상의 우선적 과제는 (1) 가자지구·요르단 강 서안·동예루살렘에 팔레스타인 자치정부를 수립하고, (2) 골란고원 처리, (3) 남부 레바논지역의 안전보장 문제에 집중되었다. 이 문제들은 이스라엘이 지난 1967년 중동에서 획득한 점령지를 돌려주고 시리아·팔레스타인·요르단이 이스라엘의 평화를 보장한다는 유엔 결의를 이행하게 되어 있었다. 따라서 중동평화회의 목적은 유엔안보이사회의 결의 제 242호와 제338호에 기초한 이스라엘과 아랍 여러 국가들의 공정하고 영속적이며 항구적 평화를 달성하기 위해 이스라엘과 레바논, 시리아 3국과 요르단과 팔레스타인 대표단의 3국가간 교섭, 나아가서 이스라엘과 아랍국가들 간의 군비관리, 안전보장, 수자원, 경제개발, 환경, 난민문제에 관한 다국간 교섭이었다. 그러나 중동의 평화교섭의 기본적 틀은 이집트 이외의 아랍국가들이 반대한 1978년 캠프·데이비드 협정에 제시되고 있었다. 이집트의 사다트 대통령은 이란·이라크의 위협에 대한 국력집중을 위하여 팔레스티나 문제를 빨리 해결하고자 하였다. 걸프전에서 이라크를 지지한 팔레스티나 해방기구는 평화회담을 거부하면 아랍세계의 외교영역에서 배제될 위기에 처해 있었고 시리아는 미국과의 관계개선을 시도하였다.

이스라엘과 팔레스타인 두 국가간 교섭은 이스라엘의 점령지 반환문제, 이스라엘 점령지에서 팔레스타인 자치문제를 둘러싸고 진행되었다. 5회에 걸친 교섭이 진행되었으나, 대립과 상호불신의 두터운 벽으로 어떠한 성과도 이룰 수 없었다. 노르웨이 중재로 1992년 가을부터 비공식 회담이 열렸다. 1993년 봄 팔레스티나측이 이스라엘에 의한 전점령지역에 팔레스티나 국가건설의 조건을 포기하고 가자지구와 에리코만의 부분적·잠정적 자치의 타협안을 제시하면서 평화회담은 순조롭게 진행되었다. 마침 이스라엘은 1992년 6월 총선거가 실시되고, 노동당 정권이 탄생함으로서 점령지정착 예산을 경제건설에 돌리겠다는 선거공약을 내건 라빈(Yitzhak Rabin)수상은 팔레스타인과의 공존이 이스라엘의 안전에 대한 조건이라고 보고, PLO와의 공존정책을 추구하였다. 라빈 신정권은 팔레스타인에 대해 가자지구·요르단강의 서안 전체를 총괄하는 자치행정부 허용을 밝혔다. 그리고 PLO와의 비밀접촉을 하면서 시리아·레바논·요르단과 비공식 접촉으로 평화를 정착시키는데 노력하였다. 그러나 레바논과 이스라엘 군 철수 후 세부문제에서 진전이 되지 않아 1993년 5월 4일 중동평화의 다자간 지역 협상에 중동 당사국들의 불참으로 제3차 회의가 결렬되었다.

한편 걸프전쟁에서 이집트는 반 이라크의 입장을 취하여 다른 온건한 아랍국들과 더불어 이스라엘과의 관계가 개선되어 팔레스타인의 평화교섭은 미룰 수 없는 문제가 되었다. 다른 한편 PLO의장 아라파트(Yasser Arafat)는 걸프전쟁시 이라크를 지지했기 때문에 아랍의 단결 이름 아래 PLO를 경제적으로 지원하던 온건파와 또 PLO에 대한 최대의 원조자였던 소련으로부터 지원이 단절되어 재정적·조직적인 어려움에 빠지게 되었다. 이와 관련 아랍세계 속에서 이스라엘의 절멸과 팔레스타인의 완전한 국가건설이라는 이념과 목표만으로는 PLO 지위의 격하론에 직면, PLO자체 존속 유지조차 어렵게 되어, 아라파트 의장은 현실적인 타협의 길을 선택하게 되었다.

1993년 9월 1일 이집트 외무상 무사아(Arm Mussa)는 이스라엘의 라빈 수상과의 회담에서 이스라엘·팔레스타인과의 평화협정을 논의하였다. 그리고 9월 6일 이스라엘 내각은 PLO를 팔레스타인 인민의 정당한 대표기구로 인정한다는 아라파트의장에의 서신을 승인하였다. 9월 6일 PLO 의장은 이스라엘 텔레비전과의 인터뷰에서 중동의 평화과정은 돌이킬 수 없다고 밝혔다. 그리고 9월 10일 아라파트 의장은 튜니스에서 이스라엘의 생존권을 인정하고 테러리즘과 폭력을 포기하는 문서에 서명하였다. PLO는 또 팔레스타인과 이스라엘 사이 분쟁에 교섭과 평화적 해결을 약속하였다. 그리고 아라파트는 모든 PLO 그룹과 팔레스타인을 위한 책무를 떠맡았다.

1993년 9월 13일 워싱턴의 백악관 잔디밭에서 이스라엘 외무상 퍼레스(Shiman Peres)와 팔레스타인 해방기구 행정위원 마무드(Mahmud Abbas)는 미국의 클린턴(Bill Clinton) 대통령과 이스라엘 라빈 수상, 팔레스타인 해방기구 알라파트 의장, 전 미국대통령 카터(Jimmy Carter), 부시, 그리고 유럽연합 집행위원회 드롤(Jacques Deiors) 위원장이 참석한 가운데 역사적인 평화협정이 체결되었다. 내용은 가자지구(Gaza)와 요르단 서안 에리코에서 팔레스타인의 잠정 자치적인 정부를 수립하는 '팔레스티나 잠정 자치에 관한 원칙의 선언'에 서명하였다.

(1) 이스라엘 군은 가자지구와 요르단강 서안의 에리코로부터 철수하고 그곳에 팔레스티나의 잠정적인 자치정부를 수립한다.
(2) 이스라엘군의 철수와 더불어 팔레스티나 경찰을 창설하고, 교육, 문화, 보건 등의 행정권을 잠정적인 자치정부에 이행한다.
(3) 공동선언 발효부터 9개월 이내에 평의회의원 선출을 위한 총선거를 실시한다.
(4) 예루살렘의 이산 팔레스티나인의 문제를 포함한 최종적인 지위에 대한 협의는 가능한 빠르게, 늦어도 잠정자치의 3년 내에 개시한다는 내용이었다.

이는 13회에 걸친 회담의 결과였으며, PLO와 이스라엘의 오랜 갈등과 대립의 청산이 시작된 것이다. 이스라엘 군은 외부의 위협에 대한 방위와 국경관리, 그리고 잔류 이스라엘 주민의 치안을 위한 부대를 제외하고는 그 지역으로부터 철수한다는 것으로서, 40년 이상 지속된 아랍과 이스라엘의 대립의 핵이라고 할 수 있는 이스라엘과 PLO간의 역사적 합의였다.[3]

1994년 7월 18일 미국 국무장관 워런 크리스토퍼(Warren Christopher)는 "금세기 중 가장 길게 끌어온 아랍과 이스라엘 분쟁은 끝나고 있다"고 밝혔다.

---

3) "*Europa Archiv,*" Folge 19/1993, p.217.

3. 유고분쟁과 유엔외교

유고슬라비아(Yugoslavia)는 좁은 국토에 여러 민족이 복잡하게 얽혀 있어 유고전쟁을 단순히 '유고의 내전'으로 취급하는 하나의 전쟁은 아니다. 유고를 지역에 따라 분류하면 다음과 같이 몇 개로 나눌 수 있다.[4]

(1) 민족주의 격화와 연방기능 마비·해체까지의 분규(1991년 6월까지)
(2) 슬로베니아(Slovenia)전쟁(1991년 6~7월)
(3) 크로아티아(Croatia)전쟁(제1차 1991년 봄부터 1992년 1월, 제2차 1995년 5월에서 8월)
(4) 보스니아·헤르체고비나(Bosnia and Herzegovina)전쟁(1992년 봄부터 가을까지)
(5) 코소보(Kosovo)·마케도니아(Macedonia)분쟁(1987년부터 현재까지)

이 중 최후의 코소보·마케도니아분쟁은 유엔 사상 처음으로 평화유지군의 예방전개에 의해 정규군끼리의 본격적인 전쟁은 연기되었으나 1998년 봄부터 격화하여 1999년 3월 NATO가 군사적 개입을 하였다.
분쟁이 지금까지 구 유고슬라비아의 영역의 내부에 걸쳐 있다는 의미에서는 내전이라고 할 수 있다. 그러나 독립을 이룬 크로아티아와 슬로베

UN평화유지군의 훈련

---

4) 최종기, 앞의 책, pp.677~706 참조.

니아에 있어서는 이 전쟁은 세르비아 혹은 신 유고슬라비아에 의한 침략전쟁이라고 할 수 있다.

민족주의가 격화한 유고에서 연방국가 해체가 결정적이 된 것은 1990년 후반이다. 1991년 6월 슬로베니아, 크로아티아의 독립선언을 계기로 분쟁은 무력을 수반하는 내전으로 격화되었다. 이러한 분쟁에 유엔의 대응은 늦었다. 이에는 근본적인 제약이 있었기 때문이다. 유엔 회원국은 국가단위로 가맹하고 구성되어 있으므로 국가간의 국제분쟁에는 대응할 수 있으나 국내의 분쟁에는 대응하는 장치가 없다. 유고의 분쟁은 시작 당초에는 구유고의 공화국의 독립은 승인되어 있지 않았으며(독립선언은 1991년 6월까지 하지 않았음), 유엔에서 보면 가맹국의 내부의 문제에 불과하였다. 그런데 유엔이 유고분쟁을 처음으로 다룬 구체적인 행동은 1991년 8월 채택된 유고지역의 무기금수는 안전보장이사회의 결정이었다. 당시 유고문제는 '유럽의 문제'로 보여져 더욱이 EC가 '공통의 외교정책'을 수립하여 정치적 실력을 발휘하는 것을 보려는 것으로 자발적으로 해결에 임하려고 하였다. 그러나 이 크로아티아전쟁은 EC의 중재가 실패하자 1992년 1월 2일 미국의 전 미국무장관이었던 반스 안에 의하여 정전이 실현되어 유엔 보호군 파견이 결정되었다.

그러나 1992년 3월에 본격적인 전개를 했던 유엔보호군이 정식 배치를 하자 보스니아에서 전쟁이 개시되어 1992년 4월 세르비아인 세력에 의한 사라예보 포위가 시작되었다. 유엔 보안군은 7월 사라예보공항의 안전확보를 시작으로 보스니아 전역에서 인도적 원조물자호위의 활동을 개시하였다. 그리고 안전보장이사회는 1992년 5월 보스니아문제로 신 유고에 대한 포괄적 제재조치를 결정하였다. 이 제재의 결정이 미국의 주도하에 이루어졌는데 유엔의 성격, 기능이라는 관점에서도 문제점을 안고 있다.

구 유고의 유엔평화유지부대로서의 유엔보호군(UNPROFOR)의 요원은 군사·민간인을 합하여 최대 시는 4만 4,000명을 넘어 그 예산도 유엔 통상예산의 약 1.5배인 18억 달러의 평화활동비로 유엔 사상 최대의 작전이었다. 1993년 6월 4일 유엔안보리는 결의 836호로서 사라예보 등 여섯 개의 안전지역을 설정하여 이에 대한 공격을 억지하는 목적에서 무력행사의 권한을 확대하였는데 이는 일반적인 평화활동으로 해석되었다.

1999년 3월 24일 미국을 비롯한 NATO군은 유엔안보리 결의없이 유고슬라비아연방 세르비아 공화국 코소보주를 둘러싼 분쟁에 무력개입을 하여 유고슬라비아에 공습을 개시하였다. 이에 대해 유고슬라비아는 전쟁상태를 선언함으로써 코소보전쟁은 시작되었다. 이때에 러시아는 NATO가 지상군을 파견할 경우에는 국방예산을 증가할 것이며 NATO와의 관계를 재고할 것이라고 하면서 NATO의 공습을 비난하였다. 그러나 NATO는 공중폭격을 계속하였으며 이에 따라 코소보는 세르비아계 주민이 속속 유출하는 반면, 주변국에 유출된 알바니아계 주민이 속속 귀환하였다. 코소보에는 코소보평화유지부대와 국제민간인 경찰이 치안유지를 하게되었다.

미국은 NATO군에 의한 공중폭격을 감행함으로써 NATO 내에서의 군사적 주도권을 확립하였다. 그리고 이 사건을 도운 것은 러시아가 NATO행동을 비난하면서도 NATO와 유고슬라비아간의 조정자 역할을 한 것이다.

1999년 4월 24일 워싱턴에서 NATO회원국은 21세기의 신전략개념을 채택하였는데, 이 개념에 의하면 NATO는 지금부터 인권, 민주주의 등의 가치를 지키기 위해 가맹국의 방위뿐만 아니라 유럽, 대서양지역 전체의 평화와 안전에 공헌한다고 하였다.

제2절 경제적 지역공동체

1. 유럽연합(EU: Europe Union)

1999년 1월 1일 출발한 유럽연합의(EU)의 통화통합은 유럽의 역사에 새로운 장을 이룬 것이라고 할 수 있다. 이 EU의 역사상 가장 중요한 성과라고 할 수 있는 것은 1992년 2월 7일 마스트리히트조약(Treaty of Masstricht)이다. 이 조약은 유럽공동체(EC)를 EU로 발전시킨 내용으로서 EU조약이라고 불리고 있다. 1993년 11월 1일 발효된 EU조약은 21세기를 향한 EC통합 외에 전통적인 국가주권을 넘는 정치통합까지 지향함으로써 그 동안 유럽전쟁의 원인으로 본 국민국가의 틀을 타파한 정치적 의의를 가지고 있다.

EU조약은 경제적 측면에서는 단일시장완성과 단일통화의 필연성 인식의 결과였고, 정치적 측면에서는 유럽자유무역연합(European Free Trade Association, EFTA)[5] 국가들의 공동체 가입의사와 동유럽국가들의 통합목표로 체제 정비의 필요성 앞에서 체결되었다. 이는 EC 통합의 30년 작업의 결과로 자유와 관용, 연대감의 민주주의를 과제로 하고 있다.

EU는 경제면에서 역내시장을 보다 공고히 하기 위해 경제통화동맹(EMU)을 창설하고 유럽중앙은행(ECB)을 만들어 통화통합을 실현한다는 역사적인 실험을 하였다. 이미 1999년 1월 1일 단일통화 유로(Euro)가 도입되었다. 또 하나 중요한 것은 구체적으로 '공통외교·안전보장정책'을

---

[5] 1960년에 설립, 영국, 스웨덴, 노르웨이, 덴마크, 오스트리아, 스위스, 포르투갈, 아일랜드, 핀란드가 회원국이다.

도입한 EU의 안전보장에 관한 문제에 공동행동을 취하는 것, '유럽시민권'을 창설하는 것으로 모든 EU시민은 역내의 자유로운 이동과 거주하는 나라의 지방자치의 참정권이 인정되도록 되고, EU내 경제적, 사회적 격차를 시정하여 전체로서 조화가 취하여진 발전을 꾀한다는 것이다.

2. 북미자유무역협정(NAFTA)6)

미국은 1950년 세계공업생산력의 40%를 차지 세계정치와 경제의 중심 기능을 수행하여 왔다. 그러나 1970년대 베트남전쟁을 기점으로 미국의 경제력은 약화되어 세계의 경제는 EC와 일본을 중심으로 한 다극체제로 변화하였다. 특히 1980년대에 들어와 생산성 저하와 국제경쟁력의 약화로 무역적자와 재정적자가 누적되었다. 이와 더불어 EC가 세계최대의 단일권 시장으로 부상하자 미국은 지역경제 전략으로 EC와 일본 경제에 대한 대응하에 북미지역의 경제통합을 추진하였다.

미국은 1989년 1월에 발효되는 미국・캐나다 무역협정(United States-Canada Free Trade Agreement)을 체결하였는데 이 협정은 (1) 양국간 무역장벽 제거, (2) 자유무역 지역 내의 공정한 경쟁조건의 조장, (3) 역 내 투자조건의 자유화, (4) 유효한 분쟁해결 수속의 확립을 내용으로 하였다. 캐나다와 자유무역협정7) 체결 후 미국은 멕시코의 저렴하고 풍부한 노동력으로 미국상품의 경쟁력 제고와 수출증가로 미국경제의 회복, 멕시코로부터 에너지 자원의 확보, 불법이민 및 마약유입과 환경문제에 대한 치유책을 위하여 멕시코의 미국・캐나다 무역협정에 가입을 추진하였다. 멕시코는 노동집약적 산업에 부과되는 미국의 쿼터 및 고관세의 무역장벽 제거로 대미 수출증대와

---

6) 白京男, 앞의 책, pp.426~428 참조.
7) Free Trade Agreement는 경제통합에 참여하는 국가상호간에 상품이동에 대한 일체의 무역제한 조치를 철폐하는 자유무역을 보장한다.

외국인 투자유치로, 경제개혁 정책, 소요자본확보, 기술이전 및 고용창출 효과를 기대하여 1992년 8월 북미자유지역협정(North American Free Trade Agreement, NAFTA)에 조인하였다.

그 주요 내용은 3국간의 관세를 최장 15년간 철폐하고 원산지 증명의 도입, 투자규제의 완화, 지적 재산권의 보호이다. EC의 시장통합과 같이 지역경제 블록으로 가맹국의 국가이익을 실현하려는 구상에서 NAFTA 체결은 이 협정의 발효로 인구 3억 6천만, 국내총생산(GDP) 6조 달러의 세계최대의 경제권의 탄생을 의미한다. NAFTA는 냉전구조의 붕괴이후 이데올로기의 자리를 경제가 대신하면서 부상한 통합된 유럽, 미국 중심의 범미주경제권, 일본중심의 아시아 경제권의 3극체제의 구체화를 의미한다.

북미자유무역협정 체결의 주요 내용은 다음과 같다.
(1) 관세장벽의 제거로 인한 가맹국간의 무역이 확대되고(무역창출효과, Trade Creating Effect).
(2) 시장규모가 커져 생산비 인하.
(3) 대외 거래의 불확실성 및 위험감소.
(4) 기업간 경쟁에 의한 기술혁신 노력의 가속화.
(5) 생산투입 요소의 양적·질적 개선(완전고용, 생산의 전문화, 최신시설 투자, 생산원가 절감, 투자 및 소비증대).
(6) 가맹국간의 비교 우위에 의한 국제특화의 국제 분업 효과를 예상하고 있다.

NAFTA해결은 국제 경제의 블록화를 더욱 심화·촉진하고 있다. 그리고 NAFTA 체결은 산업구조가 멕시코와 유사한 카리브해 연안 국가들에게는 멕시코가 섬유 및 의류산업 등 주종 수출품에서 쿼터 적용 면제혜택을 받음으로써 대 미국 수출에 타격을 입게 되었다. 뿐만 아니라 NAFTA가 역외국가들에 차별적·배타적 성격을 강화하면 모든 국가들의 상품에 대한 새로운 무역장벽으로 우려된다. 여하튼 NAFTA의 출현은 국민경제를 전제로 한 자본주의 경제 체제가 새로운 단계로의 이행으로 냉전 종식 이후 경제를 축으로 한 세계 질서의 재편과정에 본격적 진입을 상징한다.

미국은 또한 2005년까지 미주지역 34개국으로 구성된 '미주자유무역지'(Free Trade Area of the America, ATAA)를 설치, 최대의 경제블럭을 형성하여 인구 8억 5천만 명에 약 14조 달러 규모의 세계 최대 단일 시장을 계획하고 있다. 1994년 12월 11일 미주지역 34개국 정상들은 3일간의 회담을 마치고 23개항의 기본원칙에 관한 공동선언 및 자유무역과 마약 밀매 퇴치 및 환경보호를 위한 100개 부문의 실행계획에 서명하였다. 그들은 "번영을 이룰 수 있는 핵심은 일체의 장벽과 보조금, 불공정 관행을 없애고 생산적 투자를 증대시킨 데 있다"고 합의하였다. EC와 아시아권 경제공세에 맞서려는 미국의 의도와 자유민주주의에 기초한 시장경제를 국가발전의 새 지표로 내세운 중남미 국가들의 이익이 일치되어 1996년 3월에 자유무역지대 창설이 일정에 놓였다.

3. 아시아·태평양경제협력(APEC)

아시아·태평양경제협력회의(Asia-Pacific Economic Cooperation, APEC)는 아시아·태평양경제에 관한 상호의존의 증대에 관한 협력을 위해 1989년 설립되었다. APEC는 처음 비공식적인 대화의 그룹으로 시작되었다.

이는 통합된 유럽, 미국 중심의 범미주경제권 등 경제를 중심으로 한 세계질서의 재편에 있어서 블록주의적 경향에 직면하여 아시아·태평양 국가들의 경제협력 관계를 강화하려는 것을 목적으로 하였다. 그러나 APEC회원국의 경제는 EU에 비하여 경제발전의 다른 수준과 지역의 충분한 다양성을 내포하고 있으면서 공통목적과 협력의 증대를 목적으로 하였기 때문에 긴 여정을 거쳐 설립되었다. 1989년 호주의 캔버라에서 한국, 미국, 일본, 캐나다, 호주, 뉴질랜드 그리고 ASEAN 12개국의 각료회의가 개최되어 아·태 지역에서의 경제협력방안을 논의하였다. 발족 당시에는 의견의 교환과 프로젝트에 의한 발의에 역점을 두었다. 주로 아시아·태평양 경제협력의 과정과 가트(GATT)의 우루과이라운드교섭을 능동적으로 매듭짓기 위한 목적으로 광범위한 의견교환의 장으로 활용하는 목적이었다. 그러나 오늘날 APEC은 회원국들이 무역을 통한 균등한 발전과 경제협력과 경제성장을 통해 실질적인 포럼으로서의 역할을 하고 있다.

1991년에는 서울에서 총회가 열리고 중국, 대만, 홍콩이 참가하였다. 1993년 11월 20일 시애틀의 블레이크섬(Blake Island)에서 처음으로 아시아·태평양경제협력체(Asia-Pacific Economic Cooperation, APEC)의 정상회담이 개최되었다. 당시 회의에서는 '개방적 지역주의'(Open Regionalism) 지향을 목표로 (1) 개방 동반자 정신의 확대, (2) 무역투자 장벽구축, (3) APEC 재무장관회의 발족을 내용으로 한 'APEC지도자 경제비전 성명'을 채택하였다.

제2차 정상회의는 1994년 11월 15일 인도네시아 보고르(Bogor)에서 개최되어 17일 '보고르선언'을 채택하였다. 이 회의에서 정상들은 개방적인 무역제도의 비전이 제시되어 아시아·태평양 지역의 선진국은 2010까지 자유스럽고 개방된 무역과 투자가, 그리고 발전도상국은 2020년까지 야심적인 목표를 달성하도록 합의하였다. 보고르 선언의 주요내용은 다음과 같다.[8]

 (1) 무역자유화 연도는 개도국은 2020년, 선진국은 2010년으로 선정한다.
 (2) 동등한 동반자 관계를 통한 공동체 전 단계인 하나의 교역그룹을 지향한다.
 (3) 새로운 보호장벽을 세우지 않는다.
 (4) 무역과 통상분쟁을 해결하기 위한 조정절차를 신설한다.

---

8) 백경남, 앞의 책, p.429.

(5) 환경문제와 민간부문의 교류협력을 증진하고 인적 자원교류에 대한 협력을 강화한다.

1995년 일본 오사카에서 개최된 APEC 정상회의에서는 오사카 행동의제(Osaka Action Agenda)를 채택하고 무역과 투자의 자유화, 기업편의 및 경제와 기술협력을 다짐하였다. 1996년 11월 마닐라에서 개최 된 정상회의에서는 마닐라 행동계획(Manila Action Plan for APEC, MAPA)이 채택되었는데, 여기서는 보고르에서 목적의 개요를 실행하기 위한 개개국의 행동계획안을 집계한 것이다. 1997년의 정상회의는 캐나다 밴쿠버(Vancouver)에서 개최되었는데, 여기서는 국가의 개별적인 행동계획과 이것을 매년 갱신하는 의지를 재확인하였다. 1998년의 정상회의는 말레이시아의 쿠아라룸푸르에서 개최되었는데, 여기서는 아시아·태평양 지역의 경제적 회생에 대한 전망과 강력한 경제적 기반을 재 신임하는 것을 확인하였다. 그리고 제7차 APEC정상회의는 1999년 9월 뉴질랜드의 오클랜드(Auckland)에서 개최되었다. 여기서는 위기에 빠진 아시아 경제위기에 밝은 서광이 비쳐지고 있으며, 11월의 세계무역기구(WTO)의 새로운 라운드 교섭발족의 사이에 개최되어, 미국의 클린턴 대통령, 장쩌민 중국 국가주석, 김대중 한국대통령, 오부치(小淵) 일본총리 등의 2국간의 수뇌회담이 개최되고, 또한 동티모르(Timor)문제를 둘러싼 참가국의 외상회의가 개최된 중요한 회의였다.

제3절 세계무역기구(WTO)외교

1. 가트(GATT)체제

전후 서방경제의 통상제도의 기초가 된 GATT(General Agreement on Tariffs and Trade: 관세와 무역에 관한 일반협정)제도는 전전의 경험의 반성에 의하여 설립되었다. 1929년부터 1932년에 세계경제공황을 경험한 자본주의 국가들은 앞으로 전쟁을 피하기 위하여 제2차 세계대전 후의 국제경제체제에 있어 보호무역주의를 줄이고 자유롭게 개방적인 체제로 건설하는 데 공감하였다. 이에 1944년 7월 국제통화기금(International Monetary Fund, IMF)과 세계은행(International Bank for Reconstruction and Development, IBRD)이 설립되고 1945년 12월 미국정부가 관세율을 낮추기 위한 다국간협정체결의 교섭을 제창하여 1947년 제네바에서 GATT가 조인되어 1948년 1월 1일 GATT체제가 출범하여 46년간 지속되었다. 전후의 일본은 이러한 제도의 최대의 수혜자이다.

GATT의 중요성은 전후 국제무역의 운영을 위한 다자간무역협상(MTN: Multilateral Trade Negotiation)방식을 정립하였고, 협상에서 호혜주의원칙(Principle of Reciprocity)과 관세인하의 호혜성이 강조된 것이다. 1948년에는 체약국이 23개국에 불과하였으나 1993년에는 103개국에 이르렀다. GATT의 중요한 기능은 (1) 무역거래에 있어서 발생한 분쟁의 경우 분쟁 당사국이 GATT에 제소하여 분쟁을 처리하고, (2) 관세나 수량제한 등 무역 증대를 막는 조치를 제거하고 자유·무차별 원칙에 따라 무역을 촉진시키는 데 있다.

GATT는 1986년 9월 우르과이라운드(UR: Uruguay Round)까지 1948년 발족 이래 7회에 걸친 다국적 무역교섭을 하였다. 1964년부터 1967년까지 '케네디라운드'에서는 관세를 평균 35%로 인하시켰고, 1973년부터 1979년에 이르는 '도쿄라운드'는 33%의 관세인하에 합의하였다.

GATT체제는 전후 50년 동안 미국 경제의 압도적 우세아래 세계무역 활성화에 기여하고, 무역의 활성화는 경제성장을 촉진하였다. 그러나 전후의 무역자유화에 크게 공헌한 GATT도 규정이 미치지 않는 곳에 여러 가지 형태의 보호주의적인 정책이 들어오고 있는데, 그 대표적인 예로서는 2국간의 무역마찰 속에서 GATT제도의 회색적인 여러 보호주의적인 조치가 취하여지고 있다.

2. WTO체제

우루과이 라운드(UR)라 호칭되는 가트 제8차 다자간 무역협상이 1986년 9월 우루과이에서 시작된 이후 우여곡절 끝에 미국이 최종협상마감일로 설정한 1993년 12월 15일 큰 줄거리의 협상을 마무리짓게 되었다. 그리고 1994년 4월 15일 모로코에서 회원국 124국이 최종협상 안에 서명을 마쳤고, 비준과정을 거쳐 1995년 1월 세계무역기구(WTO: World Trade Organization)가 정식 출범하게 되었다. 이로서 1947년 전후의 자유무역을 위하여 아바나 헌장(Havana Charter)에 기초해 탄생시키려다 미국의 비준 거부로 유산되고만 국제무역기구(ITO)가 세계무역기구로 그 이름을 바꾸어 탄생하게 된 것이다.

그간 7년간 끌어오면서 합의에 이르지 못했던 우루과이 라운드가 1993년 12년 1일부터 15일 사이에 이르는 불과 2주 사이에 극적인 타결과 결실을 맺게 된 이유는 미국과 EU가 정치적 해결의 의지를 보였기 때문이다. 즉 1993년 미국 클린턴 대통령은 우루과이 라운드의 타결을 정책의 우선순위로 놓고 추진하였다. 특히 북미자유무역협정의 비준을 획득하여 미국의 자유무역기반을 공고히 하는 한편, 1993년 11월에는 아·태 경제협력회의의 정상회담을 시애틀(Seattle)로 유치하는 등 EU에 압력을 가하기 시작하였다. 따라서 자칫하면 미국과 아시아 국가들이 EU를 배제시킨 가운데 새로운 자유무역질서를 구축할지도 모른다는 두려움에 EU의 농산물협상에 대한 양보를 이끌어 낼 수 있었던 것이다.

우루과이 라운드협정이 타결됨으로써 WTO가 탄생되었는데, 그간 우루과이협상에서 타결되지 못했던 주요사항을 보면 (1) 관세와 비관세 장벽을 더욱 감축함으로써 많은 분야의 시장접근 개선, (2) 처음으로 농산물에 대한 무역협정을 본격적으로 확대, (3) 1979년의 도쿄 라운드에서 시작된 제반규칙들을 더욱 발전시키고 있는바, 비관세 장벽으로서의 반투매법의 사용을 개선시키기 위하여 투명성 확보, (4) 새로운 쟁점에 대한 규칙을 설정함으로써 국제무역체제를 현대화, (5) 무역관련투자조치가 최초로 토의되어 투자에 관한 국제적 규칙의 외환균형요구 등이다.

이와 같이 우루과이 라운드 타결로 출범하게 된 WTO는 GATT의 원칙과 규범들을 확대시키고 분명케 함으로써 21세기 세계무역을 이끌어갈 중심적 역할을 담당하게 되었다.

WTO는 1995년 출범당시 회원국이 124국이었던 것이 1998년에는 132개국으로 확대되었다. 뿐만 아니라 중국과 러시아를 비롯하여 30여 개 국가가 회원국 가입을 신청하고 있다.

제2장 환경외교

제1절 환경론

1. 인류와 환경[1]

환경에 대한 쟁점이나 환경에 대한 관심은 역사적으로 대단히 오래되었으나 경제개발로 인한 환경결과를 깊게 깨닫게 된 것은 1950년대 이후부터라고 할 수 있다.[2] 그러나 우리 인간에게 환경문제가 직접적으로 심각하게 미치게 된 중심과제는 에너지의 생산과 소비를 포함한 인간의 활동이 환경오염의 최대 원인이라는 것이다. 그러므로 모든 환경문제의 핵심에는 인간의 자각이란 문제가 존재하게 되는 것이다.

국지적인 환경오염에 대한 인간의 건강의 보호를 확보하는 행위에 의해 지구상의 환경의 위험을 처리할 수 있다고 가정하는 것은 위험하다. 각국은 이와 같은 위험을 관리하기 위한 강력한 국제기구의 설립에는 그리 마음을 내켜하지 않는다.[3]

환경문제를 처리하는 국제기구가 정치적으로 받아들여지는지의 여부는

---

1) 최종기, 앞의 책, pp.757~758 참조.
2) Timothy Doyle and Doug McEachern, "Environment and Politics," (London and New York: Routlege, 1998), p.1.
3) Mason Willrich, "Energy and World Politics," 'The American Society of International Law,' 1975, pp.157~158.

환경문제

그 기능에 크게 의존한다. 또한 국제적으로 설정된 조치를 받아들여지는 것은 국가의 관할권이라는 전통적인 분야의 침해를 얼마나 인정하는가의 정도에 따라 영향을 받게되었다. 에너지 관계활동의 환경상의 평가 혹은 초국가적인 문제에 관한 타국과의 협의와 같은 본질적인 절차상의 필요조건은 배출기준과 같은 실질적인 필요조건보다는 쉽게 받아들여지게 될 것이다.

1972년의 유엔의 인간환경회의(United Nations Conference on Human Environment)에서는 다른 에너지체계의 환경상의 결과에 관한 자료를 포함한 에너지에 관한 정보교환을 위한 국제기구의 설립이 명확히 권고되었다. 유엔의 환경계획에 다른 임무와 함께 이것이 다루어져 감시망의 설치체계의 설립에 특히 중점이 놓여있다.

환경의 보전과 에너지개발 사이의 균형이 취하여진 해결책을 찾는 것은 대부분 에너지를 자급자족하고 있는 초강대국이다. 그리고 이와 같은 국가가 균형을 취하면 지구상의 환경에 영향을 주게될 것이다. 만일 그것이 자기 자신의 환경보호를 위한 강력한 조치를 택하면 세계의 다른 국가에 있어서 그만큼 좋게 전파될 것이다. 에너지 자원이 절약되어 그 나라의 지구상의 오염량이 감소하게 될 것이다.

2. 현대 환경론

환경오염이 전 지구적 규모에서 사회문제화 된 역사는 얼마 되지 않는다. 이를 역사적 전개과정에서 쟁점별로 분류하면 다음과 같다.
  (1) 1960년대 말: 식량 및 자원문제로서 이는 신맬더스주의자와 신마르크스주의자로 나누어진다.
  (2) 1973년 에너지문제: 이는 생태론자, 즉 반핵론자와 기술론자, 즉 친핵론자로 나누어진다.
  (3) 1970년대 후반: 지구파괴의 근원논쟁과 사회운동으로 나눌 수 있는데, 이는 다시 지구파괴의 근원논쟁은 근본생태론자와 사회생태론자로 나누어지고, 사회운동론은 생태사회주의와 생태마르크스주의자로 나누어진다.[4]

여기서 1970년대 후반 이후의 주장에 대한 위기론과 극복방안을 다시 정리하여 보면 다음과 같다.

(1) 근본생태론

이에 대한 위기론은 인간과 자연의 분리로서 데카르트의 이성중심주의와 인간과 자연의 이원적 실재관에 바탕을 둔 양적 가치체계에 기반한 문명관이라고 할 수 있다. 그리고 이에 대한 극복방안으로서는 생태철학을 통한 인간과 자연의 일체화, 국가에 의한 외적 규제가 아니라 사기업

---

4) 문순홍, 『생태위기와 녹색의 대안』(서울: 나라사랑, 1992), p.50 참조.

운영자의 인성변화인 내적 규제, 여론의 재활성화, 자본과 노동의 배합비율에서 노동비중을 늘리는 경제체제, 에너지 절약과 효율성 제고 및 재생기술 재생산업 강화 등을 들 수 있다.

(2) 사회생태론

이에 대한 위기론은 근본생태론의 보수성 탈피, 즉 생태위기의 사회위기화, 무정부주의와 생태학의 융합, 환경위기는 시장제도의 비도덕성과 기술의 반생태성 등을 들 수 있다. 그리고 이의 극복방안은 자연학과 사회적 삶의 이론적 통합, 영성, 즉 인간을 포함한 자연계의 전일적 구조의 회복, 생산과 소비간의 익명성 탈피, 자연친화적 기술개발, 새로운 남북관계의 정립, 즉 선진공업국과 개발도상국간의 관계정립 등을 들 수 있다.

환경론자에 대한 O'riordan의 분석에 따르면 환경론은 과학기술의 미래를 낙관하는 기술지향주의적 환경론과, 낭만주의 및 생태학을 토대로 그렇게 낙관적이지는 못한 미래 관을 내세우는 생태지향주의적 환경론으로 대별하고 있다.[5] 기술지향주의 환경론은 '환경관리주의'로 나타나며, 생태지향주의는 근본생태론과 사회생태론으로 나타난다. 이 두 가지 이론에 대해 비판하면서 1970년대 후반에 마르크시즘의 방식을 도입하여 생태주의와 결합하면서 생태사회주의, 생태마르크시즘이 대두되었다.

---

5) 이명우 외 옮김, 데이비드 페퍼, 『현대환경론』(서울: 한길사, 1993), pp.58~71 참조.

제2절 환경외교의 전개

환경문제가 비교적 체계적으로 다루어지기 시작한 것은 1970년대에 들어오면서부터이다. 이러한 1970년대의 노력으로 주요 선진국의 환경은 개선된 반면 개도국에서의 생태계파괴문제가 심각하게 대두되었다. 그러나 1980년대 들어서는 새로이 지구 오존층의 소멸이 과학적으로 입증되고 지구온난화와 생물다양성 소실의 위험이 경고되었다. 특히 냉전 종식 이후에 새롭게 형성되고 있는 세계질서의 구축과정에서 지구 환경문제는 남북문제의 최대현안으로 되고 있다. 개도국은 개발과 성장을 강조하면서 환경기술과 재원을 독점하고 있는 선진국들의 일방적인 환경규제의 강화는 선진국 환경산업의 이익 위주 발상이며, 선진국과 개도국간의 개발 격차를 항구화할 우려가 있다고 반발하며, 막대한 개발원조를 요구하고 있다. 반면 선진국은 환경과 보전을 강조하면서 오늘날 개도국의 빈곤과 생태파괴는 개도국의 인구폭발과 국가 관리 실패의 결과와 맞서는 등 국제정치의 주요한 의제로 부각되고 있다.

1. 유엔인간환경회의에서의 대립

지구규모의 환경오염을 논의한 최초의 국제회의는 1972년 6월 스톡홀름에서 개최된 113개국의 정부대표와 유엔관계자 등 1300명이 참가한 유엔인간환경회의였다(The United Nations Conference on Environment and Development: UNCED).

이 회의의 슬로건이 '하나뿐인 지구(Only One Earth)'였던 것이다. 그러나 이 회의에서는 환경이냐 개발이냐를 둘러싸고 첨예한 대립을 드러냈다. 세계은행 총재였던 맥나마라(Robert S. McNamara)는 "〈우주선 지구호〉 승객의 1/4는 우아한 1등석 선객이고 나머지 3/4는 3등석 선객이다"라는 형태로 남북대립을 표현하듯이 지구환경문제는 남북대립이라는 본질이 현저하였다. 선진국은 범세계적 규모의 환경·자원의 관리를 주장한 데 반하여 개도국은 지구오염의 책임은 지구의 자원을 무제한으로 사용하여 온 선진국에 있다고 논박하면서 개발할 권리를 주장하였다. 이러한 대립과 논의 속에서 인류의 공동재산인 인간환경을 보호하고 개선하는 것은 인류의 의무라는 '인간환경선언'이 채택되고 109개의 '행동계획'이 결의되었다. 이 선언은 1970년대의 세계경제상태를 반영하고 또한 개방 아니면 환경이라는 양자택일적 사고방식에 서고 있기 때문에 좀처럼 성과를 올리기 어려웠다. 한편 유엔인간환경회의는 '행동계획'을 실현하기 위해 그해 제27차 유엔총회에서 유엔환경계획(United Nations Environment Program: UNEP)의 설립이라는 큰 성과를 거두었다. 그것은 기존 유엔의 제기관이 실시하고 있는 환경에 관한 제활동을 종합적으로 조정관리하고 국제협력을 촉진하는 것을 지향하는 것이다.

또한 1972년에는 '우주선 지구호'라는 관점에서 자원의 유한성을 설파한 로마클럽의 보고서 '성장의 한계'가 발표되어 세계에 경종을 울렸다. 그것은 인구증가와 환경악화 등 현재의 경향이 지속된다면 마침내 세계는 한계에 봉착하므로 경제성장을 억제하지 않으면 지구의 인류는 파멸된다고 주장하였다.

2. 유엔환경개발회의 개최

유엔총회는 유엔환경개발회의(UNCED), 일명 지구정상회담(Earth Summit)이 스톡홀름회의의 20주년이 되는 1992년 6월에 브라질의 리우데자네이루에서 개최되어 183개국 참가에 100명 이상의 각국 정상이 출석한 유례없는 국제회의로 되었다. 동시에 NGO(Non-Governmental Organization)는 187개국에서 약 8000단체가 참가하여 독자적으로 '92지구환경회의(Global Forum)'를 개최하였다. 유엔환경개발회의에서는 모든 나라에서 건전하고 지속가능한 개발(Sustainable Development)을 촉진시키는 내정 및 국제적 노력을 통하여 환경악화를 저지하고 회복시키기 위한 전략이나 정책을 책정할 것을 목적으로 했는데, 많은 사람들이 기대한 것과 같은 성과를 얻지는 못했다. 거기에서는 남북의 대립에 더하여 선진국간의 대립도 두드러졌다. 쿠바의 카스트로 수상은 선진국은 개도국에 대하여 환경채무를 지고 있다고 주장하는 등 국익의 대립으로 국제적 합의 형성이 저지되었던 것이다.

그 성과를 보면 먼저 '환경과 개발에 관한 리우선언'은 5개항의 전문과 27개항의 원칙으로 이루어져 있는데, 그것을 달성하기 위한 시스템은 명확하지는 않다. 그리고 21세기를 향하여 국제사회가 환경보전에서 취해야 할 행동계획으로 '의제 21'(Agenda 21)이 채택되었다. 온난화 방지를 위한 화석연료의 사용을 규제하는 '기후변화 협약', 종의 보전을 목적으로 유전자에 대한 자유접근을 제한하는 '생물다양성 협약', 삼림의 보호를 위한 '삼림보전을 위한 원칙'이 채택되었다. 환경보전의 기술 이전도 약속되어 개도국 지원을 위한 '지구환경기금'(GEF)의 강화도 받아들여졌다. 그 중 '의제 21'은 40장으로 구성되어 500항에 달하는 2,500개 이상의 규제책을 갖는 행동계획을 담고 있다. 그 실행은 각국 정부뿐만 아니라 지방자치단체나 기업·시민·NGO 등의 역할이 중시되고 있다. 그러나 그것을 실시하기 위한 재원의 뒷받침은 없고, 또한 공적개발원조(OAD)로 국민총생산의 0.7%의 달성이 받아들여졌지만 달성까지의 제한기한은 명시되지 않았다.

지구정상회담은 1972년의 유엔환경회의가 어떠한 구체적 협정도 체결하지 못한 것에 비한다면 불완전하나마 앞서 말한 여러 조약이 체결되고 지구환경보전의 제일보를 내디딘 것이라고 말할 수 있다. 그러나 사무국장으로 일했던 스트롱이 회의 후에 말했던 것처럼 온난화문제에서 기한을 명확히 하지 못한 것과 재원문제, 나아가 최대의 환경파괴자인 군산복합체의 문제를 다루지 못한 것 등 반성해야 할 점도 많다고 할 것이다.

지구정상회담의 권고를 받아들여 1993년 2월 유엔에 합의사항의 이행을 평가·감시하기 위해 유엔경제사회이사회 산하에 지속개발위원회(Commission on Sustainable Development: CSD)가 설치되었다. 그 목적은 각국 정부, 유엔기관에 의한 '의제 21'의 행동계획의 추진 상황 감시·유엔총회나 경제사회이사회에 대한 보고, NGO와의 협의 등이다.

제3절 경제개발과 환경

지구환경의 문제는 최근에 들어와서 국제경제나 국제정치경제정책과 밀접한 관계를 이루어왔다. 10여 년 전만 하더라도 무역과 환경, 지속가능한 개발(Sustainable Development)을 위한 자금조달, 소비패턴 등과 같은 것은 국제정치의 과제가 되지 못하였다. 그러나 이와 같은 상황은 곧 급변하여 환경고려가 무역정책에 영향을 증대시키기 시작하였다. 따라서 모든 사회에 걸쳐 대규모적으로 사회적 경제적으로 전환을 요구하는 환경 레짐(Regime)이 출현하고, 환경정책과 경제정책을 포함한 사상 초유의 지구적 규모의 협상이 이루어졌던 것이다. 이것이 바로 앞 절에서 언급한 '유엔환경개발회의(UNCED)'의 개최이다.

지구환경이 경제관계나 개발과의 관계가 강화되자 지구환경정치의 범위도 확장되었다. 그러므로 환경문제는 경제·개발의 쌍방에 관련하여 많은 정치적 과제나 정치과정이 분석되고 있다. 많은 과제 중 몇 개를 들어보면 아래와 같다.

1. 남북간의 불평등과 환경

여기서 남북간이라 하면 선진공업국과 후진개발도상국과의 관계를 말한다. 즉 남은 가난한 개발도상국들을 말하며, 이에 반하여 북은 부유한 선진공업국들을 말한다.

지구환경정치에서는 남북간의 경제적 불공평이 정치적으로 중요한 요인으로 되어왔다. 개발도상국의 지구환경문제에 대한 정책적 대응이나 협상전략은 지구적 규모의 경제구조가 기본적으로 불공평하다는 인식을 전제하고 있다. 1970년대 후반부터 남북경제의 악화에 따라 남북간의 불평등이 점점 심화되고 이로 인하여 남북경제관계에 있어 남측 제국가들의 협상의 지위는 약화되었다. 1970년대 초에는 상품가격이 상승하고, 석유수출기구(Organization of Petroleum Exporting Countries, OPEC)가 석유공급의 조작에 성공을 하자 1974년 유엔총회에서 지구적 규모의 경제체계에 있어 전체적인 개혁을 시도하였다. 남쪽국가들은 대담하기는 하나 대부분 비현실적인 계획을 내놓았다. 즉 '신국제경제질서(New International Economic Order, NIEO)'를 추구하였다. 이 계획은 국제상품협정의 새로운 체계로서 개발도상국으로부터 수입에 대하여 선진국은 무역장벽의 일방적 삭감, 개발도상국의 과학·기술능력의 강화, 기술이전을 위한 부유국들로부터 자금제공 증대, 이와 같은 이전의 비용을 감소시키기 위해 특허법의 변경 등을 내용으로 하고 있다.[6]

    1970년대 말 이후 경제동향이 개도국들에게 불리하게 되고, NIEO가 지구적 규모의 정치 '의제(Agenda)'로부터 사라지고, 부유국들은 개도국들의 변화의 요구를 무시하기 시작하였다. 상품가격의 하락에 따라 주로 상품수출에 의존하는 나라들은 경제의 황폐를 가져오게 되었다. 1980년부터 1991년 사이에 개발도상국의 수출품 중 에너지 이외의 1차 생산품의 가중가격지수는 46% 하락하였다. 반면 상품가격이 높아지고 부유국들의 은행이 아랍의 석유수입의 달러($)를 대량으로 대출받는 시대를 맞아 무거운 채무부담으로 개발도상국의 외화의 대부분을 흡수하게 되었다. 1990년대 초에 40이상의 과중채무국은 수출수입의 30%이상을 채무상환에 충당하였는데, 이는 자본시장이 통상 금융위기의 지수로 보이는 비율을 약간 넘은 상태였다.

    1990년대에는 대부분의 개도국들이 국제금융기구로부터 압력 때문에 자국의 수입장벽을 삭감하였음에도 불구하고 개도국들의 공업제품이나 가공품에 대한 선진국의 수입장벽은 계속 확대되었다. 섬유, 의류 및 개도국의 수출에 있어서, 특히 중요한 다른 제품에 대한 선진국의 관세는 선진국간의 관세에 비하여도 가장 높은 것이 많았다. 선진국은 점점 가공의 정도에 따라 제품에 대한 관세율을 인상하였다. 즉 반덤핑, 대항관세, 타국간 섬유결정과 같은 수출규제협정 및 직접적 보조금 등의 무역에 대한 새로운 종류의 비관세장벽은 선진국의 산업을 개도국의 수입으로부터 보호하는 데 이용되었다. 이와 같은 무역장벽의 결과 1980년대 말까지 개도국의 소득은 3%정도를 상실하였다.

---

6) 村上組子 外, 譯, 『入門 地球環境政治』, (東京: 有斐閣, 1998), p.133 참조.

1985년에 우루과이라운드라고 알려진 세계무역의 자유화에 관한 협상이 GATT하에 개최되었는데, 여기서 비관세장벽의 약간을 삭감하는 데 역할을 하였다. 그러나 체제적인 면에서의 충격은 미미하였다. 1994년 4월에 채택된 GATT 우루과이라운드협상은 급속히 공업화를 진행하고 있는 동아시아나 라틴아메리카제국에 이익을 가져다 줄 것이라고 생각했다. 그러나 그들에게 기대만큼 이익을 갖다주지는 못하였다. 한편 세계무역체계에서 가장 약한 경쟁력을 가진 서부사하라 아프리카국가들의 비용은 21세기 초까지 연간 26억 $ 정도가 될 것이다. 이와 같이 지구적 규모의 무역이나 금융에 대한 압력의 결과 1890년대에는 아메리카, 중동, 라틴아메리카는 1인당 소득에 대한 실질적인 연간성장률은 마이너스가 되고 개도국 전체는 1990년도와 1991년에도 마이너스가 계속 되었다. 많은 동남아제국에는 1980년대에 급속한 성장이 보였으나 선진국과 개도국의 소득격차는 계속 확대되었다. 1960년에는 세계 20%의 부유국가들이 세계의 70%의 국내총생산(GDP)을 점했지만 1999년까지는 82.7%를 점하게 되었다.

기존의 남북경제관계의 패턴은 천연자원의 감소와 고갈을 촉진시켰다. 어떤 상품에 대한 선진국의 수요급증은 가격을 인상시켜 그러한 자원을 재사용하도록 촉진시켰다. 그러나 천연자원의 압력은 비록 상품가격의 하락을 채무부담이나 보호주의와 연결시키더라도 크게되었다. 수입상품에 많이 의존하고 있는 채무국은 가격이 하락하더라도 점점 상품수출량을 증대시켜 이에 대응하였다. 이렇게 되자 농지, 삼림, 그 외의 천연자원이 고갈하게 되었다.

선진국의 보호주의도 또한 천연자원의 과도한 개발을 개도국에게 강요하게 되었다. 미국이나 기타 OECD국가에 있어서는 농업수출에 대한 보조금으로 인하여 개도국의 생산자는 시장을 빼앗기고, 농산물의 세계가격은 하락하고, 그리고 개도국의 무역불균형과 채무는 악화되었다. 예를 들면 유럽의 쇠고기수출업자는 대량의 보조금에 의해 미국의 생산자보다 낮은 가격으로 수출하여 미국시장을 지배하였다. 따라서 가난한 빈국들은 점점 이와 같은 형태로 시장이 없어지는 사태에 대하여 수출용의 작물이나 목축을 위한 경지면적을 확대하는 방법으로 대응하게 되었다. 그러나 식량가격의 하락 때문에 식량을 수출하는 개도국의 농민은 지속가능한 농업개발에 필요한 토양보전과 수자원관리를 위한 투자를 생각하지 않을 수 없었다. 한편 선진국의 입장에서는 수출가능한 농산물에 대한 가격보조를 강력히 유인하게 되어 비료, 농약, 수자원 등이 과잉으로 사용되어, 그 결과 지하수의 오염과 고갈을 초래하게 되었다.

2. 지속가능한 개발에 관한 지구정상회담

UNCED와 지구의 지속가능한 개발에 대한 원칙과 장기활동에 관한 합의에 도달하기 위하여 국제사회의 기념비적인 시도가 있었다. 1992년 6월 지구정상회담이라고 알려진 리우데 자네이로회의(리우회의)는 110명의 국가원수가 참가하였는데 이는 명실공히 최초의 세계적인 수뇌회담이었다. 이 회의가 환경정책과 개발정책의 통합에 초점을 맞춘 것은 20년 전의 스톡홀름회의의 큰 진전을 개념적으로 과시한 것이라고 할 수 있다.

UNCED의 주요한 성과는 '의제 21'의 구속력 없는 합의라고 할 수 있다. 이것은 세계의 사회를 보다 지속가능한 것으로 하기 위한 지구적 규모의 행동계획이다. '의제 21'에 관한 협상은 지금까지 있어온 국제협상 중에서도 가장 광범위하게 미치고, 또한 복잡한 것이었다. '의제 21'은 294개항에 이르는 포괄적인 내용이었다. 그 내용에는 여러 가지 국내의 사회경제정책과 더불어 각 부문의 환경문제, 환경과 개발에 영향을 미치는 국제정책이 포함되어 그 전체 계획은 38장 115개의 주제에 미치고 있다. 이 회의는 2집단의 구속력 없는 원칙을 야기하였다. 즉 한 집단은 환경과 개발일반에 관한 것이었고, 다른 한 집단은 삼림조약 대신에 삼림의 지속가능한 관리에 관한 규정이었다. 기후변화조약과 생물다양화조약은 UNCED의 과정과는 독립하여 나란히 협상되어 왔으나 지구정상회담에서 이들에 대한 서명이 개시되었다. 따라서 이 2개의 조약은 점점 UNCED 관련조약이라고 불려지고 있다.

(1) 남과 북의 목표와 전략

개도국에게 UNCED는 과거 10년 이상 개도국의 최대관심사항인 남북 경제문제를 포함한 협상에 선진국을 끌어들이기 위한 최대의 기회였다. 개도국의 수뇌들 중에는 지구환경에의 위협에 있어 개도국의 현안은 남북경제에 관한 새로운 협상을 개도국에 베풀어야 한다고 믿고 있었다. 또한 개도국의 영향력 있는 전문가 중에는 광범한 분야에 걸쳐 협상전략을 주장하는 사람도 있었다. 여러 분야에 걸친 협상전략이라고 하는 것은 생물다양성 전략, 기후변화조약 기타 UNCED의 조약에 대한 개도국이 협력하는 대신에 채무의 경감, 양호한 협상조건, 시장에의 접근, 정부개발원조의 확대에 관하여 선진국으로부터 강력한 약속을 얻어내는 전략이다.

그러나 이와 같은 포괄적 협상전략은 4차의 유엔회의준비회담(Preparatory Committee Meetings of United Nations Conference, PrepComs)에서 개도국 그룹으로부터는 제기되지 않았다. 개국은 1970년대에 NIEO를 획득하는데 강력한 정치를 시도했으나 결정적인 패배로 끝났다. 개도국 중에는 선진국에 대항하는 태도를 취하는 국가도 있었으나 채무를 지고있고, 융자와 개발원조를 선진국에 의존하고 있는 후발개도국(Least Developed Countries)은 1990년대에 있어서는 1970년대 당시 이상으로 경제면에서 취약하다고 느꼈다. 그들은 UNCED에서 강력한 선진국과 적대하는 것을 두려워하였다. 다시 개도국은 '의제 21'에 따라 유해폐기물투기나 저준위방사능폐기물의 해양투기금지 등의 지구환경에 관한 제안을 진행할 것을 희망하였다. 따라서 개도국 자신이 협상의 성공에 이해관계를 갖고 있었다.

여기서 77개국 그룹(G77)은 협상목적을 다음과 같이 한정하였다. (1) '의제 21'과 관련하여 가능한 한 추가적인 ODA을 획득하는 것, (2) 자국의 자원이용 권리수호, (3) 분야별 문제(삼림, 에너지, 유해폐기물), (4) 분야 간 교차적인 문제(재정, 기술이전) 및 2개의 원칙에 관한 문서에 가능한 개도국의 이익에 유리한 정치적 조항을 삽입 등이다. 특히 협상 자는 아래의 4원칙을 주장하였다.[7]

첫째 원칙, 개도국도 평등한 대표로서 의사결정 기구를 통하여 신규나 추가적인 개발원조를 받도록 해야한다.

둘째 원칙, 발전을 위하여 '충분한 공간'을 빈국들에게 제공함에 있어 부국들은 천연자원과 환경 서비스의 소비를 감소시키지 않으면 안된다.

셋째 원칙, 수입 국의 영역 외의 환경문제를 이유로 하여 선진국은 수입에 대한 제한을 가해서는 안된다.

넷째 원칙, 부국들은 적절한 환경기술을 특혜나 양보적인 조건으로 빈국들에 이전해서는 안된다.

77그룹은 삼림을 중요한 지렛대로 생각했다. 특히 미국은 세계의 삼림에 관한 조약을 체결하는데 많은 관심을 보였다. 그러나 그러한 지렛대가 사용되는 경우는 결코 없었다. 이를 이용하지 않는 이유는 부국들이 다른 분야에 양보하는 대신 부국들의 염원인 삼림에 관하여 빈국들이 양보를 해야할 필요가 있기 때문이다. 인도네시아나 말레이시아와 같이 주요 목재수출국에 있어서는 목재자원에 관한 자국의 자유에 대한 어떠한 제약도 피하는 것이 최우선사항이었다. 그러므로 삼림에 관하여 부국들에게 양보한다는 것은 생각못할 일이다.

선진국에서도 협상전략에 대하여 두 개의 대조적인 접근이 있다는 것이 UNCED의 과정에서 확인되었다. 미국 부시(Bushy)정권의 UNCED에

---

7) "Kuala Lumpur Declaration on Environment and Development," Second Ministerial Conference of Developing Countries on Environment and Development. April 28~29, 1992. 참조.

대한 협상전략은 UNCED가 미국의 이익에 대한 잠재적 위협이라는 것을 전제를 바탕에 깔고 이었다. 그러므로 그러한 전략은 미국의 세계적 경제활동의 자유를 제약하는 어떠한 이니시어티브도 피하자는 것이 목표였다. 미국은 지구차원에 있어 경제력의 재분배로 보여지거나, 새로운 국제기구를 창설하거나, 추가적 예산, 기술이전, 미국의 국내정책의 전환을 요구하는 것과 같은 이니시어티브에 대해서도 거부권을 행사할 것으로 추측된다.

네덜란드와 북유럽국가들은 UNCED의 과정에서 빈국들의 경제적 불만의 일부에 대해서는 대응할 것을 주장하였다. 즉 이들 북유럽 국가들은 빈국들의 발전의 '공간 만들기'에 선진국은 소비패턴을 바꿔야 한다는 원칙을 지지하였다. 또 이들 국가들은 재원에 관한 개도국들의 주요한 요구를 상당히 지지하였다. 이러한 요구 가운데는 원조국으로부터의 의무적 갹출에 의한 개별기금 설립, 세계개발 원조에 관한 지구적 규모 보다 높은 목표설정이 포함되어 있다.

이러한 문제에 관심이 있다면 미국만이 그와 같이 복잡하고 다양하게 걸쳐있는 남북협상에서 주도적인 역할을 할 수 있는 경제력, 기술력, 그리고 능력을 가지고 있다. 유럽제국은 UNCED 준비과정에서 적극적이었으나 그 구성원간의 의견이 달라서 유럽공동체(EC)는 대부분의 문제에서 통일된 행동을 이루지 못했다. 일본은 미국에 대항해서는 안된다고 생각하였다. 대부분의 EC제국과 일본은 협상의 명확한 전체적 전략을 가지고 있지 않았다. 또한 특히 기존의 경제정책·기구의 개혁을 요구하는 개도국의 요구에 있어서는 점점 미국의 특정입장을 지지하였다.

미국이 남북문제협상에 있어 주도적 역할을 한다고 결정되면 에너지, 소비패턴, 재원, 무역 등 많은 지속가능한 개발의 문제에 대해서 보다 광범위한 합의에 도달할 가능성이 있다. 그러나 그 대신에 미국은 이러한 문제에 대해 거부권행사의 역할을 한다. 그 결과 점점 다른 개도국은 진정한 의미에서 어떠한 협상기회도 가질 수가 없다.

(2) 협상과정

1990년의 제1회의와 1991년의 제2회의 준비회의에서 각국 대표가 좀처럼 실질적 문제에 관한 협상을 시작하지 못하였기 때문에 사무국장 하의 제3회 준비회의(1991년 8~9월)에서 각국 대표들에게 검토해야 할 '의제 21'을 위한 협상문서를 작성할 것을 명령하였다. 사무국이 준비한 많은 제안은 혁신적이거나 야심적인 것들이었다. NGO의 정보를 상당히 반영한 것이다. 미국이나 영국 등의 대표단은 이러한 많은 제안에 대하여 호의적이지는 않았다. 미국대표는 사무국을 객관적이라고는 신뢰하지 않고, UNCED사무국장 자신의 '의제'라고 확신하였다. 사무국장의 제안가운데는 1개국이상의 반대를 의미하는 괄호(括弧)들이 포함되어있어 비록 최종적인 문서에서 삭제된 것도 있었으나 사무국의 많은 제안들이 그대로 남아있었다. 제3회 준비회의에서 4개의 문제만이 협상단계까지 간 후 최종 준비를 앞에 두고 사무국과 각국 대표단간에 긴장이 정점에 달하였다. 1992년 3월 3일부터 4월 4일까지 뉴욕에서 개최된 최후의 1개월간에 걸친 제4회 회의에서는 80~90%의 협상을 끝내지 않으면 안되었다. 뉴욕협상의 작업은 아마도 거대한 것으로서 사무국은 주요 대표단에 '의제 21'의 중요점만을 협상하고 나머지를 사무국에 위임해 줄 것을 요구했다.

각국 대표가 사무국의 위임요구에 반대하였기 때문에 리우회의에 반송된 문서 중 합의에 도달한 것은 85%에 달했다. 따라서 11일간에 걸친 리우의 지구정상회담에 있어 최초의 7일간은 사실상 '제5회 준비회의'였다고 할 수 있다. 미해결의 문제를 취급함에 있어 준비회의의장은 8개의 접촉그룹(Contact Group)을 설립하고, 총회는 이 그룹의 작업을 승인하였다. 준비회의가 6월 12일에 끝났을 때 3개의 문제, 즉 삼림, 자금조달, 대기 등의 일부가 미해결로 되었다. 이 문제들은 각료들에 위임되어 밀도 높게 수 시간의 비밀협상을 하지 않으면 안되었다.

1) '의제21'의 개발과 환경규범

'의제21'에 관한 협상부터는 인간활동의 장기적인 지속가능성에 영향을 미칠 수 있는 여러 가지 과제에 대하여 국제적 동의의 현상이 어떻게 될 것인가를 명확히 알게 되었다. 여기에서 취급되는 문제에는 국내사회경제정책, 국제경제관계, 지구적 공유자원문제에 관한 협력 등이 포함되었다. 개발도상국은 국내정책에서는 지속가능한 발전에로 국민의 참가에 관하여 놀라울 정도의 강경한 문언을 받았다. 빈곤, 지속가능한 농업, 사막화, 토양악화에 관한 장(章)에는 천연자원의 관리에 관한 의사결정을 커뮤니티(Community) 수준으로 분권화하고, 농민이나 섬 주민에 토지소유권과 기타 토지에 관한 권리를 부여, 농촌커뮤니티를 위한 신용과 농업보급이라고 하는 서비스를 확대할 것을 요구하는 조항이 채택되었다. 주요한 그룹의 역할을 강화하는 장에서는 2000년까지 지속가능한 발전에 여성의 충분한 참가에 대한 장해를 제거하기 위한 국가전략을 채택해야 한다는 것이 정부에 요구되었다.

개발도상국과 일부 선진국이 주저함에도 불구하고 '의제21' 중에는 합의되어진 보다 중요한 규범에 지속가능한 개발과 양립할 수 없는 보조금의 폐지 또는 삭감을 요구하는 규정, 환경과징금 및 환경세를 통한 가격신호를 개선할 것을 요구하는 규정이 있다. 이들 규범을 실시하는 것은 세계적 규모에서 보다 일층 지속가능한 발전을 향한 큰 진일보였다.

개발도상국의 채무나 남북간의 무역에 관한 새로운 이니시어티브를 위한 사무국의 제안은 남측제국의 거부의 힘에 의하여 사장되었다. 개발도상국이 상업은행에 지고있는 채무를 삭감하기 위한 협력을 확대하는 것, 2국간의 공적채무의 삭감을 하는 것, 다국간 금융기구 채무를 경감하는 것 등을 요구하는 사무국의 제안은 미국에 의하여 거부되었다. 이러한 식으로 신상품가격협정이 희망하는 것을 시사하는 협상문서에도 미국과 기타 OECD국가의 주장으로 삭제되었다.

새로운 지구환경 레짐의 창설이나 기존 레짐의 강화를 요구하는 많은 제안이 협상의 테이블에 올랐다. 예를 들면, 모든 유해폐기물의 월경이동에 대하여 새로운 법적 구속력이 있는 금지를 요구하는 안이 있었다. 이는 미 비준국이 많아서 발효되지 않고 있는 '바젤조약'을 초월하는 내용이었다. G77은 일치하여 제안을 지지하고, EC도 바젤조약의 일부수정을 지지하였다. 그러나 미국은 수정 없이 바젤조약을 지지할 것을 완강히 주장하였다. 결국 최종적인 타협은 미국의 입장에 근접하여 바젤조약과 파마고조약 쌍방의 비준을 요구하는 것으로 되었다.

저준위방사능폐기물의 투기에 관한 새로운 레짐의 문제와 지구적 규모에서의 농약취급을 규제하기 위한 자주적 규범의 강화에 대해서는 개발도상국과 그의 동맹국의 입장이 상통했다. 대부분의 개발도상국은 아이스랜드나 일부의 북극제국과 같이 방사능폐기물의 투기에 관한 새로운 국제적 통제를 요구하였다. 미국, 영국, 프랑스, 핀란드, 아르헨티나는 이 문제는 '국제원자력기구'가 취급해야한다고 주장하였다. 또한 미국, EC, 일본은 방사능폐기물의 해양투기에 관한 자주적 모라토륨을 금지로 변경하는 과제에 대한 연구를 런던·단빙조약에서 촉진한다는 타협에 당초는 반대하였다. 그러나 최종적으로는 이와 같은 타협을 받아드렸다.

농약취급규제에 있어서 G77은 자주적인 '사전의 정보제공에 기초하여 합의' 절차를 법적으로 구속력 있는 국제협정이 되도록 요구하였다. 미국은 당초 미국의 국내법을 개정하지 않으면 안 된다는 애매한 근거로 이 제안에 반대하였다. 그러나 '환경보호청'과의 장시간 협상 후 미국대표단은 이 안에 찬성하였다.

어업자원의 고갈문제와 육상에서 비롯되는 해양오염문제는 대단히 복잡하고 논쟁적이어서 UNCED에서는 새로운 규범에 대한 실질적인 합의는 보지 못하였다. 그러나 각국 대표단은 장래 국제협상을 유엔에서 행하고, 법적으로 구속력 있는 어떤 규칙을 제정할 가능성을 포함하여 기존의 규범강화에 대하여 검토한다는 데 합의하였다. UNCED는 미국대표단의 집요한 움직임에 의하여 1994년까지 사막화에 관한 구속력 있는 협정에 대한 국제회의를 개최할 것에 합의하였다. 대부분의 OECD국가는 사막화 문제에 관한 조약을 협상하겠다는 생각은 대단히 회의적이었다. 따라서 지구정상회담이라고 하는 특이한 정치상황이 아니면 이의 문제는 지구적 규모의 정치 의제에 포함되지 않았을 것이다. 또한 소도서(小島嶼) 개발도상국(Small Island Developing States, SIDS)은 지구온난화에 의하여 해면이 상승한다는 공통의 위협에 직면하고, 1990년대 초에 단결하여 그들 독자의 환경문제와 개발문제에 관한 지구적 규모의 회의를 요구하여 1993년과 1994년에 이에 대한 회의가 개최되었다. 따라서 이 회의에서는 상세한 행동계획이 작성되어 몇 나라의 원조국과 국제기구로부터 재정적·기술적 원조의 약속을 받았다.

2) 소비패턴과 인구

UNCED에서는 개발도상국의 주장에 따라 지구환경의 원인으로서 공평하지 않는 소비패턴이라고 하는 과제가 국제정치에 인지되었다. 이 과제는 '의제21'과 원칙문서 가운데 포함되어 회의전체의 주요한 테마가 되었다.

선진국은 '지속가능한 생활양식'을 변경할 책임을 맡을 수 있도록 요구하였다. 미국은 당초 빈국과 선진국의 소비는 환경에 따라 부하(負荷)의 원인으로서 동등의 비중이 부여되도록 소비에 관한 사무국의 초안문서를 수정할 것을 주장하였다. 그러나 G77은 이에 대하여 저항하였다. 이 문제가 '리우'에서 다시 채택될 때에 미국은 최종적으로 양보하고 이전에 거부한 것과 본질적으로는 동일한 문서를 접수했다. 다시 선진국이 '지속가능한 소비패턴을 달성할 것을 주도'하고, 이 점에 관한 진전을 재검토하는 데 있어 '높은 우선순위를 둔다'는 데 합의하였다.

에너지 소비패턴의 문제는 정치적으로 여러 패턴의 제휴와 균열을 야기했다. 미국은 선진국의 1인당 에너지 소비량의 삭감에 대한 각 국별 목표를 설정하도록 하는 사무국의 제안을 삭제하도록 요구하였으나 EC는 이와 같은 제안을 진행하는 데 합의하였다. 그러나 화석연료사용 삭감을 요구하는 제안에 있어서는 삭감목표에 관한 부국과 빈국의 구별이 없는 경우에 주요한 개발도상국은 거부연합에 가담하였다. 화석연료 이용에 보조금을 지불하고 있는 인도, 파키스탄, 나이지리아의 주도하에 G77은 미국과 산유국이 함께 에너지 소비효율개선을 촉진하는 에너지세의 제안, 국내에너지 시장에서의 재생가능한 에너지원에 대한 차별방지 수단의 제안, 특정기술에 관한 고도의 에너지효율기준의 제안 등에 반대했다.

유엔총회가 결정한 당초 의제에는 인구는 포함되지 않았다. 소비문제와 인구문제를 동일한 장에서 동시에 취급하도록 한 개발도상국의 제안에 선진국이 동의한 후에 인구문제는 의제에 추가되었다. 그러나 부국과 빈국도 인구와 소비를 제한하기 위한 목표를 상호간 설정을 위한 협상은 이루어지지 않았다.

제4회 유엔회의 준비회의에서의 인구에 관한 중요한 문구의 협상은 '가족계획'의 용어사용을 목적으로 이루어졌다. 로마 바티칸과 일부 높은 출생률을 바라는 국가는 이와 같은 용어를 문서로부터 제외시키려고 하였다. 결국 인구단체, 여성단체를 포함한 모든 이익집단은 최종적으로 '가족계획' 대신 '가족규모의 책임 있는 계획'이라고 하는 용어를 사용하는 데 합의하였다. 남성과 여성에게 '자식의 수와 간격을 자유 또는 책임을 갖고 결정하는 권리'를 부여하도록 각국정부에 알렸다. 그러나 출생을 희망하는 이익집단을 만족시키기 위하여 '적절한'이라고 하는 수식어가 첨부되었다.

3) 재원

'의제21'과 지구환경협정을 실시하기 위한 재원에 관한 협상은 G77이 제4회 유엔회의 준비회의(1992년 3~4월)에서 야심적인 협상목표를 제시하는 것으로 시작하였다.

① '신규 또는 추가적 자금'에 의한 '의제21'을 위한 그린-기금의 설립과 이에 대한 의사결정구조에 있어 모든 체약국의 동등한 발언권.
② 모든 자금이 지구환경 시설(GEF)을 통해 배분되지 않으면 안 되고, 지구환경조약에 별개의 기금을 설립한다.
③ 최빈국에 대한 세계은행의 융자를 확보하기 위하여 자금을 실질적으로 증대한다.
④ ODA의 현재수준을 1995년까지 원조국의 국민총생산(GNP)의 0.7%까지 인상하여 금세기 말에는 GNP의 1%까지 증액한다.

그러나 원조국은 GEF가 지구환경문제에 대한 유일한 자금조달 기구가 되지 않으면 안된다고 주장하고 신규의 OAD의 약속은 하지 않았다. 여기서 G77은 GEF가 지구환경문제에 관한 유일한 자금조달 기구라고 하는 점에 있어 반대 이외의 모든 점에 있어서 타협할 것인가의 요구를 취하하였다. 따라서 이 문제에 관해 EC가 유연하게 하지 않는 경우에는 G77은 재원협상을 리우·정상회담까지 중단한다고 하였다. 이것은 ODA의 목표와 일정시간표의 문제에 관한 채택의 지렛대가 강화되기를 기대했기 때문이다.

'리우'에서 G77은 GEF를 수락하고, 이 대신 미국을 포함한 모든 OECD국가로부터 2000년까지 GNP 0.7%를 OAD에 빌려주겠다는 약속을 확보하는 데 초점을 맞추었다. 또 G77은 OECD국가가 '의제21'에 대하여 '미리 실질적인 재정적 약속'을 요구하고 차기 유엔총회에서 서약회의를 개최할 것을 요구하였다 이러한 요구에는 재정적 약속의 확대에 관한 최종단계의 타협여지를 많이 남겨두었다. 그러나 최종적으로 G77이 얻은 것은 ODA의 대GNP비율목표치를 지지한 국가들이 이것을 실시할 것인가를 재확인하는 것 뿐이었다. 미국은 대GNP비율에 의한 장래의 OAD 수준의 목표설정에 있어서는 수십 년 이래 거부입장을 유지하였다. EC는 이 문제에 관한 입장이 달랐다.

G77이 재원에 관해 어떠한 중요한 양보도 얻지 못했기 때문에 OECD 국가가 이 문제에 대하여 거부권을 가지고 있어서 협상의 최종단계에서는 남북간의 협상력이 불평등하다는 것을 알게되었다. 제4회 유엔회의 준비회의에서 미국 등의 OECD국가의 대표단 중에는 '의제21'의 재원에 관한 장에 대하여 합의에 도달하지 못하여 UNCED에서 충돌, 즉 합의를 보지 못한 채로 붕괴를 초래하지나 않을까 걱정하는 국가도 있었다. 그러나 지구정상회담의 개최까지는 G77에서는 재원을 위해 회의를 퇴장할 의도가 없다는 것은 명백하게 되어 미국과 기타 원조국은 안심하였다. '리우'에서 G77이 서약회의에 관한 규정조차 존재하지 않는 문서를 접수해야 하느냐고 물으니 미국관료는 '그들에게는 선택의 여지가 없다'라고 답하였다.

4) 삼림원칙

미국은 제2회 준비회의에서 '세계삼림조약'의 협상을 UNCED기구 밖에서 이와 병행하여 진행하자고 주장하였다. 대부분의 다른 OECD국가도 미국의 주장을 지지했다. 미국은 1990년 7월의 휴즈톤 G7 정상회담에서 삼림보전에 구속력 있는 관여를 요구하지 않는다는 조약을 이미 제안했다. 부시정권은 이와 같은 합의는 쉽게 달성될 것이라고 오판했기 때문에 삼림조약을 UNCED에 있어 미국의 주요한 이니시어티브로 고려하였다. 그러나 제2회 준비회의에서는 G77은 '리우'회의 이전에 구속력 있는 합의에 관해 협상하는 것을 거부하고 구속력 없이 '권위있는 선언(Authoritative Statement)'에 대한 협상에 합의하였다. 그 결과 제3회 준비회의에서는 '리우'의 삼림조약 서명을 계속 요구한 것은 미국뿐이었다.

삼림원칙에 관한 협상은 미국과 캐나다의 '지구적 책임' 접근과 말레이시아와 인도의 '주권재량' 접근으로 즉시 양분되었다. 미국과 캐나다는 각국의 각각 삼림자원에 대한 주권의 원칙과 국가의 책임원칙 및 삼림의 지구적 규모에 대한 관심과를 관련시키도록 했다. 캐나다의 제안에서는 삼림은 국제사회의 관심사항이므로 삼림관리를 위해서는 국제기준이 실시되어야 하고 목표와 시간계획이 각국의 삼림계획에 포함되어야 한다고 하였다.

그러나 말레이시아와 인도는 이와 같은 정식화는 삼림을 '지구적 공유자원' 또는 '인류의 공유유산'의 일부로 하는 법 원칙을 확립할 것을 시도하고 선진국에 열대림 국가들의 자원관리에 개입할 수 있는 권리를 부여할 것을 고려하였다. 말레이시아는 열대목재에 있어 세계최대의 수출국으로서 이 문제에 특히 큰 관심을 쏟았다. 말레이시아는 목재 수출수입 또는 삼림을 개간한 경지에서 재배한 기타의 수출작물로부터의 수출수입을 이용하여 2020년까지는 '진정한 선진국'이 될 계획이었다.

말레이시아와 인도는 국제적 이익에 관한 주요한 원칙과 가이드라인을 약화시키도록 캐나다에 압력을 가했다. 또한 G77은 '지속가능한 관리된' 삼림 생산품의 무역을 촉진하는 문구를 삽입하는 데 반대하고, 또한 삼림조약의 가능성을 남겨놓을 수 있도록 하는 문구를 삽입하고자 하는 미국의 시도에 반대했다. 그러나 이미 기후변동에 관한 협상에서 목표치와 시간계획표의 설정을 반대하고 있는 미국은 캐나다의 협조를 얻기 위하여 국가삼림계획에 있어 목표치와 시간계획표의 설정에도 반대하였다.

삼림원칙문서의 최종판은 삼림은 지구적 환경문제라는 것을 제시한 것뿐으로서, 삼림관리를 위한 지구적 규모의 가이드라인이라고 생각하는 것과 "지속가능 되도록 관리된" 삼림생산품의 무역이라는 문언은 누락되었다. OECD국가들에서는 이와 같은 합의는 꼭 선언이 없는 경우보다도 더

나쁘다고 보는 견해가 많다. 왜냐하면 이 합의는 지속 불가능한 삼림관리 정책을 정당화하는 것 같이 생각하게 하기 때문이다.

5) 리우선언

리우원칙선언의 문서에 관한 협상에서도, 또한 지구환경에 대한 보편적 책임이라고 하는 북측국가들의 주장도 주권과 "환경공간"을 이용하는 권리를 보다 공평하게 분배할 것을 고집하는 남측국가들의 주장이 대치하였다. 제4회 유엔회의 준비회의에서 G77이 제시한 문서의 초안에는 아래와 같은 원칙이 포함되고 있다.[8]

(1) 지구환경에 대한 공통점이 있으나 차이있는 책임.
(2) 환경공간의 평등한 비율에 의한 배분.
(3) 다국간협정에 기초하지 않는 환경상의 고려에 의한 무역제한의 정당화 금지.
(4) 모든 국가의 발전의 권리.
(5) 모든 국가는 자국의 환경정책과 개발·경제상의 우선 순위에 따라 자국의 천연자원을 이용할 수 있는 주권적 권리.

G77은 OECD국가들이 가장 반대하고, 환경공간에 관한 원칙이나 기타 다른 사항을 철회하는데 합의했으나 나머지 원칙을 위하여 제4회 준비회의는 교착상태에 빠지고 말았다. 1개월에 걸친 협상 후에 준비회의 의장은 자신이 초안을 기초하지 않으면 안되게 되었다. 그 초안이 4월 4일 오전의 총회에 '리우선언'으로서 제출되었다.

의장의 초안은 "발전의 권리", 자원을 이용할 수 있는 주권적 권리, 빈곤의 제거, "공통점은 있으나 차별있는 책임"에 있어서 G77의 관심을 존중하였다. 그러나 이 초안은 선진국의 소비패턴을 환경악화의 "주요한 원인"으로 인정한 원칙과 신규 또는 추가적인 임금과 특혜 또는 양보적인

---

[8] "Finger-pointing in the Charter Debate," *Crosscurrents*, no. 4, (March 12, 1992), p.5; "Text of Secretariat Complication of Proposed Amendments to the Earth Charter," *Crosscurrents*, no. 7, (March 23, 1992), pp.8~11.

조건으로 기술이전을 요구하는 원칙을 삭제하였다. 그럼에도 불구하고 미국은 제4회 준비회의의 최후회합에서 "공통점은 있으나 차별있는 책임"의 원칙을 포함 의장의 초안에 몇 개의 조항도 수용할 수 없다고 표명하였다. 다른 국가들의 대표도 또한 몇 개의 원칙에는 찬성할 수 없다고 표명하였다. 그러나 의장은 준비회의의 위원을 설득하여 '리우'에서 초안교섭을 다시 할 것을 약속하고 그의 초안을 '리우'회의에 송부할 것을 합의하였다. 의장은 '리우'에서 재교섭협상을 다시 할 수 없어서 그의 의장으로서 권한을 행사하고 협상문서의 반대자를 억누르려고 하였다.

이 문서는 대단히 미묘한 균형 위에 성립되어 있어 재검토한다면 모든 노력이 위험하므로 '리우'회의 전에 미국에게 문서의 재검토를 하지 않도록 강한 압력을 주었다. '리우'에서 이 문제로 고립된 미국대표단은 의장의 '리우'선언문서를 수령하는 대신 '의제 21'의 몇 곳에 수정을 가하려고 했으나 실패하고 말았다. 그 후 미국은 지구헌장의 4곳, '의제 21'의 6곳과 삼림선언에 대한 유보를 표명하였다. 회의에서 이와 같은 "해석선언"을 주장해 온 유일한 국가인 사우디아라비아가 미국과 동조하였다.

'리우'선언은 20년 전의 스톡홀름선언에 비하면 훨씬 많은 개발도상국의 정치적 '의제'를 반영하였다. 고오의장의 강력한 역할의 도움으로 미국과 다른 OECD국가들에 의해 G77의 원칙의 일부는 극복되고, 그와 같은 강력한 역할이 없었다는 경우와 비교해서 이 문서의 균형은 개발도상국의 견해에 보다 많이 기울어지게 되었다.

3. 환경과 무역

무역과 환경관계가 국제정치의 과제로 된 것은 1990년대에 들어와서이다. 이 문제는 "북미자유무역협정(NAFTA)"의 협상이 절정에 이르던 1992

년에 명확하게 고도의 국제정치상의 문제로 되었다. NAFTA는 경제발전이 상이한 단계에 있는 국가들의 경제통합을 상징하는 것으로 보여졌다. 문제의 도화선이 된 것은 미국이 멕시코산과 베네주엘라산의 참치의 수입을 금지한 것이다. 이것은 참치에 의한 돌고래살해를 최소화하기 위한 미국의 기준을 멕시코와 베네주엘라의 어선이 만족하지 못하고 있다는 이유에 근거하고 있다. 미국의 수입금지는 GATT의 분쟁해결패널에 의한 결정의 대상이 되었지만 이 결정은 논의를 불러일으켰다. 이 결정은 자유무역 및 GATT(현재는 WTO)와 환경상의 목적간에 충돌을 상징적으로 표시한 것이다.

환경목적을 위한 무역제한과 시장의 자유인 접근의 욕구와의 저촉문제는 OECD국가와 개발도상국간의 대립을 불러일으킬 뿐만 아니라 선진국간에서도 대립원인이 되었다. 다시 이 문제는 같은 정부 내에서도 환경장관과 무역 및 재무장관간의 대립을 야기하였다. 거의 대부분의 국가에서는 무역장관과 재무장관은 최근에 와서 겨우 설치된 환경장관보다 강한 권한을 같게되었다. 그러나 OECD국가의 환경장관도 일반적으로 개발도상국의 환경장관보다 훨씬 강하다.

환경문제를 이유로 무역제한을 향한 분쟁은 실제로는 상대적으로 상당히 적다. 1995년까지 GATT분쟁패널에 실제로 상정된 것은 겨우 3건뿐인데 이의 대부분은 미국의 무역조치에 관한 제소였다. 그러나 국제체제에서는 무역과 환경에 관한 규범은 겨우 형성되기 시작한데 불과하므로 각 분쟁에서는 당사자 쌍방은 강경한 입장을 취하고, 감정적인 반응을 불러일으켰다.

(1) 환경과 무역의 관계

무역과 환경과의 관계는 적어도 4개의 국제정치문제를 야기시켰다.
(1) 다국간 무역규칙은 지속가능 또는 불가능한 생산·이용을 야기시킬 유인

이나 생산활동의 양에 영향을 미칠 것을 통해서 환경에 대한 큰 영향을 미침.
(2) 다국간 무역규칙이 특정 제품의 시장접근을 보호함에 따라 국내환경기준을 무효화하는 데 이용하는 경우가 있다.
(3) 제한을 적용하는 어떤 국가의 관할권 외에 있는 환경을 보호하기 위하여 일방적인 무역제한이 사용되는 경우가 있다. GATT를 그와 같은 무역제한의 어떤 부분을 무효화하기 위하여 이용이 된다.
(4) 일부의 국가가 보다 낮은 환경기준을 채용하기도 하고, 기준을 실시하지 않는 경우에는 높은 기준을 채용하고 있는 국가의 산업이 저비용수입품에 대한 관세를 증가시킴으로서 경쟁의 장을 평등하기 위하여 일방적인 무역 조치를 요구하게 된다.

지금까지의 국제적 분쟁의 대부분은 제2와 제3의 유형의 문제이다. 많은 환경법에는 환경에 관련한 여러 가지 정책목적을 위하여 국내적으로나 국제적으로 무역제한을 하는 것이 인정되어 오고있다. 이와 같은 제한을 인정하는 법은 "환경목적의 무역조치"(Environmental Trade Measures, ETMs)라고 불려지고 있다. 여기에는 수입금지, 제품기준, 천연자원수출품의 생산을 규제하는 기준, 강제적인 생태분류제도 등이 포함되어 있다. 그러나 이와 같은 환경목적의 조치에 의해 불이익을 받는 수출업자는 점점 이러한 조치는 국산품을 해외와의 경쟁으로부터 방어를 위한 것이라고 비난하고 있다. 따라서 수출국의 정부가 GATT분쟁해결패널에 제소하는 경우가 몇 개 있다.

미국은 환경목적을 위해 ETMs를 행사할 권리를 주도적으로 변호하여 왔다. 따라서, GATT/WTO의 분쟁해결패널에 제소된 3건의 대상은 모두 미국이 만족한 것은 우연이 아니다. 미국에게는 세계무역의 최대 단일시장으로서 타국의 무역정책이나 환경정책에 압력을 사용할 수 있는 독자의 능력이 있다. 그래서 미국은 환경NGO에 의해 적지 않게 해양보호문제에 관해서는 타국에 압력을 가하는데 강력하였다. 상업고래의 금지, 참치어부에 의한 과잉의 살상으로부터 돌고래 보호, 떠다니는 파괴적인 어망으로부터 해양포유류일반의 보호에 주도적 역할을 하는데 미국은 무역제한조치를 이용하였다. 미국이 미국시장에서 한국의 어업제품을 금지하고, 또한 미국영해에서의 한국의 어업을 금지하겠다고 위협을 하기 때문에 한국은 태평양에서의 고래와 떠다니는 어망을 명백히 하였다. 또한 대만이 코뿔소의 뿔과 호랑이 뼈의 무역을 관리 않는 '워싱턴조약'(CITES)에 위반되는 것을 발견한 후 미국은 1994년에 대만의 야생동물관련의 수출 생산품을 미국에 수입하는 것을 금지하였다.

일본과 EU는 국제적 환경목적을 위한 무역을 이용하는 데는 지금까지 거의 관심이 없었다. 미국과는 달리 EU는 국외의 환경목적을 위한 무역을 적극적으로 이용하도록 NGO로부터 압력을 받기도 하였다. 또한 EU는 이러한 것을 해야하는 법적 권한도 갖지 못하였다. 네덜란드와 오스트리아에만이 압력을 받게 해 국제적인 환경목적을 위하여 ETMs가 이용되게 되었다. 유럽재판소는 국내의 환경목적을 위해 이용되는 ETMs을 목적으로 많은 분쟁을 다루었지만 많은 경우 각국의 ETMs의 정당성을 재확인한 것으로 되었다.

선진국이 국내의 환경목적을 위해 ETMs를 이용하는 것에까지도 개발도상국은 관심을 가지고 있다. 개도국은 이러한 ETMs를 수출에 대한 잠재적인 장벽으로 보고있기 때문이다. 특히 미국이 일찍이 반덤핑법제를 이용한 것과 같이 국내산업을 보호하기 위하여 ETMs를 이용하는 것을 공업화를 급속히 진행하고 있는 국가들은 두려워하였다. UNCED의 '리우'선언과 '우르과이라운드'에 관한 협상에서 개도국은 ETMs의 역외적용문제로 미국과 충돌하였다. UNCED에서 수입국의 관할권외에 있는 환경문제에 대처하기 위한 일방적 행동은 "피해야 한다"라는 제안을 인도와 한국이 하였다. 그래서 이 제안은 '리우'선언 초안의 제12원칙으로 되었다. 미국대표단은 반대하였으나 '리우'선언에 관한 동의에는 따랐다. 다만 미국은 "어떤 경우"에는 이와 같은 ETMs는 수입국의 관할권 외에 있는 환경상의 문제, 특히 예를 들면 삼림관리를 취급하는 "실효적 또는 적절한 수단"이라고 하는 제12원칙에 관한 해석성명을 내었다.

인도는 새로운 WTO의 무역과 환경에 대한 작업프로그램에 관한 성명에서도 일방적인 ETMs의 금지를 삽입하도록 하였다. 그러나 채택된 타협안은 '리우'선언 제12원칙을 참조시에는 이 원칙에 관한 미국의 해석성명도 고려된다고 주장을 개진하였다.

NGO는 무역과 환경에 대한 문제제기와 '의제'설정에 있어서 중요한 역할을 과하여 왔다. 환경NGO는 환경보호를 무역정책과 무역협정의 목표에 포함하도록 정부에 압력을 가했다. 미국의 환경NGO는 북미자유무역협정 가운데 환경평가나 환경정화의 약속이라는 것이 있어 협정이 환경에 미치는 영향에 주의를 쏟을 조항을 넣을 것을 요구하였다. 환경조항을 협정에 포함시킨다고 하는 환경NGO의 시도자체는 실패하였으나 환경에 관한 "부속협정"을 얻을 수 있었다. 이 협정에 의해 최초의 "미국·캐나다·멕시코환경위원회"가 설립되게 되었다.

NGO의 압력덕택으로 자유무역규칙에 의한 도전으로부터 국내환경기준을 지켜야한다는 과제와 한 국가의 관할권외에 있는 환경문제에 대한 무역조치를 이용하는 과제가 정치적 주요관심을 받게되었다. NGO로부터 소송에 의한 부시정권은 돌고래를 지키기 위하여 멕시코와 베네주엘라의 참치의 수입을 금지하는 것을 예외로 하지 않았다.

또한 환경NGO는 기본적인 무역규칙과 이를 위한 조직은 체계적으로 환경을 경시하고 있다고 주장하고 있다. GATT가 설립된 것은 1940년대로서 그 시점에서는 환경은 국내적으로나 국제적으로나 문제가 되지 않았다. 무역파트너간의 분쟁에 대처하기 위한 무역규칙이나 기구는 오랫동안 주로 자유무역에의 장벽을 제거하는 것을 목적으로 하였다. 다시 GATT분쟁패널 논의는 비밀리에 행해져 NGO가 증언을 한다든가 이의를 신청할 기회가 없었다.

NGO는 다음과 같이 GATT규칙을 변경할 것을 요구하였다. 즉 각국이 스스로 바라는 엄격한 국내환경기준을 설정하는 자유를 보증하고, 또한 GATT의 논의에 NGO의 참가를 인정하여 보다 넓은 개방성을 확보하고, 환경에 관련된 사안의 경우에는 환경전문가를 참가시켜 분쟁해결과정을 개혁할 것을 요구하였다. '우루과이 라운드"에서 NGO는 협정에 환경조항을 삽입하도록 하였다. 그러나 이러한 시도는 라운드과정의 종반에 시작하였기 때문에 1994년의 최종단계에서 무역과 환경위원회를 설립하겠다는 서약을 받아내는데 지나지 않았다. 많은 NGO는 환경조항이 삽입되지 않는 것을 이유로 1994년의 GATT 우루과이 라운드 협정에 반대하였다. WTO가 겨우 미국의 국내법을 위협하지 않을까 하는 우려는 1994년에 미국의 국내에서 우루과이 라운드 협정에 정치적 반대의 중심적인 주장이 되었다.

GATT사무국과 같이 대부분 각국의 무역관계 관료들은 자유무역화의 확대는 경제성장과 더불어 이것이 이번에는 환경보호투자의 증대를 가져올 것이라고 강하게 확신하였다. 그들은 무역제한조치는 경제성장을 저지할 뿐이고 환경상의 목적을 달성하기 위해서는 일반적으로 유효하지 않다고 주장하였다. 또한 그들은 국내의 경제적 이익집단이 환경을 보호주의적인 목적의 은폐를 위해 사용되는 것을 두려워하였다.

자유무역의 지지자는, 특히 수입 국의 국외의 환경문제에 영향을 미치기 때문에 ETMs를 이용하는데 심하게 반대하여 왔다. 1992년에 GATT 사무국은 자국의 환경을 지킨다는 국가의 권리에 GATT조항이 개입되는 것을 거부하는 문서를 발행하였다. 그러나 그 문서에서는 동시에 시장접근을 위협으로 이용하는 타국의 정책에 영향을 미치는 것을 GATT조항은 인정하지 않는다고 주장하였다.[9]

---

9) GATT, "Trade and the Environment," in *International Trade 90~91*(Geneva: GATT, 1992), vol. 1, pp.19~44.

(2) 환경과 무역분쟁

세계무역체계의 기본원칙을 법전화한 문서인 GATT의 제 조항은 환경보호를 위해 어느 정도로 무역상의 조치를 이용할 수 있는 가를 규정하였다. 이의 규칙은 제품의 특징에 기초하여 수입품을 차별하는 것은 인정했으나 생산과정을 이유로 차별하는 것은 인정하지 않는다. GATT 제20조는 "인간, 동물, 식물 또는 건강을 지키기는 데 필요한" 경우에 이 원칙에 대한 예외를 인정하지만, 최근에는 수입 국의 관할 외에 있는 유한한 자원의 보호를 목적으로 하는 무역제한조치에 이의 예외규정이 적용된다고는 생각되지 않았다.

GATT의 분쟁해결패널에는 특정의 무역조치에 의한 시장접근이 불공정하게 제한된다고 주장하는 국가의 제소에 기초하여 그의 특정의 무역조치가 GATT조항과 양립할 수 있는가 없는가를 결정하는 권한이 있다. 이와 같은 패널은 당해 문제에 이해관계가 없는 3내지 5개체약국으로부터의 분쟁당사자가 합의한 무역전문가로 구성된다. 분쟁패널의 재정(裁定)은 통상 WTO이사회에 제출되고 이의 승인이 요구된다. GATT분쟁해결의 옛 규칙하에서는 GATT이사회의 한 회원이라도 반대하면 재정 안은 부결된다. 그러나 WTO가 설립된 1994년의 우루과이라운드 협정에서는 이사회 내에서 재정을 부결하겠다는 동의가 없다면 분쟁패널의 재정은 법률을 60일 이내에 자동적으로 가결된다고 규정하였다. 그래서 어떤 국가가 자국의 법률을 패널결정에 합치하도록 수정되지 않으면 그의 무역상대국은 보복적인 무역조치를 취할 수가 있다. 다만 소국이 이와 같은 조치를 미국에 대해 취할 수 있을 지는 의심스럽다.

GATT/WTO분쟁해결 패널은 특정의 ETMs의 정당성을 목적을 둘러싼 정치적인 대립의 초점으로 되어왔다. 1995년 초두까지 내려온 ETMs에 관한 분쟁패널의 3개의 결정 중 최초 2개의 결정은 미국의 주요한 국제환경정책의 패소이고, 제3의 결정은 미국의 중요한 국제환경규제의 적지 않는 부분적인 패소였다.

제1의 그와 같은 분쟁패널 보고는 1991년의 미국·멕시코간의 참치·돌고래분쟁에 관한 패널결정으로, 이것은 그 후 무역과 환경의 문제에 관한 정치를 규정하는 주요한 요인으로 되었다. 이 결정의 결과 개발도상국은 자국이 불공정한 무역압력에 있다는 것에 대항하는 국제규칙을 작성할 결의를 보다 일층 강하게 다졌다. 한편 이 GATT패널의 결정결과 미국의 여러 환경NGO는 수입국의 관할권 외에 있는 문제에 대해서 ETMs를 위한 조항 등을 포함 GATT의 개혁을 보다 격렬히 요구하게 되었다.

멕시코의 황다랭이에 대한 미국의 수입금지, 즉 이는 멕시코의 어선에 의한 돌고래의 살해율이 미국의 참치어선에 의한 살해율의 2배가 되어 1972년 "해양포유동물보호법"을 기초하여 행해진 것으로 미국의 참치산업에 대한 보호주의적 조치로서 멕시코에 의해 GATT에 제소되었다. 멕시코와 베네주엘라는 왜 절멸의 두려움이 있는 종류도 아닌 해양포유동물에 대한 부수적인 영향을 줄이기 위해 수출에 의한 소득이나 자국민에 의한 저비용의 단백질원을 획득하는 것을 밝히지 않으면 안되는가의 의문을 설명하였다.

GATT패널은 미국의 금지를 GATT위반이라고 하였다. 그 이유로서 이의 금지근거가 제품이 아니고 참치어의 과정에만 관한 것이었다는 점을 들었다. 또한 패널은 인간의 건강이나 동식물보호를 위한 무역제한을 허용하고 있는 GATT 제20조는 미국의 관할권 외의 인간의 건강이나 동식물보호에는 적용되지 않는 것으로서 생산과정에서의 환경상의 고려에 기초한 수입금지를 인정하지 않는 규칙에 대한 예외를 정당화하는 것은 안 된다는 것이다. 참치·돌고래문제에 관한 GATT패널의 재정은, 환경목적을 위한 무역제한이 세계무역체계 전체를 파괴시킬지도 모르는 위험한 전례를 만들 것이라고 생각되어 대부분의 무역전문가의 견해의 경향을 반영한 것이다. 또한 패널에서 8개 정부와 기관이 미국의 참치수입의 금지에 반대하는 발언을 하고 미국을 지지하는 당사자가 한 사람도 없다고 하는 사실도 이의 재정에 영향을 미쳤는지도 모른다.

멕시코는 NAFTA의 협상을 종료시키는 것이 큰 이익이 되므로 미국은 멕시코와 무엇인가 합의할 수가 있어 GATT패널의 결정은 GATT이사회에 제출되지 않았다. 그래서 EU가 1994년에 미국의 참치수입금지에 관한 2번의 제소를 GATT분쟁패널에다가 하였다. EU는 MMPA의 '제2차적 수입금지", 즉 MMPA에 의한 수입금지의 대상으로 되어있는 국가로부터 참치를 구매해서는 안된다는 것을 증명할 수 없는 중간국가로부터의 참치수입금지에 의해 EU의 참치수입이 악영향을 받는다고 주장하였다.

GATT패널은 미국의 수입금지와 GATT조항은 양립할 수 없었다. 그러나 환경상의 이유로 GATT 비판파의 2개의 중요한 주장은 받아들였다. 돌고래는 유한의 천연자원은 아니고 GATT 제20조는 당해 무역조치를 적용하는 국내에 있는 자원의 보호밖에 적용되지 않는다는 EU의 주장을 패널은 거부하였다. 그러나 패널은 GATT 제20조같은 수단은 자원을 직접적으로 보호하는 것밖에 이용되지 않고 타국의 정책을 변경하기 위하여 이용하는 것은 안되었다. 다만 이러한 직접적 보호와 정책변경과의 구별은 불가능하지는 않으나 정책작성자가 실제에 적용하는 것은 어렵다. 이래서 미국의 MMPA와 GATT조항은 양립할 수 없었던 것이다. 패널의 결정 후에 GATT이사회가 회합을 가졌을 때에 EU, 일본, 동남아시아, 라틴아메리카는 미국이 재정을 실시하도록 요구하였다. 그러나 이사회는 최종결정을 내리지 않았다. 그사이 멕시코와 베네주엘라의 어선은 조업하는 사이 돌고래의 사망률을 극적으로 낮추고, 참치의 수입금지를 종료하도록 미국에 계속 요구하였다.

ETMs를 위요한 제3 GATT패널의 사안도 1994년에 EU에 의해 제소되었다. 이는 2개의 미국의 국내환경규제, 즉 1978년 "개소린 과연비(Gas

Guzzler)"세와 기업별 평균연비기준(CAFE)에 관한 것이었다. 개소린 과연비세는 1개론당 22.5마일 이하의 연료효율의 자동차 모델에 세를 과하는 것으로서 이의 세액은 그 모델의 연료효율이 최저기준으로부터 얼마나 차이가 있느냐에 따라 결정된다(1개론은 3.785L, 1마일은 약 1.6Km). EU는 이 조치로는 유럽차에 불균형으로 높은 세가 부가되어 EU차는 차별적으로 취급되어야 한다고 주장하였다. 또한 EU는 이의 조치로는 미국시장의 일부의 차만이 세의 대상이 되므로 연료절약에 관해서도 실효적이지 못하다고 주장하였다. 그러나 GATT패널은 개소린 과연비세는 불공정으로 미국자동차 산업을 보호하지 못하고 연료절약에 그 정도 실효적이지 못하더라도 연료세로서 이의 세에는 많은 효과가 있었다.

　미국 CAFE기준과 관련한 문제에 대하여 GATT패널은 약간 다르게 재정을 내렸다. 1975년에 제정된 CAFE법에서는 미국시장에서 자동차의 평균연료효율을 그 후 10년간에 2배로 하는 것이 목표였다. 이 법률에서는 국산 전체의 평균에서 적지 않게 개소린 1개론 당 17.5마일을 달성하지 않으면 안 되고, 미국에서 판매되는 외국차 전체도 동일한 평균을 만족시키지 않으면 안되게 되었다. 평균치를 만족시킬 수 없는 경우에는 평균치 이하의 1/10마일 당 5$로 제조차량수를 곱한 액의 벌금을 제조업자는 지불하지 않으면 안 된다. 미국의 제조업자는 연료를 소비한 대형차와 연료효율이 좋은 소형차와의 평균할 수가 있다. 그러나 미국시장에서는 대부분 큰 호화스러운 차를 팔고 있는 유럽의 제조업자는 평균할 수가 없다. EU는 개개의 외국차는 국산차와는 다르게 취급을 받게된다고 주장하고 있다. 미국은 CAFE법은 객관적인 기준에 기초하고 있고, 국내생산을 보호하는 것을 목적으로 하는 것이 아니라고 주장하였다.

　패널은 CAFE는 연료효율의 개선을 목적으로 하는 것이라고 인정하였다. 그러나 외국차는 제품자체의 특징에 의한 것이 아니고 외국차의 소유나 통제의 관계에 기초하여 개별로 계산하지 않으면 안 된다는 요구는 국산차와 비교해서 불리한 경쟁조건을 외국차에 과하는 것이라고 결론을 내렸다. 즉 더 정확하게 말하면 EU와 주로 대형차와 소형차의 평균화 요구는 GATT위반이라는 주장과 국산차와 외국차와를 개별로 평균화할 것을 요구하는 것은 GATT위반이라고 주장했으나 이 중 패널은 전자의 주장은 각하 하였지만 후자의 주장은 인정하였다. 또한 패널은 이상과 같은 외국차의 요구는 연료절약을 목적으로 한 것은 아니었다. 그래서 외국차에 관한 평균치의 산정법은 GATT 제20조(g)의 예외 규정에 의해 정당화되지 않는다는 결론을 내리고 미국에 대해서 CAFE규제를 수정한 외국차에 대할 수 있는 요구를 삭제하도록 권고하였다.[10]

열대목재제품에 관해 오스트리아와 네덜란드가 공표한 ETMs는 수출과의 논쟁을 불러일으켰다. 그러나 GATT분쟁패널에 제소되기 전에 이의 ETMs는 취하되었다. 오스트리아 의회는 1990년에 신규의 입법을 행했다. 이 입법에서는 모든 열대재목에 강제적인 분류표시, 지속가능에 관리된 열대목재에 있어서의 자주적인 분류계획의 창설, 모든 열대목재수입품에 대하여 새로이 70%의 관세부과가 정해졌는데, 즉 이 수입관세는 수출국에 있어 열대우림 보호 프로젝트에 이용하도록 한 것이다.

그러나 말레이시아와 인도네시아는 1992년 11월의 GATT이사회의 회의에서 이 오스트리아 법을 비난하였다. 양국은 이 입법은 오스트리아의 관할권에 있는 환경상의 과제를 취급하는 일방적 행동으로 온대나 한대의 목재를 포함 모든 종류의 목재는 아니고 열대목재에 대해서만이 적용되는 것으로서 본질적으로 차별이고, 이의 배후에 있는 진짜의 동기는 오스트리아의 수출소득의 8%를 점하고있는 오스트리아의 목재수출산업을 보호하는 것이라고 주장했다. 모든 ASEAN제국은 말레이시아와 인도네시아의 입장을 지지하고 오스트리아제품을 보이콧하는데 합의하였다. 오

---

10) GATT, "United States Taxes on Automobiles: Report of the Panel," restricted, DS31/R, September 29, 1994 참조.

스트리아는 GATT분쟁패널에서 불리한 결정을 받게되자 오스트리아기업에 5억$이상의 손해를 끼치려는 ASEAN의 보이콧을 두려워하여 수입관세와 강제적인 표본분류계획을 취소했다. 오스트리아는 그 후에 타국의 환경정책을 변화시키기 위한 일방적인 무역제한을 비판하는 문서를 GATT작업부회에 제출하였다.

네덜란드정부는 1993년에 지속가능하도록 생산되지 않는 목재의 일방적인 수입금지를 채택하고 1995년에 실시하도록 하였다. 이와 같은 금지는 본질적으로 수입의 수량제한을 금한 GATT 제11조에 위반된다고 주장하는 경제성의 결론에도 불구하고 이 네덜란드의 조치는 채택되었다. 네덜란드는 1993년부터 1994년에 걸쳐 협상이 진행된 열대목재에 관한 새로운 다국간 협정에서 삼림의 지속가능 한 관리를 위한 구속력 있는 국제적 약속이 열대우림국가에 대해 설정되고, 이의 수입금지조치에 관한 근거가 제공되는 것을 명확히 기대하고 있었다. 그러나 협상의 결과 이와 같은 법적 구속은 되지 않고 네덜란드는 가까운 장래에 이와 같은 수입금지를 실시하지 않는다고 결론을 내렸다.

(3) 환경기준과 경쟁력

산업이 세계무역에서의 상품비용을 비교할 때에 비관세 요소에 보다 일층 민감하게 되고, 환경주의자가 미비불의 환경비용이라고 하는 개념을 명확히 하는데 있어 타국의 보다 낮은 환경기준이 경쟁상의 불이익 초래를 피하기 위해 무역제한조치를 이용할 수 있을까 하는 문제가 부상되었다. 낮은 환경기준하에서 생산된 상품의 수출은 보조금이나 덤핑, 즉 생산비용 이하의 가격으로의 상품수출과 동일한 것으로 되었다. 이와 같은 실행은 생태적 덤핑 또는 "생태덤핑"이라고 불려 보다 넓은 개념인 "사회적 덤핑" - 환경보호, 노동자의 건강안전의 낮은 기준이나 인위적으로 억제된 임금 등이 불공정한 무역실행으로 생각되어 - 에 관련되었다.

일부의 환경주의자나 미국의 의원은 생산에 있어 미지불의 비용에 비례하는 관세를 부과하여 특정제품의 국제무역에 있어 경쟁을 평준화한다는 제안을 하였다. 그러나 어느 정부도 이러한 안을 채택하든지 아니면 이를 제창하지 않았다. "녹색의 대항부과금(Green Countervailing Duties)"이라고 하는 수법은 묵시적인 보조금에 대해서는 무역조치를 인정하지 않고, 명시적인 보조금에 대해서만이 무역조치를 인정하고 있는 현행의 GATT규칙과는 양립할 수 없다. 개발도상국은 이러한 과징금은 비관세장벽 - 수출을 억제하는 수량제한과 같은 장벽 - 이고, 개발의 정도에 응해서 국내 환경기준을 설정한다고 하는 자국의 권리를 침해하는 것이라고 주장하고 있다. 다시 경험적 증거로서는 과징금을 부과하는 기초로 된 가정, 즉 보다 높은 환경기준은 거의 대부분의 산업섹타에 경쟁상의 불리함을 동반한다는 가정은 증명되지 않는다.

그러나 많은 OECD국가의 환경단체나 관료는 GATT규칙을 변경하여 환경상의 이유에 의한 차별조치를 인정할 것을 요구하고 있다. 1990년 이래 "녹색의 대항과징금"의 여러 가지 변형이 미국의회에 제안되어 왔다. 이와 같은 제안은 기본적으로는 수입에 민감한 산업이익에 의한 동기가 되어왔다. 1994년에는 미국의 통상대표부도 환경비용에 관해 경쟁을 평준화할 것을 목적으로 협상에 관심을 표했다. 똑 같이 1994년에는 주로 북측의 40개 환경단체가 새로이 무역과 환경위원회의 의제에 에코덤핑(Eco-dumping)의 실태 및 생산방법에 기초한 관세차별이 가능한가 어떤가에 관해서 검토를 포함하도록 WTO에 요구하였다.

몇몇 유럽국가, 특히 벨기에와 프랑스에서는 "사회적 덤핑"의 개념이 사회적 기준이 낮은 국가들에 생산거점이 이전하는 원인으로서 널리 받아들여지고, 현재로는 이의 개념이 환경기준에 대해서도 넓혀져 오고 있다. 유럽회의도 프랑스, 벨기에와 더불어 GATT가 생태적 덤핑을 취급하도록 요구하고 있다. 유럽회의의 "녹색 단체"는 캐나다의 브리티시콜롬비아 지방의 종이 펄프산업은 옛 삼림으로부터 과잉 벌채로 EC의 제지업에 대해서 불공정한 무역의 우위를 얻고 있다고 비난하였다.

그러나 개도국은 사회적 덤핑의 문제가 보호주의적 수단을 위장하기 위하여 사용되는 것을 두려워하였다. 이 문제를 WTO의 의제에 올리는 것에 저항할 것을 명확히 하였다. GATT로부터 WTO로 이행을 위한 새로운 준비위원회의 의제에 노동기준을 포함시키려는 미국의 제안의 미래를 보아도 GATT에 에고덤핑의 문제를 취급하는 것이 얼마나 어려운가가 밝혀졌다. 미국은 노동기준 및 환경기준과 무역과의 관계에 사회적 덤핑접근을 적용하는 것을 거부하였으나 개발도상국은 선언이 노동권에 언급되는 것에 대한 검토를 단호히 거부하였다. 개도국은 OECD국가가 사회적 덤핑을 이유로 빈국들을 책하면서 이들의 수출을 억제하는 것을 허용하는 규칙을 강행하는 것을 두려워하였다.

(4) 무역과 삼림관리

"국제열대목재협정"(ITTA)을 둘러싼 정치로부터는 주로 무역의 확대를 임무로 하는 조직은 지속가능한 발전에 진실로 관여하지 않는 것을 알 수 있다. 1984년에 최초로 서명할 때 ITTA는 열대목재의 국제무역을 규율하는 유일한 협정으로서 상업적인 목재벌채의 방법을 개선하는 데 가장 유용한 수단으로 많은 환경주의자에 의해 고려되었다. 그러나 당초의 협정은 말레이시아나 인도네시아 등의 목재수출국에서의 삼림파괴율을 개선하는 데 실패하였다. 따라서 1994년에 체결된 새로운 ITTA는 실제에 있어 지속가능한 삼림관리를 위한 책임으로부터 후퇴를 표시하였다.

수출을 위한 삼림파괴억제에 ITTA가 실패한 것은 "국제열대목재기관(ITTO)"의 고조와 그 회원의 동기에 관련되고 있다. 열대목재에 있어 국제무역의 95%를 점하는 22개 국가의 생산국과 26개국의 소비국을 회원으로 하고 있는 ITTO는 생산자와 소비자 쌍방의 목재무역의 이익에 지배되었다. 이 조직은 독특한 투표제도를 가지고 있어 생산국의 투표권은 수출량과 잔존하는 삼림의 량에 비례하여 배분되었다. 이 체계는 표면적으로는 삼림보존에 적절한 유인책을 베풀 것을 목적으로 했으나 그와 같이는 움직이지 않았다.

일본은 ITTO에서 가장 강력한 소비 국으로서 ITTO이사회에서 소비국이 가진 1000표 중 40%를 가지고 ITTO의 행정경비의 대부분을 지불하고 있다. 일본의 최고 이익은 비교적 낮은 비용으로 열대목재에 접근을 유지하는 것이다. 대부분의 유럽제국은 가구산업의 열대강재(强材)의 공급을 유지하는 데 이익을 가지고 있다. 따라서 세계최대의 강재(强材)제품의 수입국이며 한편 세계최대 연재(軟材)제품의 수출국인 미국은 일반적으로 ITTO에서 리더십의 역할을 피해왔다. 생산국의 최고의 이익은 보다 근대적인 벌채장비를 위한 자금을 얻는 것으로서 수출입을 증대하기 위하여 열대목재가공에 있어 가공비율을 증가시켰다. 전통적인 벌채를 단계적으로 취소하고 보다 파괴가 적은 벌채방법으로 바꾸어서 지속가능에 관리된 삼림으로 이행하기 위한 행동기준과 행동계획을 ITTO가 채용하도록 NGO는 수년에 걸쳐서 요구하여 왔다. 그러나 ITTA는 사실상 벌채에는 거의 영향이 없었다. 2000년까지 적용될 예정의 지속가능한 목재관리를 위한 구속력없는 가이드라인은 1990년에 채택되었다. 그렇지만 이는 지속가능한 관리를 위한 구체적인 기준, 실적의 정기적인 보고, 그리고 검토를 위한 조항도 포함되어 있지 않았다.

다시 1992년부터 1994년에 걸쳐 ITTA가 재협상한 때에는 생산국과 소비국 양자가 공모하여 신협정에서 개괄적인 가이드라인에서 마저도 누구도 책임을 묻지 않았다. 브라질과 말레이시아에 주도된 생산국은 일정의 조건하에서 신협정에 2000년까지의 목표를 삽입하도록 겨우 합의했다. 일정의 조건이라는 것은 이의 목표가 모든 형태의 삼림에 적용되고, 이의 목적을 위해 "신규 또는 추가적 자금"이 생산국에 제공된다는 것이다.[11]

생산국이 국제적 공평의 문제를 제기한 것은 정당한 것이라고 하였다. 그러나 2000년까지의 지속가능 한 삼림관리라는 목표를 다시 약화시키고 또한 이것을 문서로부터 완전히 제거하기 위하여 생산국이 "모든 목재"라는 요구를 이용하고 싶은 것은 명확하였다. 생산국은 일부의 EC국가에서는 협정의 범위를 확대하여 온대지방이나 한대지방의 목재도 포함시킬 것인가 또는 신규나 추가적 자금을 약속할 것인가의 어느 계획도 없다는 것을 알게 되었다.

    1994년 1월에 합의에 도달한 최종적인 협정에서는 지속가능한 관리의 공식적 약속에 관해서는 생산국, 소비국 쌍방의 책임은 회피되었다. "2000년의 목표"는 협정의 전문에서 언급되었을 뿐이고, 소비국이 자국의 삼림에 관해 발표한 개별의 성명도 이미 실행하고 있는 삼림관리기술을 계속할 것을 약속하는 데 불과했다. 협정의 목적범위를 확대하여 비열대 목재를 포함하도록 한 것을 암시는 했으나 소비국이 협정목표는 아직도 열대목재라고 주장하는 여지도 남아있었다. 다시 이 협정에서는 이미 공표된 지속가능한 관리에 관한 2000년의 목표를 달성할 수 없는 국가에 대해서 일방적 무역제재를 하는 것을 미리 배제하였다.

    ITTA라고 하는 환경상의 역할을 담당하는 무역협정은 지속가능한 삼림관리를 위한 수단에는 포함되는 것도 아니다. 지속가능한 삼림관리를 위한 국제협정에 관한 원동력은 다른 데서 요구하지 않으면 안되게 되었다.

---

11) Wale Adeleke, "Report on the Third Negotiation Session of the Internatioal Tropical Timber Agreement," *IUCN Forest Convention Programme Newsletter*, no. 17, (December 1993), p.5.

제3장 비정부기구(NGO)외교

제1절 NGO의 개념

1. 비국가행위자로서의 NGO

현대에 주권국가가 최고의 정치단위라고 하는 것은 주권국가가 국제정치에 있어 유일한 행위주체(Actor)라고까지 의미하는 것은 아니다. 개인의 생존을 보장하는 정치적·사회적 단위가 지금도 주권국가 이외는 없고, 이에 대신할 탈국가, 초국가 기구는 아직 존재하지 않으나 〈국제관계에 영향을 주는 행위체〉로서 꼽는다면 국제사회에는 주권국가 이외 많은 행위주체가 탄생하고 있고, 발언권도 높아지고 있다. 여기서 주권국가 이외의 비 국가행위주체는 IGO, NGO, MNC 등을 들 수 있다.

비 국가행위주체에는 국가대표로 구성되어 그의 분담금 등으로 운영되고 있는 정부간국제기구(International Governmental Organization: IGO)나 비정부간의(국제)기구([International] Nongovernmental Organization: INGO, NGO)[1], 그리고 거대한 자본과 조직, 네트워크를 옹호하는 다국적기업(Multinational Corporational: MNC), 종교조직, 테러집단, 지방자치단체 등이 있다. 이 가운데서 IGO에는 국제통화기금(IMF), 세계은행(IBRD), 유엔무역개발회의

---

1) 西川吉光, 『現代國際關係論』, 晃洋書房, 2001, p.4.

(UNCTAD) 등이 있다. 여기서 가장 대표적인 것은 보편적 일반국제기구로서 유엔이다. IGO는 이의 활동대상지역으로부터 지역적 국제기구와 보편적 국제기구에 활동 목적으로부터 전문적 국제기구와 일반적 정치적 국제기구로 유형화할 수가 있다.

NGO에는 인권문제로 활동하는 엠네스티 인터내쇼날, 국제법률가 협회, SOS도-처, 장애자 인터내쇼날, 환경보호분야의 그린피스, 분쟁지역

NGO 대표

에 의사를 파견하는 〈국경없는 의사단〉 등이 유명하다. 이들의 활동분야는 인권옹호, 군축, 난민구제, 기아·빈곤에의 원조, 환경보호 등 다양하게 걸쳐있다. NGO는 유엔NGO와 이외의 NGO로 구별할 수 있다. 유엔NGO는 유엔헌장 71조의 규정에 기초하여 경제사회이사회(ECOSOC)와 결합되어 있고, 유엔 군축특별위원회, 인권특별위원회, 개발특별위원회 등으로 알려져 있는 국제·국내조직이다.

그러므로 오늘날 제5의 권력으로 자리잡고 있는 NGO는 갈리 전 사무

총장의 "21세기는 NGO의 시대"라는 말을 인용하지 않더라도 현대 외교에 있어 가장 많이 논의되고 있는 영역이라고 할 수 있다. NGO는 문자 그대로 비정부조직으로서 정부조직(Governmental Organization)에 대한 대칭 개념이지만 그 활동의 상당 부분이 국가 혹은 그 제도적 표현인 정부를 대상으로 하고 있는 관계로 행정적으로 조직상으로 혹은 재정적으로 정부와의 관계를 논외로 할 수 없는 현실이다. 우리는 오랫동안 '주권국가'인 '국민국가'만이 유일한 권력기관으로서 모든 외교는 국가라는 이름하에 수행되었던 것이다. 그러므로 세계의 주권국가들은 지난 100여 년 동안 가장 보편적인 외교의 지배구조이기도 하다. 따라서 우리가 믿는 주권국가의 정치구조는 행정, 입법, 사법, 외교, 군대 등 규격화된 주요부품으로 구성되었다. 우리는 오랫동안 민주국가의 운영은 정부와 3권 분립과 이들간의 상호견제를 통해 운영되는 것을 이상으로 삼았다.

그런데 NGO란 용어의 기원은 50년대 초에 UN헌장 제71조에서 비롯되었다. 각 정부대표들에 의한 국제기구에 비정부 민간대표들의 의견과 목소리를 현안의 국제문제들을 해결해 가는 데 필요한 중요한 발판으로 활용하기 시작하였다. 그후 NGO들의 활동은 주권국가들의 국내문제 해결이나 국제문제 해결을 위한 중요한 세력으로 발전해 오고 있다. 그런데 NGO를 이해하는 데 있어서 가장 어려운 문제는 NGO의 다양성이다. NGO의 다양성과 복잡성은 조직, 전략, 이념적 지향, 국가 및 국제기구와의 관계 등 모든 면에서 나타나고 있다. 예를 들면 지역 내 문제만을 관여하는 지역NGO(Local NGO)가 있는가 하면 국제적 문제를 주로 다루는 국제NGO(INGO)가 있다. 최근에는 국경개념을 초월하는 시민사회들의 국제적 연대들이 종래의 주권구가 속에서의 정부외교의 틀을 벗어나는 활동을 만들어 내고 있다.

2. 유엔과 NGO[2]

환경을 비롯한 경제사회문제에 관해서 유엔은 창설 당초부터 NGO와의 협의제도가 있었다. 경제사회이사회와 NGO협의제도가 그것이다. 1945년 유엔헌장을 기초하기 위해 미국 샌프란시스코에서 개최된 국제구기에 관한 연합국회의에서 미국정부 대표단은 고문의 자격으로 참가한 42개국 NGO대표회의제안에 의해 생긴 것이다. 그들의 제안에 의해 유엔헌장은 "경제사회이사회는 그 권한 내에 있는 사항에 관계가 있는 민간단체와 협의하기 위하여, 정당한 결정을 할 수 있다. 이 결정은 국제단체와의 사이에, 또 적당한 경우에는 관계가 있는 유엔가맹국과 협의한 후 국내단체와도 협의를 행할 수 있다"는 규정을 헌장 제71조에 둔 것이다.

이 규정에 의거하여 경제사회이사회와 NGO협의제도가 1946년에 마련되었다. 그 후 세 차례 개정되어 1996년에 30년만에 개정되었다. 이 협의제도하에 유엔에 관련이 있는 경제사회분야에서 회원이 납부하는 회비로 주요한 자금원으로 하는 일정의 자격요건을 갖추고 있는 NGO에 대해서는 NGO위원회 및 경제사회이사회에서 심사 후 협의적 지위가 부여된다. 이에는 세 가지로 분류된다. 환경과 인권 등 특정의 활동분야에 참여하는 NGO는 원칙으로 특별협의적 지위에 해당된다. 권한에 대해서는 그 협의적 지위에 따라 다소 다르나 원칙으로 유엔 경제사회이사회와 지속적 개발위원회 등 그 하부기관의 회의, 그것에 필수해서 수시 개최되는 세계회의에 출석하여, 문서와 구두로 의견을 개진하는 것이 인정되어 있다. 1997년 7월 현재 이 협의적 지위를 갖는 NGO는 일반협의적 지위가 88단체, 특별협의적 지위가 602단체, 기타 666단체로 계 1,356단체이다.

NGO에 대해서는 국제적으로 통일된 규정은 없다. 유엔 경제사회이사

---

[2] 최종기, 앞의 책, pp.847~851 참조.

회 NGO협의제도에 의하면 그것은 정부와 정부간의 협정에 의하여 설립된 것이 아닌 단체이다. NGO는 인권, 개발, 환경, 분쟁, 난민 등 인간활동의 모든 분야에서 활동하고 있으나 이 중 환경문제에 관해 다루는 NGO를 환경NGO라고 부른다. 1992년 유엔 환경개발회의에 참가하여 등록된 환경NGO는 1,900단체, 그것에 병행하여 개최된 NGO포럼에는 1만 8,000명, 1,600단체가 참가하였다. 1999년 11월 30일부터 미국 시애틀에서 4일간 개최되었던 WTO각료회의에서 당초 21세기 초의 세계무역질서에 큰 영향을 미칠 뉴라운드가 합의될 것이 예상되었다. 그러나 WTO회원국들은 많은 NGO들의 반WTO 시위 속에서 끝내 협상대상의제에 대한 의견을 좁히지 못하고 각료회의의 중단을 선언함으로써 뉴 라운드를 출범시키는 데 실패하였다.

지구정상회의(Earth Summit)의 최대의 특징은 NGO의 참가자 수이다. 1992년 지구정상회의와 같은 세계회의 경우 보통 정부간 회의와 병행하는 NGO가 독자적으로 개최되는 세계포럼이 개최된다. 정부간 회의에 약 3만 명, NGO포럼에 약 1만 8,000명의 합계 약 5만 명이 참가하였다.

제2절 대표적 국제NGO

1. 환경NGO[3)]

환경 운동의 이념에 있어 기술중심의 환경론(Techno-Centric Environmentalism)은 환경 문제를 해결하기 위해서 인간의 환경 여건을 개선하려는 데 목적을 둔다. 그래서 지금까지 환경 문제를 줄이는 데 별로 초점이 맞추어지지 않은 과학기술을 적극적으로 환경 문제 해결에 돌림으로서 문제를 해결하고자 한다. 이런 입장은 인간의 인구성장에 따른 경제개발을 주창하며, 지구상에 자원이 풍부하게 보존되어 있다고 믿는다. 심지어 과학기술에 의거하여 이미 사용된 자원을 언젠가 다시 사용할 수 있다고 생각하기 때문에 신중해야 한다고 보지 않는다. 이러한 기술중심적 환경론은 인간중심적 특성이 강하게 드러남으로써 보수적 환경철학이라고 한다.

이러한 보수적 환경철학에 대하여 서양의 진보적 생태주의와 급진적 환경론이 제기되고 있다. 이들은 진화론을 발전시켜 '땅의 윤리'를 내놓았다. 그들은 땅의 가치를 존중하기 위해서 땅을 사랑하고 찬미해야 한다고 본다. 땅의 가치는 경제적 가치 이상의 것이다. 한 대상이 생명공동체의 순결과 안정 및 아름다움을 보전하는 경향을 띠게 될 때 옳은 것이지만, 그렇지 않은 경향을 띨 때 그릇된 것이다.

그런데 환경 운동의 유형을 보면 상반된 두 가지 태도가 있다. 하나의 태도는 환경운동을 거부하는 것이다. 이들은 현실에 별 문제가 없고, 설혹 문제가 있다고 하더라도 사소하게 취급하면서 환경운동에 대하여 저항적

---

3) 한면희, "NGO 환경운동의 현황과 이념", 2000년 10월 13일 특강자료.

이 되면서도 현실을 수선하는 정도로 안주한다. 따라서 이러한 태도를 보수적이라고 한다. 이에 비해 다른 환경운동은 기본적으로 운동(Movement)은 현실을 바르게 바꾸는 것을 목표로 한다. 여기서 개선이라고 하면 현실 가운데 일부만 바꾸는 것이고, 이에 비해 혁명은 현실을 대폭 바꾸는 것을 의미하므로 패러다임 교체를 수반하는 문명 전환의 의식을 비롯하여 현실을 완전히 뒤엎고 새로 교체해야 한다고 주장하고 있다.

그리고 도덕적 진보는 도덕적·규범적으로 바르게 바꾸는 것이므로 운동이 현실을 바꾸되 바르게 바꾸자고 한다면 규범적이어야 한다고 주장하고 있다. 이러한 주장을 진보적 주장이라고 한다. 따라서 진보 운동에는 개선과 혁명과 패러다임 전환이 다 포함된다고 할 수 있다.

1960년대 이후의 환경운동의 단체들을 보면, 1967년 환경보호기금(Environmental Defense Fund), 1969년 지구의 친구들(Friends of the Earth), 1970년 자연자원보호협회(Natural Resources Defense Council) 등 미국의 10대 환경단체를 들 수 있다. 유럽도 이러한 미국의 영향을 받아 1970년대에 들어오면서 녹색 운동단체가 등장하여 환경 보전과 녹색정치 세력화에 일정한 성공을 거두었다.

특히 환경NGO의 활동은 1992년 리우 유엔환경회의 이후 활동 여지가 넓어져 국내는 물론 국제적 문제에도 관심을 갖게 하는 계기로 작용하였다.

2. 개발NGO[4)]

세계의 13억 인구가 빈곤 속에 생활하고 있는 오늘날 국가적 이기주의를 버리고 지구적 문제에 대해 국경을 초월하여 활동하는 NGO들이 '개발과 빈곤퇴치'를 최우선과제로 다루는 것은 필연적이라고 할 수 있다.

---

4) 金惠卿, "개발NGO의 현황과 과제," 참조.

유엔에서 사용하기 시작한 NGO 중에서 '제3세계의 개발을 돕는 NGO'들을 개발NGO(Development NGO)라고 지칭한다.5) 클라아크는 개발NGO를 그 활동영역에 따라 (1) 구호복지 단체, (2) 개발문제에 대해 새로운 접근방식을 모색하는 기술혁신단체, (3) 정부의 공적 원조를 집행하는 사업집행단체, (4) 제3세계의 개방을 돕는 선진국의 공공개발단체, (5) 자국의 개발을 위해 활동하는 개도국의 풀뿌리개발단체, (6) 개발에 대한 교육과 로비활동을 하는 옹호단체 등으로 나누고 있다.6)

개발NGO의 추이를 보면 선진국에서는 19세기 초부터 긴급구호나 빈민구제를 위한 구호·복지기관들이 출현하기 시작하였다. 그러나 1960~1970년대에 들어오면서 유럽의 재건을 위해 활약하던 NGO들이 서구 식민지국가들의 독립전쟁, 종족간 분쟁 및 자연재난으로부터의 재건을 위해 활동함으로써 선진국의 NGO활동이 아프리카, 아시아, 남미 등으로 확대되기 시작하였다. 그러나 선진국정부와 유엔, NGO들의 원조에도 불구하고 제3세계에서는 높은 인구증가와 민족분쟁 등으로 빈민층과 난민은 계속 증가하였으며 실업률의 증가와 부의 불균등 분배로 사회분열이 심화되었다. 제3세계의 만성적인 빈곤문제를 해결하기 위하여 구조적 조정과 장기적 개발전략의 수립이 필요하였다. 이후 NGO들은 점차 기술원조와 개발협력사업을 지원하게 되었으며, 조사연구를 토대로 한 정책자문이나 캠페인 등 정책활동, 개발교육활동을 활발히 전개하였다. 1970년대에는 과거 단순히 수혜대상국으로만 취급된 주민들이 직접 개발과정에 참여하

---

5) 이외에 미국에서는 민간자원단체(Private Voluntary Organization: PVO)라는 용어가 통용되고 있으며, 일본의 개발NGO 협의체인 일본NGO활동추진센터는 국제개발협력을 하고 있는 자발적인 민간단체를 '개발NGO'로 정의하고 있다. 한편 프랑스에선느 국제연대단체(ASI), 남미에서는 비정부개발단체(Non-Governmental Development Organization), 아프리카에서는 자원개발단체 용어가 통요된다(김채형, 〈OECD회원국의 NGO활동: 개발원조를 중심으로〉, 서울: 한국국제협력단, 1992, pp.7~8).

6) Jhon Clark, "*Democratizing Development*," '*The Role of Voluntary Organizations*, Lodon,' Earthscan Publication LTD., 1991, pp.40~41.

여 자원의 사용과 개발의 우선 순위를 결정할 수 있는 참여적 개발방식이 대두되기 시작하여 개발의 주체로 자리잡기 시작하였다.

1972년 스톡홀름에서 개최된 유엔인간환경회의 이후 1980년대에는 장기적인 전망과 환경을 고려하는 경제·사회 개발의 필요성이 제기되었다. 1992년 리우에서 개최된 유엔환경개발회의(UN Conference on Environment & Development: UNCED)에서는 지구환경과 개발체제의 통합성을 보호하기 위한 국제협정 체결을 위한 노력을 다짐하는 환경과 개발에 관한 리우선언을 채택하였다. 본 헌장은 '인간중심 개발', '빈곤퇴치', 현재와 미래세대들의 요구를 공평하게 충족하는 지속가능한 개발' 등의 원칙을 담고 있으며, 일명 지구헌장으로 불린다.

OECD에서도 개발협력의 새로운 틀을 모색하고 있다. 개발을 생각할 때에 '세계화 현상'과 '인간중심의 개발'을 고려하여야 하며, 주민들이 빈곤을 극복하고 사회에 참여할 수 있는 역량을 발전시킬 뿐만 아니라 수혜국이 지구적 경제에 참여 할 수 있는 역량을 갖도록 돕는 방식이어야 한다. 참여적 개발이란 국민이 그 사회의 경제, 정치, 문화생활에 대해 참여할 뿐만 아니라 국가가 지구적 시스템에 참여하는 것도 함께 제고되어야 한다는 것이다.

3. 반부패 NGO

부패방지와 관련하여 최근 OECD, World Bank, UN, Transparency International 등 각종 국제기구에서는 효과적인 방지 주체로서 예외 없이 시민사회와 NGO를 제시하고 있다. 여러 가지 이유가 제시되고 있는데 그 중 부패문제 자체의 구조적 특성, 정부에 대한 신뢰감이 저하와 역할의 한계, 시민사회의 성장 등이 중요하게 제시되고 있다. 특히 부패문제가 국가 내의 문제가 아니라 국가간 문제로 영역과 인식이 확대됨에 따라 오히려 비국가적인 NGO의 역할에 대한 중요성과 기대감이 증대되고 있다. 부패 방지를 위한 NGO의 역할과 그 성과에 대해서는 이미 여러 국가의 경험에서 나타나고 있다.

부패문제의 구조성이나 체제성은 부패가 발생하게 되는 정치·사회적 구조와 체제의 성격과 밀접한 관계가 있다. 그러나 최근 들어와서 부패문제에 대한 구조적 이해가 이루어지고 있기는 하지만 대부분 조직구조 수준을 벗어나지 못하고 있으며, 여전히 개인 중심에서 크게 벗어나지 못하고 있으며, 처방도 여전히 개인 중심에 벗어나지 못하고 있다. 이것은 부패문제에 대한 책임을 개인에 여전히 귀착시키고 있는 것으로서, 여전히 부패에 우호적인 지배적 정치체제나 사회체제에 대해서는 충분한 논의가 이루어지지 못하고 있음을 의미한다. 그러나 부패는 우연히 발생하는 결과적으로 사건이 아니라 여러 가지 문제들이 얽혀 있다는 징후의 덩어리라고 볼 수 있다.[7] 그러므로 정작 심각한 것은 이미 발생한 부패문제 자체가 아니라 부패가 이미 국가 혹은 사회 내에서 안정된 균형상태를 보이는 경우이다. 많은 국가에서 부패는 견고하게 조직화되어 있고 사회 내부적으로 안정상태를 보이고 있으며, 여기에다 저수준의 정치적 경쟁시스템, 저성장, 취약한 시민사회 등으로 인하여 이러한 부정적 안정성이 지속적으로 유지되고 있다.

최근 들어와서 선·후진국을 막론하고 전세계적으로 부패의 억제가 중요 이슈로 제기되고 있는 것은 부패가 단지 일탈의 한 유형 혹은 저개발국에서나 발생하는 부정적 문제가 아니라 국가발전수준과 상관없이 국가의 운영과 밀접하게 관련된 문제임을 의미하는 것이다. 그러므로 1990년대 이후부터는 부패의 원인을 규명함에 있어 선·후진국을 두루 대상

---

7) Johnston, Michael, & A. Doig, "*Different View on Good Government and Sustainable Anticurruption Strategies,*" R. & S. J. Kpundeh, 1999, p.14.

으로 삼거나 아니면 부패를 발전의 저해요인으로 인식하기 시작하였다.

그런데 NGO가 부패방지에 많이 기여하고 있음은 OECD에서도 높이 평가하고 있다. 현재 시민단체의 활성화와 관련된 정책으로서 부패고발 시민에 대한 포상, 민간부패고발센터의 운영, 부패추방행사 지원, 시민감시제도, 시민 감시청구제도 도입 등의 방안들의 역할을 강조하고 있다.

참고문헌

구영록, 『한국과 국제정치』, 서울: 서울대출판부, 1999.
金景昌, 『東洋外交史』, 서울: 集文堂, 1984.
김달중・박상섭・황병무 공편, 『국제정치학의 새로운 영역과 쟁점』, 서울: 나남, 1995.
김용구, 『세계외교사』, 서울대학교출판부, 1997.
박경서, 『국제정치경제론』, 서울: 법문사, 2001.
박관숙, 『세계외교사』, 서울: 박영사, 1983.
박상식, 『국제정치학』, 서울: 집문사, 1981.
박준영, 『국제정치학』, 서울: 박영사, 1994.
발터슈미트 외, 강대석 譯, 『독일근대사』, 서울: 한길사, 1994.
白京男, 『國際關係史』, 서울: 법지사, 1997.
신기석, 『동양외교사』, 서울: 탐구당, 1985.
吳淇坪, 『世界外交史』, 서울: 박영사, 1990.
吳淇坪, 『현대국제기구정치론』, 서울: 법문사, 1982.
와타나베 아키오 외, 권호연 譯, 『국제정치이론』, 서울: 한울, 1992.
윌리엄카, 이민호・강철구 譯, 『독일근대사』, 서울: 심구당, 1988.
이기택, 『국제정치사』, 서울: 일신사, 1995.
이상우, 『국제관계론』, 서울: 박영사, 1987.
이상우・하영선 공편, 『현대국제정치학』, 서울: 나남, 1992.
최종기, 『신국제관계론』, 서울: 박영사, 2000.
피에르 르누벵, 박대원 譯, 『동아시아외교사』, 서울: 서문당, 1988.

細田衛士 監譯, 『入門 地球環境政治』, 東京: 有斐閣, 1998.
西川吉光 著, 『現代國際關係論』, 京都: 晃洋書房, 2001.
西川吉光 著, 『現代國際關係史Ⅰ』, 京都: 晃洋書房, 1998.
西川吉光 著, 『現代國際關係史Ⅱ』, 京都: 晃洋書房, 1998.
山本草二 編集代表, 『國際條約集 1999』, 東京: 有斐閣, 1999.
星野 昭吉・臼井 久和 編, 『世界政治學』, 東京: 三嶺書房, 1999.
入江啓四郎・大畑篤四郎 共著, 『外交史提要』, 京都: 成文堂, 1992.
平野健一郎 外 著, 『國際關係論』, 東京: 東京大學出版會, 1998.
花井 等 著, 『新外交政策論』, 東京: 東洋經濟新報社, 1998.

Blake, David H. and Robert S. Walters, The Politics of Global Economic Relations, 2nded., Englewood Cliffs, N.J.: Prentice-Hall, 1983.

Calleo, David P. and Benjamin M. Rowland, America and the World Political Economy: Atlantic Dream and National Realities, Bloomington, Ind.: Indiana University Press, 1973.

Camps, Miriam, The Management of Interdependence: A Preliminary View, New York: Council on Forrign Relations, 1974.

Charles W. Kegley, Jr. and Eugene R. Wittkopf, World Politics: Trend and Transformation, 6th edition, New York: Sr. Martin's Press, 1997.

E. H. Carr, The Twenty Year's Crisis, 1919~1939, New York & London: Harper & Row, Publishers, 1980.

Frank R. Pfetsch and Christoph Rohloff, National and International Conflicts, 1945~1995, London and New York: Routledge, 2000.

Hans J. Morgenthau, Politics Among Nations: The Struggle for Power and Peace, New York: Alfred A. Knopf, Inc., 1973.

Held, David, Anthony McGrew, David Goldblatt, and Jonathan Perraton, Global Transformation, Calif. Standford University Press, 1999.

Jacobson, Harold K., Networks of Interdependence, New York: Knopf, 1979.

James E. Dougherthy and Robert L. Pfaltzgraff, Jr., Contending Theories of International Relations, New York: Harper & Row, Publishers, 1981.

Keohane, Robert O. and Joseph Nye, Jr., Power and Interdependence, Boston: Little, Brown, 1977. eds., Transnational Relations and World Politics, Cambridge, Mass.: Harvard University Press, 1972.

Krasner, Stephen, D., ed., International Regime, Ithaca, N.Y.: Cornell University Press, 1983.

Lynn H. Miller, Global Order: Values and Power in International Politics, Westview Press, 1994.

Mckinlay, R.D. and R. Little, Global Problems and World Order, Madison, Wis.: University of Wisconsin Press, 1986.

Michael W. Doyle, Ways of War and Peace, New York and London: W. W. Norton & Company, 1997.

Morse, Edward L., Modernization and Transformation of International Relations, New York: Free Press, 1976.

Paul R. Viotti and Mark V. Kauppi, International Relations Theory: Realism, Pluralism, Globalism, New York: Macmillan, 1993.

Princen, Thomas and Mattias Finger, Environmental NGOs in World Politics: Linking the Local and the Global, New York: Routledge, 1994.

Robert Keohane and Joseph S. Nye, Power and Interdependence, Boston: Little & Brown, 1977.

Rosenau, James N., ed., The Study of Global Interdependence, New York: Nichols Publishing Company, 1980.

Samuel P. Huntington, The Clash of Civilizations and the Remarking of World Order, New York: Simon & Schuster, 1996.

Schott, Jeffrey J., ed., Completing The Uruguay Round, Washington, D.C.: Institute for International Economics, 1990. U.S.-Canada Free Trade: An Evolution of the Agreement, Washington, D.C.: IIE, 1988.

Timothy Doyle and Doug McEachern, Environment and Politics, London and New York: Routledge, 1998.

Weiss, Thomas G. and Leon Gordenker, eds., NGOs the UN & Global Governance, Colorado: Lynne Rienner Publishers, 1996.

찾아보기

2국동맹 58, 60, 63, 64
2국협상 63
2월혁명 30
2중보장조약 60
3국동맹 35, 59, 60, 62, 63, 64, 68, 71
3국협상체제 64, 70, 71
3제동맹 56, 57, 58, 59, 60
4국동맹(The Quadruple Alliance) 20, 21, 22
5개국열강회의 22
5국동맹 21
5항통상장정 78
77개국 그룹(G77) 310
7월혁명 30
92지구환경회의(Global Forum) 303
ASEAN 184, 209
CAFE 330
EC 313, 317
ETMs 324, 326, 327, 329, 331
EU 288, 324, 329, 330
EU조약 288
G7 정상회담 318
GATT 292, 294, 296, 307, 323, 325, 326, 327, 328, 329, 331, 333
IGO 337, 338
ITTA 334, 335
MMPA 329
MNC 337
NAFTA 290, 329
NATO(North Atlantic Treaty Organization) 232
NGO(Non-Governmental Organization) 303
NGO협의제도 340, 341
NIEO 306, 309
O'riordan 300
ODA 310, 317
OECD 314, 317, 318, 321, 333, 345, 347

PKO(Peace-Keeping Operation) 281
PLO 283
SOS도-처 338
Transparency International 345
UN 339, 345
UNCD 311
UNCED 308, 309, 310, 312, 315, 318, 324
WTO 296, 327, 333, 341
World Bank 345
高平 141
九龍 82
金門島 244
金綺秀 108
金玉均 111, 112
金允植 102, 112
金弘集 101, 102, 108, 112
南京條約 76
老中 훗다(掘田) 86
蘆溝橋사건 209
大東亞共榮圈建設 210
大東亞新秩序宣言 209
臺灣 106
德川幕府 92, 97
東淸철도 83
諒解私案 212
馬建忠 102, 104
滿洲 5안건 151
滿韓交換案 131
望廈・黃浦조약 78
望廈조약 79, 85
明治維新 97
明治정부 92
毛澤東 236, 243, 245, 246
武衛所 109
閔謙鎬 109

閔泳穆　103
閔泳翊　103, 112
閔泳煥　130
朴泳敎　111
朴泳孝　111
別技軍　109
丙子修好條規　99
福州　106
奉天　140
北京　235
北京조약　146
備邊司　108
四川省　63
上海공동성명　249
商民水陸貿易章程　111
生麥사건　90
徐光範　111
徐載弼　111
西·로오젠협정(The Nishi-Rosen Protocol)　131
小村　141
申櫶　102
神奈川조약　87
揚子江 유역　132
旅順會議　135
吳兆有제독　113
雲南　63
雲揚號　98
袁世凱　113, 116
劉小奇　249
乙巳5賊　153
乙巳5條約　144
乙巳保護條約　144
乙酉堪界談判　149
義和團　133
以毒制毒, 以商制敵(以夷制夷策)　100
伊藤博文　115, 122, 144
李裕元　110

李鴻章　101, 102, 105
張制憲　105
蔣介石　234
長崎　87
全琫準　115
丁汝昌　102
征韓論　95, 96
朝鮮策略　101
朝日江華島條約　99
趙秉甲　116
趙秉鎬　109
趙寧夏　104
周恩來　249
中慶　235
天津　82, 101, 102, 104, 115
天津조약　81, 82, 117
總務各國通商事務衙門　82
土門江　147
統理機務衙門　108
豊臣秀吉　107
下關사건　90
下關조약　122, 124
漢城條約　114
互換續約　103
洪英植　103, 111, 112
黃遵憲　101
黃埔조약(Treaty of the Whampoa)　80
黑龍江　81, 82

가나가와(神奈川)조약　84, 85
가리발디(Garibaldi)　41
가시타인조약　47
가자지구(Gaza)　284
간섭주의(Intervention)　25
강화예비조약　175
강화조약　27, 41, 54, 123, 141, 173, 176, 207

강화회의 18, 19, 141
개발NGO(Development NGO) 344
개방적 지역주의(Open Regionalism) 292
개소린 과연비(Gas Guzzler)세 329
걸프전쟁(Gulf War) 279
격리연설(Quarantine Speech) 209
격리의 원칙 27
결맹 63
경제공동체조약 274
경제사회이사회(ECOSOC) 338
경제통화동맹(EMU) 288
고데스베르크(Godesberg) 197
고딘 디엠수상 240
고르바초프(Mikhail Gorbachev) 253
고립의 원칙(Principle of Isolation) 26
고립정책(Isolation) 25
고립주의(Isolationism) 25
고물카 243
고센(Gossen) 163
공산권수출통제위원회(코콤) 234
공수동맹 47
공적개발원조(OAD) 303
공존정책 283
공통외교·안전보장정책 288
공포의 균형 267
관료국가 265
관세자주권 92
괴르츠 187
국·공교섭 235
국·공조정 235
국가연합조약 274
국경없는 의사단 338
국민국가 339
국민방위단(Narodna Obrana) 161
국민방위정부 52
국민의회 29, 53, 193
국외중립조규 169
국제NGO(INGO) 339

국제노동기구 176, 177
국제무역기구(ITO) 295
국제연맹 177, 188, 190, 191, 192
국제연맹규약 176, 178, 181
국제연맹이사회 177
국제연맹헌장 177
국제연합선언(Declaration of the United Nations) 214
국제열대목재기관(ITTO) 334
국제열대목재협정(ITTA) 334
국제원자력기구 314
국제통화기금(International Monetary Fund, IMF) 294
국제특화 290
국제평화기구 176
군사블럭화 71
군주·공화제 31
군주정체 32
권위있는 선언(Authoritative Statement) 318
균형정책 58
그라몽(Gramont) 51
그람스톤(Glamstone)내각 50
그로스(Ka'roly Gro'sz) 259
그루우(Joseph C. Grew) 212
그리스·터키 원조법안 229
그리스캄(L. C. Griscom) 140
그린피스 338
근본생태론 299, 300
글라스노스트 257, 258, 275
기본조약 267
기술론자 299
기술중심의 환경론(Techno-Centric Environmentalism) 342
기업관리권 261
기업별 평균연비기준(CAFE) 330
기이슬 162
기조(Guizot)내각 30
기후변화협약 303
기후변화조약 309
김홍집 104, 105

나

나류 204
나사우 49
나일강(Nile) 63
나토 259, 267
나폴레옹 17, 18, 249
나폴레옹 3세 35, 37, 39, 40, 46, 49, 52
나폴리(Naples)왕국 21
나폴리혁명 23
남경조약 77, 78, 79
남슬로바키아 197
남진정책 210
남티롤 187
남하정책 100, 160
내셔널리즘 266, 270
내정 불간섭정책 275
내정간섭 23, 64, 65
내정개혁 117
내정불간섭 원칙 281
냉전(Cold war) 225, 226
노르만디 상륙작전 215
노몽한(Nomonhan, 러시아명; Khalkhin-Gol)사건 210
녹색의 대항부과금(Green Countervailing Duties) 333
뉘른베르크 196
뉴펀들랜드(New Foundland) 63, 213
뉴헤브리디스(New Hebrides)제도 64
느이(Neuilly)조약 177
니스(Nice) 39
니콜라이 1세 31, 34
니콜라이 2세(Nicholas II) 129
니콜수부르크 예비조약 48
닉슨독트린(Nixon Doctrine, Guam Doctrine) 246
닉슨 쇼크(Nixon Shock) 251

다

다국간조약 180
다국적군(coalition forces) 280
다국적기업(Multinational Corporational: MNC) 337
다극체제 281, 289
다나카(田中) 251
다뉴브강 36
다다넬스해협 167
다만스키섬 245
다원적 상호의존 281
다자간무역협상(MTN: Multilateral Trade Negotiation) 294
다치스(Duchies) 41
단일지도체제 259
단일통화 288
대독불가침조약 199
대등조약 76, 77
대륙정책 62
대립동맹조약 59
대서양 헌장(Atlantic Charter) 213
대소봉쇄정책 214
덤버튼 옥스(Dumbarton Oaks)회의 227
데오도르 루우스벨트(Theodore Roosevelt)대통령 66
데카르트 299
데탕트 276
도미노 이론 239
도미노 현상 260
도서수로전략 248
도쿄라운드 295
도쿠가와(德川) 막부(幕府) 84
독·소 불가침조약 203, 210
독·소 불가침협정 204
독·소 중립조약 180
독립국가연합(Commonwealth of Independent States: CIS) 273
독일·오스트리아동맹(Austria-German Alliance) 57
독일연방의회의 21
독일연방조약 45

독일연방헌법개정 46
동맹(Alliance) 56
동맹협상체제 56
동인도회사 76
동진정책 160
동티모르(Timor)문제 293
두브체크 256
드레드노오트(Dreadnought)호 69
드롤(Jacques Deiors) 284
디엔비엔푸 요새 239

라

라그르네(Th'eodose M. M. J.de Lagreme') 79
라마르틴(Lamartine) 30
라빈(Yitzhak Rabin)수상 282
라우엔부르크 46
라이바하(Laybach)회의 22
라인강 49
라인란트 160, 179, 190, 193
라코니지협정 68
라트비아 203
람스도르프 139
러·불군사협정 71
러·불동맹 62, 64
러·일화친조약이 88
러·청베이징조약 82
러시아적 사회주의체제 257
런던 의정서 29
런던·단빙조약 314
런던회의 45, 54
런시맨 196
레노(Reynaud) 208
레닌 172, 241, 276
레오폴드왕자(Prince-Leopld) 50
레이건 275
로렝 54, 55
로마냐(Romagna) 41

로바노프(A.B. Lobanov-Rostovskii) 129
로바노프·山縣협정 129
로바노프·야마가타 의정서 130
로스(Iles Los) 63
로오렝(Lorraine) 52
로오젠(Romanovich R. Rosen) 139
로온(Albrecht von Roon) 52
로카르노 5국조약 179
로카르노조약 179, 195, 205
롬바르디아 39
루르 179
루메라이 유전 279
루블린(Lublin) 217
루이 나폴레옹 34
루이 필립(Louis Philippe) 28
루이 필립왕정 30
루테니아(Ruthe'ni)자치정부 200
르와르강 54
리내비치 장군(Gen. Linevich) 140
리벤트로프(Ribbentrop) 203
리보(Ribot) 61
리비아 68
리우-데 자네이로회의(리우회의) 308
리우선언 320
리투아니아(Lithuania)정부 201
리튼 보고서 191, 193
리튼(Victor A.G.R. Lytton) 191
리프만(Walter Lippmann) 225

마

마건충 104, 105
마닐라 행동계획(Manila Action Plan for APEC: MAPA) 293
마다가스칼 63
마드리드조약 65
마렌코프 242
마르크스 271

마르크스-레닌주의 257
마무드(Mahmud Abbas) 284
마샬플랜 230, 231
마스트니(Mastny) 196
마스트리히트조약 288
마아시(Marcy) 86
마인강 48
마치니(Mazzini) 37
마카오 79, 80, 84
만주사변 191
러·청조약 134
맥나마라(Robert S. McNamara) 302
먼로독트린(Monroe Doctrin) 25
먼로(James Monroe) 25
메남(Menam)강 63
메멜(Memel)지방 201
메테르니히 18, 21, 29, 30, 32
멧츠(Metz) 요새 52
명치정부 95, 96, 97
모니(Monis)내각 67
모데나 41
모데왕 40
모드로프(Hans Modrow) 264
모라비아(Moravia) 200
모라토륨 314
모로코사건 71, 160
모택동 249, 251
몰다비아 34, 35, 36
몰로토프(V.M. Molotov) 203
몰타회담 266, 270, 280
몰트케(Helmut von Moltke)장군 48
몽고메리(Montgomery) 218
묄렌도르프(Paul George von Mollendorf) 103
무드로스(Mudros) 174
무력간섭 21
무력해방정책 244
무사아(Arm Mussa) 283
무솔리니(Benito Mussolini) 187

무역장정 89
무정부주의 300
문호개방정책(The open door policy) 132
문화혁명 249
뮌헨협정 199, 205
뮌헨회담 198
뮌헨회의 206
미·일 통상조약 209
미·일수호통상조약 88
미·일신통상조약 94
미·일우편조약 94
미·일화친조약 84
미국·캐나다 무역협정(United States-Canada Free Trade Agreement) 289
미드웨이 해전 220
미라노공국 19
미주자유무역지(Free Trade Area of the America, ATAA) 291
미카엘 콜 267
민영목 105
민족주의국가 18

바

바르샤바 263
바르샤바조약기구 257, 258, 259, 267
바바롯사(Barbarossa) 208
바아덴(Baden) 32
바오다이 정권 240
바이마르공화국 188
바제에누(Bazaine)원수 52
바젤조약 314
반패권(Anti-Hegemony) 249
반노프스키(Vannovski) 62
반동체제 32
발칸전쟁 71
발칸조항 58
발트 제국 203

발트해 227
발틱함대 140
방공협정 203
배외쇄국정책 96
밴쿠버(Vancouver) 293
버밍엄연설 200
범게르만주의 160
범슬라브주의 160
법왕령 41
베네뎃티 51
베네스 198
베네치아공국 19
베드만홀베크(Bethmann-Hollweg) 70
베로나(Verona) 23
베로나회의 23, 24
베르베르인 67
베르사이유 53, 176
베르사이유강화조약 176
베르호테스가덴(Berchtes-gaden) 194
베르호톨 164
베르히테스가덴 196, 201
베를린 장벽 264, 265, 270, 276
베를린조약 178
베사라비아(Bessarabia) 204
베오그라드(Belgrade) 163
베이징조약 82
베트남 전쟁 275
벨그라드 232
벨포르 지역 53
보고르(Bogor) 292
보르도(Bordeaux) 53
보스니아위기 71
보아드프로(Boisdoffre) 61
보장점령기간 20
보장정책 44, 55, 56
보헤미아(Bdhemia) 200
볼가강 218
볼로냐 41

볼세비즘 202, 205
볼세비키 혁명 276
볼세비키파 172
봉쇄정책 243, 266, 270, 275
부국강병(Richy Country and Powerful Soldiery) 44
부르조아 30
부비얀 279
부속의정서 58
부시(George Bush) 279
부전조약 180, 209
북미자유무역협정(North American Free Trade Agreement, NAFTA) 290
불가리아사건 59
불간섭 원칙 260
불간섭정책 29, 50
불간섭주의 23
불수용성 178
불일치성 178
불평등조약 75, 79, 92, 94
뷜로우(Bulow) 66
브란트(Max A. C. von Brandt) 105
브레스트-리트보스크(Brest-Litvosk) 173
브레즈네프 독트린 256, 257, 258, 259, 260, 273, 275
브레튼우즈회의(Breton Woods Conference)회의 227
브뤼셀 조약(The Treaty of Brussels) 233
브르봉왕조 18
브리앙 180
브카레스트 259
블라디보스톡항 83
블랑크(Blanc) 105
블레이크섬(Blake Island) 292
비간섭의 원칙(Principle of Non-Intervention) 26
비식민지화의 원칙(Principle of Non-Colonialism) 26
비정부간의(국제)기구 337
비무장중립조항 54
비밀부속선언 59
비밀조약 172, 175

비밀협정　203
비스마르크(Otto Eduard Leopold Bismarck)　44
비스마르크체제　62
비스탈린화　255
비스틀　204
비시(Vichy)　208
비아리츠(Biarritz)　46
비엔나 최종의정서　19
비엔나강화조약　46
비엔나체제　18, 20, 29, 30
비엔나통첩　35
비엔나협약　31
비엔나회의(Congress of Vienna)　16, 17
빅토르 엠마누엘　41
빌라프랑카(Villafranca)　40
빌라프랑카조약　40, 41
빌헬름 1세　56
빌헬름 2세　60, 176
빗토리오 에마누엘레(Vittirio Emanuele) 1세　40
뻬데스부르크　56

사다트 대통령　282
사도와(Sadowa) 전투　48
사라예보(Sarajevo)사건　160
사르데냐(Sardinia)　23, 37
사르드니아왕국(Sardegna)　19
사막의 방패작전(Operation Desert Shield)　280
사벨로프카(Sabelovka)　134
사보이(Savoie)왕조　39
사브로프(Saburov)　58
사조노프(Sazonoff)　164
사토 수상　251
사회생태론　300
사회적 덤핑　332, 333
사회주의 통제경제　257
산업부르조아　30

산업혁명　30
상설국제재판소　177
상업협정　251
상호보장조약　179
상호불간섭 원칙　251
상호안전보장　254, 258
상호원조조약　190, 207
생-제르망-앙-레이(Saint-Germain-en-Laye)조약　176
생물다양성전략　309
생물다양성협약　303
생물다양화조약　309
생존공간　200
생태덤핑　332
생태론자　299
생태마르크스주의자　299
생태마르크시즘　300
생태사회주의　299, 300
생태철학　299
생활권(Lebensraum)　189
샤를 X세(Charles X)　28
샤보브스키(Gu'nter Schabdwski)　263
서구동맹구상　269
석유수출기구(Organization of Petroleum Exporting Countries, OPEC)　305
선린 국가　268
성환전투　121
세계공동체　264
세계군축회의　190
세계무역기구(WTO: World Trade Organization)　293
세계삼림조약　318
세계은행(IBRD)　337
세당(Sedan)　52
세력균형　62, 71, 79, 226
세력균형원칙　18
세력균형주의　18
세력균형체제　249
세르브(Sevres)조약　177
세르비아　34, 59, 160, 161

세바스토폴리(Sevastopoli) 167
세인트헬레나섬 18
센강 54
소 독일론 33
소・불동맹 190
소도서(小島嶼) 개발도상국(Small Island Developing States, SIDS) 315
소비에트정부 172
솔페리노(Solferino) 40
쇄국정책 84, 92
쇼오몽(Chaumont)조약 21
수권법(Ermachtigunggesetz) 189
쉴레스비히(Schleswig) 45
수상회의 198
수에즈 동란 243
수정주의노선 244
수호조약 89
쉬테틴 227
슈멜링크(Anton Schmeling) 33
슈벨트 제독(Robert W. Shufeldt) 102
슈스니히(Schuschnigg) 194
스카르노 237, 247
스탈린 214, 215, 218, 220, 227, 236, 241, 244, 257
스탈린그라드 218
스터얼링 소장(Sir James Stirling) 87
스톡홀름회의 303, 308
스트롱 304
스티븐슨(Durham White Stevens) 143
슬로바키아(Slovaqui)자치정부 200
슴빈호(The Soembin) 89
시나트라 독트린 260
시로비(Syrovy) 197
시모다(下田) 85
시민전쟁 30
시바르젠베르그(Schwrzenberg) 33
시실리왕국 41
시칠리아 섬 219

식민지협정 68
신 3제동맹조약 58
신마르크스주의자 299
신맬더스주의자 299
신연방조약 273
신국제경제질서(New International Economic Order, NIEO) 305
신사고 외교 255, 265
신성동맹체제 27
신성로마제국 18
신헌 104
실레지아지역 197
쌍무조약 180
쓰시마번(對馬藩) 97

아가딜(Agadir) 67
아가딜사건 70
아관파천 128
아드리아해 227
아디스아바바 188
아랍민족주의 280
아르바 279
아바나 헌장(Havana Charter) 295
아시아・태평양경제협력체(Asia-Pacific Economic Cooperation, APEC) 292
아시아・태평양경제협력회의(Asia-Pacific Economic Cooperation: APEC) 291
아이훈(愛暉)조약 82
아편무역 76, 81
아편전쟁(Opium War) 75
아프가니스탄 64
안전보장정책 60
알라메인 218
알라파트(Yasser Arafat) 283
알렉산더 2세 36, 56
알렉산드 1세(Alexandre I) 18

알렉산드리아 218
알렉세예프 135
알렌(H. N. Allen) 126
알바니아 187
알사스(Alsace) 52
알사스·로렝지방 160
알헤시라스(Algeciras) 66
앗도리코 198
애틀리 220
얄타체제 257, 276
얄타회담 216
양이(攘夷)운동 89
에곤 바르 267
에드워드 7세 69
에르쯔베르거(Erzberer) 175
에리코 284
에마누엘레(Emmanuele) II세 54
에스토니아 203
에코덤핑(Eco-dumping) 333
엑스·라·샤펠회의(A Confernce of Aix-la-Chapell) 20
엘리오트(C.Elliot) 76
엘바섬 18
엘베 강 219
엠네스티 인터내쇼날 338
엠스(Ems) 51
연립정권 260
연방의회(Bundestag) 32
연합참모부(Combined Chiefs of Staff) 214
열강회의 29, 41
열국회의 40
영·독불가침조약 199
영·러협정 64
영·불군사협정 71
영·불협상 63, 67
영·일 동맹조약 141
영·일신통상조약 88
영·일조약 138

영·일통상항해조약 94
캐스리(Lord Castlereah) 18
영세중립국 29
영세중립제도 19
예방전쟁 160
예비의정서 22
옐친 273
오데르(Oder) 216
오데사(Odessa) 164, 167
오브르체프(Obruchev)장군 61
오사카 행동의제(Osaka Action Agenda) 293
오스만터키 34
오영(五營) 109
오클랜드(Auckland) 293
오키나와 상륙 220
올뮈츠(Olmutz) 35
올코크 영사 90
완충지대 225, 226
완충지역 64
왈라키아 34, 35, 36
왈왈(Walwal) 188
외교(Diplomacy) 16
외교고문채용계약 143
외교사절 19
외국인고문채용협정 143
외상 이사회(Council of Foreign Ministers) 221
요동반도환부조약 124
요들(A. Jodl) 219
요코하마(橫浜) 85
요한대공(Grossherzog Johann) 32
우르과이라운드(UR: Uruguay Round) 295
우수리강 83, 245
우주선 지구호 302
운명결정권 260
워런 크리스토퍼(Warren Christopher) 284
워싱턴조약(CITES) 224
워싱턴회의 181, 183
워털루(Waterloo) 전투 18

원세개(袁世凱) 169
원조의무발생사유(casus foederis) 47, 56, 137
원탁회의 260
월미도 105
웨베르 126, 127
웨베르·小村협정 128
웨이드(Sir Thomas F. Wade) 104
위성국가 275
위트레흐트(Utrecht) 조약 63
윈체스트호(the Winchester) 87
윌스(Admiral Wills) 104
윌슨(Woodrow Wilson)대통령 170
윗테 141
유럽 제1주의정책 236
유럽공동체(EC) 288, 311
유럽동맹체제 26
유럽부흥계획(European Recovery Plan) 230
유럽시민권 289
유럽안보회의 260
유럽자유무역연합(European Free Trade Association, EFTA) 288
유럽중앙은행(ECB) 288
유럽통합구상 269
유럽협조체제 20, 27, 29, 34
유로(Euro) 288
유물론 271
유엔 NGO 338
유엔 군축특별위원회 338
유엔인간환경회의 301
유엔 환경계획(United Nations Environment Program: UNEP) 302
유엔무역개발회의(UNCTAD) 337
유엔보호군(UNPROFOR) 286
유엔총회 303, 304
유엔환경개발회의(UN Conference on Environment & Development: UNCED) 345
유화정책 198, 201, 209
융커(Jungker) 44

의제 21(Agenda 21) 303
이·터강화회의 68
이·터전쟁 71
이니시어티브 313
이사벨 2세(Isabel II) 50
이성중심주의 299
이원적 실재관 299
이집트 63
이행정책 178
이홍장 111, 115, 122
인간의 얼굴을 한 사회주의'(Socialism with a Human Face) 256
인간환경선언 302
유엔의 인간환경회의(United Nations Conference on Human Environment) 298
인도차이나휴전협정 240
인류의 공유유산 319
인콰르트(Inquart) 194
일·독 방공협정 204
일·독·이 3국동맹조약 210
일·청 北京조약 151
일반군비제한문제 181
일반군축 181
일반동맹방식 59
일체화 299
임레나지 정권 256

자아르 탄전지대 160
자연자원보호협회(Natural Resources Defense Council) 343
자유주의혁명 22
자유항행원칙 19
자유행동권 65, 143
자치행정부 283
작센 48
잠정합동조관 121

잡페(Ed. Zappe) 105
장개석 235
장애자 인터내쇼날 338
재보장조약 61
재무장정책 190
재보험조약 60
재정고문채용계약 143
저준위방사능폐기물 309, 314
저항정책 201
전권대사 92
전단정치 97
전략상호의존체제 254
전령 16
전시외교 52
전쟁 배상금 54
전쟁가피론 242
전쟁정책(Kriegspolitik) 44
전쟁종결조항 18
'전쟁포기에 관한 조약'(Treaty for Renunication of War) 180
접촉그룹(Contact Group) 312
정부간국제기구(International Governmental Organization: IGO) 337
정부조직(Governmental Organization) 339
정여창 104, 105
정치군사동맹-정치동맹 267
정통주의원칙(Principle of Legitimacy) 18
제2차 파리조약(Second Treaty of Paris) 20
제너럴·셔먼호(General Sherman) 96
제네바회의 239
제노아(Genoa) 19
제물포조약 110, 111, 117
제즈체니(Emmerich von Sze'cheny) 58
제한적 연합 33
제한주권론 258
조·미수호조약 102
조·미수호통상조약 103
조·소 경제문화협정 236

조·소 비밀군사협정 236
조·일공수동맹조약 121
조·일수호조규 99, 100, 101
조영하 105
종주국 59
종주권(suzerainty) 144
죠지 워싱턴 25
죠지 케난(George f. Kennan) 227
주권재량 319
주은래 251
중·소 국방신기술협정 244
중·소 밀월시대 244
중·소분쟁 245
중·소 우호동맹상호원조조약 243
중재재판조약 179
중화사상 77
쥬다노프 232
쥬데텐 197
쥬데텐·도이치·파르타이(Sudeten Deutsche Partei) 195
쥬데텐독일당 195
지구의 친구들(Friends of the Earth) 343
지구정상회담(Earth Summit) 303
지구환경기금(GEF) 303
지구환경시설(GEF) 317
지속가능한 개발(Sustainable Development) 304
지속개발위원회(Commission on Sustainable Development: CSD) 304
지역NGO(Local NGO) 339
지역집단안전보장기구 237
지적 재산권 290
집단안전보장제도 178

처칠 213, 215, 218, 227
철의 커튼(The Iron Curtain) 227
청·일天津조약 115

청·일전쟁 119
청·일조약(北京조약) 146
체임벌린 196, 197, 199, 201, 205
체제(System) 56
최종의정서 60
최혜국조관(最惠國條款: Most Favoured Clause) 77
치외법권(治外法權: Extraterritoriality) 78
친핵론자 299

카

카르파치아 199
카부르(Cavour) 37
카사블랑카(Casablanca) 214
카스트로 수상 303
카이로선언 222
카잔(Kazan) 165
카터(Jimmy Carter) 284
캐닝(Canning) 23
캐슬리 23
캠프·데이비드 협정 282
커뮤니케 259
케네디라운드 295
케어니 제독(Commodore Lawrence Kearny) 78
켈로그(Frank Kellogg) 180
코나크리(Konakry) 63
코민테른(Kommintern) 231
코민포름 232, 242
코소보·마케도니아분쟁 285
코소보전쟁 287
코소보주 287
코온·월리스(Corn Wallis)호상 76
코카서스 유전지대 218
코코프초프(Vladimir N. Kokovtsov) 154
콘라드 헨라인(Konrad Henlein) 195
콘라트(Conrad) 163
콘스탄티노풀 34
콜 수상 264, 270

콩고조약 67
콩피에뉴(Compiegne) 175
쿠노(Cuno) 수상 179
쿠릴(Kurile)열도 217
쿠싱(Caleb Cushing) 79
쿠아라룸푸르 293
쿠퍼(Cooper) 102
크레이기(Robert Craigie) 212
크리미아전쟁 34, 35, 36, 38, 49
클린턴(Bill Clinton) 284
키레나이카 68
키신저 249
키아크타 83
키에프(Kiev) 164
키일 운하 69

타

타일러(John Tyler) 79
탈레랑(Talleyrand) 18
탕헤르(Tanger) 66
태국(Siam) 63
태평양전쟁 222
태프트(Taft)·桂합의각서 141
태프트·桂협정(The Taft-Katsura Agreement or note) 143
테쉔(Teschen) 199
테제 242
테헤란회담 216
토리노(Torino) 23, 39
토리아티(Palmiro Togliatti) 256
토스카 40, 41
토스카나 41
통감(Resident-General) 144
통상장정 100
통화통합 288
튀니지 68
튀니지아(Tunisie) 58

튀니지아문제 59
트렌톤호(the Trenton) 103
트로쉬(Trochu)장군 52
트로츠키(Trotsky) 173
트로파우회의 22
트루먼독트린 231
트리농(Trianon)조약 177
트리에스트 187, 227
트리폴리 65, 68
특명전권대사 93
특명전권부사 93
특별교서 231
티베트 64
티사(Stephen Tisza) 161
티소(Tiso) 200
티에르(Thiers) 52
티치노강 40

파리강화조약 17, 19
파리강화회의 18, 36, 187
파리선언 36
파리예비회담 176
파리조약 54
파리콤뮨 53
파리회의 176
파마고조약 313
파브르(Favre) 53
파블로프 136
파쇼다(Fashoda) 63
파아머스턴 30
판테(Panther) 67
팔마 40
패권국가 275
팽창정책 227
팽창주의 75
퍼레스(Shiman Peres) 284

페레스트로이카(Perestroika) 254
페르디난트 1세(Ferdinand I) 32
페르시아 64
페리제독(Commodore Mathew Calbraith Perry) 84
페스 67
페탱(P'etain) 208
편무적 최혜국조관 92
평화공존(Peaceful Coexistence)노선 241
평화우호조약 252
평화유지군 285
평화이행론 244
평화적 경제경쟁 244
평화조약 121, 178, 251
평화회의 176
포스트 냉전 267
포슈(Foch)장군 174
포오츠머스(Portsmouth)강화회의 140
포오츠머스강화조약 146
포츠담선언 221
폴란드침공 203
푸랑크푸르트의회 33
푸랑크푸르트제국 33
푸트(Lucius H. Foote) 103
풍도해전 119
프라하 256, 257, 263
프라하 강화조약 48
프란츠 요제프 1세(Franz Joseph I) 161
프란츠 페르디난트(Franz Ferdinand) 160
프랑스·스페인 협정 67
프랑스혁명 18, 20, 29, 43, 265
프랑크푸르트 의회 47
프랑크푸르트(Frankfurt) 32
프러시아 프리드리히 빌헤름 3세(Friedrich Wilhelm III) 18
프롤레타리아 244
프린찌프(Gavrilo Princip) 161
플롬비에르(Plombier'es)비밀회동 39
피쉬(Hamilton Fish) 93

피에몬테(Piemonte) 23
피와 철(Eisen und Blut) 44
피우메 187
필모어(Millard Filmore) 84
핑퐁외교 250

하

하나부사(花房) 109
하노버 49
하노이 잠정협정 238
하르빈 154
하아딩(Warren Gamaliel Harding) 181
하이델베르그(Heidelberg) 32
하코네(箱館) 85
한만문제 138
한일의정서 142
한일합방조약(庚戌조약) 155
합동조관 143
합스부르그(Habsburg) 32
핫샤(Hacha) 200
해군협정 71
해석선언 321
해양포유동물보호법 328
해협조항 58
행동계획 302
행위주체(Actor) 337
헐(Hul) 대사 235
헤게모니 247, 249, 251, 264
헤겔 271
헤르체고비나 160
헤리스(Townsend Harris) 86
헤이(John Hay) 132
헤이그(Hague) 만국평화회의 153
헬골란트 69
현상유지 55
현상타파 30, 55
협상(Negotiation) 16, 56

호네커 정권 262
호리모도(掘本禮造) 109
호머(Homer) 16
호자(Hodza) 197
호지명 246
호헨졸레른(Hohenzollern) 32
호헨쫄레른-지히마링겐(Hohenzollern-Sigmasingen) 50
호혜주의원칙(Principle of Reciprocity) 294
홀데인(Haldaine) 70
홀스타인(Holstein) 45
환경 레짐(Regime) 305
환경NGO 343
환경공간 320
환경과 개발에 관한 리우선언 303
환경관리주의 300
환경목적의무역조치(environmental trade measures, ETMs) 323
환경보호기금(Environmental Defense Fund) 343
회의외교(Conference Diplomacy) 20
후발개도국(Least Developed Countries) 309
후세인(Saddam Hussein) 279
후우버 186
휴전의정서 141
휴전조약 122
휴즈(Huges) 173
흐루시초프(Nikita Sergeevich Khruschev) 241
흑해중립조항 50, 54
히틀러(Adolf Hitler) 188

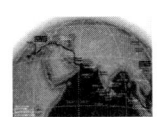

현대지구촌외교사

지은이 · 백봉종
펴낸 날 · 2001년 8월 25일
펴낸이 · 윤관백

펴낸 곳 · 도서출판 **선인**

등록 · 제5-77호(1998.11.4.)
주소 · 서울시 성동구 성수2가 3동 277-17
성수아카데미타워 1707-1호
E-mail · sunin72@chollian.net
전화 · 02)462-0139
팩스 · 02)6217-0140

정가 · 12,000원
ISBN 89-89205-18-2(93340)